纯电动汽车

原理与检修

◎主　编　马立峰　蒋沛成　文艳宇

◎副主编　张匡闽　张武杰　韦德文

◎参　编　朱燕雯　谢越峰　何允萍　陈才连
韦武塔　黄　敏　容志旭　邱振超

◎主　审　许　平

電子工業出版社
Publishing House of Electronics Industry
北京·BEIJING

内 容 简 介

本书以两款纯电动汽车风行景逸 S50EV、宝骏 E100 为载体，它们分别代表了目前市场上的家用纯电动轿车款及家用城市小精灵款新能源汽车。本书以汽车典型故障为案例进行编写，包含高压互锁故障排查、绝缘故障排查、充电故障排查、不能高压上电故障排查、不能行驶故障排查等内容。本书采用了以图为主、文为辅的表达方式，同时对接维修手册阐述方式，以任务驱动教学方法建立编著框架，每个工作任务的内容包含了检修过程、学习工作页、核心原理介绍、学习建议、附件查询等，检修过程的每个关键步骤都配有企业专家维修操作图解，简单易懂。

同时考虑部分学校开设课程及组织教学的区别，特设电池包拆检、电机拆检两个任务，并附有课时建议，使用者可灵活搭配选用。

本书适合职业学校新能源汽车相关专业学生学习，因实际指导意义较大，也可作为新能源汽车维修企业的指导用书。

图书在版编目（CIP）数据

纯电动汽车原理与检修 / 马立峰，蒋沛成，文艳宇主编. —北京：电子工业出版社，2023.1

ISBN 978-7-121-44984-0

I. ①纯… II. ①马… ②蒋… ③文… III. ①电动汽车—理论—职业教育—教材 ②电动汽车—车辆检修—职业教育—教材 IV. ①U469.72

中国国家版本馆 CIP 数据核字（2023）第 008481 号

责任编辑：张　凌
印　　刷：天津千鹤文化传播有限公司
装　　订：天津千鹤文化传播有限公司
出版发行：电子工业出版社
　　　　　北京市海淀区万寿路 173 信箱　邮编　100036
开　　本：880×1 230　1/16　印张：15.5　字数：372 千字
版　　次：2023 年 1 月第 1 版
印　　次：2024 年 8 月第 6 次印刷
定　　价：55.00 元

凡所购买电子工业出版社图书有缺损问题，请向购买书店调换。若书店售缺，请与本社发行部联系，联系及邮购电话：（010）88254888，88258888。

质量投诉请发邮件至zlts@phei.com.cn，盗版侵权举报请发邮件至dbqq@phei.com.cn。

本书咨询联系方式：（010）88254549，zhangpd@phei.com.cn。

前　言

PREFACE

党的二十大报告指出，“推动战略性新兴产业融合集群发展，构建新一代信息技术、人工智能、生物技术、新能源、新材料、高端装备、绿色环保等一批新的增长引擎”。随着新能源汽车的快速发展，新能源汽车售后服务技术人才需求也急剧增长。但由于各汽车制造主机厂在设计新能源汽车时，理念和控制逻辑各不相同，新能源汽车上的电子元件，特别是高压组件集成的形式也有多种变化，让较多初学者难以抓住学习重点及切入点，浪费了大量时间与精力。同时，由于地域原因，各职业院校在进行专业建设时，一般都秉承着服务地方产业经济的宗旨，所配置设备主要以地方车型为主，在进行教材开发时大多以本单位所具备的条件和设备进行开发，且由于师资等各种原因难以形成通用性教材，实用性也有待改进。

在国家推进“十四五”规划教材建设的背景下，本书编者根据职业学校教育教学特点及校企合作技术人员内训特点联合进行教材开发。编者们拥有多年校企合作经验，针对目前汽车市场上的纯电动汽车的综合特点，联合选取了市场保有量较多且具有普遍代表意义的两款车型来对纯电动汽车的原理、检修方法及典型案例排查进行阐述，其一是东风柳州汽车有限公司生产的风行景逸 S50EV，具备一定的高压元件集成，代表轿车系列；其二是上汽通用五菱汽车股份有限公司生产的宝骏 E100，各高压元件单独工作，分体式的设计，代表城市小精灵系列。同时为保证各地域使用的便利性和方便进行二次开发（活页篇），本书将宝骏 E100 车型作为活页篇的形式进行嵌入，为使用者植入各种车型活页篇提供模板。

编写特点：

遵循“以职业能力为导向，基于工作过程系统化课程体系开发”的思路进行教材开发。坚持培养良好的职业道德，形成细致入微的工匠精神。本书紧密对接新能源汽车维修岗位的发展需求，以广西地区生产的新能源汽车为教学载体，将典型工作任务作为教学主体内容，融合“1+X”职业技能等级证书相关技能要求，以工作手册式的表现手法作为展示，辅以活页篇来丰富教学内容。

内容结构：

本书分为四大部分。

第一部分为“基础技能篇”（文艳宇、朱燕雯、谢越峰编写），主要介绍高压用电相关安全知识及常见实用仪表的使用规范和技巧。

第二部分为“城市轿车篇——风行景逸 S50EV”，任务一至任务九（马立峰编写）主要介绍风行景逸 S50EV 纯电动汽车典型故障排查技巧，任务十、任务十一（蒋沛成、张武杰、韦武塔编写）主要介绍电池包及电机拆检规范及检修技巧。

第三部分为“活页教材篇——宝骏 E100”，任务一至任务三（韦德文、容志旭编写）主要介绍宝骏 E100“城市小精灵”纯电动汽车整车高压互锁及绝缘故障排查规范及技巧；任务四（马立峰编写）主要介绍宝骏 E100 充电故障排查技巧；任务五、任务六（陈才连、何允萍编写）主要介绍宝骏 E100 空调及暖风故障排查技巧；任务七至任务九（马立峰编写）主要介绍其他故障排查技巧；任务十、任务十一（黄敏编写）主要介绍电池包及电机拆检规范及检修技巧。

第四部分为“附件篇”（邱振超编写），主要内容为在各个任务中需要用到的知识。

使用建议：

本书可作为各类职业院校汽车类专业的通用教材，特别适合新能源汽车运用与维修专业使用，也可以作为相关行业岗位培训教材及新能源汽车维修人员的参考用书。在每个典型工作任务（故障）中，都有从简单到复杂分析的检测过程，且每个典型任务都配有相应的工作页，用于填写每步检查的数据及分析，本书结合了编者多年的维修经验，建议初学者按顺序进行学习。

为了保证故障排查思路的完整性，每个典型工作任务中的核心元件检测不再作为单个子任务进行分解，使用者可根据学习者的实际情况和各学校课程设置情况，参考附件中建议的课时分配表进行选择性学习。在使用中，每个任务都有最低设备配置要求，可根据所在单位（学校）的设备进行合理配置。教材的第三部分为活页内容，相关的教学要求建议参阅第二部分的城市轿车篇。工作页的内容均根据实际车型编写，应活学活用，不宜以一代全。

感谢：

本书在编写过程中得到了东风柳洲汽车有限公司、上汽通用五菱汽车股份有限公司及多家汽车 4S 店技术主管们的支持及帮助，在此表示衷心感谢。

由于编者水平有限，本书难免有不足之处，欢迎读者提出宝贵意见和建议。

目 录
CONTENTS

第一篇 基础技能篇

任务一 安全用电知识

学习内容

安全用电基本知识。

教学用具

最低配置：绝缘用品 2 套。

学习目标

（1）通过学习进一步强化安全意识。

（2）了解电伤害特点。

（3）能回答出国家 A 级和 B 级电压标准。

（4）牢记“四不原则”。

学习建议

（1）学生可通过线上平台进行预习或复习，课堂上直接安排小组分工，轮流交替完成任务。

（2）建议授课 2 课时，教师可在网络上下载最新用电安全事例进行案例讲解。

原理讲解

1. 汽车安全用电基本知识

（1）任何情况下严禁用铜丝、铁丝代替熔断器。熔断器的大小一定要与用电容量匹配，严禁随意增大容量。

（2）高压用电熔断器烧断后，需更换熔断器，且应在检查高压负载后进行高压操作，以防再次损坏。

（3）购买充电设备时应认真查看产品说明书的技术参数（如频率、电压等）是否符合本地用电要求。了解清楚耗电功率是多少，家用配电设备是否满足要求，特别是配线容量、插头、插座、熔断器、电表是否满足要求。

（4）当家用配电设备不能满足充电器容量要求时，应更换改造，严禁超负荷运行，防止损坏电气设备，避免引起电气火灾。

（5）购买充电设备时还应了解其绝缘性能是一般绝缘、加强绝缘还是双重绝缘。

（6）安装充电设备前应查看产品说明书中对安装环境的要求，特别注意不要把充电设备安装在湿热、灰尘多或有易燃、易爆、腐蚀性气体的环境中。

（7）在敷设室内配线时，相线、零线应标志明晰，并与家用电器接线保持一致，不得接错。

（8）配线中间尽量不设接头。必须设有接头时应接触牢固并用绝缘胶布缠绕，禁止用医用胶布代替绝缘胶布包裹接头。

（9）接地线不得接在自来水管、煤气管、电话线的地线和避雷引线上。

（10）必须远离易燃物料。

（11）禁止用湿手接触带电的开关、更换电气元件。

（12）发生紧急情况需要切断电源导线时，必须用绝缘电工钳或带绝缘手柄的刀具进行操作。

（13）即使紧急断开高压线或从高压插座拔下，高压用电设备仍可能带电。

（14）抢救触电人员时，首先要断开电源，可用木板、绝缘杆挑开电源线，千万不要用手直接拖拉触电人员，以免发生连环触电。

（15）电器烧焦、冒烟、着火时，必须立即断开电源，可使用干粉灭火器灭火，不可用水或泡沫灭火器浇喷，电池着火时应使用水基灭火器灭火。

（16）对车辆高压线定期进行绝缘检查，锁止机构不合格或发现破损时要及时更换，新的锁止机构必须经绝缘检测合格后才可装车。

（17）不要用汽油、酒精、肥皂水、去污粉等具有腐蚀性或导电性的液体擦拭高压元件及线束。

（18）严禁私自加装用电设备。

（19）严禁私自拆卸、维修高压用电设备。

（20）各个汽车制造厂在高压上电与下电逻辑方面的设计有较大区别，在维修过程中，应按照厂家的规范要求进行维修并穿戴好防护用具，不能以一种车型的要求套用所有车型。

2. 电伤害

1）电伤害的种类

触电一般指人体触及带电体，由于电流通过人体而造成的伤害，分为电击和电伤两种情况。

（1）电击。

电击是指电流通过人体内部，破坏心脏、肺和神经系统的正常工作，严重时可危及生命，绝大多数（大约 85%以上）的触电死亡事故都是由电击造成的。

按照人体触电的方式和电流通过人体的途径，电击触电种类有三种，如图 1-1-1 所示。

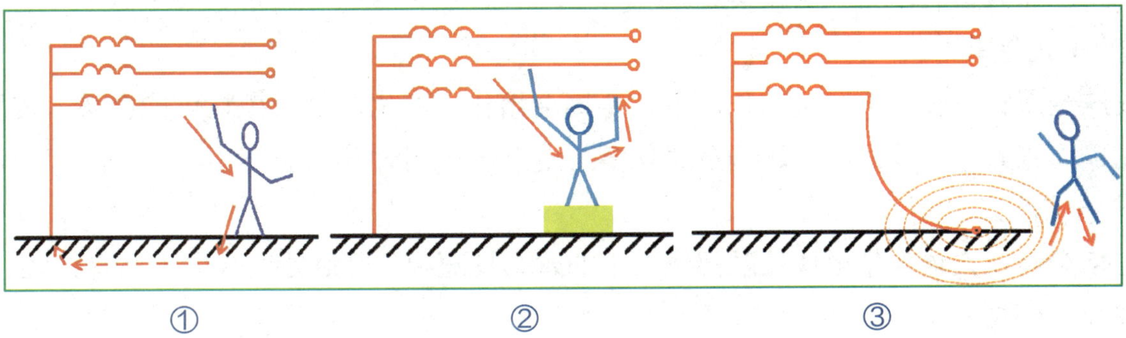

图 1-1-1 电击触电种类

① 单相触电，指人体触及单相带电体的触电事故。

② 两相触电，指人体同时触及两相带电体的触电事故，危险性很大。

③ 跨步电压触电，当带电体接地且有电流流入地下时，电流在接地点周围产生电压降，人在行走时两脚之间产生了跨步电压，由此引起的触电事故称为跨步电压触电。

（2）电伤。

电伤是指由电流热效应、化学效应或机械效应等对人体造成的局部伤害。

触电的危险性与通过人体的电流大小、时间长短及频率大小有关，100 mA 的电流流经人体就会造成致命伤害，40～60 Hz 的交流电比其他频率的电流更危险。

2）电伤害的特点

（1）电击的主要特征。

① 伤害人体内部。

② 在人体外表面没有显著的痕迹。

（2）电伤的主要特征。

在触电伤亡事故中，纯电伤及带有电伤性质的约占 75%（电烧伤约占 40%）。尽管大约 85%以上的触电死亡事故是由电击造成的，但电击事故中大约 70%含有电伤成分。因此对于专业电工的安全而言，预防电伤具有更加重要的意义。

① 电烧伤。

电烧伤是电流的热效应造成的伤害，分为电流灼伤和电弧烧伤。

电流灼伤是人体与带电体接触，电流通过人体时由电能转换成热能对人体造成伤害。电流灼伤一般发生在低压设备或低压线路上。

电弧烧伤是由弧光放电造成的伤害，一般分为直接电弧烧伤和间接电弧烧伤。电弧温度高达 8000℃以上时，可造成大面积、大深度的烧伤，甚至烧焦、烧掉四肢及其他部位。大电流通过人体，可能会烘干、烧焦机体组织。高压电弧的烧伤比低压电弧更加严重，直流电弧的烧伤比工频交流电弧更加严重。

发生直接电弧烧伤时，电流进、出口的烧伤最为严重，体内也会烧伤。与电击不同的是，电弧烧伤会在人体表面留下明显痕迹。

② 皮肤金属化。

皮肤金属化是在电弧高温的作用下，金属会熔化、汽化，金属微粒可能会渗入皮肤，使皮肤粗糙而张紧。一般而言，皮肤金属化多与电弧烧伤同时发生。

③ 电烙钝。

电烙钝是在人体与带电体接触部位留下的永久性斑痕。斑痕处皮肤失去原有弹性、色泽，表皮坏死，失去知觉。

④ 机械性损伤。

机械性损伤是指当电流作用于人体时，由于中枢神经反射和肌肉强烈收缩等作用导致的机体组织断裂、骨折等伤害。

⑤ 电光眼。

电光眼是指发生弧光放电时，由红外线、可见光、紫外线对眼睛造成的伤害。电光眼一般表现为角膜炎或结膜炎。

3. 国标相关规定

1）电压等级标准

GB/T 18384—2020《电动汽车安全要求》中规定的电压等级如表 1-1-1 所示。

表 1-1-1　电压等级

单位为伏

电压等级	最大工作电压	
	直流	交流（rms）
A	$0<U\leqslant 60$	$0<U\leqslant 30$
B	$60<U\leqslant 1500$	$30<U\leqslant 1000$

2）放电标准

主动放电：电机控制器被切断电源，切入专门放电回路对支承电容快速放电，时间要求

≤3s。

被动放电：电机控制器被切断电源，不切入专门放电回路，支承电容自然放电，时间要求≤5min。

碰撞后主动放电时间：GB/T 31498—2021《电动汽车碰撞后安全要求》规定车辆碰撞后高压母线总电能小于 0.2J。GB/T 18384—2020《电动汽车安全要求》规定 B 级电压带电部分在遮栏和外壳打开后 1s 内，B 级电路存储总能量小于 0.2J。ISO 6469—4—2015《电动道路车辆安全规范第 4 部分：碰撞后电气安全》规定 10s 内高压母线电压需要降低到 A 级电压。GB/T 18384—2020《电动汽车安全要求》规定固定在最大工作电压下，直流电路绝缘电阻应不小于 100Ω/V，交流电路应不小于 500Ω/V。

4. 防护用品

防护用品是维修人员在高压环境工作中为了防止触电而穿戴的用品和使用的工量具，各类安全防护用品如图 1-1-2 所示。

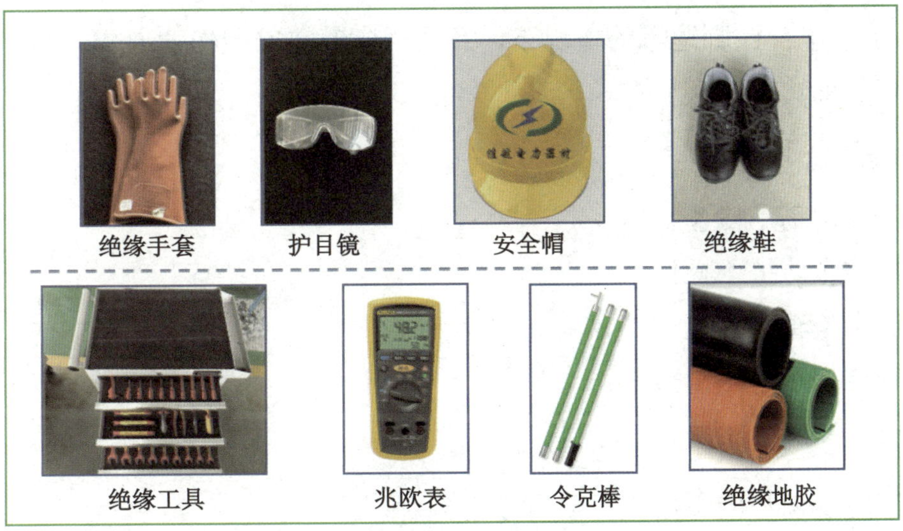

图 1-1-2　各类安全防护用品

5. 安全操作基本要求

1）新能源汽车维修基本要求

（1）维修人员应具备低压电工操作证。

（2）穿戴棉制工装进行作业。

（3）双人作业时，一人负责操作，另一人负责安全监护，在作业区拉警戒线。

（4）安全用品使用前应合理选用并仔细检查。

（5）维修人员需保持良好的卫生习惯，改变长期脏手、脏鞋、湿脚的陋习。

（6）维修人员需通过厂方培训认证。

2）拆除高压元件或进行线路检测前的准备工作

（1）读取故障码及数据流，判断是否存在触电隐患。

（2）点火开关关闭时，须确认高压系统内是否还存在高压（特别是电机控制器）。

（3）保证断开 12V 蓄电源负极 10min 后再进行高压拆检操作。

（4）根据需要断开维修开关（放置于指定位置并由专人看管）。

（5）在未知高压电路是否带电的情况下拆除高压线束时，必须穿戴防护用具。

（6）拆下任何高压配线后，应即刻检查高压线束及元件是否还存在高于安全电压的余电，并立刻进行绝缘隔离及防污处理。

（7）用绝缘表对高压元件及线路进行绝缘检测时，必须在高压电断开的情况下进行检测（电池包电压不接入电路），严禁在高压电接通的情况下进行检测。

（8）电池包的绝缘检测可通过检测仪判断，输出母线单独进行绝缘检测。在确认主正及主负继电器未黏结的情况下，可用绝缘表测量电池包输出端至主正及主负继电器的绝缘情况，否则严禁测量电池包的绝缘情况。

（9）采用单边测量法用绝缘表进行高压绝缘检测。

（10）在不了解车辆控制逻辑的情况下，必须严格遵守安全作业要求，通过两次以上的安全确认才能进行作业。

6. “四不原则”

（1）教师不在现场不操作。

（2）未做好安全防护不操作。

（3）未经安全检查不上电操作。

（4）未经安全提示不上电操作。

7. 急救

触电伤害程度鉴别与应急措施主要有以下几种。

（1）如果触电者伤势较轻且神志清醒，但有些心慌、四肢麻木、全身无力时，或者触电者曾一度昏迷但已清醒过来时，应使触电者安静休息，不要走动，安排专人密切观察并及时就医。

（2）如果触电者伤势较重且已失去知觉，但心脏跳动和呼吸还存在，应将触电者移至空气畅通处，解开衣服，让触电者平直仰卧，并用软衣服垫在身下，使其头部比肩稍低，以免妨碍呼吸，如天气寒冷要注意保温，呼吸衰弱者还可掐人中、挤压涌泉等穴位并迅速送往医院。

（3）如果发现触电者呼吸困难或发生痉挛，应立即准备对心脏停搏或呼吸停止后的抢救。若触电者伤势较重，无呼吸有心跳，需进行人工呼吸急救；有呼吸无心跳，需进行脑外按压急救；无呼吸无心跳，应立即进行人工呼吸并应用胸外心脏挤压法进行抢救，同时尽快送往医院。在送往医院的途中，不应停止抢救，许多触电者往往由于在送医途中停止抢救而死亡。

注意：必须仔细观察，辨认脉搏（心跳）是否完全停止，同时对伤者大声呼喊（若心脏未停搏时按压心脏会引起心律失常，反而会威胁生命）。

（4）有的触电事故，触电者被救助之后没有死亡，反而是救助者失去了生命。有的高处触电事故，触电者起初没有死亡，但在隔断其与电源的接触之后，未加以保护，导致坠落死亡。还有的触电者，因为没有得到正确的救治，延误了救治的最佳时机而发生悲剧。

（5）遇到触电事故时，一定要冷静，首先断掉电源，在保证自身安全的前提下，不直接接触带电体和触电者，可以用干衣服和毛巾等绝缘物将触电者拽离带电体。

建议：有关单位邀请专业医护人员进行集体人工急救培训。

任务二 万用表占空比挡功能及使用

在现代汽车控制信号中，占空比控制占较大比例，传统电压与电阻检测方式难以准确判断控制信号的好坏，在进行信号综合判定中必须进行占空比的测量才能准确判断信号是否有效，本任务主要完成占空比信号检测的学习，了解万用表占空比挡功能及使用。

学习内容

学习国产多一（DUOYI）万用表或 OTC 万用表占空比挡功能及使用。

教学用具

最低配置：S50EVB 车辆 2 台（或其他纯电动汽车），新能源汽车专用工具 2 套，DUOYI（DY2201）或 OTC（OTC3541）万用表 2 台，车内外护套 2 套。

学习目标

（1）依照“操作练习”进行操作，填写学生工作页，学会占空比的测量方法。

（2）协作完成操作。

（3）第一次操作时，每一步操作应在教师检查后才可进行下一步操作。

（4）强化“四不原则”。

学习建议

（1）学生可通过线上平台进行预习或复习，课堂上直接安排小组分工，轮流交替完成任务。

（2）建议授课 2 课时。

操作练习

内容	作业	参考图片
（一）校表	将红、黑表笔分别插入对应端口。 DUOYI（DY2201）万用表：红表笔接测量孔（标识为：VΩ）端口，黑表笔接公共端口（标识为：COM）端口	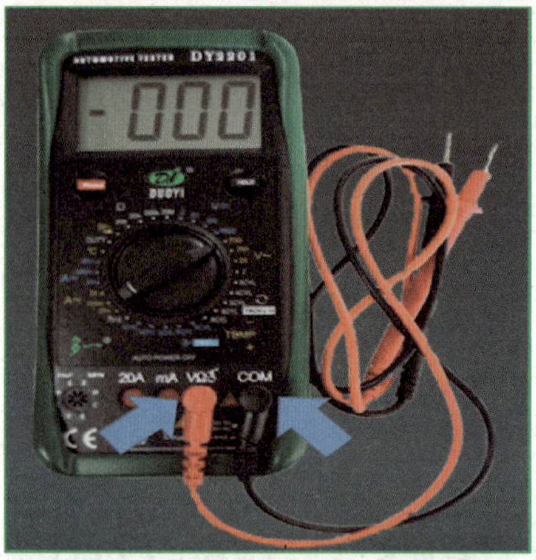
	OTC（OTC3541）万用表：红表笔接 RPM.V.Ω.Hz 端口，黑表笔接 COM 端口	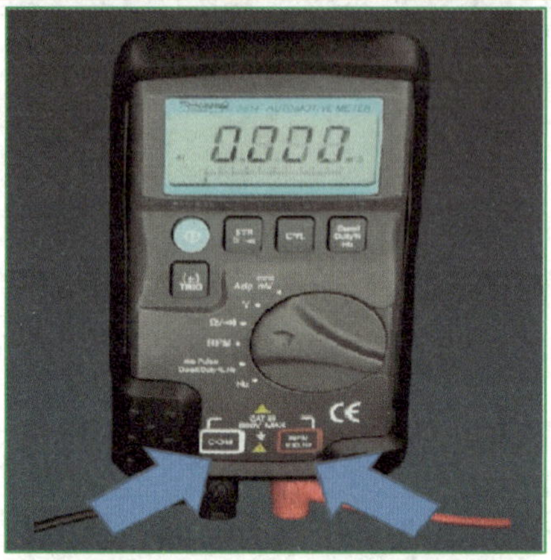
	将 OTC3541 万用表调至 Ω 挡	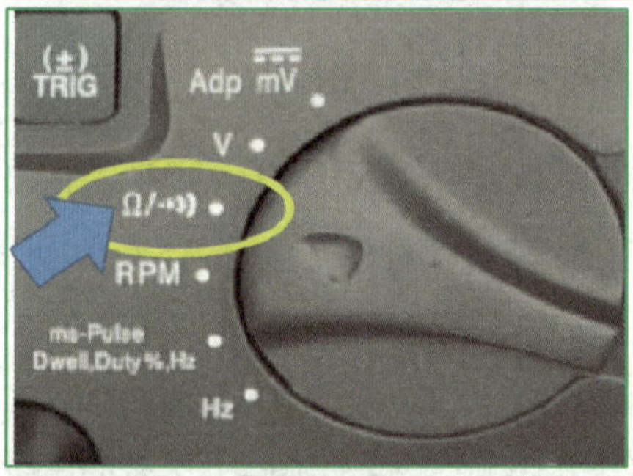
	将红、黑表笔短接。 对于质量较好的表及表笔线，校表时一般显示电阻为 0～0.2Ω，质量一般的显示约为 0.4Ω	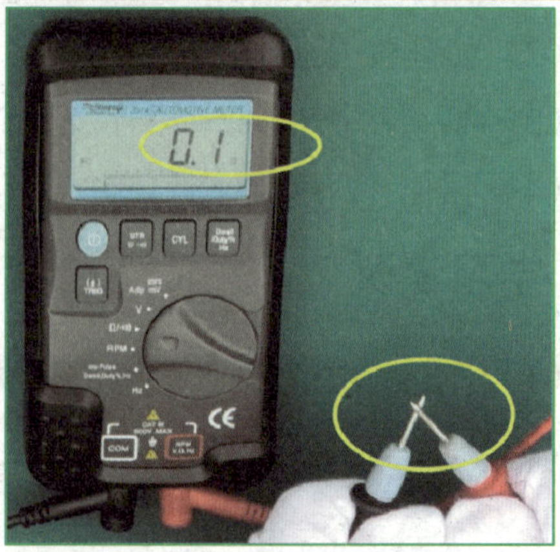

续表

内容	作业	参考图片
（二）实物测量（OTC 万用表）	此处以 S50EVB 车辆风扇控制模块为例进行测量。 风扇控制模块上的线束插座有 3 根导线，其中粗的 2 根为电源与搭铁，中间细小的 1 根为占空比控制线。 为方便测量，在风扇控制模块的控制线上插入背针	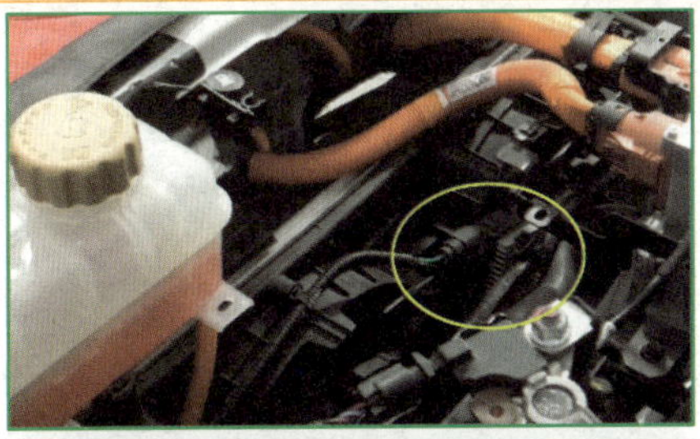 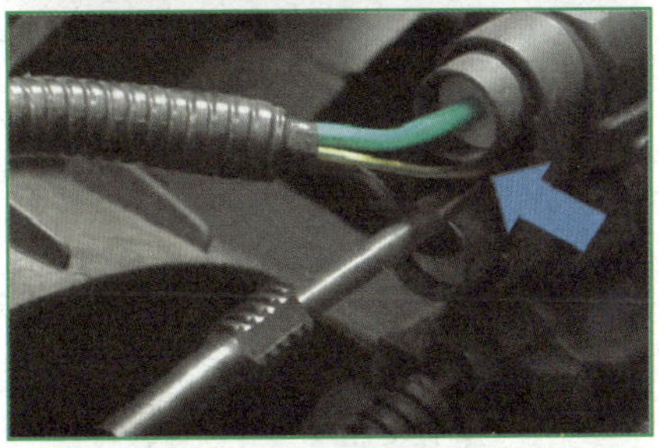
	1. 将挡位旋钮旋至 DUTY 挡。 2. 确认万用表屏幕是否显示为“100.0%”。 3. 若万用表屏幕显示数据后方的单位为 Hz、ms 等，则通过功能按钮选择至占空比挡位单位，占空比挡位单位为“%”	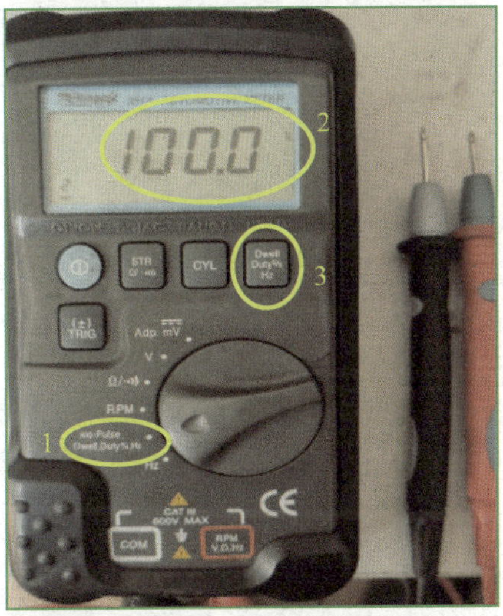
	将车辆点火开关转到 ON 挡。 将万用表黑表笔接到搭铁上。 将万用表红表笔接到控制线（背针）上	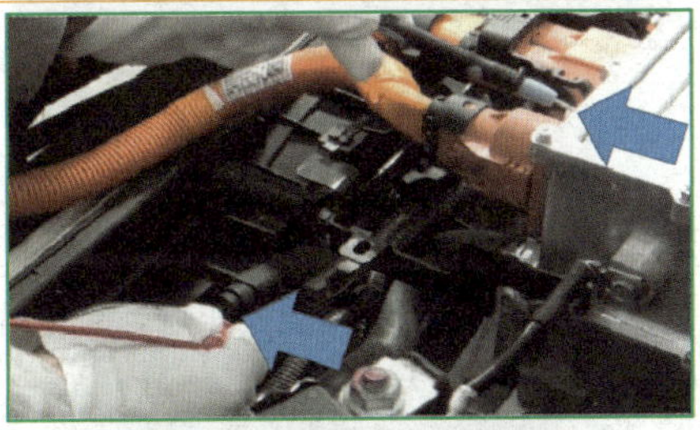
	读取万用表占空比的数据，此处测量值为 90%，说明所测量信号实际占空比为 10%	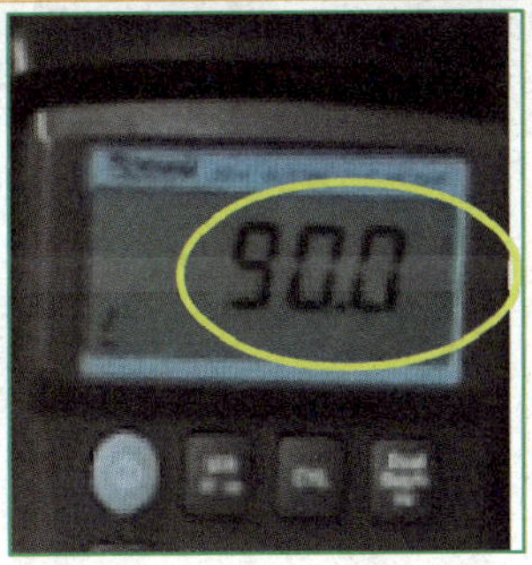

续表

内容	作业	参考图片
（三）实物测量（DUOYI 万用表）	1．将挡位旋钮旋至 DUTY 挡。 2．确认万用表屏幕是否显示为“00.0”。 3．确认此挡位的测量信号单位为“%”	
	将车辆的点火开关转到 ON 挡，将万用表黑表笔接到搭铁上，将万用表红表笔接到控制线（背针）上	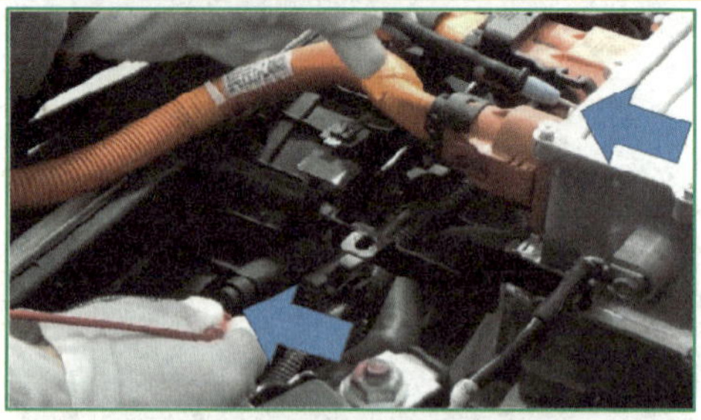
	此时测得的占空比为 9.8%，说明所测量信号实际占空比为 9.8%	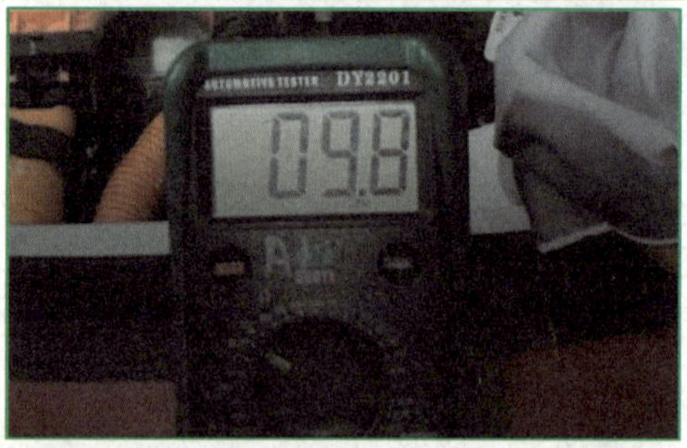
（四）数据说明	1．正触发（高电位）检测模式数据+负触发（低电位）检测模式数据=100%。 2．正触发检测模式数据万用表在置于 DUTY 挡且万用表两根表针悬空情况下，万用表屏幕显示为 0%。 3．负触发检测模式数据万用表在置于 DUTY 挡且万用表两根表针悬空情况下，万用表屏幕显示为 100%	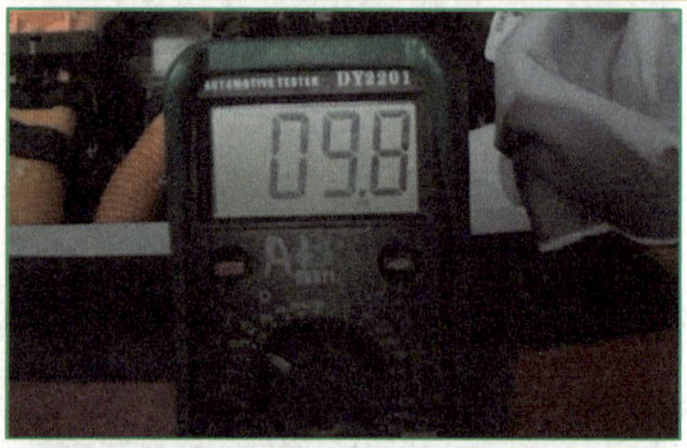 

原理讲解

1. 占空比定义

占空比为在一个周期内元件工作时间占总周期的百分比，占空比示意图如图 1-2-1 所示。

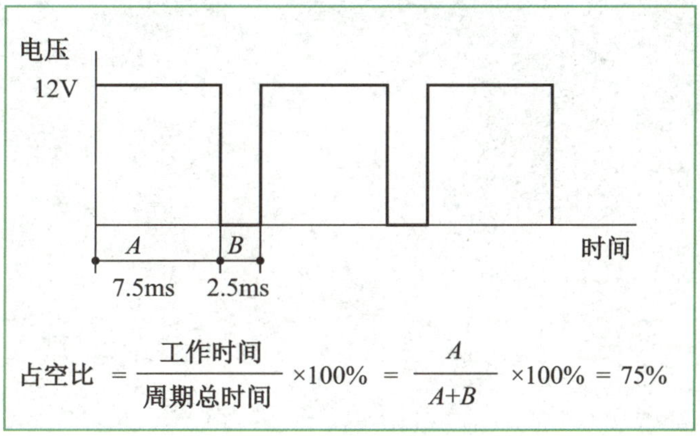

图 1-2-1 占空比示意图

2. 占空比使用意义

对占空比控制的元件进行数据检测时，由于受车辆状态、数据偏差或插座进水等影响，仅通过电压不能确认信号正常与否，容易造成误判。因此，当信号为占空比数据信号时，除测量电压外，还应对占空比数值进行测量才能准确判断信号是否正常。

3. 万用表占空比测量功能介绍

不同型号的万用表在测量同一信号的占空比时，数值不尽相同，这主要与万用表设计有关，使用时需注意区别。

DY2201 万用表如图 1-2-2 所示，在测量占空比时，应作为正控式万用表使用。因为在选至占空比 DUTY 挡后，显示屏显示为“00.0%”。当测量占空比信号时，所测得的数据表示为该信号的高电位（正脉冲）。

图 1-2-2 DY2201 万用表

OTC3514 万用表如图 1-2-3 所示，在测量占空比时，选至占空比 DUTY 挡后，显示屏显示为“100.0%”。当测量占空比信号时，所测得的数据表示为该信号的低电位（非正脉冲）。

正控式万用表和负控式万用表在测量同一占空比时，数据相加为 100。

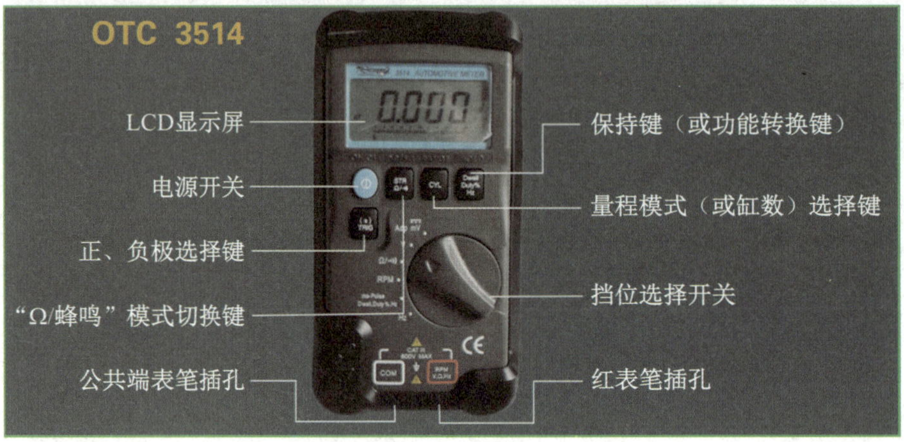

图 1-2-3　OTC3514 万用表

工作页

内容	现象及数据记录	结果判断
（一）基本检查	1．选用万用表型号为__________。 2．拨到最小电阻挡，对接表针，电阻值：_____Ω。 3．测量蓄电池电压值：________V。 4．选至 DUTY 挡，打开万用表电源，仪表上显示的占空比数据为__________%	万用表及表针： □正常 □异常
（二）实车测量	应用背插方式测量车辆占空比信号元件是________________。 打开车辆点火开关，测量以下数据： Duty%（占空比）：______________。 ms-pulse（脉冲时间）：__________。 Hz（频率）：__________________。 所测量元件信号的电压为_______V	
（三）拓展测量	1．将万用表的负表笔线从搭铁换至蓄电池正极，所测得的占空比数据是否有变化？ □有变化　　□没有变化 2．将万用表的正负表笔交换进行测量，数据是否有变化？ □有变化　　□没有变化	占空比与测量的基准点有无关系： □有 □无

任务三 兆欧表的使用

目前的新能源汽车主要使用 110～650V 的电能储能系统，各高压元件在使用过程中要保持较好的绝缘性能，若发生高压元件电气老化或潮湿漏电，将会严重影响汽车性能或造成安全隐患，此类隐患或故障需通过兆欧表（绝缘表）进行检查排除，本任务主要学习兆欧表的使用方法。

学习内容

学习国产胜利（Victor）兆欧表或福禄克（Fluke）兆欧表的使用。

教学用具

最低配置：S50EVB 车辆 2 台（或其他纯电动汽车），新能源汽车专用工具 2 套，国产胜利（Victor）兆欧表或福禄克（Fluke）兆欧表 2 套，车内外护套 2 套。

学习目标

（1）依照“操作练习”进行操作，填写学生工作页，学会正确使用兆欧表进行元件绝缘性能检测。

（2）协作完成操作。

（3）第一次操作时，每一步操作应在教师检查后才可进行下一步操作。

（4）强化“四不原则”。

学习建议

（1）学生可通过线上平台进行预习或复习，课堂上直接安排小组分工，轮流交替完成任务。

（2）建议授课 2 课时。

操作练习

内容	操作	参考图片
安全事项强调： 1. 无论是在校表时还是在测量元件时，均不得裸手同时直接接触兆欧表的两根测量表针，以免操作失误被电击。 2. 任何时候都不得用兆欧表的绝缘挡位（有电压的挡位）检测低压电路的绝缘性能。 3. 严禁尝试测量人体的绝缘值。 4. 测量后应及时关机		

续表

内容	操作	参考图片
（一）校表		
胜利 Victor	将兆欧表笔的红、黑插头分别插入兆欧表的“L”和“E”端口	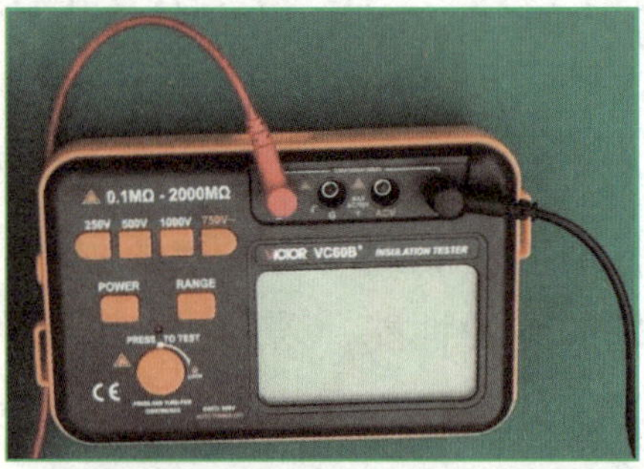
	将万用表挡位调至 1000V 电压挡	
	将兆欧表的红表笔插入万用表的“VΩ”测量端口，将兆欧表的黑表笔插入万用表的“COM”公共端口	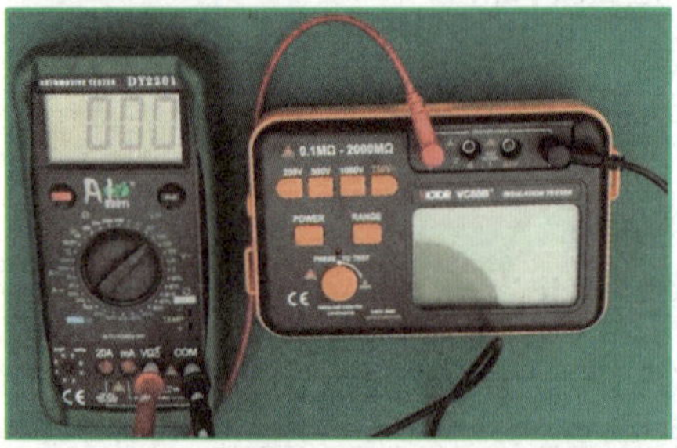
	依次选择兆欧表 250V、500V、1000V 电压挡，分别向后操作。 注意： 也可根据实际车型只选择所需挡位检查，目前轿车一般选择 500V 或 1000V 电压挡	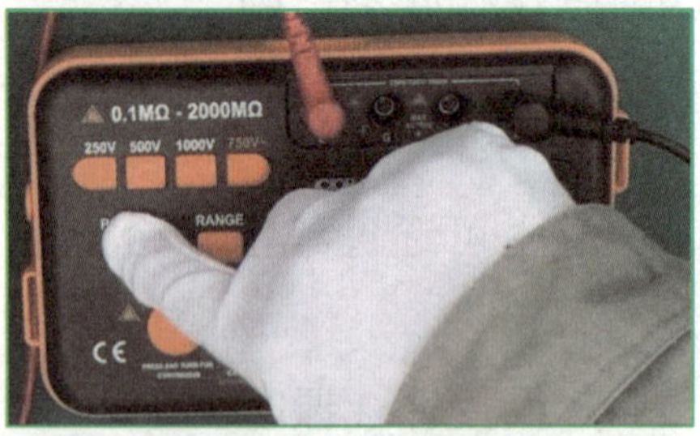
	按下“POWER”电压开关	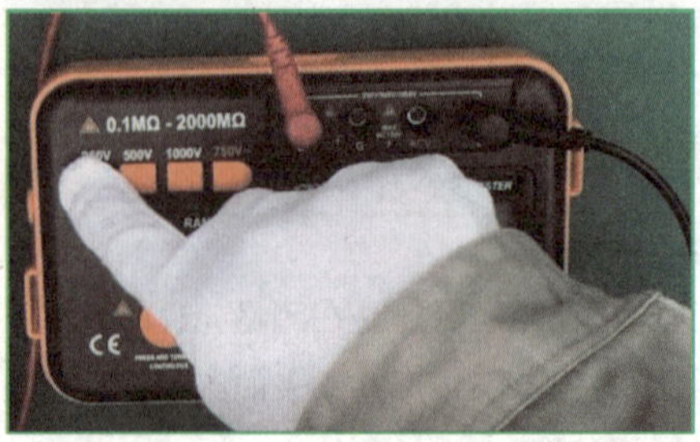

续表

内容	操作	参考图片
胜利 Victor	预热约 10s。 按下测试按钮	
	万用表应显示电压值为 250V，绝缘表应显示电阻值为 10MΩ	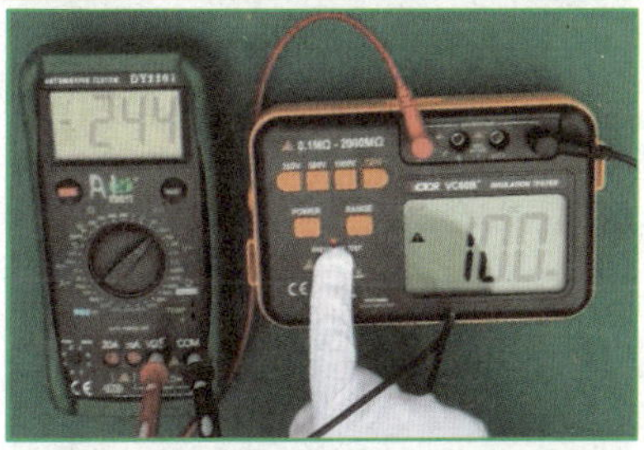
福禄克 Fluke	将兆欧表笔的红、黑插头分别插入“Ω”和“COM”端口	
	将兆欧表调至 Ω 挡	
	将红、黑表笔短接，内阻值正常应小于 0.4Ω	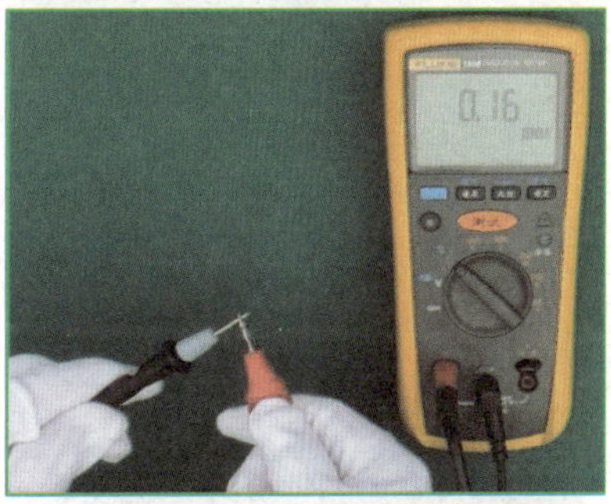
	将万用表挡位调至 1000V 电压挡	

续表

内容	操作	参考图片
福禄克 Fluke	将兆欧表笔的红、黑插头分别插入“绝缘”和“COM”端口	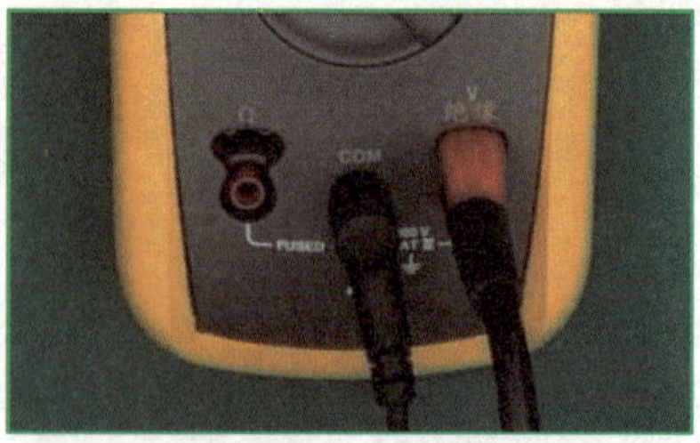
	依次选择兆欧表 50V、100V、250V、500V、1000V 电压挡，分别进行后续操作。 注意： 也可根据实际车型只选择所需挡位检查，目前轿车一般选择 500V 或 1000V 电压挡	
	将兆欧表的红表笔插入万用表的“VΩ”测量端口、黑表笔插入万用表的“COM”公共端口	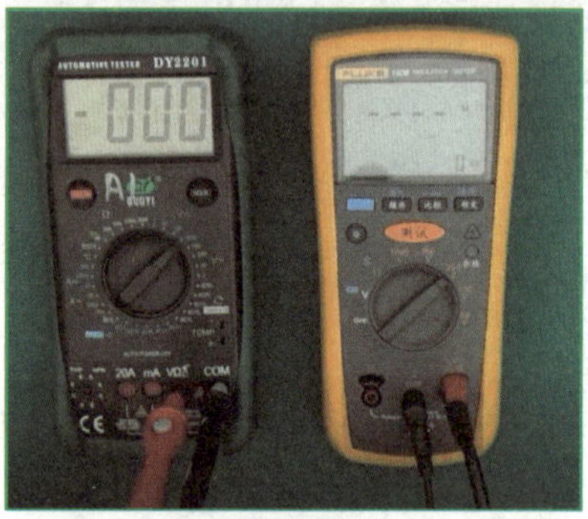
	按下红表笔的测试键（或绝缘表上的测试按钮），此时万用表上显示的电压值应为 250V	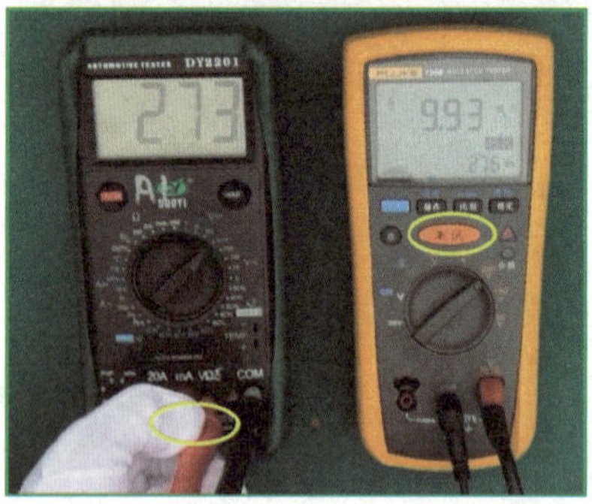
（二）实物测量 以动力电池加热器的测量为例。 注意：不能用兆欧表测量低压电路，并且在下电后，应等待 10min 以上再进行操作		
断电	断开蓄电池负极。 注意保持桩头清洁	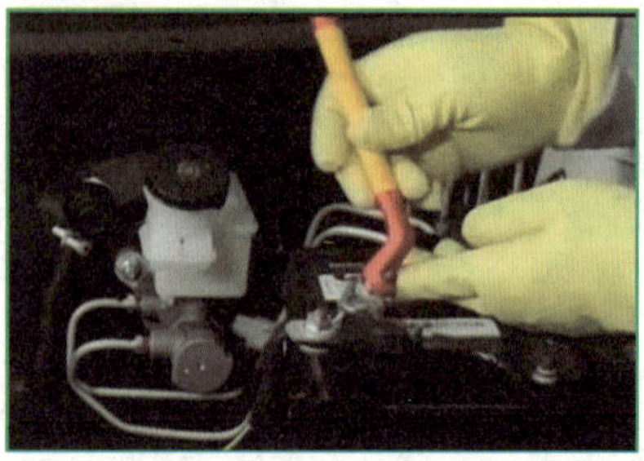

续表

内容	操作	参考图片
拆除高压插座	向外释放（拉开）高压配电盒上的电池加热器高压插座锁扣（深红色）	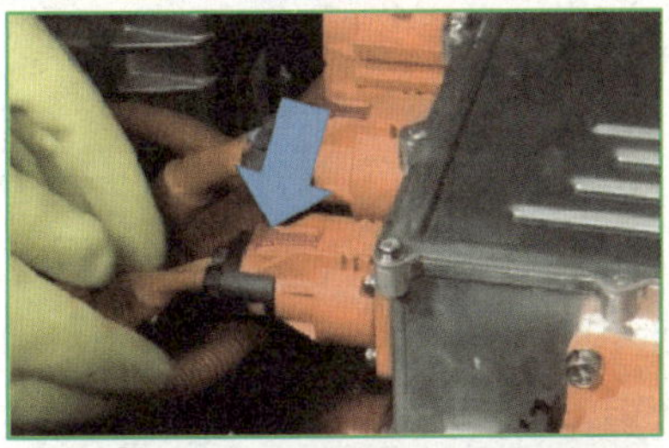
	按住高压插座外端向外拔插座，使高压插座与高压元件之间的第一道锁扣解开	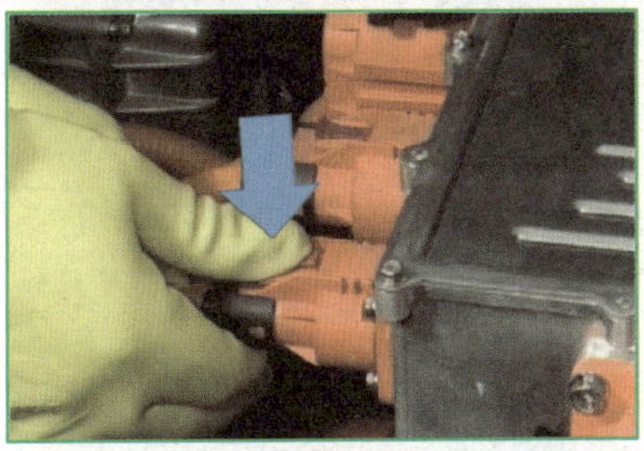
	1. 确保进行上一操作时高压插座已退出第一道锁止机构（高压插座与高压元件之间已形成间隙）。 2. 按下高压插座内端向外拔出整个插座	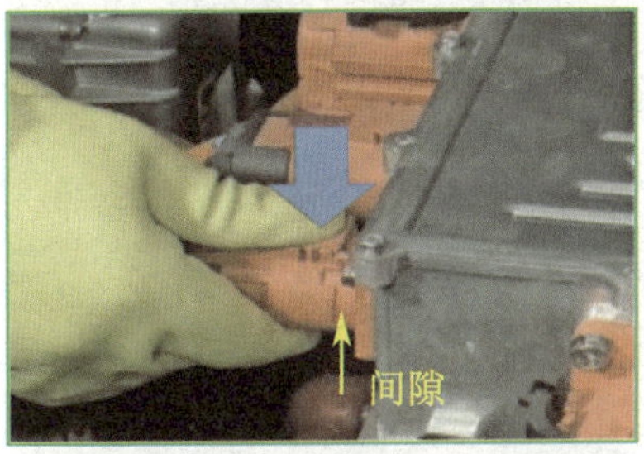
	拔出插座。 注意： 教师应做示范，以防学生拔坏高压插座	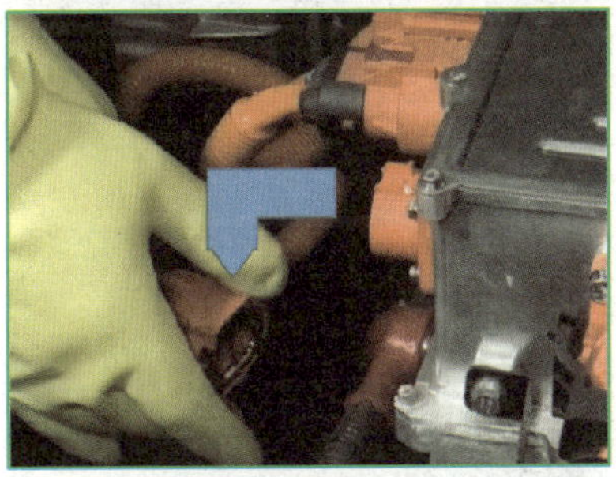
单边连接	将兆欧表黑表笔接搭铁	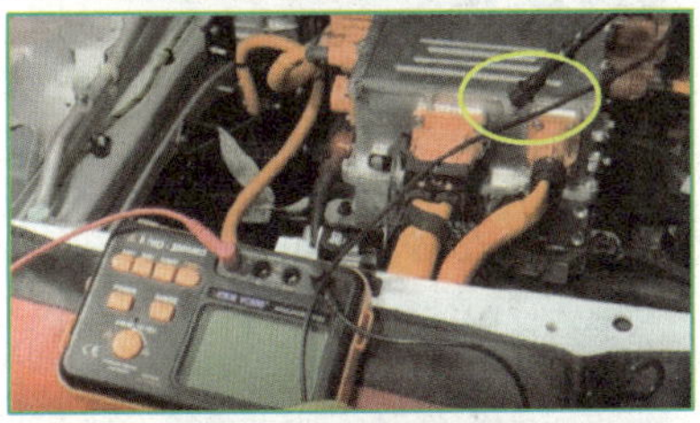
测量	将兆欧表红表笔接入插座内芯	

续表

内容	操作	参考图片
测量		
	选择 1000V 电压挡	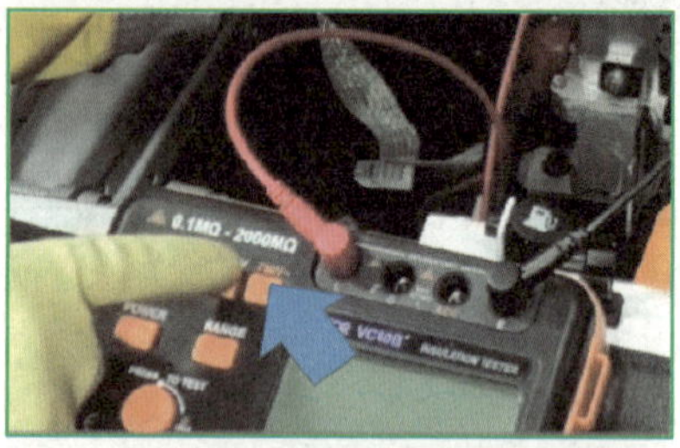
	按下兆欧表电源按键	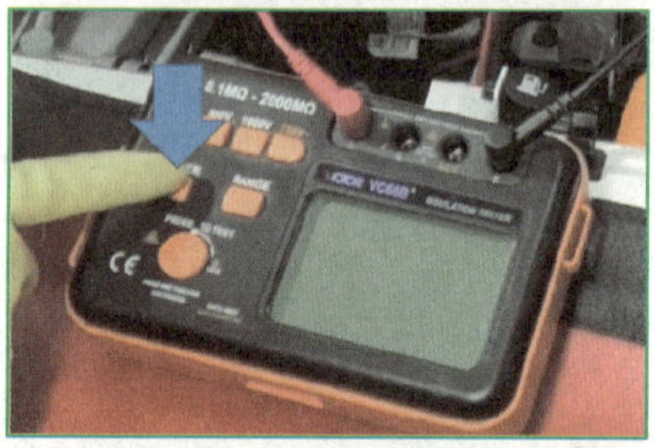
	1．按下测试键。 2．测试面板显示“1．MΩ”，说明超出量程，绝缘效果正常。 注意： 要求采用单边测量的方法，即测量人员只对单边进行操作，另一边应固定	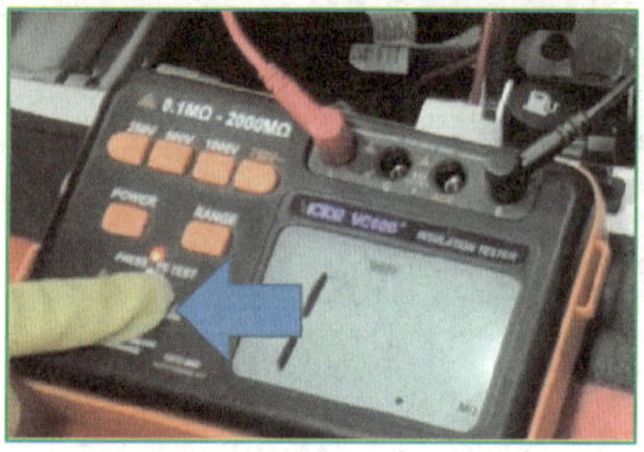

原理讲解

1．绝缘相关概念

绝缘是指为了隔离人、其他带电或不带电结构，在带电器件表面包裹一层不导电物质的做法。不导电的物质称为绝缘材料。

对不同绝缘材料或系统绝缘能力进行比较时，一般选择用于表示绝缘测试结果的参数为：绝缘电阻、漏电流。

绝缘电阻是指绝缘介质的电阻值，是衡量介质绝缘性能好坏的物理量，在汽车维修领域中，一般通过测量带电元器件与壳体之间的电阻值来衡量，由于数值较大，单位常用“兆欧”表示。

漏电流是指系统内流过绝缘材料表面的电流，数值越大，说明系统绝缘性能越差。

2．兆欧表介绍

兆欧表一般分为机械手摇式与手持电子式两类，手持电子式的兆欧表测量方便、不易损坏，相比机械手摇式应用更加广泛。福禄克 1508 兆欧表如图 1-3-1 所示，胜利 VC60B+兆欧表如图 1-3-2 所示。在实际使用中，福禄克的兆欧表所测数据更加稳定、准确，耗电较小，但价格也较高。

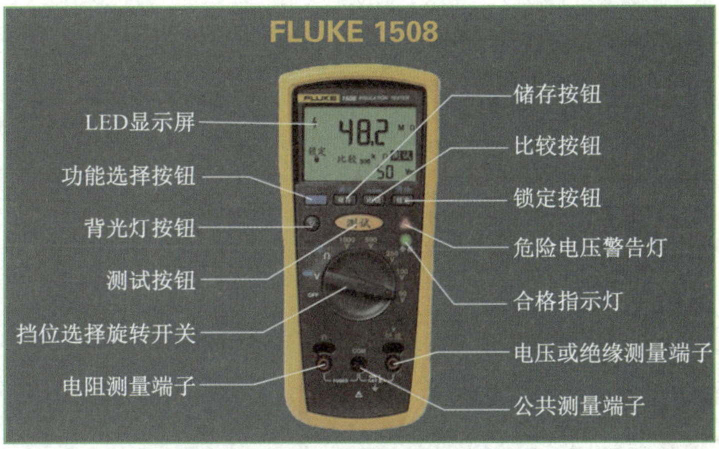

图 1-3-1　福禄克 1508 兆欧表

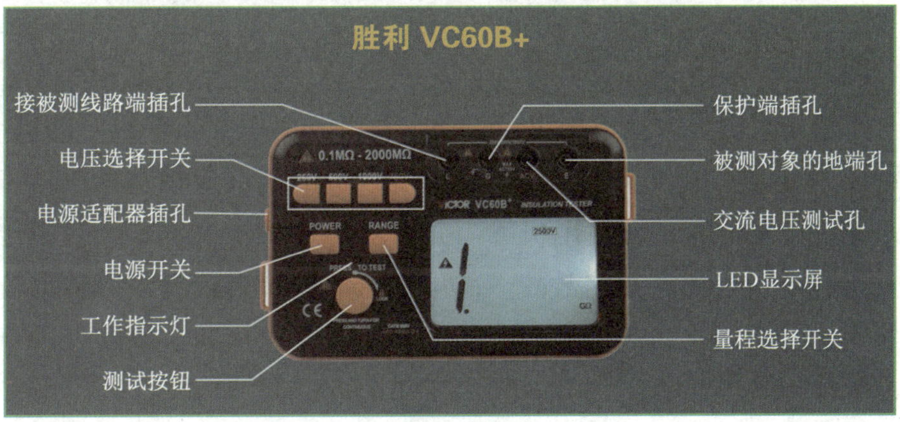

图 1-3-2　胜利 VC60B+兆欧表

工作页

内容	现象及数据记录	结果判断
（一）基本检查	校表。 250V 挡，万用表显示电压值：______V，兆欧表显示绝缘电阻值：________MΩ。 500V 挡，万用表显示电压值：______V，兆欧表显示绝缘电阻值：________MΩ。 1000V 挡，万用表显示电压值：______V，兆欧表显示绝缘电阻值：________MΩ	250V 挡： □正常 □异常 500V 挡： □正常 □异常 1000V 挡： □正常 □异常

续表

内容	现象及数据记录	结果判断
（二）实车测量	实车所测元件名称：________________。 记录所测元件正极绝缘电阻值。 第一次测得电阻值：_______ MΩ。 第二次测得电阻值：_______ MΩ。 第三次测得电阻值：_______ MΩ。 记录所测元件负极绝缘电阻值。 第一次测得电阻值：_______ MΩ。 第二次测得电阻值：_______ MΩ。 第三次测得电阻值：_______ MΩ	所测元件绝缘： □正常 □异常
（三）拓展测量	测量直流充电座的高压端口与车身（PE）绝缘情况。 D+ 与 PE 绝缘电阻值：________ Ω。 D− 与 PE 绝缘电阻值：________ Ω	直流充电线绝缘情况： □正常 □异常

任务四 毫欧表的使用

在现代汽车维修中，由于大量应用电子设备，各电气元件都需要较好的供电及信号传输，但汽车是在各种复杂、恶劣的工况下工作，会出现较多的电气接触不良故障。同时有些电气元件内阻较小，如纯电动汽车的驱动电机等，其内阻约为 20～30 mΩ，使用传统的万用表无法准确判断其是否存在内部击穿短路故障，而电机总成的价格较高，拆装也较为麻烦，因此应准确判断后才可进行更换。对于内阻较小的电气元件，也可通过毫欧表进行检测。本任务主要学习毫欧表的使用。

学习内容

学习维希（Vici）毫欧表的使用。

教学用具

建议最低配置：维希（Vici）毫欧表 2 套，继电器 2 个，接插继电器导线 2 根，蓄电池 2 个。

学习目标

（1）依照“操作练习”进行操作，填写学生工作页，学会正确使用毫欧表测量小内阻元件或继电器触点接触情况。

（2）协作完成操作。

（3）第一次操作时，每一步操作应在教师检查后才可进行下一步操作。

（4）强化“四不原则”。

学习建议

（1）学生可通过线上平台进行预习或复习，课堂上直接安排小组分工，轮流交替完成任务；

（2）建议授课 2 课时。

操作练习

内容	操作	参考图片
（一）校表		
校表	将毫欧表的红、黑表笔分别插入 V+、I+、V−、I−端口	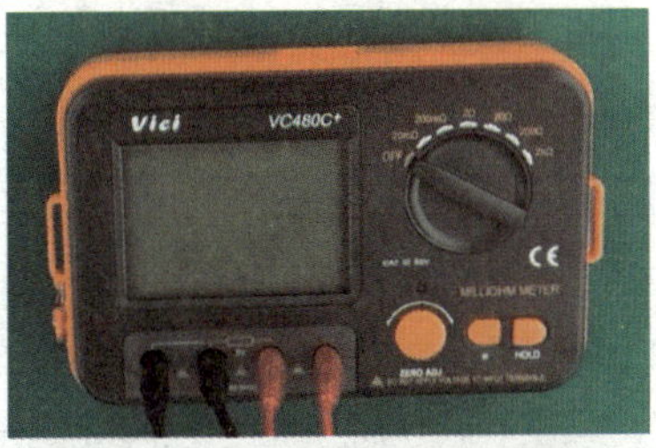
	将毫欧表的红、黑表笔夹在一起	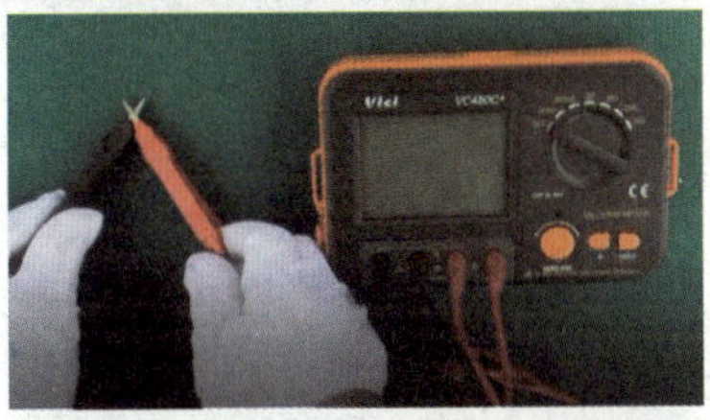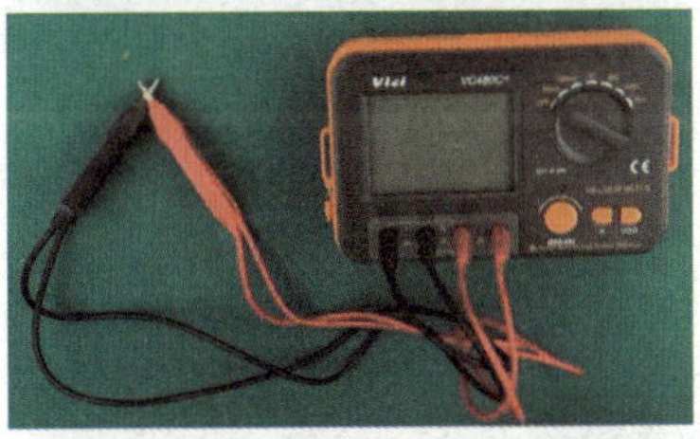
	分别选择 20mΩ、200mΩ、2Ω 挡后，依次向下操作	
	旋转按钮，调至 0Ω。 注意： 若在实物测量中有些部位测量夹无法进入，可在测量夹中夹上导线，但需要再次校表调零	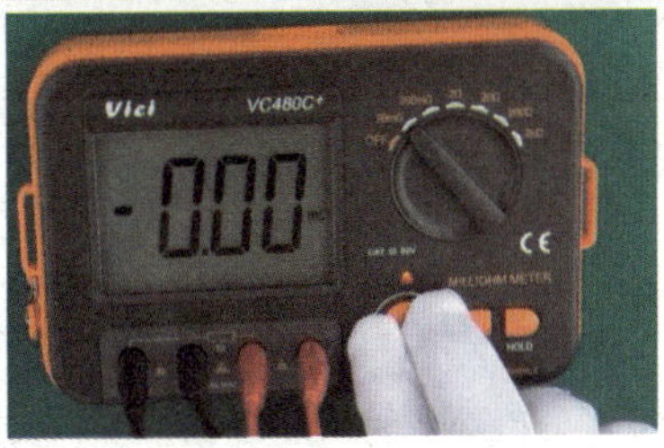

续表

内容	操作	参考图片
（二）实物测量		
	安装好毫欧表，选择合适量程，并完成校表	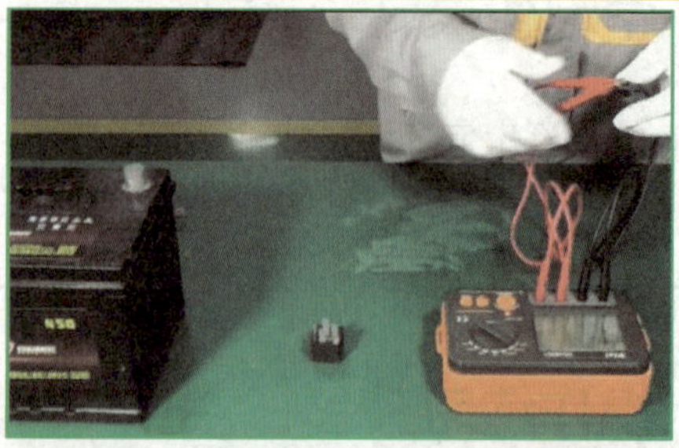
	将继电器线圈两端分别接到蓄电池正、负极	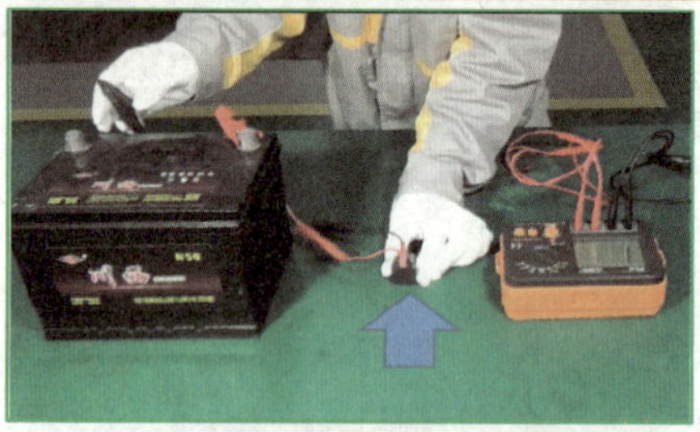
	将毫欧表的红、黑表笔分别接到继电器触点两端。 一般继电器触点接触良好时，测得的接触电阻约为 3～5mΩ	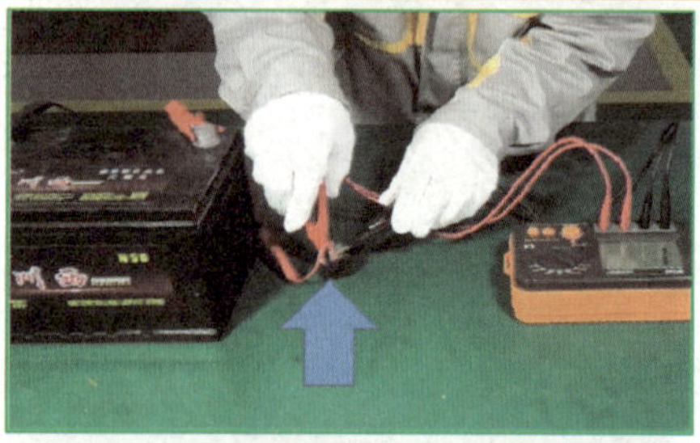

原理讲解

1. 毫欧表作用

毫欧表能精确测量电阻，最小精确度可达 mΩ，测量量程为 0.01mΩ～2kΩ，适用于较小电阻值的测量，通常用于测量电机线圈阻值、检测不便拆卸电气元器件和电路接通时的接触状态。

2. 毫欧表测试原理

毫欧表也称微电阻计或微欧计，其测试原理是通过电桥原理（也称开尔文原理）四线法进行测量，即在电阻两端施加恒流电流，再通过仪器检测其两端的电压，然后通过仪器自动计算得出电阻值。其优点是测量的数据接近电阻在工作状态下的真实阻值，并且消除了测试线自身电阻的影响。

3. 毫欧表与普通万用表的区别

（1）测试原理不同。

毫欧表的测试原理是通过电桥原理四线法进行测量，在测试中需使用 4 根导线。

普通万用表测量电阻时一般采用比例法，在测试中只需使用 2 根导线，所测元件电阻由普通万用表内的标准电阻阻值换算而来。

（2）测量精度不同。

毫欧表在测量小电阻时，消除了自身电阻的影响，使测量结果更接近真实电阻值，测量精度可达 mΩ，而普通万用表的测量精度一般只有 0.1Ω。

4. 毫欧表介绍

维希 480C+毫欧表面板功能如图 1-4-1 所示，维希 480C+毫欧表的插孔一般有 4 个，红色测试导线插入标识为“+”的插孔，黑色测试导线插入标识为“-”的插孔。将量程选至所需量程后，将红黑测量夹对夹，然后查看显示屏的读数是否为零，不为零时可旋转“调零旋钮”进行调整，以便于读数。

图 1-4-1 维希 480C+毫欧表面板功能

工作页

内容	现象及数据记录	结果判断
（一）基本检查	校表。 1．选用毫欧表的型号为__________。 2．分别选择毫欧表的各量程后并对表。 20mΩ 挡，调零情况： □正常　　□异常 200mΩ 挡，调零情况： □正常　　□异常 2Ω 挡，调零情况： □正常　　□异常 注意：不同毫欧表的挡位量程设计情况可能不一样，一般选择量程最低的三个挡位校验即可	毫欧表校验： □正常 □异常
（二）实物测量	所测元件名称：_______________。 所测元件的电阻值：________mΩ	元件接触状态： □ 正常 □ 异常
（三）拓展测量	1．测量任意 1 根导线。 长度为_______m，电阻值为______ mΩ；若线长为 100m 时，电阻值约为_____ mΩ。 2．测量任意 1 根汽车上的高压线。 长度为_______m，电阻值为______ mΩ；若线长为 100m 时，电阻值约为_____ mΩ	车辆上的高压线电阻较低压线的电阻： □ 大 □ 小

任务五　示波器的使用

目前市场上的各种汽车应用了大量的电子设备，使各种电子信号在汽车中相互交错，部分微弱信号由于恶劣的工作环境可能产生信号失真的现象，从而引起汽车的部分功能失效。应用传统万用表只能测量电压值，难以判断信号是否正常，因此，目前在较多的偶发故障中，可通过示波器抓取传感器或执行器的波形来准确判断故障部位。本任务主要学习手持示波器的使用。

学习内容

学习胜利（Victor220）示波器的使用。

教学用具

最低配置：S50EVB 车辆 2 台（或其他纯电动汽车），新能源汽车专用工具 2 套，胜利（Victor220）示波器 2 套，车外三件套 2 套，X431 专家版 2 台。

学习目标

（1）依照“操作练习”进行操作，填写学生工作页，学会正确使用示波器进行元件波形的检测。

（2）协作完成操作。

（3）第一次操作时，每一步操作应在教师检查后才可进行下一步操作。

（4）强化“四不原则”。

学习建议

（1）学生可通过线上平台进行预习或复习，课堂上直接安排小组分工，轮流交替完成任务。

（2）在设备能充分保证每个工位可容纳 4～6 人的情况下建议授课 2 课时，其他情况建议授课 4 课时。

操作练习

内容	操作	参考图片
（一）校表		
连接测试线	选择任意通道，将测试线连接到示波器上	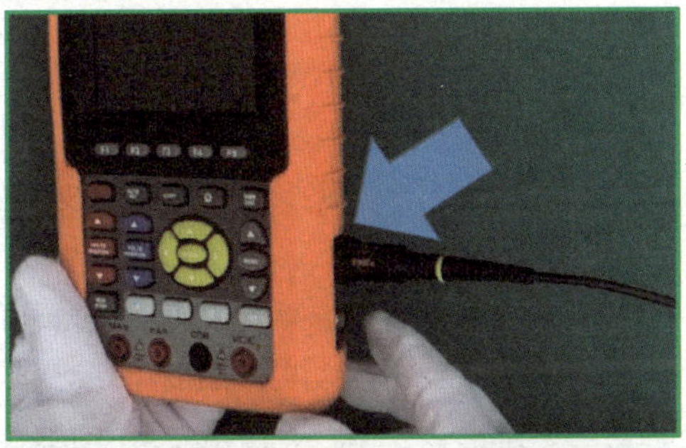
连接测试输出端子	将方波测试信号输出端子安装至方波测试输出口	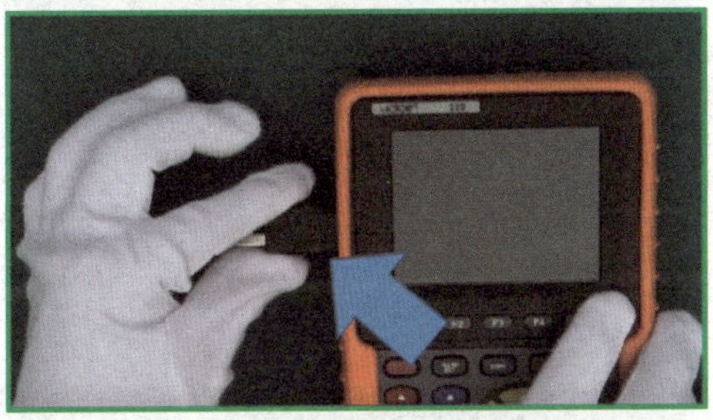
	将测试线正极钩住插头方形部分，负极夹住圆形接头	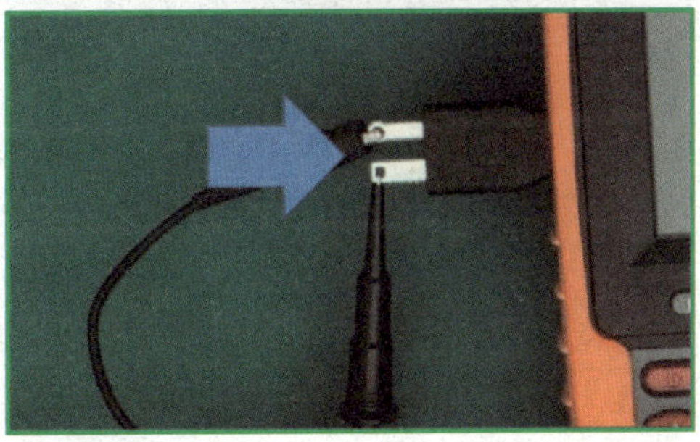

续表

<table>
<tr><th>内容</th><th>操作</th><th>参考图片</th></tr>
<tr><td>开机</td><td>打开示波器电源开关。
示波器应显示 5V 方波。
如果没有波形，则按下自动测试键（AUTO SET）。
若按下锁止键（RUN STOP），可锁定当前波形界面，再按一次可释放当前锁定界面</td><td>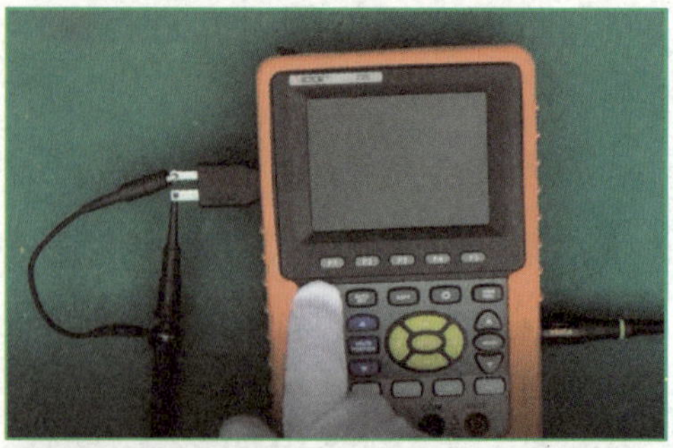

</td></tr>
<tr><td>比率确认</td><td>检查示波器测试笔与示波器内部比率是否相同。
建议：
1．示波器测试笔与示波器内部比率都选为×10 比率，这样不用换算，易于读数。
2．将示波器测试笔上的红色挡位开关拨动至×10 挡。
3．示波器上内部比率可通过反复按 F3 键，选择到所需的×10 比率</td><td>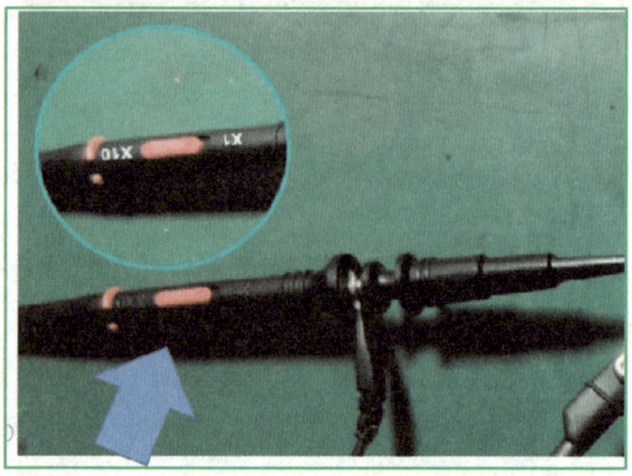

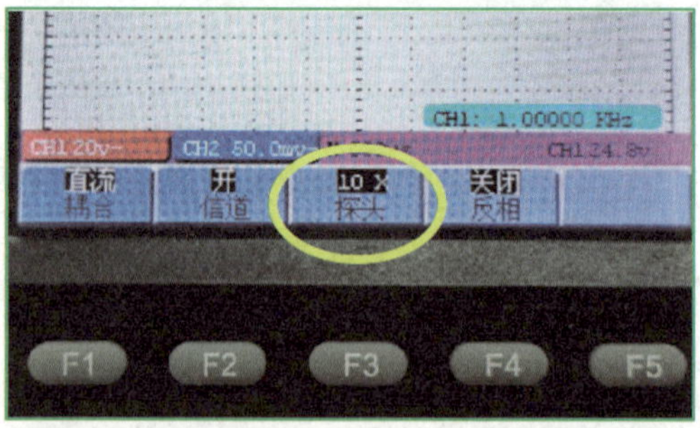
</td></tr>
<tr><td>数据读取</td><td>红色波形表示目前波形为通道 1 的波形，若接至通道 2 则为蓝色波形。
屏幕左侧红色三角形为通道 1 的零基准电压点</td><td>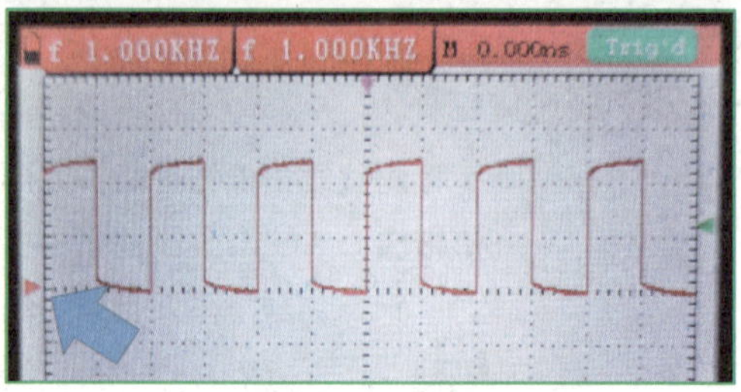
</td></tr>
</table>

续表

内容	操作	参考图片
数据读取	屏幕左侧下方的数据表示目前通道 1 波形的单位电压，图中纵向 1 个虚线格表示 2V 电压	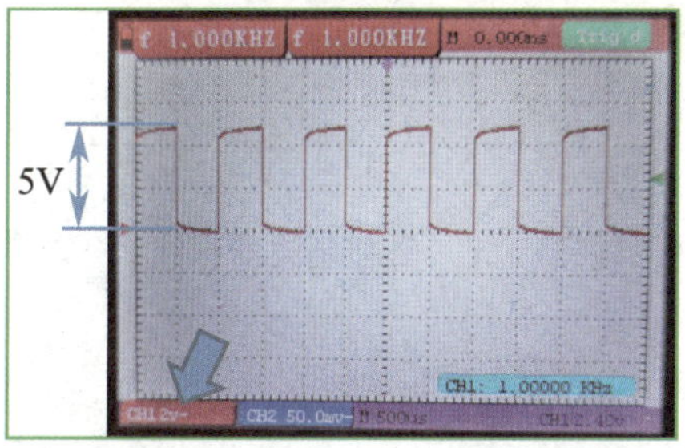
	屏幕右侧绿色三角形所指位置表示所测波形的触发电压点；右下侧显示的“CH1 2.40V”表示波形触发电压为 2.40V。 注意： 这与所选的触发模式有关，一般选择自动模式测量时，此电压点也是幅值中点	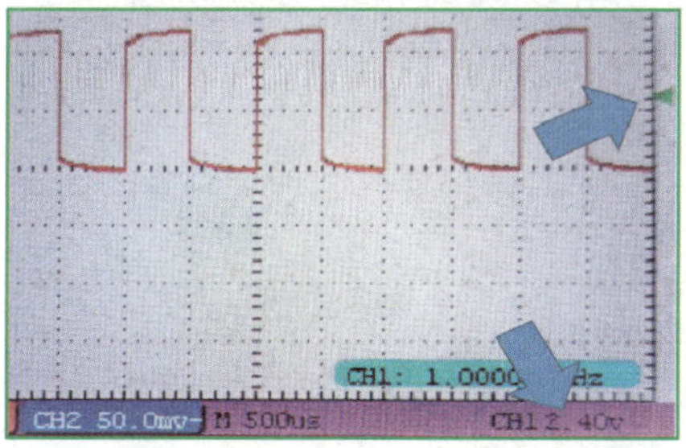
	屏幕下方的“M 500μs”表示的是当前横坐标的时间单位，此处表示横向 1 个虚线格的时间是 500μs	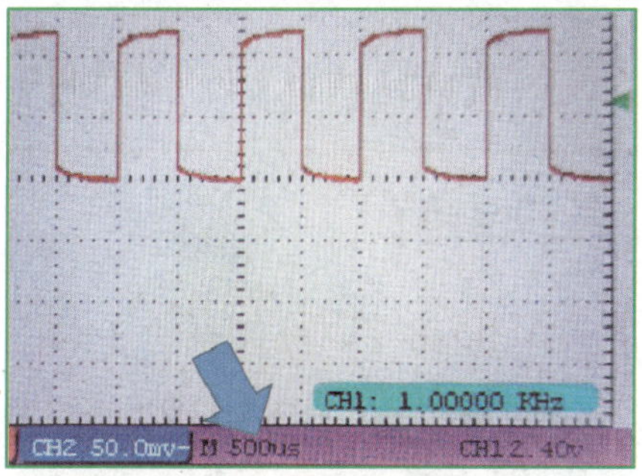
	示波器标准波形。 幅值为 Vp=5V，周期为 T=1ms（频率 f=1kHz），占空比为 D=50%的标准波。 注意： 只有示波器的标准波正常时，测量电气元件的波形才准确	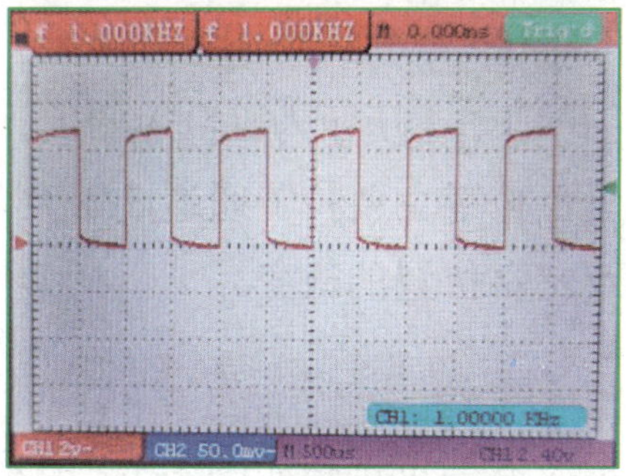
（二）实物测量		
插上背针	在水箱风扇控制模块控制线上插上背针。 （此处为 S50EV 车型，学习者可据具体学习条件选择测量相应便利的信号）	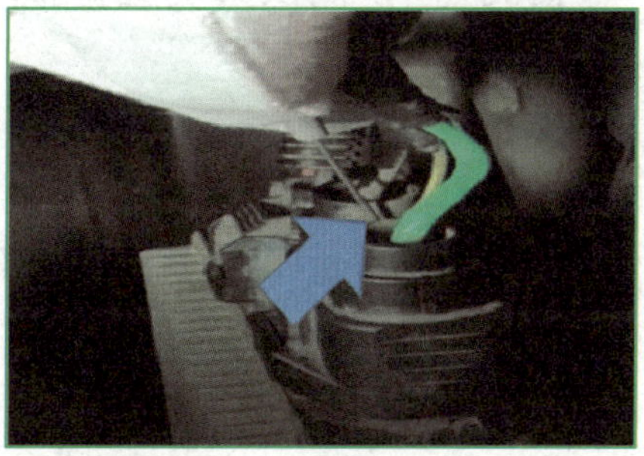

续表

内容	操作	参考图片
连接示波器	连接示波器探针	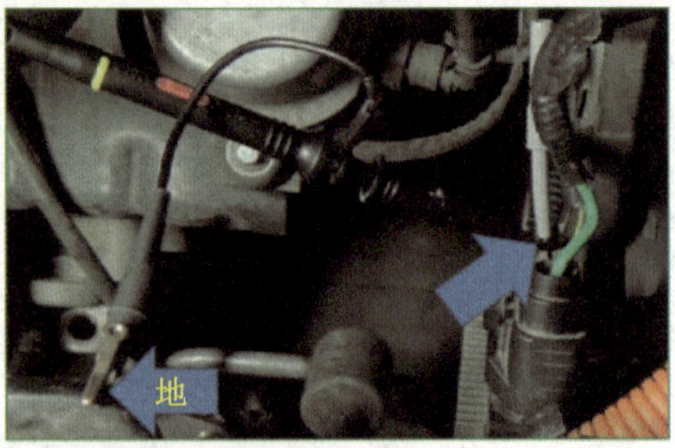
观察波形	观察波形。 Vp=14V，T=25ms，D=5%～8%	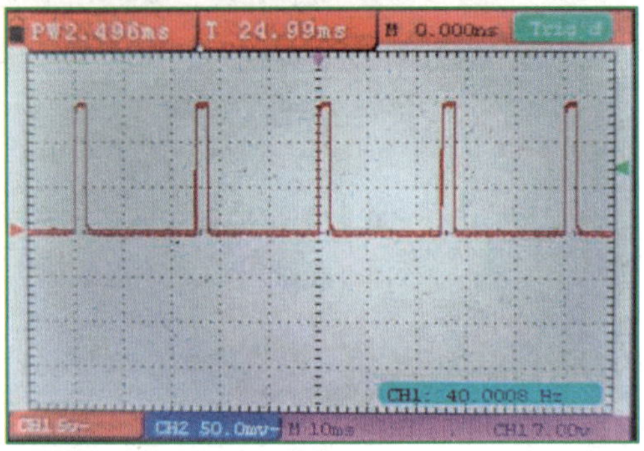

原理讲解

1. 示波器作用

示波器通常用于检测信号瞬时值的变化曲线（波形），并通过显示屏展现给检测者。

2. 示波器介绍

如图 1-5-1 所示为胜利 V220 示波器，红色按键主要控制通道 1 波形幅值及垂直位置的改变，蓝色按键主要控制通道 2 波形幅值及垂直位置的改变，黄色按键主要控制波形水平周期显示及左右位置的改变。

3. 示波器挡位选择

示波器挡位选择如图 1-5-2 所示，在测试笔上有×1 和×10 挡，示波器有×1、×10、×100、×1000 挡，测试人员可据需要进行选择，初学者一般选择两处为相同倍率即可，或者固定选择×10 挡。

4. 示波器通道判断

示波器通道判断如图 1-5-3，CH1 通道显示为红色波形，CH2 通道显示为蓝色波形。

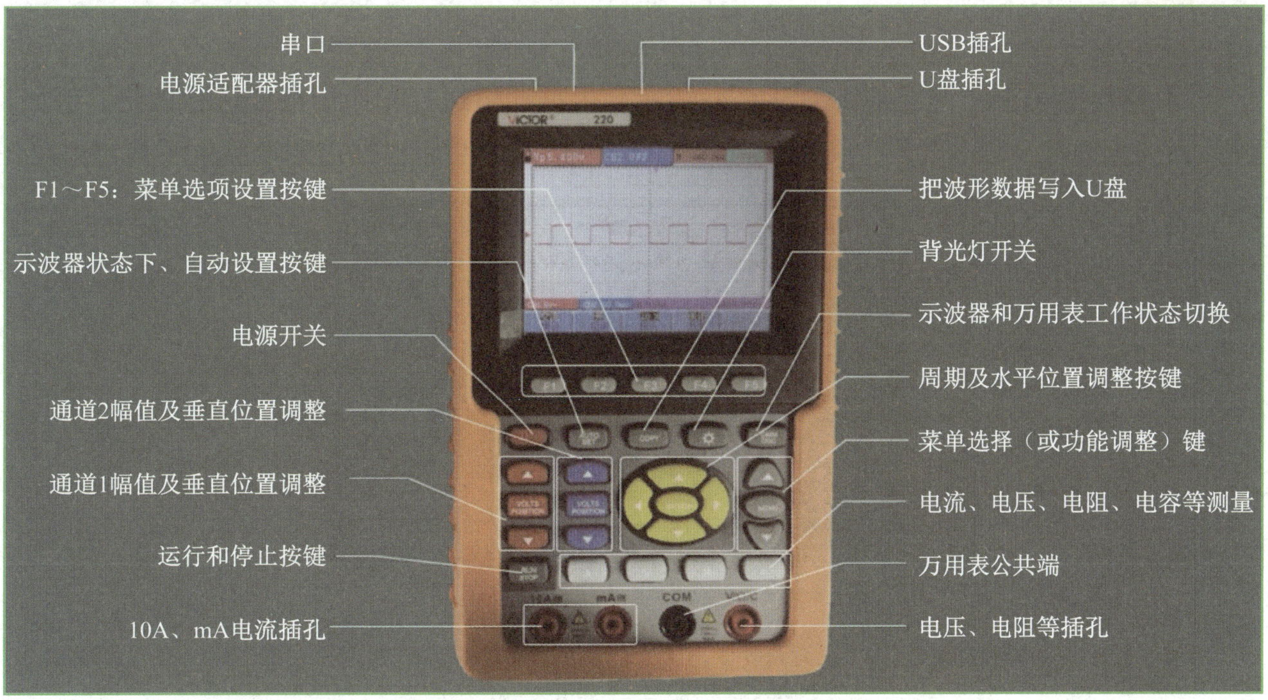

图 1-5-1 胜利 V220 示波器

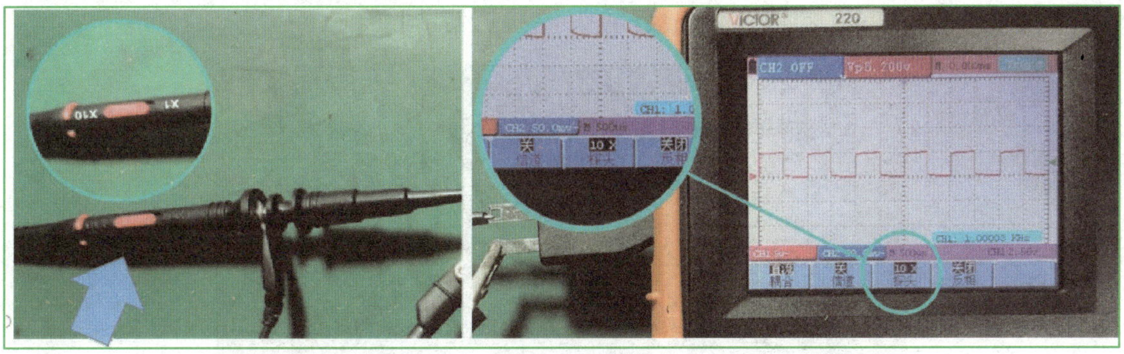

图 1-5-2 示波器挡位选择

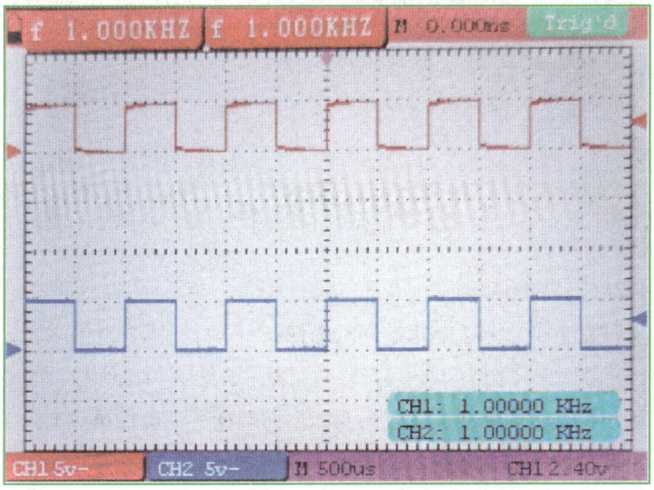

图 1-5-3 示波器通道判断

5．波形电压及垂直位置调整

波形电压及垂直位置调整如图 1-5-4 所示，根据通道选择相应的按键进行调整。例如，调整红色波形时，可先按下“VOLTS POSITION”按键，然后根据需要调整上下按键即可。

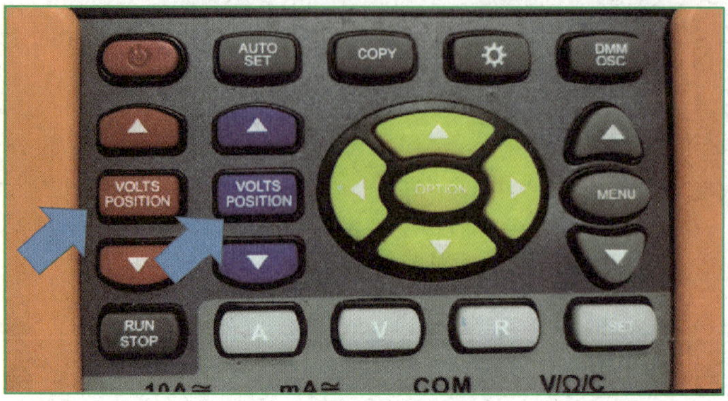

图 1-5-4　波形电压及垂直位置调整

6．波形水平时基及水平位置调整

波形水平时基及水平位置调整如图 1-5-5 所示，按下黄色按键的中部“OPTION”按键，选择水平时基或水平位置，通过上下左右箭头按钮进行调整。

图 1-5-5　波形水平时基及水平位置调整

工作页

内容	现象及数据记录	结果判断
（一）基本检查	校表。 1．选用示波器型号为__________。 2．示波器主机、测试笔比率同时选择： □×1　　□×10 3．画出校表时的标准波形（注意标注横坐标与纵坐标单位）	标准 5V 方波检查： □正常 □异常
（二）实车测量	1．所测元件或信号名称：________________。 2．画出所测信号的波形（注意标注横坐标与纵坐标单位）。 3．所测信号的参数。 Vp=_____V；T=____ ms；D= ___ %（若为模拟信号则不记录）	所测信号是否受干扰： □ 是 □ 否

续表

内容	现象及数据记录	结果判断
（三）拓展测量	1．增大纵坐标参数，波形将： □上下方向增大 □上下方向缩小 □左右方向增大 □左右方向缩小 2．增大横坐标参数，波形将： □上下方向增大 □上下方向缩小 □左右方向增大 □左右方向缩小 3．将所测波形锁定后，进行放大调整，让屏幕中只显示一个周期的波形	

2

第二篇

城市轿车篇——风行景逸S50EV

任务一 整车认识

风行景逸 S50EV 轿车由东风柳州汽车有限公司研制，目前系列产品有 S50EV、S50EVB/D、S50EVC、S50EVG、S50EVJ、S50EVF 等车型，其中，S50EVB 目前的市场保有量在同类中占比较大，其他后续产品主要是在此产品基础下进行的改进与提升，本章以该车型为主进行介绍。

子任务 1　高压组件认识

目前 S50 纯电动汽车的高压系统组成形式主要有两类，一类是分体式，即各个高压元件只具备单一的功能，分体式组成形式经常出现在新能源汽车的第一代产品中；另一类是集成式，多出现在新能源汽车的第二代及改良产品中，一般将第一代产品中的 2～4 个高压元件进行集成制造，一方面可以提升电子系统的响应速度，另一方面可较好地降低制造总成本。在维修中，分体式和集成式各有优缺点。

学习内容

学习高压系统组件的作用及识别。

教学用具

最低配备：S50EVB 车辆 2 台，车内外维护操作护套 1 套。

学习目标

（1）能说出教学车辆高压元件的名称及作用。

（2）强化“四不原则”。

学习建议

（1）课前预习后进行小组分工，在课上进行实践操作。

（2）在设备能充分保证每个工位可容纳 4～6 人的情况下建议授课 2 课时，其他情况建议授课 4 课时。

原理讲解

1. 组成及作用

S50EVB 车型高压系统的主要组成如图 2-1-1 所示。

（1）动力蓄电池（HV BAT）。

安装于汽车底盘，相当于燃油车油箱位置。

（2）高压配电盒（PDU）。

高压电送至高压配电盒，再使用终端向各个高压电输送。

（3）电机控制器（MCU）。

根据车辆行驶需求，将高压配电盒输送过来的直流高压电转变为交流高压电向驱动电机输送。

（4）驱动电机（MOTO）。

永磁交流同步电机，根据电机控制器的电流驱动电机轴按要求转动，再通过减速机构驱动半轴转动，从而驱动车轮转动。

（5）直流降压装置（DC-DC）。

将高压配电盒的高压直流电转变为低压（14V）直流电，对全车低压用电设备进行供电，相当于燃油车的发电机。

（6）电动空调（AC）。

将高压配电盒的高压直流电转变为高压交流电驱动空调压缩机旋转工作，保证制冷循环。

（7）暖风加热器（暖风 PTC）。

高压通电时产生热量，通过风机将加热后的空气送至驾驶室内，获得与燃油车通过发动机热水取暖相同的效果。

（8）车载充电机（OBC）。

插枪充电时，将民用交流电（220V）转变为接近车辆直流高压电池的电压（标称电压 380V），通过高压配电盒对车辆高压电池包进行充电。

（9）功率模块。

功率模块又称三合一，即 S50EVB 车型中将 PDU、OBC、DC-DC 集成为一个组件，让各模块之间协调响应更快，同时降低制造总成本。

（10）电机组件总成。

将 MOTO 与 MCU 集成为一个组件，让电机驱动的响应性更快，降低制造总成本。

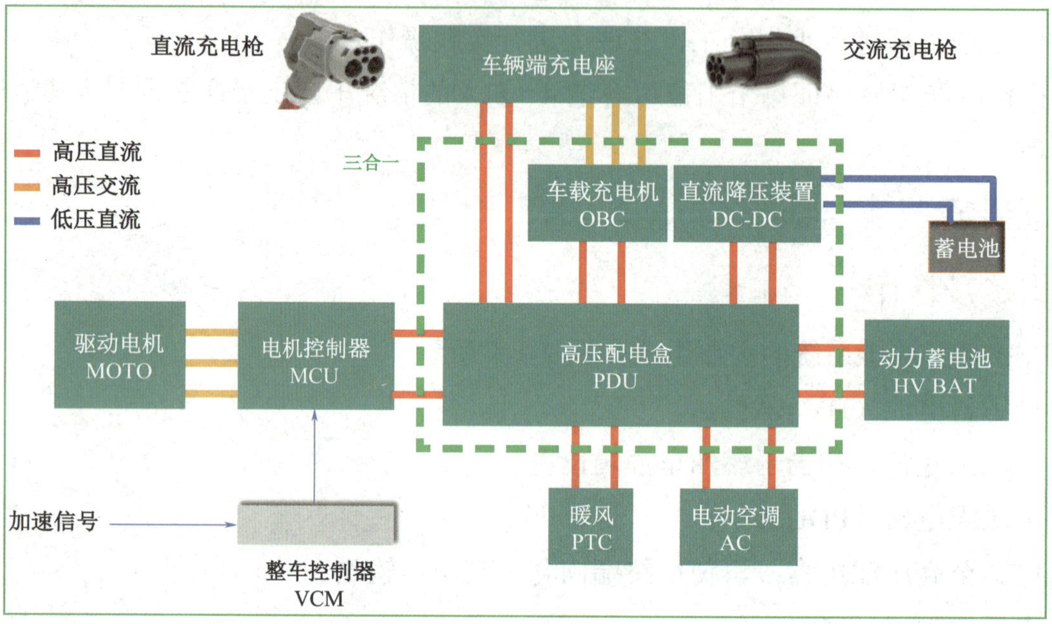

图 2-1-1　S50EVB 车型高压系统的主要组成

2. 组件识别

（1）高压组件识别基本方法。

S50EVG 车型（双向 OBC 款）集成式高压系统如图 2-1-2 所示，S50EV 车型（单项 OBC 款）分体式高压系统如图 2-1-3 所示，其中的高压元件均使用橙色电缆连接。

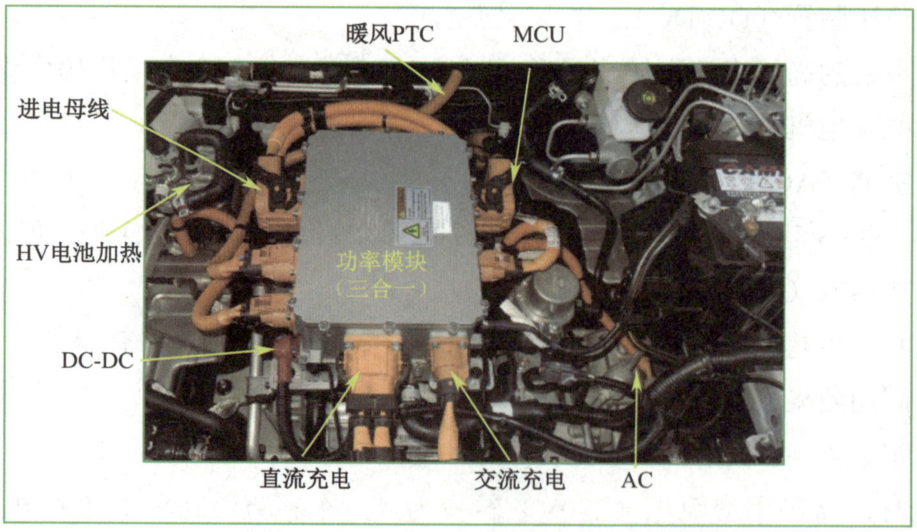

图 2-1-2　S50EVG 车型（双向 OBC 款）集成式高压系统

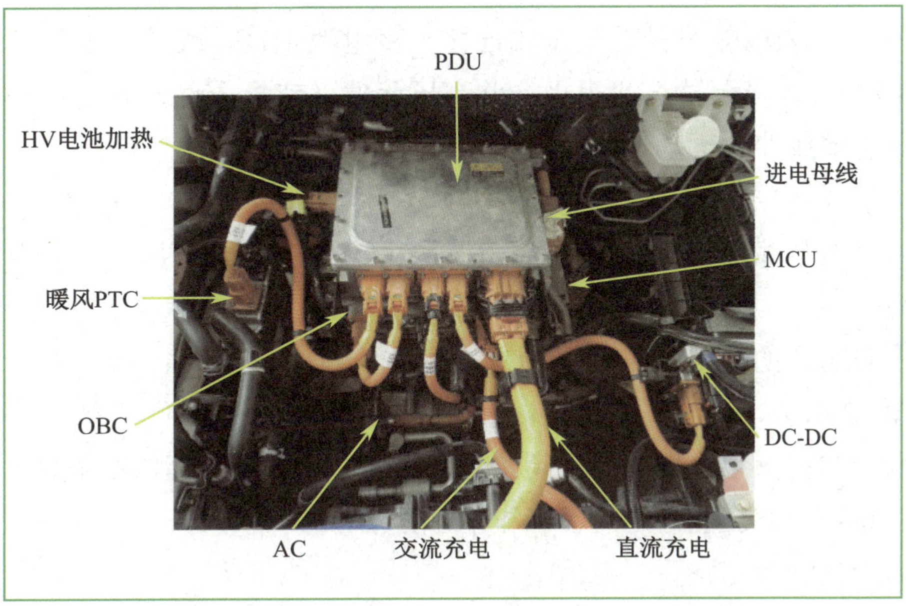

图 2-1-3　S50EV 车型（单向 OBC 款）分体式高压系统

为了方便布置发动机舱内的各高压元件，设计人员一般按照从上到下的方式布置高压元件，S50EV 车型（单向 OBC 款）高压元件布置如图 2-1-4 所示。

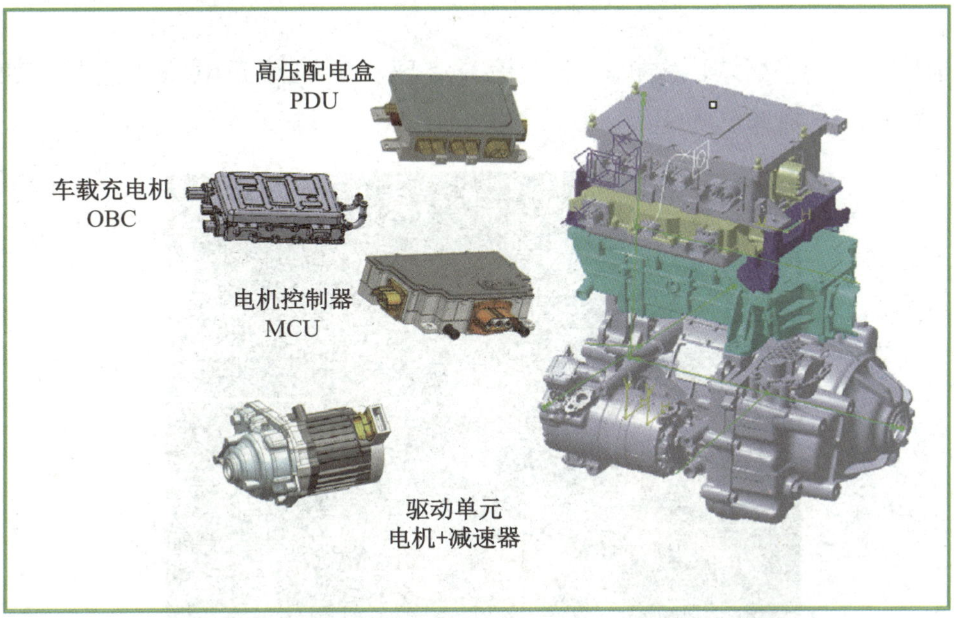

图 2-1-4　S50EV 车型（单向 OBC 款）高压元件布置

（2）交、直流充电线束的区别。

较粗的电缆为直流充电线束，充电时电流较大，并且充电口盖上贴有标识，交、直流充电口均为国家标准规格。

（3）OBC 识别。

交流充电线束连接的高压元件即为 OBC（或为集成有 OBC 功能的高压组件）。

（4）DC-DC 识别。

高压元件中有一根较粗直径的低压线连接至蓄电池正极，或者连接至发动机舱配电盒正极后经大熔断器再连接至蓄电池正极，此高压元件（或集成件）为 DC-DC 元件（或带有 DC-DC 功能的集成件）。

（5）PDU 识别。

从底盘引出的高压线连接其本身，且含有较多高压插接器的高压元件即为 PDU。

（6）AC 识别。

带有空调高低管路的高压元件即为 AC。

（7）暖风 PTC 识别。

高压线直接穿过防火墙连接的高压元件即为暖风 PTC（或是高压线未穿过防火墙，但连接在发动机舱上的某个高压元件上的水管却穿过防火墙）。

（8）电池包 PTC 识别。

有两根水管引向底盘方向，并连接在电池包上的高压元件即为电池包 PTC。

工作页

（1）针对以下集成式高压组件（S50EVB），将箭头所指的高压元件名称序号对应填入图 2-1-5 中。

①进电高压母线；②空调压缩机；③交流充电座；④直流充电座；⑤暖风加热器；⑥电池包加热器；⑦电机控制器。

图 2-1-5　集成式高压组件（S50EVB）

（2）可通过网络查找相关资料，将图 2-1-6 左侧英文全称与右侧相对应的中文意思用线连接起来。

ECU缩写	全称	连线	中文意思
DC-DC	DC-DC Converter		转向角传感器
EPS	Electrical Power Steering System		自适应前大灯控制系统
ABS	Anti-lock Braking System		电子转向柱锁
BCM	Body Control Module		车身控制模块
ESP	Electronic Stability Program		防抱死制动系统
SAS	Steering Angle Sensor		直流/直流转换器
IC	Instrument Cluster		空调控制
OBC	On Board Charger		电子稳定系统
TPMS	Tire Pressure Monitoring System		挡位模块
SRS	Safety Regarding System		电机控制模块
AFS	Adaptive Front-lighting System		全景式监控影像系统
LDWS	Lane Departure Warning System		自动驻车制动系统
AVM	Around View Monitor		无钥匙进入和无钥匙启动系统
PDC	Parking Distance Control		倒车雷达
PEPS	Passive Entry and Passive Start		电动座椅系统
ESCL	Electrical Steering Column Lock		远程信息处理器
PSS	Power Seat System		安全气囊系统
AC	Air control		电动助力转向系统
ICE	In Car Entertainment		音响娱乐系统
APB	Automated Parking Brake System		车载充电机模块
MCU	Motor Control Unit		行人靠近车辆声响警示系统
VCM	Vehicle Control Module		电池管理系统
BMS	Battery Management System		车道偏离预警系统
T-BOX	Telematics BOX		胎压检测系统
GSM	Gear shift Module		仪表
VSP	Vehicle Sound for Pedestrians		整车控制模块

图 2-1-6　纯电动汽车中英文全称对照表

子任务 2　高压上电识别

与传统燃油汽车的检修相同，在进行新能源汽车检修时，经常需要打开点火开关进行相关电路的检测。由于各个汽车厂家设计理念不一样，高压系统的上电控制的设计逻辑也不一样，因此，维修技师必须学会识别新能源汽车是否处于高压上电状态，以防高压触电。本任务以多角度叙述高压上电现象，为维修技师提供参考。

学习内容

（1）仪表指示灯识别。

（2）高压上电识别。

教学用具

最低配备：S50EVB 车辆 2 台，新能源汽车专用工具 2 套，万用表 2 块，车内外维护操作护套 2 套。

学习目标

（1）能知晓仪表各指示灯表示的意义。

（2）能根据仪表及车辆相关功能的状态判断车辆是否处于高压上电状态。

（3）树立高压上电防护意识。

（4）强化“四不原则”。

学习建议

（1）课前预习。

（2）正式上课时，教师进行仪表组成结构的基本介绍后学生再进行操作。

（3）学生进行操作后再由教师具体介绍高压上电的知识及原理。

（4）在设备能充分保证每个工位可容纳 4～6 人的情况下建议授课 2 课时，其他情况建议授课 4 课时。

操作练习

内容	操作	参考图片
（一）准备	安装车内外护套及车轮挡块	
（二）点火开关 ACC 挡状态识别	不踩制动踏板，将点火开关转到 ACC 挡（若车辆为 PEPS 版，则只需短按启动按钮 1 次），观察仪表上各背景灯及指示灯应未点亮，而音响、点烟器等辅助设备应可工作	
	测量发动机舱辅助蓄电池电压	
（三）点火开关 ON 挡状态识别	不踩制动踏板，将点火开关转到 ON 挡（若车辆为 PEPS 版，则需短按启动按钮 2 次），观察仪表上各背景灯及指示灯应点亮。 注意： 观察仪表辅助蓄电池指示灯可能出现的两种状态	 

续表

内容	操作	参考图片
（三）点火开关 ON 挡状态识别	测量发动机舱辅助蓄电池电压（右侧图示为辅助蓄电池充电指示灯熄灭时的测量结果）	
	开启空调，检查空调是否能制冷	
（四）启动后状态识别	踩下制动踏板，将点火开关转到 ST 挡，观察仪表状态，同时要注意在启动瞬间底盘部位是否有“嘀嗒”响声。 READY 灯点亮表示车辆处于高压上电状态；指针从“OFF”位置上升至“0”线位置（蓝色与绿色指示区域交界处），表示车辆处于高压上电状态	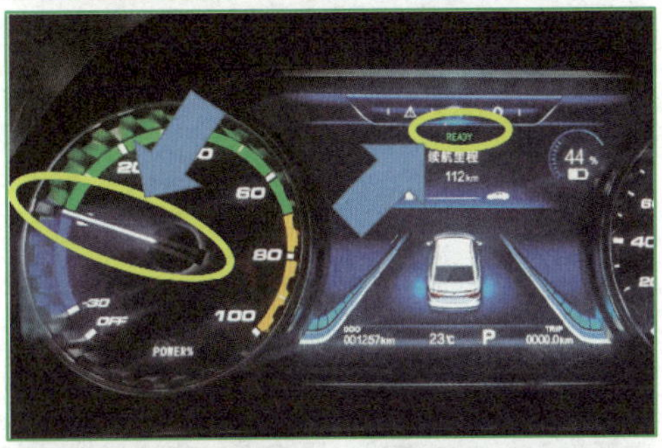
	观察车外日间行车灯状态，灯亮时表示车辆处于高压上电状态。 注意： 右侧图示为高配置版车型的日间行车灯状态	
	测量发动机舱辅助蓄电池电压	

续表

内容	操作	参考图片
（四）启动后状态识别	开启空调，检查是否能制冷	
	踩下制动踏板不放松，将挡位旋钮转到 D 挡或 R 挡，观察仪表挡位显示状态。 注意： 1．不同车型换挡装置可能不同。 2．正常状态下仪表上的挡位显示区域应正确显示挡位	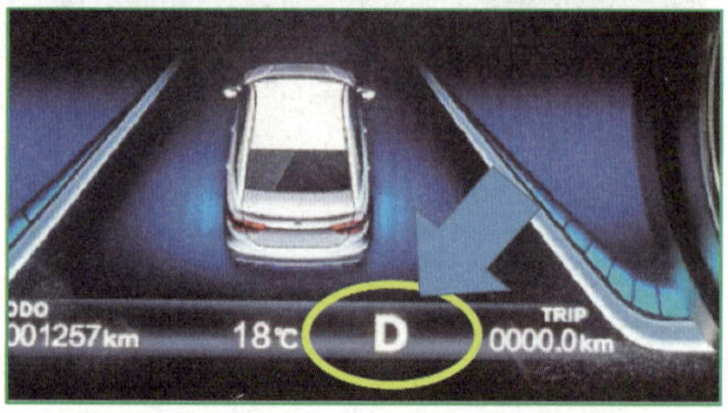
（五）充电状态识别	按下驾驶室内充电口盖开关，车辆自动弹开充电口盖	
	打开交流充电座盖	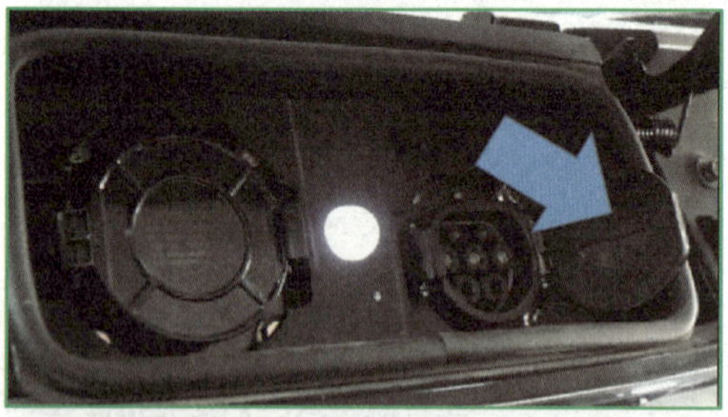
	在车辆 READY 灯亮的情况下，插入充电枪为汽车充电，观察仪表状态。 正常情况下，充电连接指示灯点亮后闪烁，辅助蓄电池指示灯点亮后熄灭，功率表指针从“0”线掉回“OFF”位置	

续表

内容	操作	参考图片
（五）充电状态识别	关闭点火开关后，再次观察车辆仪表状态。 充电连接指示灯保持闪烁状态，表示车辆充电控制正常	
	观察充电座指示灯状态，绿灯闪烁表示车辆充电控制正常	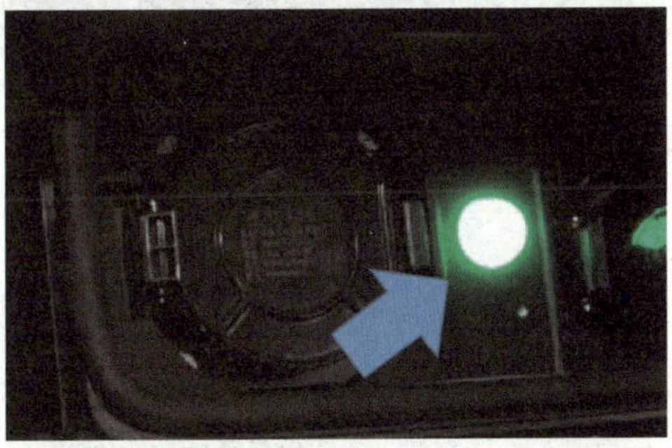
	测量发动机舱辅助蓄电池电压	
	开启空调，检查是否能制冷	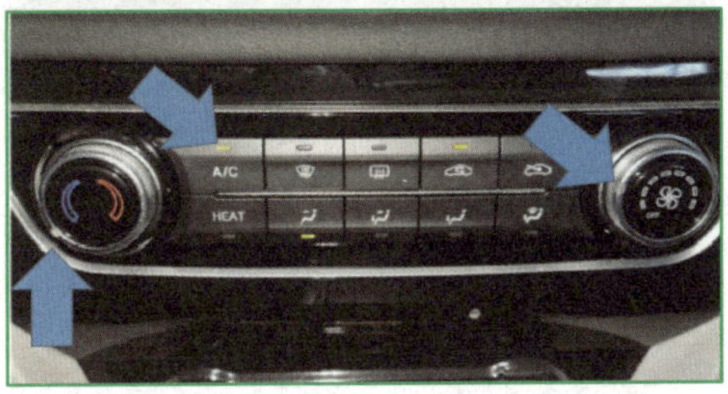

原理讲解

1. 仪表认识

目前，市场中主流车型的控制系统基本上都采用了电子控制系统，可通过各个控制模块对车辆工作状况进行监测，当某个系统出现问题时，可通过仪表的指示灯向驾驶员反映信息或报警。由于新能源汽车的动力系统与燃油车不同，而汽车仪表指示灯的设计一般由电子控制系统中比较有代表性的元件来表示，因此通过认识仪表也可以基本了解汽车的配置及功能特点。S50EVB 车型的仪表如图 2-1-7 所示，S50EVB 车型主要指示灯意义如表 2-1-1 所示。

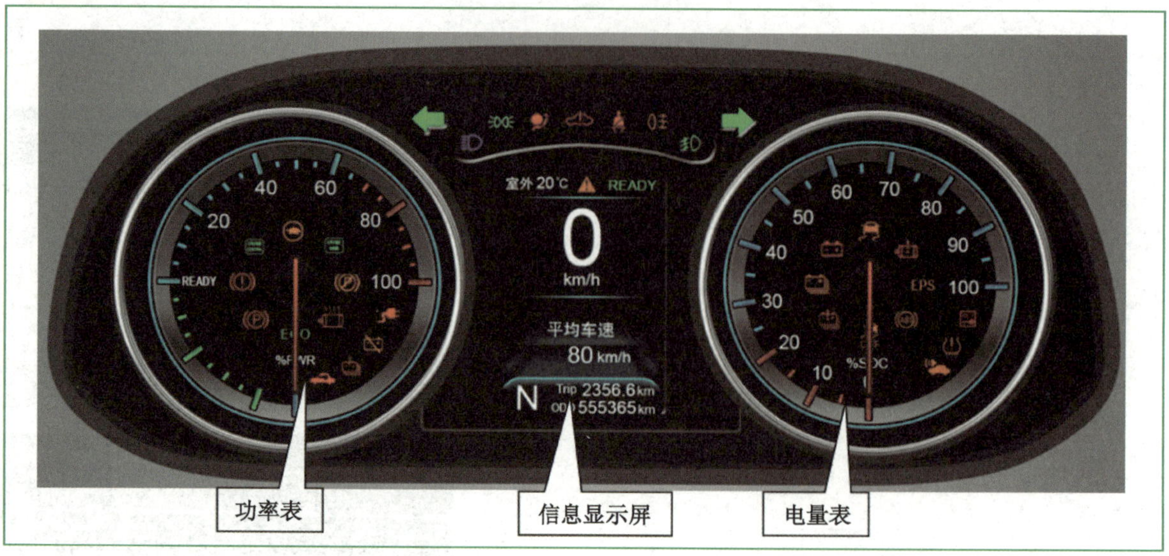

图 2-1-7　S50EVB 车型的仪表

表 2-1-1　S50EVB 车型仪表主要指示灯意义

图标	内容	图标	内容
	电机故障报警灯	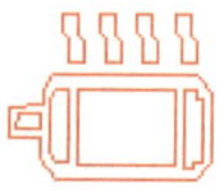	电机过热报警灯
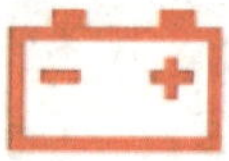	蓄电池充电指示灯		动力电池故障报警灯
	动力电池温度报警灯	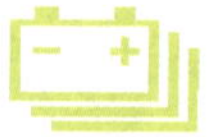	充电提醒灯
	高压切断报警灯		限功率（坡行模式）报警灯
	系统故障报警灯		车辆低速警示系统故障报警灯
	防盗系统工作指示灯		PEPS 工作指示灯
	系统就绪指示灯		充电连接指示灯

2．启动高压上电与自动高压上电的区别

（1）启动高压上电。

踩下制动踏板，将点火开关转到相应挡位（多数为 ST 挡）1～2s，车辆的整车控制模块检测到驾驶员意图后，控制电池包内部低压电路工作，最终稳定地将电池包内部的高压电路

与外部的高压电路接通，同时点亮仪表上的系统就绪指示灯“READY”，此后驾驶员挂挡、加速即可行车。

接通电池包内部与外部正极高压电路的继电器称为主正继电器，主正继电器触点两端分别接通内部与外部正极高压电路，主正继电器线圈由整车控制模块通过低压电路控制，如图 2-1-8 所示。

接通电池包内部与外部负极高压电路的继电器称为主负继电器，主负继电器触点两端分别接通内部与外部负极高压电路，主负继电器线圈由整车控制模块通过低压电路控制，如图 2-1-8 所示。

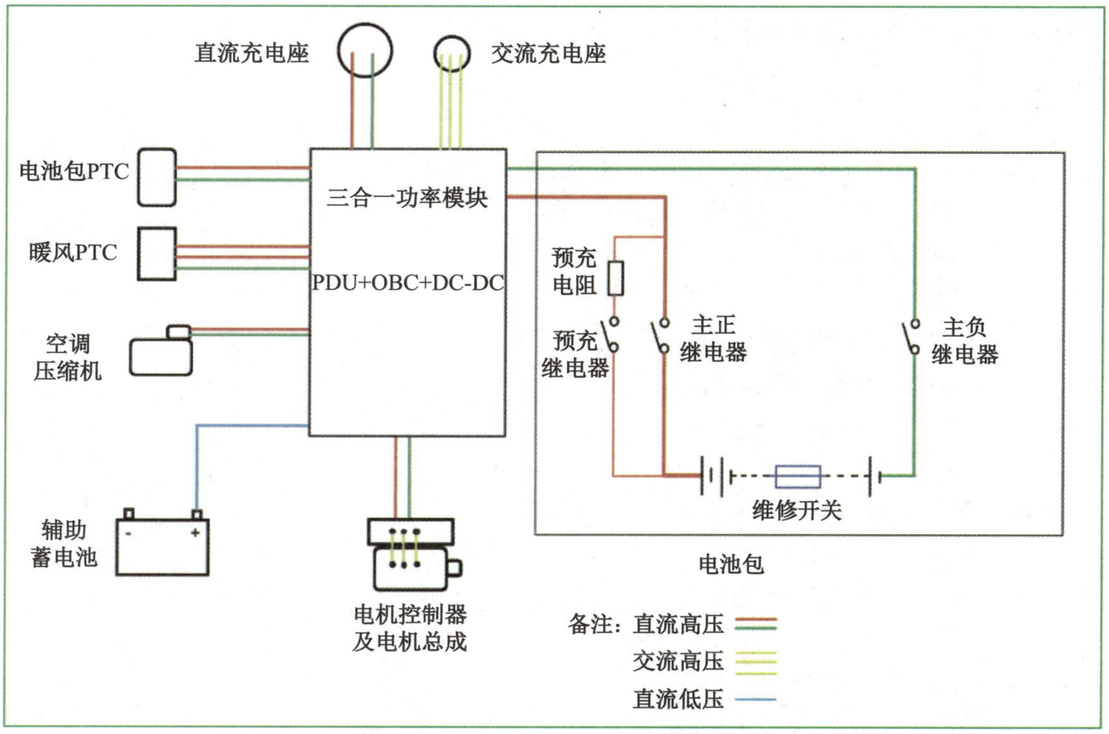

图 2-1-8　S50EVB 高压配电

（2）自动高压上电。

当车辆处于不同状态时，即使驾驶员未进行启动操作，但为了保证车辆时刻处于良好备用状态，便于随时启动车辆，防止辅助蓄电池（12V 蓄电池）亏电，整车控制模块会自动控制车辆高压上电。当车辆高压上电后，直流降压装置（DC-DC）工作，即可对辅助蓄电池进行充电，驾驶员亦可使用空调等用电设备。

不同车型有不同的高压上电设计方案，S50EV 车型的高压上电设计为打开点火开关 ON 后，辅助蓄电池亏电到一定程度后可自动高压上电。也有些车型的高压上电设计为将点火开关转到 ACC 挡即可高压上电。

（3）启动高压上电与自动高压上电的区别。

车辆启动后进行高压上电控制，且成功进行高压上电，可挂挡行车；但车辆在仅有自动高压上电时，挂挡后不能行驶。

3．高压上电优先级

在操作练习中，我们通过测量车辆在不同状态下的辅助蓄电池电压等方式，发现直流降压装置（DC-DC）在某些情况下是在工作的，即说明了车辆当时已经完成了高压上电。也有当时完成了高压上电，后来进行下一步操作时先进行高压下电再进行高压上电的，这说明了车辆在高压上电的控制上是有优先级的。不同车辆在设计中有不同的表现形式，风行景逸 S50EVB 高压上电优先级为：充电高压上电→启动高压上电→辅助蓄电池亏电高压上电。即车辆处于低一级的高压模式下，若出现高一级的高压上电需求（操作），则先退出低一级的高压模式，按高一级的高压模式进行控制。

工作页

内容	现象及数据记录	结果判断
（一）点火开关 ACC 挡状态识别	不踩制动踏板，将点火开关转到 ACC 挡。 音响是否能工作： □是　　□否 发动机舱辅助蓄电池电压值：__________V	车辆是否完成高压上电： □是 □否
（二）点火开关 ON 挡状态识别	不踩制动踏板，将点火开关转到 ON 挡。 仪表上背景灯是否点亮： □是　　□否 辅助蓄电池指示灯是否点亮： □是　　□否 发动机舱辅助蓄电池电压值：__________V。 开启空调，检查空调是否能制冷： □是　　□否	车辆是否完成高压上电： □是 □否
（三）启动后状态识别	踩下制动踏板，将点火开关转到 ST 挡。 启动瞬间底盘部位是否有“嘀嗒”响声： □是　　□否 READY 灯是否点亮： □是　　□否 功率表指针是否从“OFF”位置上升至“0”线位置： □是　　□否 车外日间行车灯是否已点亮： □是　　□否 发动机舱辅助蓄电池电压值：__________V。 开启空调，检查空调是否能制冷： □是　　□否 踩下制动踏板不放松，将挡位旋钮转到 D 挡或 R 挡，仪表挡位显示区域可对应正常显示挡位： □是　　□否	车辆是否完成高压上电： □是 □否

续表

内容	现象及数据记录	结果判断
（四）充电状态识别	在车辆 READY 灯亮的情况下，插入充电枪为汽车充电瞬间，充电连接指示灯： □长亮不闪烁 □点亮后闪烁 □不亮 辅助蓄电池指示灯： □点亮后熄灭 □长亮 □无变化 功率表指针： □从“0”线掉回“OFF”位置 □无变化	车辆是否完成高压上电： □是 □否
	关闭点火开关后，再次观察车辆仪表状态。 仪表充电连接指示灯： □保持闪烁状态 □熄灭 □常亮 充电座指示灯状态： □绿灯闪烁 □绿灯常亮 □白灯常亮 □橙灯常亮 □红灯常亮 发动机舱辅助蓄电池电压值：__________V。 开启空调，检查空调是否能制冷： □是 □否	车辆是否完成高压上电： □是 □否

任务二 高压绝缘故障排查

在现代新能源汽车设计中，由于电池包的电压远高于人体安全电压，所以一般将高压电路与低压电路涉及为互不干扰。但由于各种复杂因素影响，当汽车的高压元件出现漏电等情况时，若没有保护措施，将会对人体造成严重伤害，所以以纯电动汽车为代表的新能源汽车都设计有高压绝缘保护装置及电路。当车辆出现漏电故障时，车辆会自动进行高压下电，维修人员必须通过安全规范的检测并排除故障后，车辆才能重新进行高压上电。本任务主要学习高压绝缘故障的检测排查方法与规范操作。

学习内容

S50EVB 车型高压绝缘故障的检测排查方法与规范操作。

教学用具

最低配备：S50EVB 车辆 2 台，新能源汽车专用工具 2 套，诊断仪 2 台，绝缘表 2 块，万用表 2 块，车内外护套 2 套，绝缘防护用品及工具 2 套。

学习目标

（1）能依照“操作练习”规范地在实车上排查 S50EVB 汽车的高压绝缘故障。

（2）协作完成操作。

（3）强化“四不原则”。

学习建议

（1）课前预习排查高压绝缘故障的整体步骤，提前分好小组。

（2）现场教课时，小组分工协作。

（3）教师可先在直流充电口预设绝缘故障，提升学生学习兴趣及排除故障的成就感。

（4）在设备能充分保证每个工位可容纳 4～6 人的情况下建议授课 4 课时，其他情况建议授课 8 课时。

操作练习

内容	操作	参考图片
（一）准备		
安装车内外护套及车轮挡块		
（二）故障现象确认		
仪表现象	启动高压上电	
	观察仪表状态。 当车辆高压上电约 4～5s 后，即刻又高压下电，或仪表报出“动力电池爬电距离超限”“动力电池故障”等。 注意： 不同年份的车型、不同仪表报告绝缘故障的方式有所差别，如部分仪表以下述图标形式报告绝缘故障 	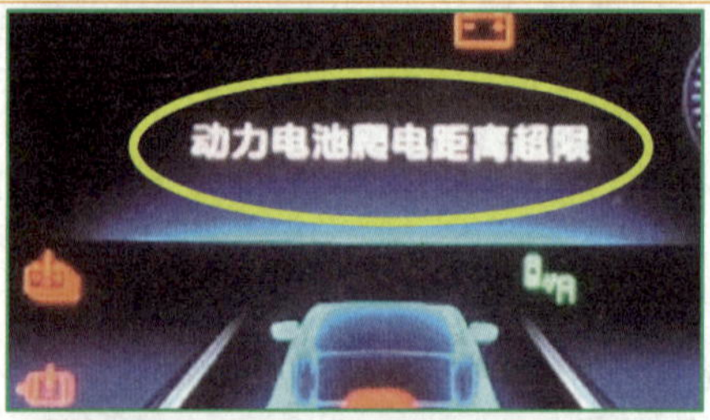 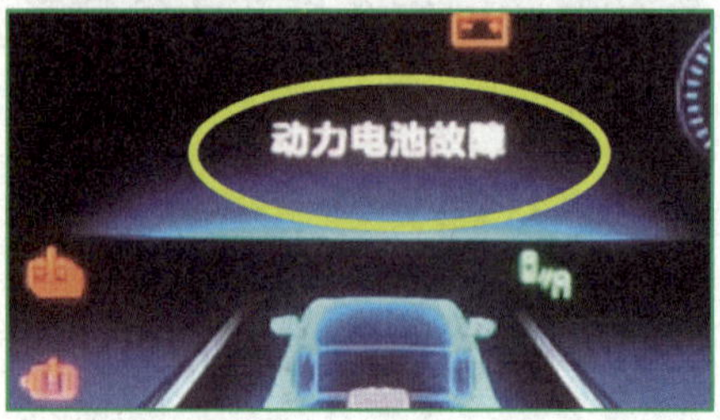

续表

内容	操作	参考图片
（三）读取故障码		
读取 VCM 故障码	连接诊断仪，读故障码和数据流。 选择“东风风行（专用）”	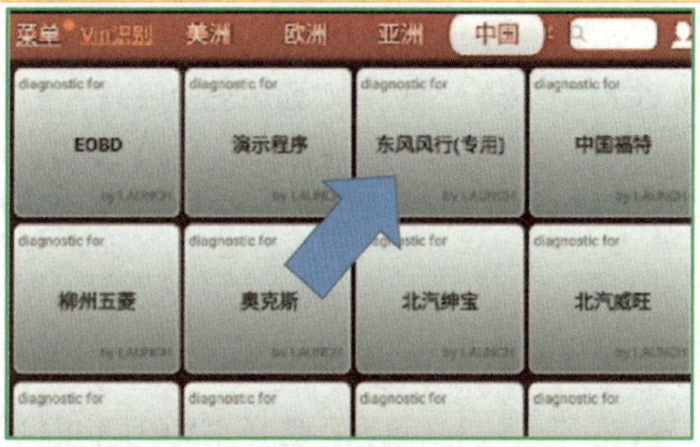
	进入页面，确认诊断程序版本	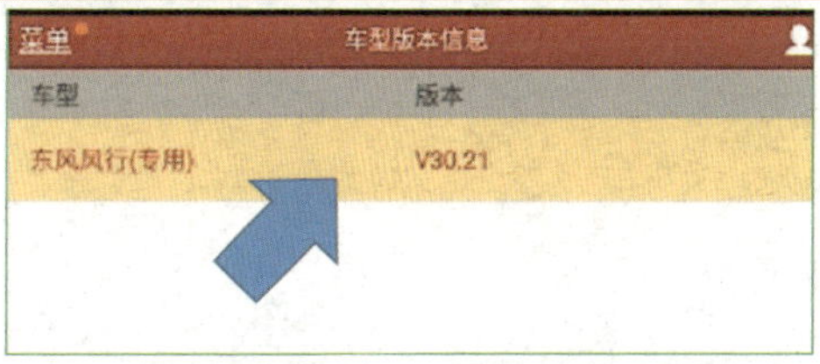
	选择“新能源车型”。 选择“S50EVB（2020）”	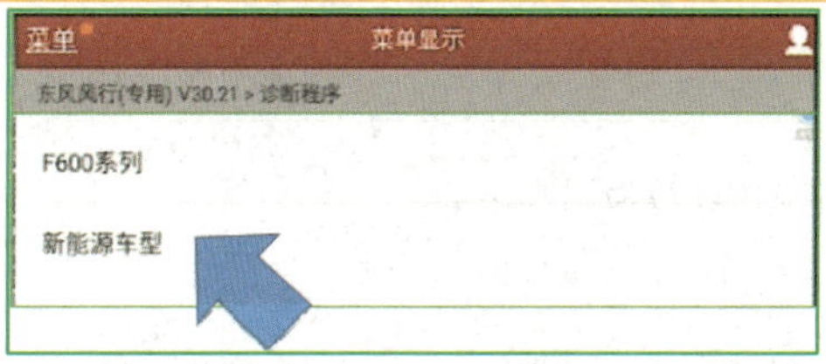
	选择“系统选择”。 注意： 对初次接触该车型的新手亦可选择“快速测试”，检测仪即会将车辆所有已记录的故障码报出，但有时检测仪会搜索不到车辆已配有的系统	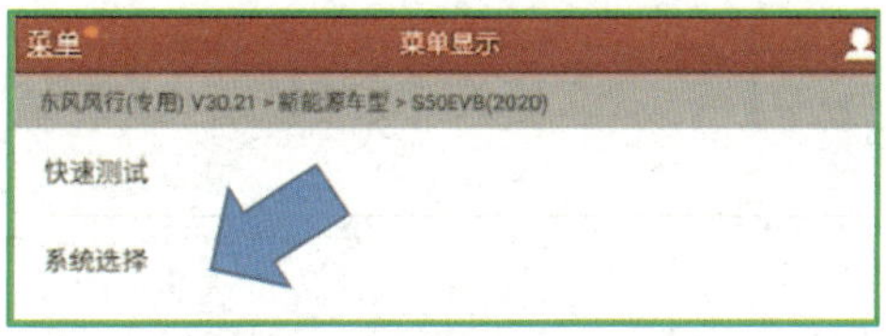
	选择“VCM（整车控制器）”	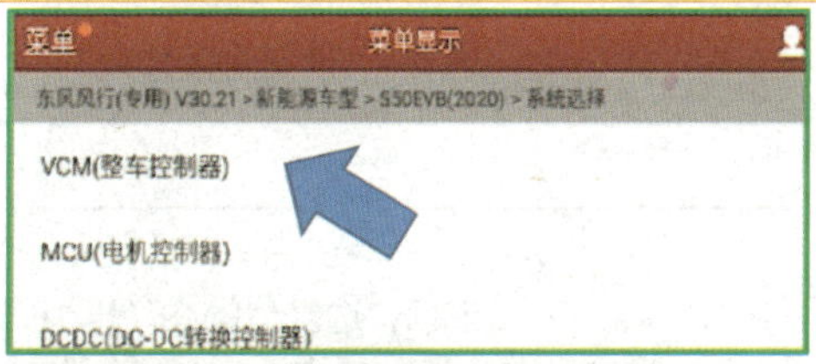
	选择“读故障码”	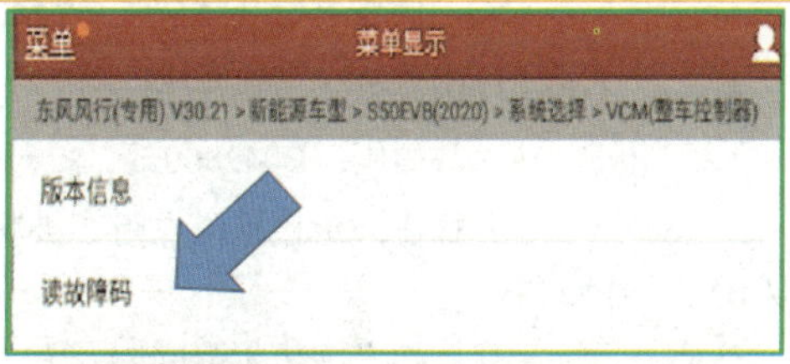
	选择“读当前故障码”	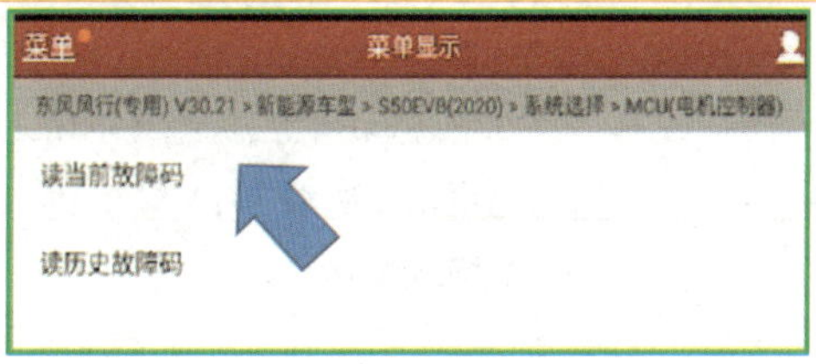

续表

内容	操作	参考图片
读取 VCM 故障码	选择“读历史故障码”	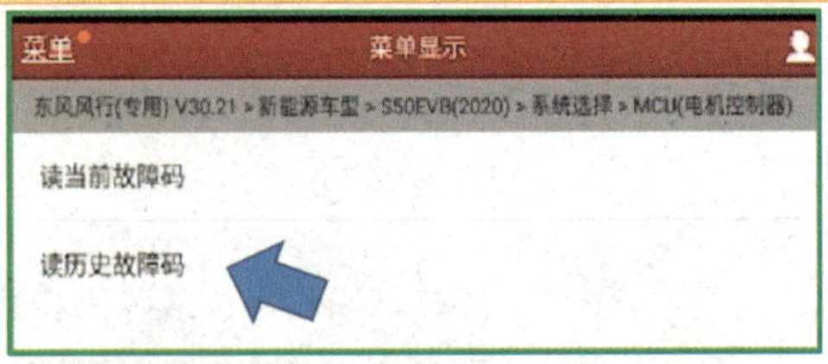
读取 MCU 故障码	返回，选择“MCU（电机控制器）”	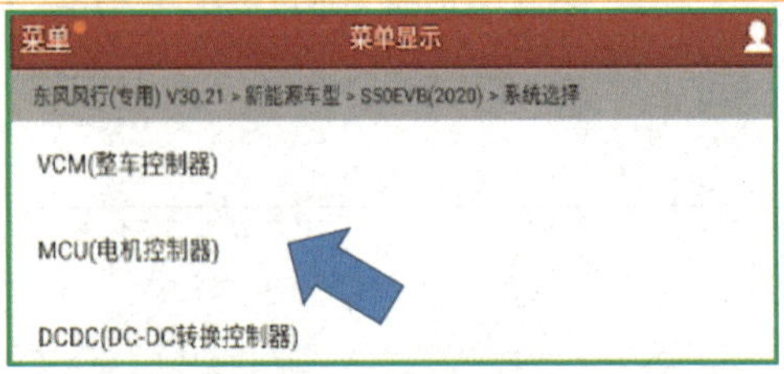
	选择“读故障码”	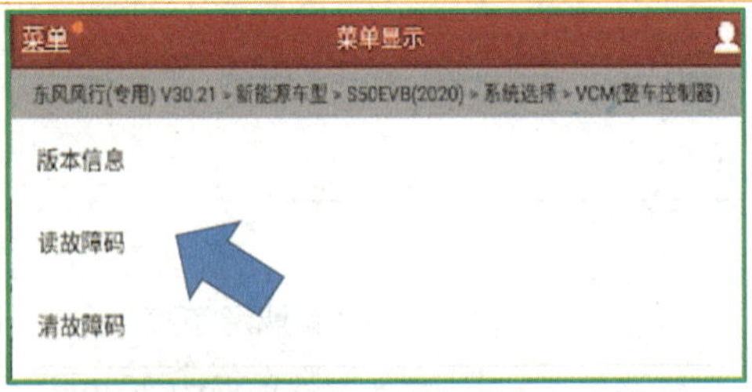
	选择“读当前故障码”	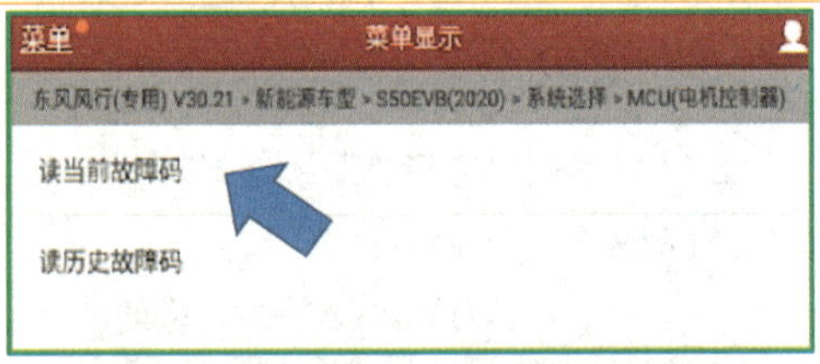
	选择 “读历史故障码”	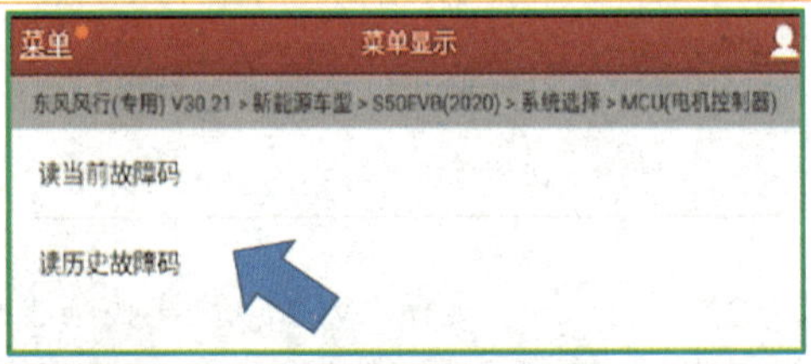
读取 BMS 故障码	返回，选择“BMS（电池管理系统）”，进入界面后，选择“读故障码”，选择“读当前故障码”。 例： 故障码：B042800。 描述：负极绝缘电阻 2 级漏电-LV5	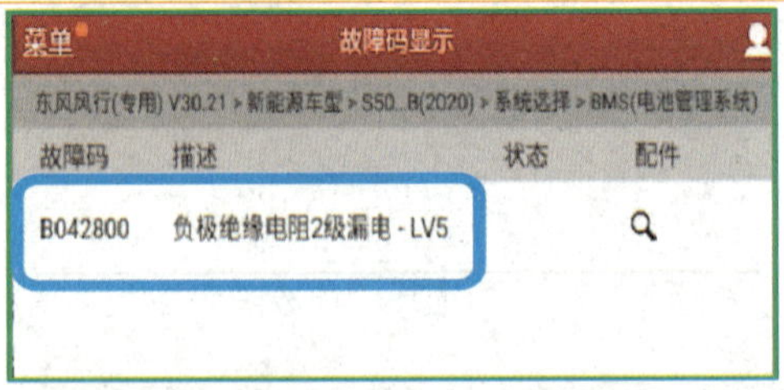
	选择“读历史故障码”。 例： 描述显示“负极绝缘电阻 1 级漏电-LV3、负极绝缘电阻 2 级漏电-LV5”，说明 BMS 模块检测到绝缘故障逐级增大	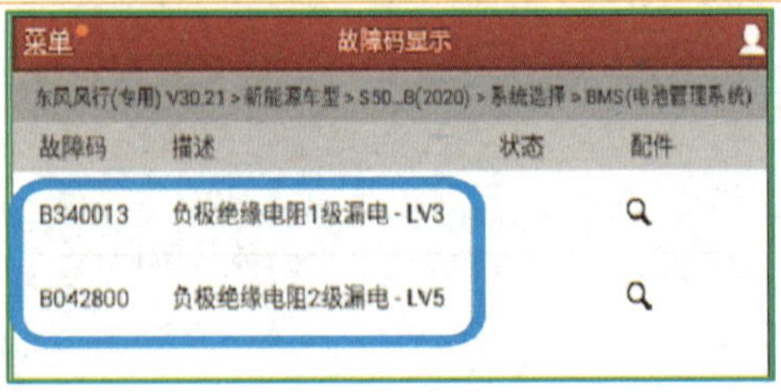

续表

内容	操作	参考图片
（四）读取关键数据流		
读取 BMS 数据流	返回至 BMS 模块主界面，选择“读数据流”	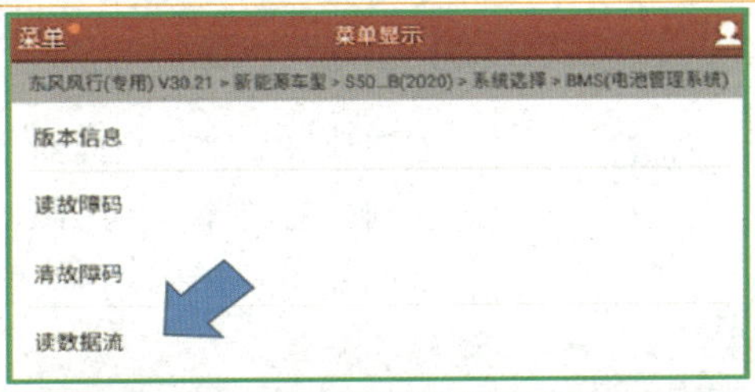
	进入数据流页面，选择“正极绝缘电阻”“负极绝缘电阻”后确认	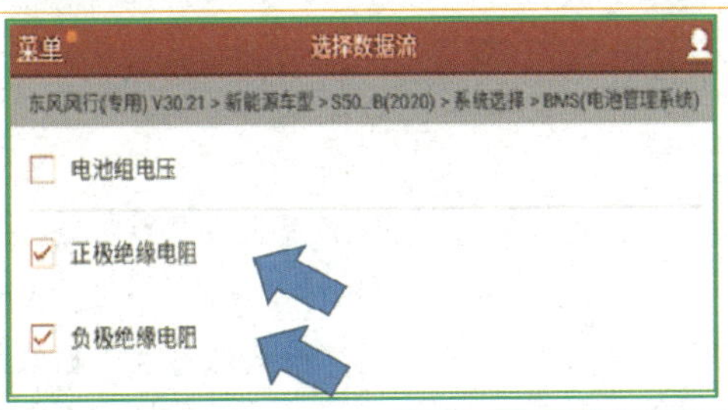
	正、负极绝缘电阻阻值约为 16000kΩ，说明绝缘电阻正常，一般高压元件绝缘电阻大于 10MΩ 为正常。 注意： 由于此时未进行高压上电（电池包向外输出的高压电路未接通），BMS 检测到的只是动力电池内部的绝缘情况，外部的绝缘情况需进一步排查	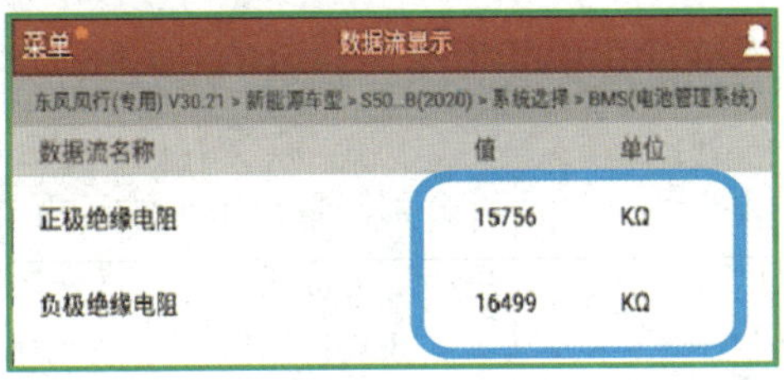
（五）元件绝缘情况检测		
逐一测量各线束端子（含高压元件）的绝缘电阻，直到找出故障部件，再确认故障发生在高压线上还是高压元件上，即可进行处理或换件		
准备	断开蓄电池负极。 等待 5～10min 再进行下一步操作	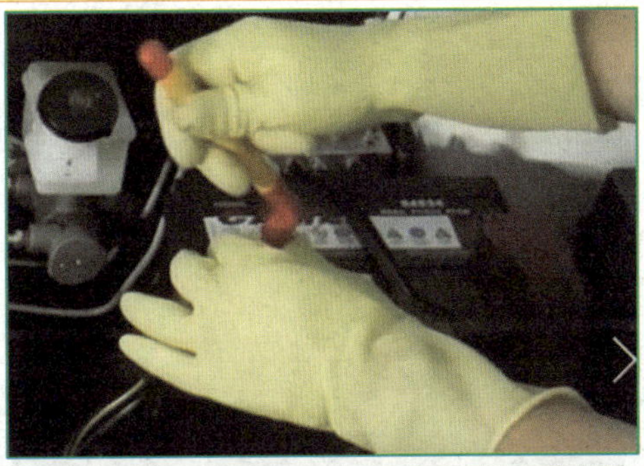
	断开进电母线。 应用万用表测量进电母线之间的电压值，正常情况下电压应为 0，或远低于安全电压限值	

续表

<table>
<tr><th>内容</th><th>操作</th><th>参考图片</th></tr>
<tr><td rowspan="4">检测进电母线</td><td>将挡位调至直流电压 1000V 挡。
注意：
若在读取故障码时读到“主正主负继电器同时黏结”的故障，在未确认是否真正黏结或未将维修开关断开时，严禁对高压进电母线进行绝缘检测</td><td>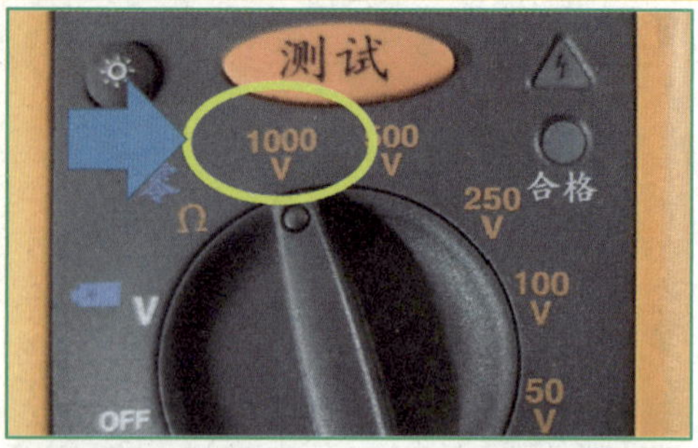</td></tr>
<tr><td>将黑表笔夹在搭铁上。
注意：
采用“单边测量法”测量进电母线的绝缘电阻</td><td>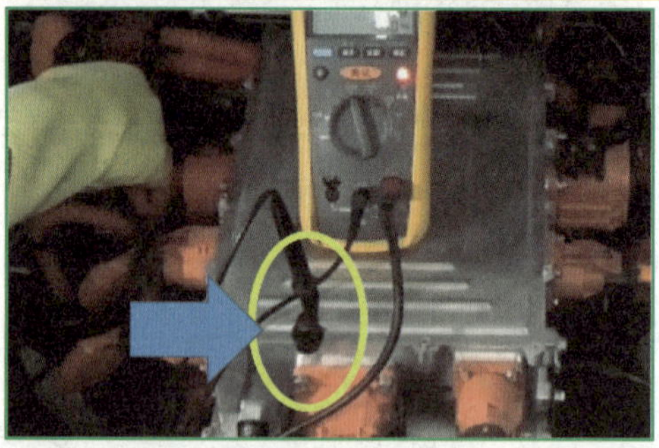</td></tr>
<tr><td>分别测量进电母线正极与搭铁之间的绝缘电阻和进电母线负极与搭铁之间的绝缘电阻。
此处测得电阻值为 102.5MΩ，表示绝缘正常。
注意：
每次测量需等待 10s 左右再进行读数</td><td>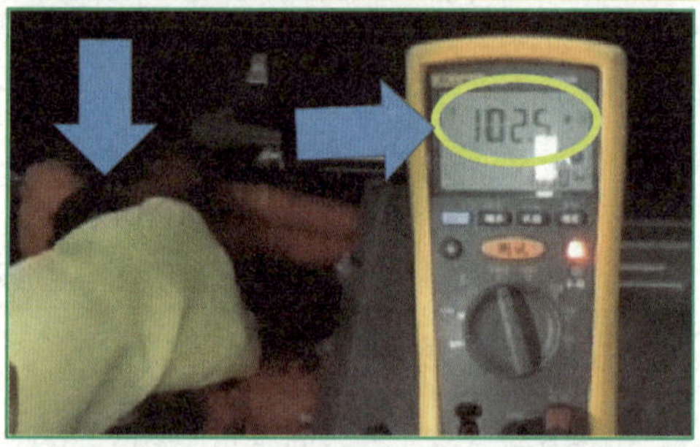</td></tr>
<tr><td>为进电母线套上防尘套，防止异物进入</td><td>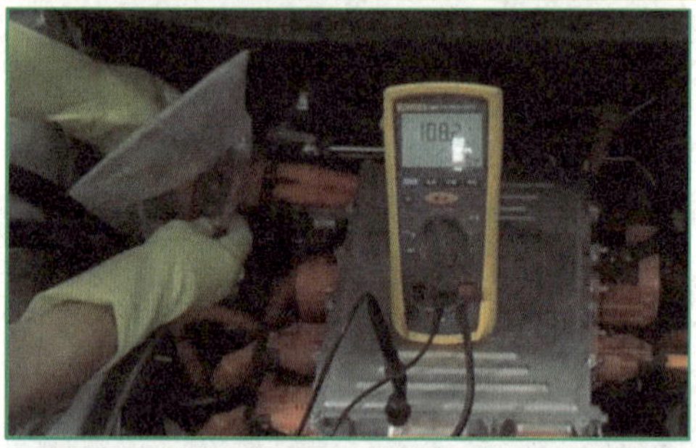</td></tr>
<tr><td>检测暖风 PTC</td><td>从三合一上拆下暖风 PTC 高压线插座</td><td>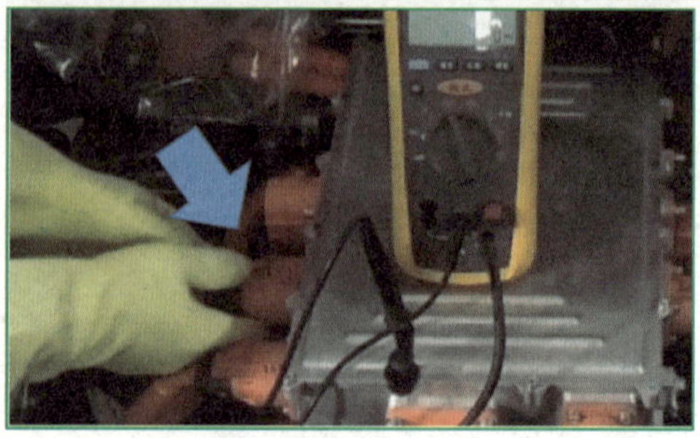</td></tr>
</table>

续表

内容	操作	参考图片
检测暖风 PTC	分别对 PTC 线束三个端子进行测量。 正常情况下，各端子与搭铁之间可测得约 5GΩ 的绝缘电阻	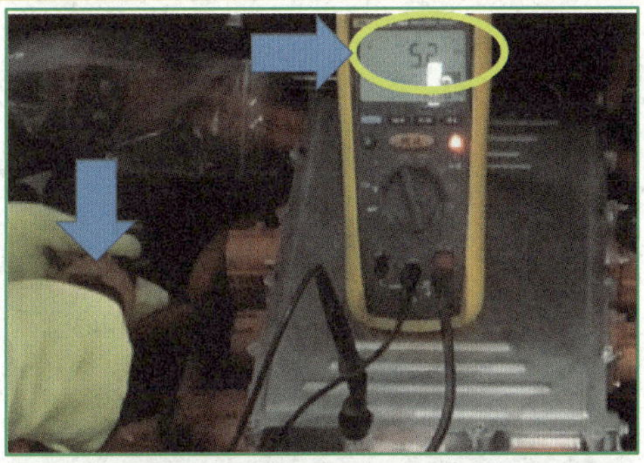
	安装暖风 PTC 插座	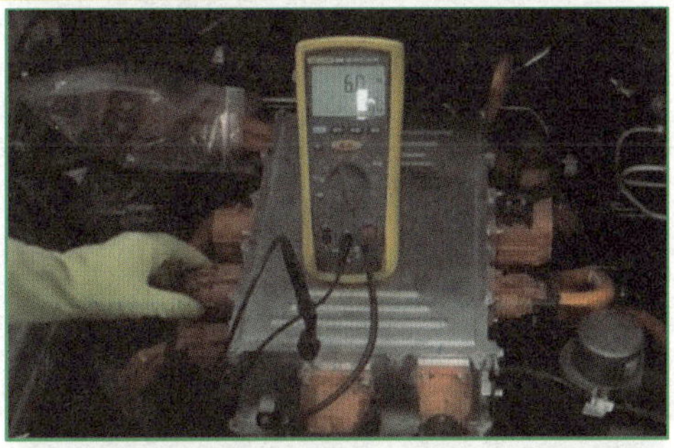
检测电池包 PTC	从三合一上拆下电池包 PTC 高压线插座	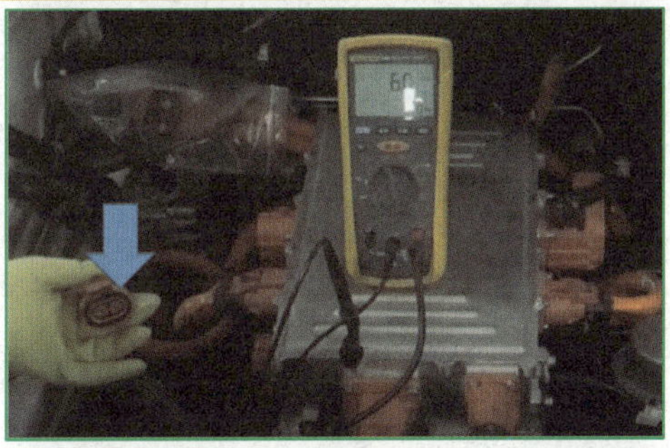
	分别测量电池包 PTC 加热器两个端子与搭铁之间的绝缘电阻值。 正常情况下，各端子与搭铁之间可测得约为 100MΩ 的绝缘电阻	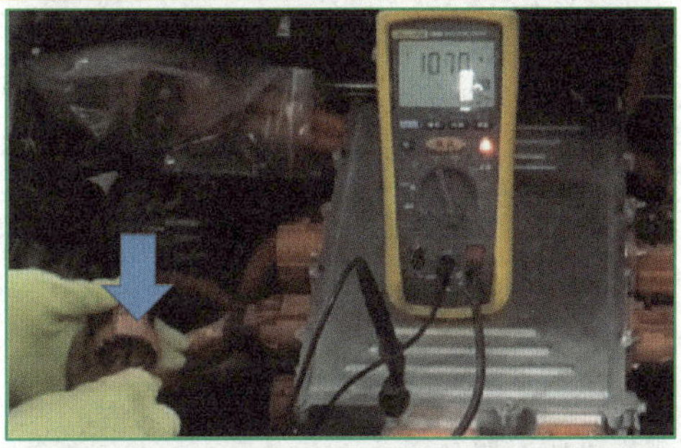
	安装电池包 PTC 插座	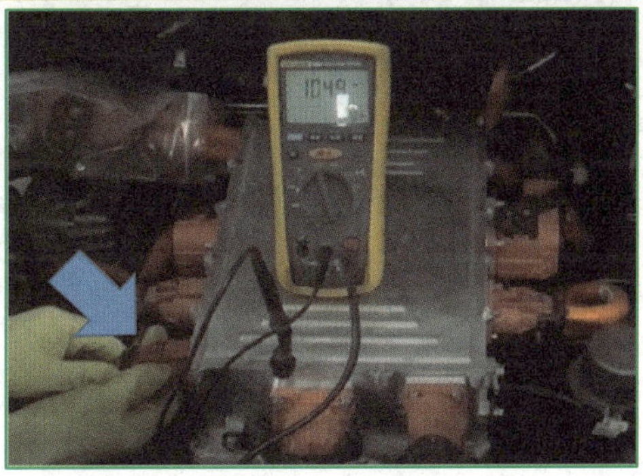

续表

内容	操作	参考图片
检测直流充电线束（含座）	拆下直流充电线束	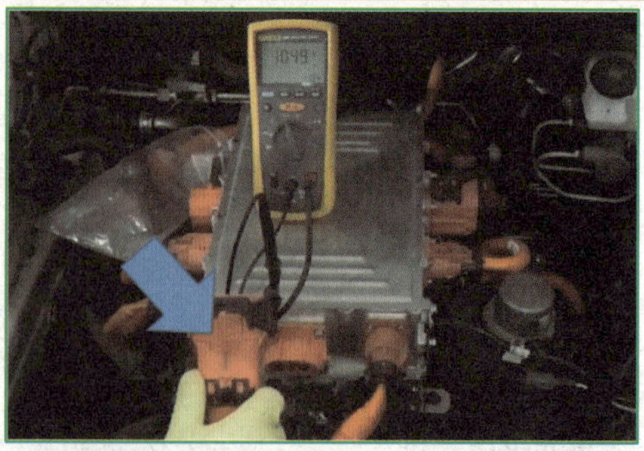
	分别测量直流充电线束两个端子与搭铁之间的绝缘电阻值。 正常情况下，各端子与搭铁之间可测得 11GΩ 的绝缘电阻	
	安装直流充电线束插座	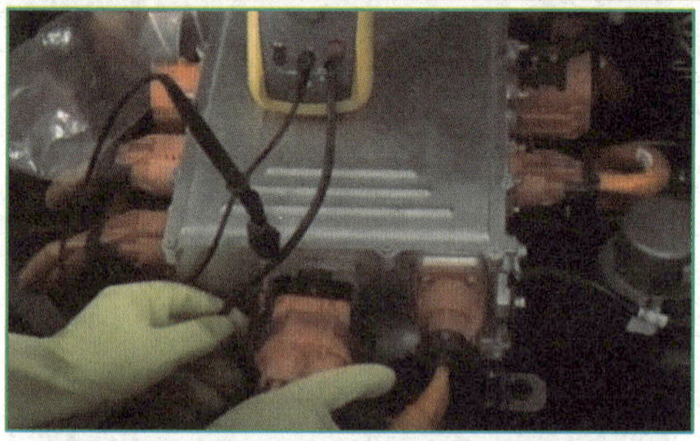
检测交流充电线束（含座）	拆下交流充电线束	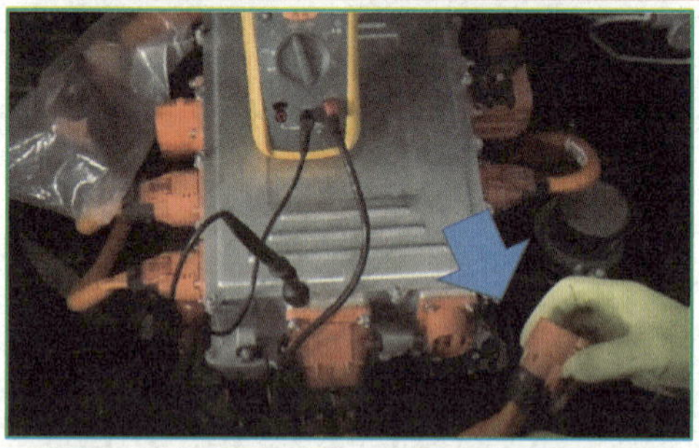
	分别测量交流充电线束三个端子与搭铁之间的绝缘电阻。 正常情况下，各端子与搭铁之间可测得 11GΩ 的绝缘电阻	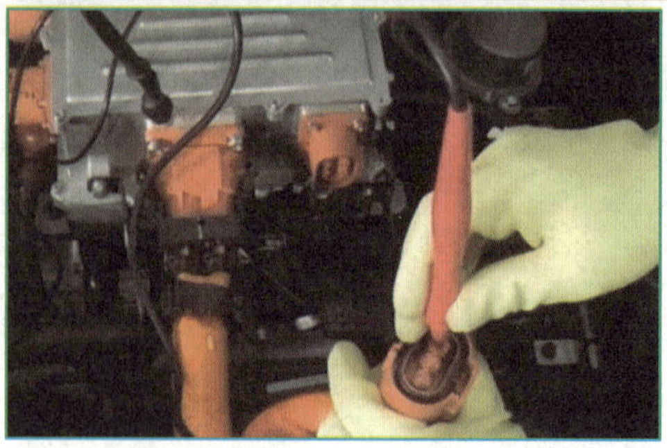

续表

内容	操作	参考图片
检测交流充电线束（含座）	安装交流充电线束插座	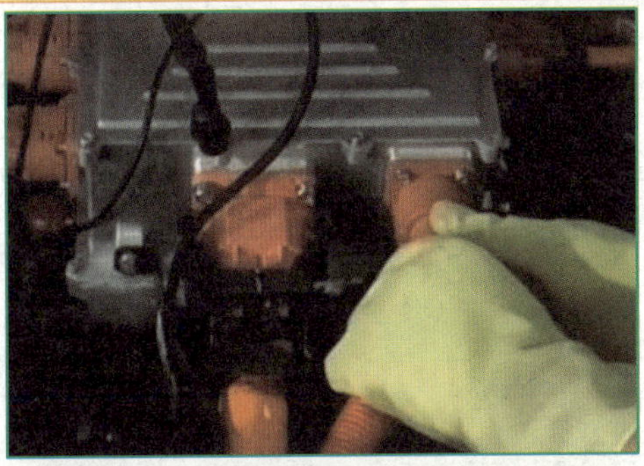
检测空调线束（含压缩机）	拆下空调线束	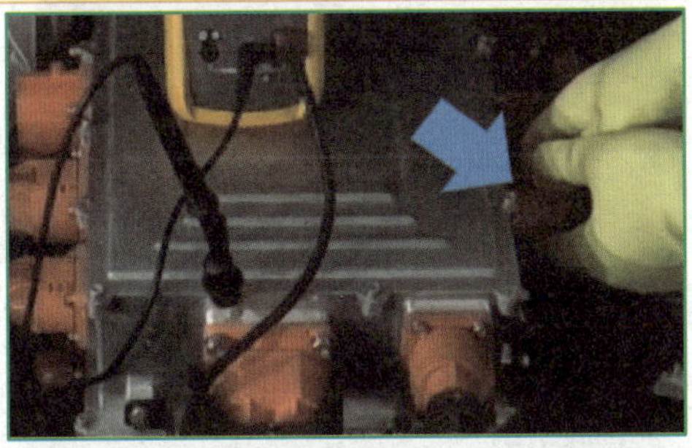
	分别测量空调线束两个端子与搭铁之间的绝缘电阻。 注意： 在空调长时间静置未使用的情况下拔出插座进行测量，可测得约为 100MΩ 的绝缘电阻。 在空调工作后停机进行检测，正常情况下可测得 10MΩ 以上的绝缘电阻	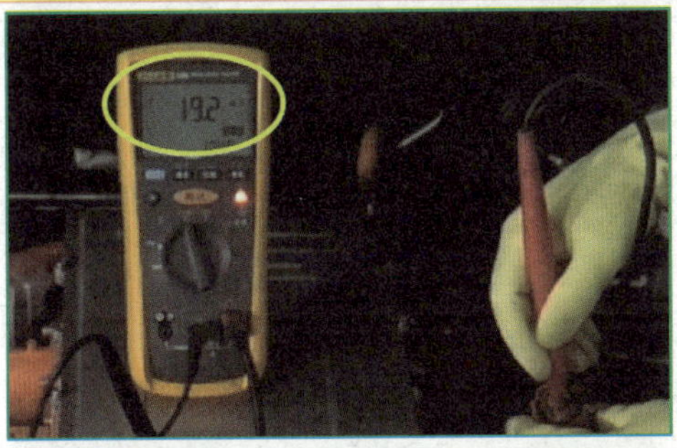
	安装空调线束插座	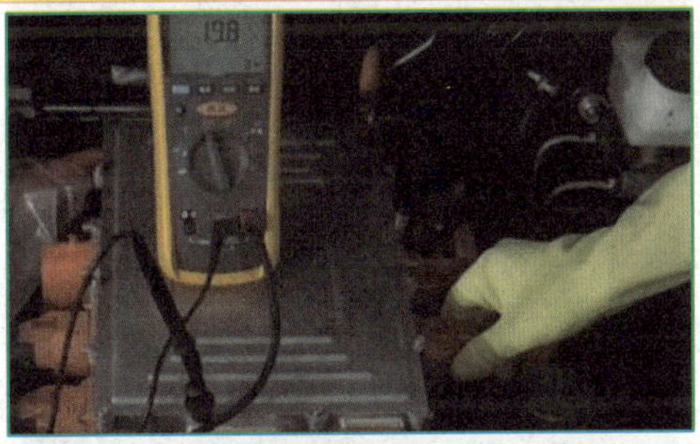
检测电机及控制器总成（含线束）	拆下电机及控制器总成线束	

续表

内容	操作	参考图片
检测电机及控制器总成（含线束）	分别测量线束两个端子与搭铁之间的绝缘电阻。 注意： 配备 BYD 电机总成时，良好状态下可测量得 16MΩ 以上的绝缘电阻	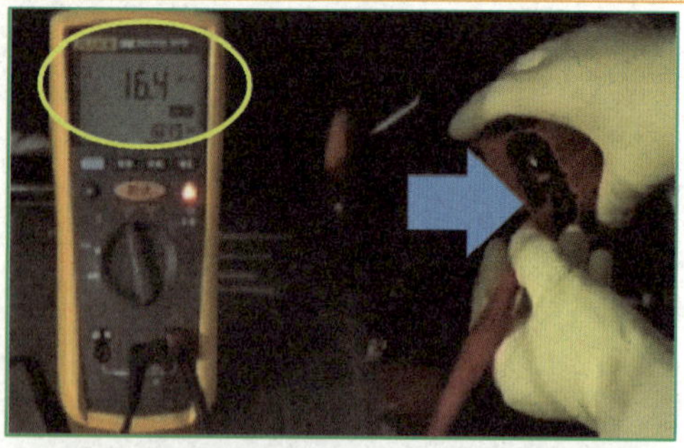
	装上电机及控制器总成线束	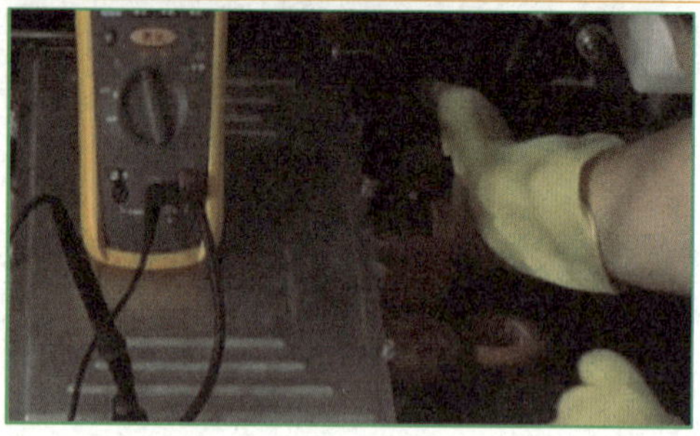
（六）排除故障		
在以上测量中，更换故障件或处理相应故障部位		
（七）确认及恢复车辆		
恢复车辆	装上进电母线	
	安装蓄电池负极	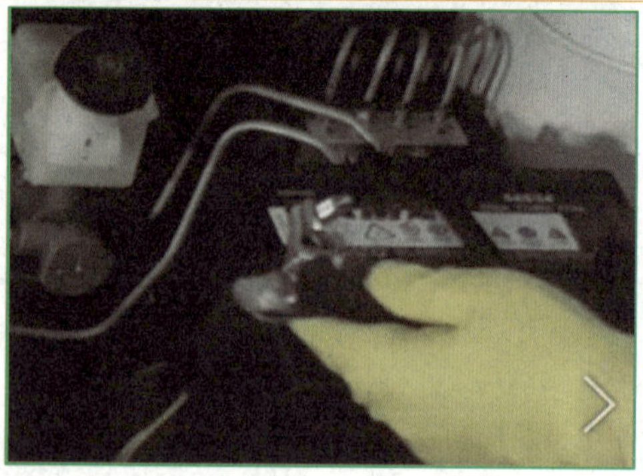
确认修复	重新启动高压上电，高压上电 10s 后未自动下电，说明故障排除	
（八）按照 5S 管理标准进行整理		

原理讲解

1. 漏电检测原理

电池包高压线路如图 2-2-1 所示，在电池包内部，高压正极端及高压负极端的线路上分别设置漏电检测传感器，当高压正极或负极与车身搭铁之间的绝缘值小于一定值时，BMS 利用传感器信号值即可判定车辆是否存在绝缘故障。

在车辆未完成高压上电时，BMS 检测到的绝缘故障部位只有电池包内部主正、主负继电器触点的输入端；只有当车辆进行了高压上电控制，且在主正、主负继电器闭合后，BMS 才能检测到电池包外部高压电路的绝缘情况，通过读取 BMS 的关键数据流，可较快判断绝缘故障发生的部位。

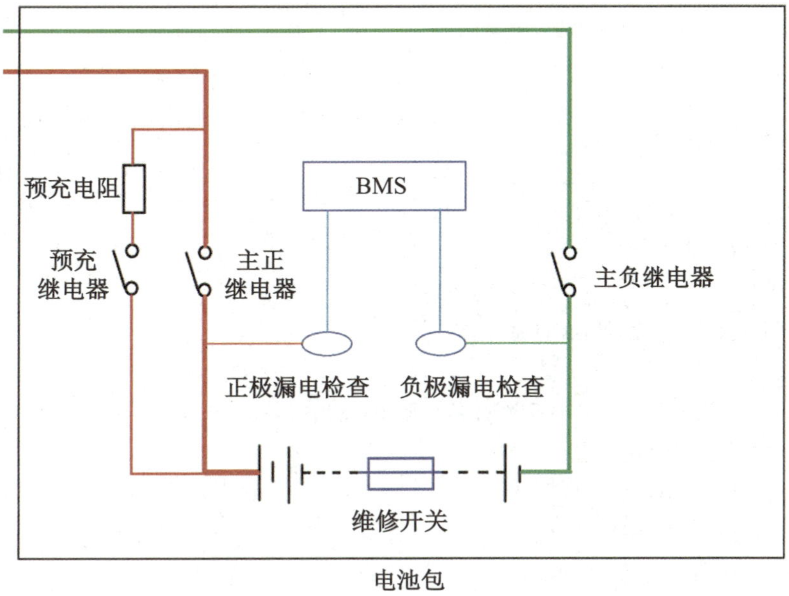

图 2-2-1 电池包高压线路

2. 绝缘电阻测量

对于带电路的高压元件绝缘情况的测量，一般 10s 的数据值即可测得 10MΩ 以上的情况，但要注意部分车型只有 2MΩ 左右，因此更准确的测量应为高压元件在实际工作中的真实绝缘情况。

而对于不带电路的高压元件绝缘情况的测量，如单独测量高压线、充电座等，一般都可以测得 5GΩ 以上。

3. 故障诊断核心思路

通过 BMS 读取电池包绝缘电阻数据流，确认故障发生在电池包内部还是外部。当故障发生于电池包外部时，通过逐个分段法进行测量，最终确定绝缘故障发生的部位。

工作页

内容	现象及数据记录	结果判断
（一）读码	VCM 模块故障代码： □当前绝缘故障　□历史绝缘故障 VCM 当前故障码及具体内容： ______ ______ VCM 模块故障代码： □当前绝缘故障　□历史绝缘故障 BMS 当前故障码及具体内容： ______ ______	主正、主负继电器是否存在黏结故障： □是　□否
	消码后是否能重新成功启动车辆： □是　□否	故障类型： □当前 □历史
（二）读取数据流	读取 BMS 数据。 正极绝缘电阻值：______Ω。 负极绝缘电阻值：______Ω	电池包内部是否存在绝缘故障 ： □是　□否
	读取 MCU 数据流。 高压值：______V。 关闭点火开关，读取 MCU 数据流。 高压值：______V	主动放电及被动放电是否存在故障： □是　□否
（三）线路及元件检测	断开辅助蓄电池负极，逐个断开各高压用电设备与三合一连接，对所有高压元件进行绝缘性能测量： 绝缘电压挡选择：______V。 进电母线正极绝缘电阻值：______Ω。 进电母线负极绝缘电阻值：______Ω。 注意：存在主正、主负继电器同时黏结时不得进行绝缘测试，在拔插高压插座时必须穿戴防护用具，同时操作前应将车辆维修开关拔掉。 暖风 PTC1 正极绝缘电阻值：______Ω。 暖风 PTC2 正极绝缘电阻值：______Ω。 暖风 PTC 负极绝缘电阻值：______Ω。 电池包 PTC 正极绝缘电阻值：______Ω。 电池包 PTC 负极绝缘电阻值：______Ω。 空调正极绝缘电阻值：______Ω。 空调负极绝缘电阻值：______Ω。 电机控制器总成正极绝缘电阻值：______Ω。 电机控制器总成负极绝缘电阻值：______Ω。 直流充电线束及充电座正极绝缘电阻值：______Ω。 直流充电线束及充电座负极绝缘电阻值：______Ω。 交流充电线束火线绝缘电阻值：______Ω。 交流充电线束零线绝缘电阻值：______Ω	数据异常件： □母线 □暖风 PTC □电池包 PTC □直流充电线束 □交流充电线束 □AC □MCU+MOTO □PDU+OBC+DC-DC □无异常件
（四）拓展	如何测量三合一的绝缘电阻	

任务三 高压互锁故障排查

在新能源汽车设计中，由于电池包的电压远高于人体安全电压，且在车辆正常行驶过程中，各高压终端都有可能带有高压电，为防止误拔并满足高压电路的接触要求，在高压插接器上都设计有比低压电路多 1 套机械锁止装置，通过低压电路来检测高压插接器是否接触良好，这样的低压电路称为高压互锁电路。

目前，市场中的多数汽车通过 2～3 套高压互锁电路来检测高压插接器的接触情况，主要常见于以整车控制器（VCM）为核心组成的高压互锁电路及以电池管理系统（BMS）为核心组成的高压互锁电路，且二者的信号也有较大区别。

当车辆未起动而出现高压互锁故障时，以整车控制器（VCM）为核心组成的高压互锁电路不允许车辆高压上电，以保证驾驶员的安全；而当车辆在行驶中出现高压互锁故障时，一般会进行限功率模式，保证驾驶员安全停车，若熄火后故障还存在，则不再允许高压上电。

学习内容

S50EVB 车型高压互锁故障的检测排查方法与规范操作。

教学用具

最低配备：S50EVB 车辆 2 台，新能源汽车专用工具 2 套，诊断仪 2 台，万用表 2 块，车内外护套 2 套，绝缘防护用品及工具 2 套。

学习目标

（1）能依照“操作练习”完成操作，在实车上排查 S50EVB 车辆的高压互锁故障。

（2）协作完成操作。

（3）强化“四不原则”。

学习建议

（1）课前预习排查高压互锁故障的整体步骤，提前分好小组。

（2）现场教课时，小组分工协作。

（3）教师可据实车情况在空调压缩机及三合一高压互锁电路设置故障，增加学习者的学习兴趣。

（4）在设备能充分保证每个工位可容纳 4～6 人的情况下建议授课 8 课时，其他情况建议授课 16 课时。

操作练习：

内容	作业	参考图片
（一）准备		
安装车内外护套及车轮挡块。 测量蓄电池电压作为判断故障的基准		
（二）故障现象确认		
仪表现象	踩下制动踏板，进行启动操作，检查车辆是否能启动高压上电	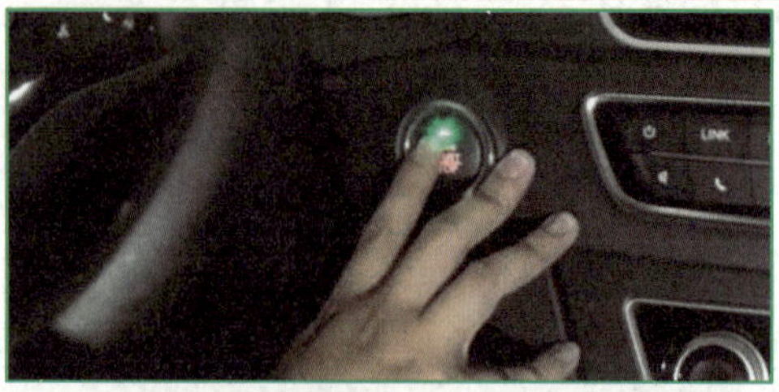
	若车辆为 PEPS 配置，启动无法高压上电时，可连续短按启动按钮 2 次，将点火开关转到 ON 挡，查看仪表故障指示灯状态。 1．高压切断报警灯点亮。 2．仪表信息显示区域显示“高压连接失效”	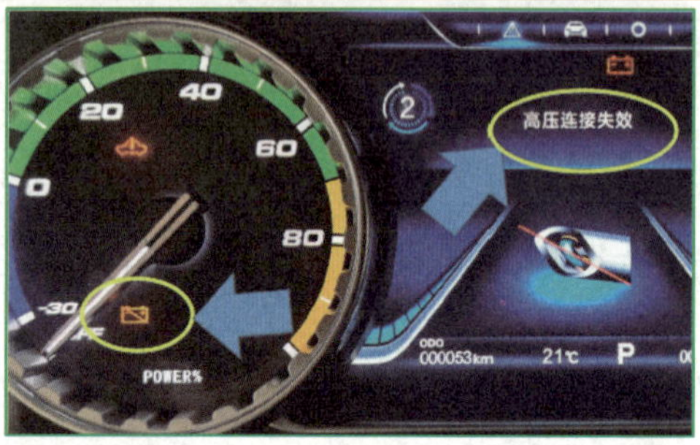
（三）读取故障码		
读取故障码	连接诊断仪，进入对应车型后，读故障码。 可选择“快速测试”或“系统选择”。 右图所示为 VCM（整车控制器）及 BMS（电池管理系统）同时记录的高压互锁故障	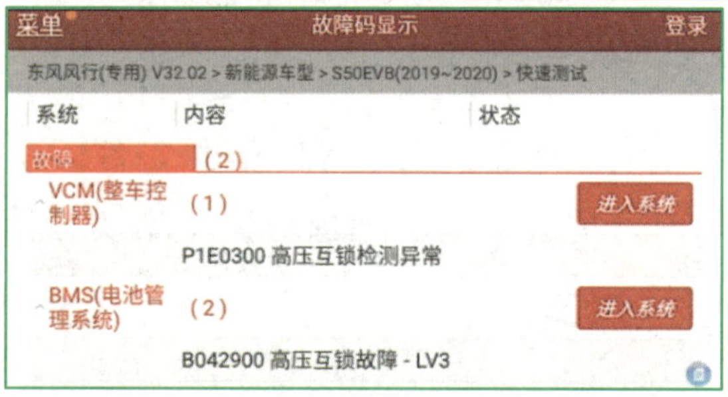
（四）读取关键数据流		
读取 VCM 数据流	进入 VCM 数据流选择页面，选择“高压互锁输入”“高压互锁输出信号”进行查看。 “高压互锁输出信号值为 75%”表示 VCM 输出的占空比信号正常。 “高压互锁输入值为 25%”说明 VCM 高压互锁无故障	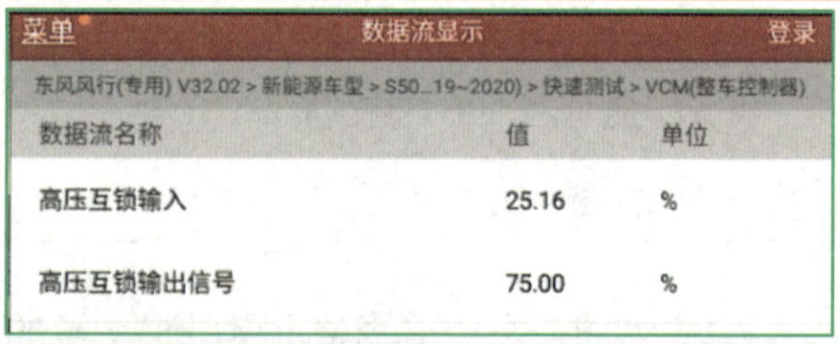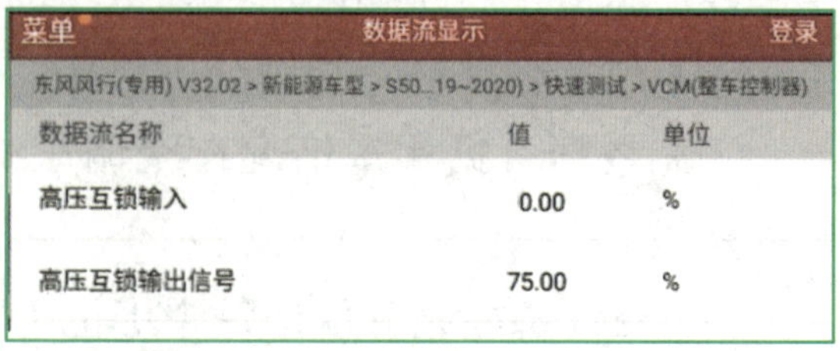

续表

<table>
<tr><th>内容</th><th>作业</th><th>参考图片</th></tr>
<tr><td rowspan="2">判断故障类型及方向。</td><td>消码后重新操作，判断是历史偶发故障还是当前真实故障</td><td></td></tr>
<tr><td>通过故障码及数据流情况，确认需要检查的模块电路。
查阅资料，确认以 VCM 及 BMS 为核心组成的互锁电路连接情况</td><td><table>
<tr><th></th><th>模块</th><th>报码</th><th>VCM互锁输入占空比</th><th>需要检查</th></tr>
<tr><td rowspan="2">情况一</td><td>VCM</td><td>是</td><td>0%</td><td>√</td></tr>
<tr><td>BMS</td><td>是</td><td></td><td>√</td></tr>
<tr><td rowspan="2">情况二</td><td>VCM</td><td>是</td><td>0%</td><td>√</td></tr>
<tr><td>BMS</td><td>否</td><td></td><td>X</td></tr>
<tr><td rowspan="2">情况三</td><td>VCM</td><td>是</td><td>25%</td><td>X</td></tr>
<tr><td>BMS</td><td>是</td><td></td><td>√</td></tr>
<tr><td rowspan="2">情况四</td><td>VCM</td><td>是</td><td>25%</td><td>√</td></tr>
<tr><td>BMS</td><td>否</td><td></td><td>X</td></tr>
</table></td></tr>
<tr><td colspan="3">（五）高压互锁电路检测</td></tr>
<tr><td rowspan="4">VCM 高压互锁检测</td><td>关闭点火开关，拔出空调压缩机低压插座</td><td>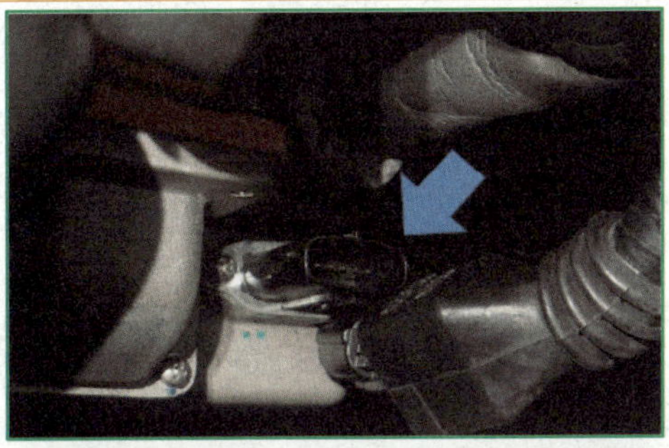</td></tr>
<tr><td>打开点火开关至 ON 挡</td><td></td></tr>
<tr><td>为空调压缩机低压插座 2#端子接上测量针，并测量其电压值。
正常情况电压值约为 7～9V（与蓄电池电压有关），说明压缩机高压互锁输入正常</td><td></td></tr>
<tr><td>测量空调压缩机低压插座 2#端子占空比。
正常情况占空比为 75%。
注意：
数值与所用万用表或表针测量方式有关</td><td>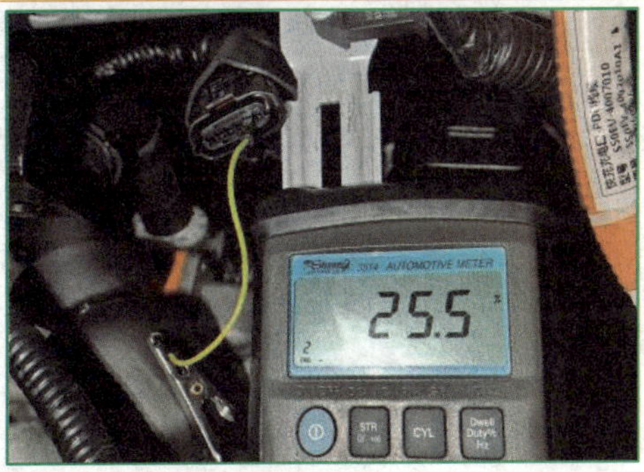</td></tr>
</table>

续表

内容	作业	参考图片
VCM 高压互锁检测	检查压缩机低压插座 1#端子的电源是否正常	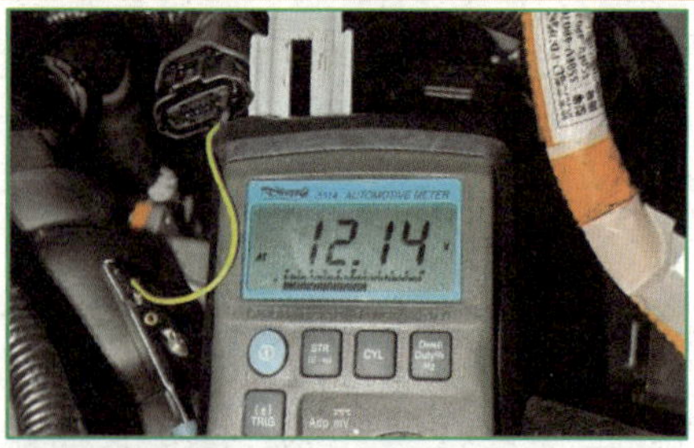
	测量空调压缩机低压插座 3#端子电压。 参考数据： 约低于蓄电池电压 1V	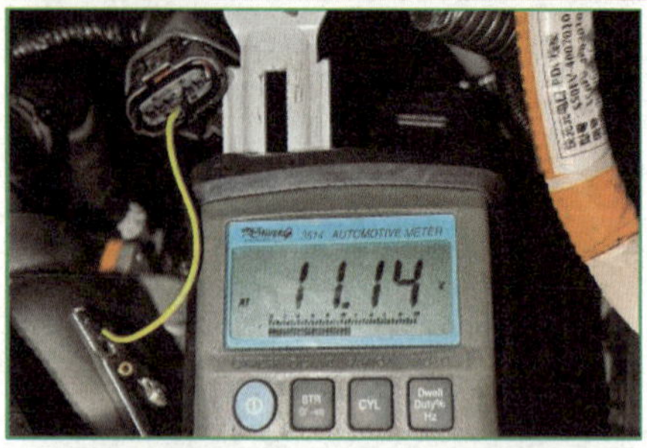
	关闭点火开关，在 3#端子处插好背针后，并将空调压缩机低压插座插好	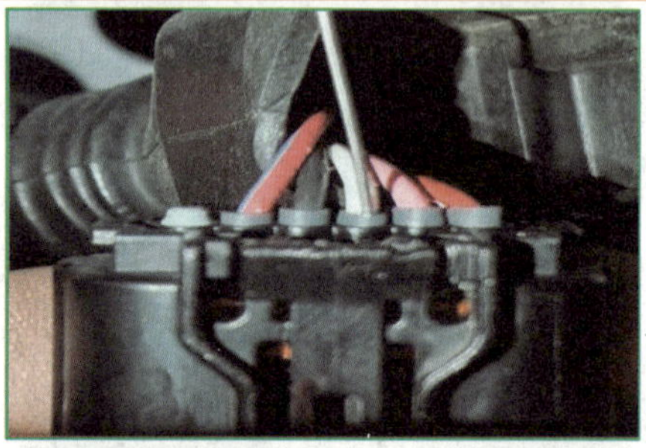
	再次打开点火开关，测量其电压值。 若高压互锁输入与输出电压相等，说明空调压缩机本身高压互锁无故障	
	若以上数据不正常，则应进一步检查对应输入和输出电路及相关线束插接器等的接触情况	
BMS 高压互锁检测	关闭点火开关，拔出三合一功率模块的低压插座，再打开点火开关至 ON 挡	
	测量三合一功率模块的低压插座 C4#端子电压值。 正常情况约低于蓄电池电压 0.5～1V，说明高压互锁输入电路正常	

续表

内容	作业	参考图片
BMS 高压互锁检测	测量三合一功率模块的低压插座 D4#端子电压值。 正常情况约为 0V，但 0V 并不能完全说明电路正常	
	在上一步基础上将万用表搭铁表笔转接到电源正极	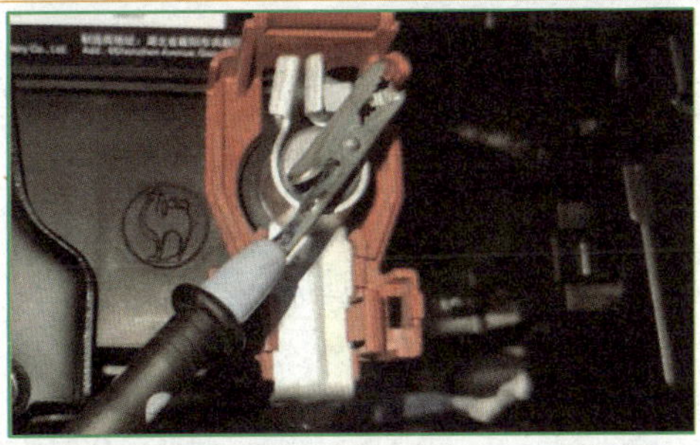
	正常情况下，万用表测得数据的绝对值略低于万用表蓄电池电压。说明输出电路能与车辆的相关电路构成回路	
	关闭点火开关，拆下蓄电池负极，测量 D4 端子与搭铁之间的电阻值。 参考电阻值：约为 11kΩ	
	在 D4 端子上插上背针，插好三合一低压插座，接上蓄电池负极，重新打开点火开关，测量 D4 端子电压，若与 C4 端子电压相等，说明三合一模块高压互锁电路正常。 注意： 也可通过测量电池包低压插座的 9#端子电压值，来判定三合一的高压互锁是否正常	
	若以上数据不正常，则应进一步检查线束插接器等器件的接触情况	
（六）排除故障		
更换故障件或处理相应故障部位		

续表

内容	作业	参考图片
（七）确认及恢复车辆		
恢复车辆	清除故障码	
	将蓄电池负极断开 10s 后再接上	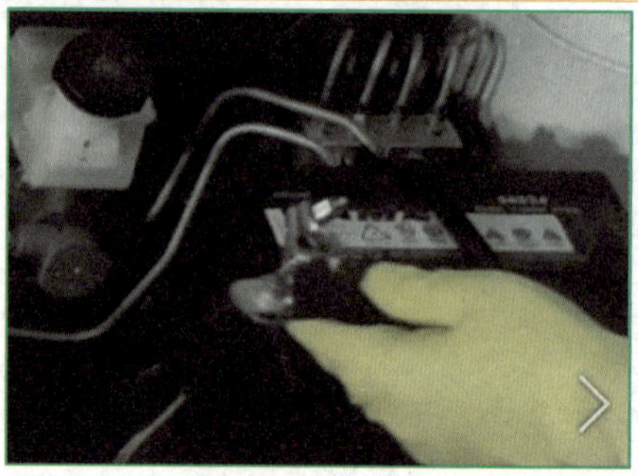
确认修复	重新启动高压上电核查	
（八）按照 5S 管理标准进行整理		

原理讲解

1. 高压互锁介绍

高压互锁的本质是一种低压电路，用来检查高压插接器是否插接到位。

高压互锁结构如图 2-3-1 所示，高压线束的插座上设有 U 形短接针，高压元件的插座上设有对应短接针的母插座，母插座连接着低压线束。

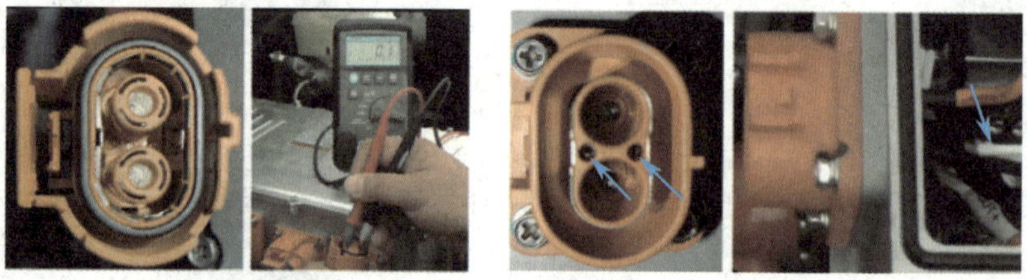

图 2-3-1　高压互锁结构

高压互锁电路连接原理如图 2-3-2 所示，当高压插接器安装到位时，U 形短接针接通低压电路，汽车相应的控制模块判断插座插接是否良好，插接不良则判断有故障，不允许车辆进行高压上电，以保证人员安全。

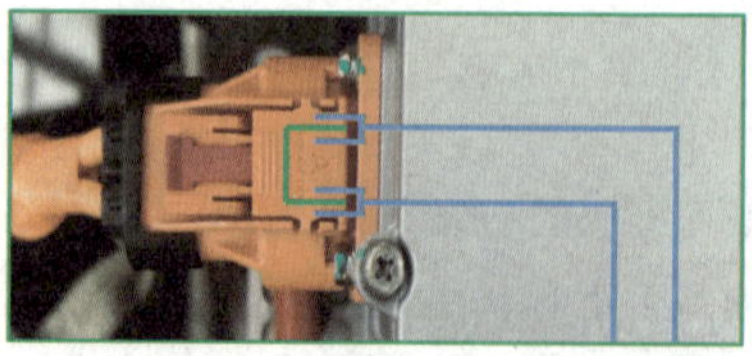

图 2-3-2　高压互锁电路连接原理

2. 常见高压插接器拔插方法

（1）类型一。

S50EVB 车型空调高压插接器拔插方法如图 2-3-3 所示，首先向外推拉解除第 1 道锁止机构；其次按压第 2 道锁，解除锁止，同时向外拔出一定距离；最后按压第 3 道锁，解除锁止，同时向外拔出整个插座。

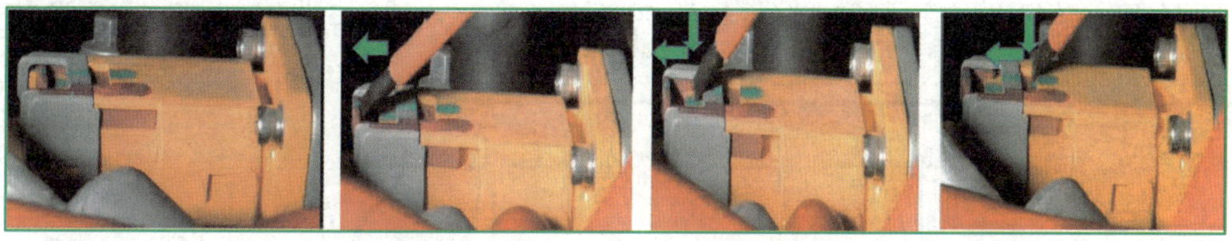

图 2-3-3　S50EVB 车型空调高压插接器拔插方法

（2）类型二。

PTC 高压插接器拔插方法如图 2-3-4 所示，首先向外推拉解除第 1 道锁止机构；其次按压第 2 道锁，解除锁止，同时向外拔出一定距离；最后按压第 3 道锁，解除锁止，同时向外拔出整个插座。

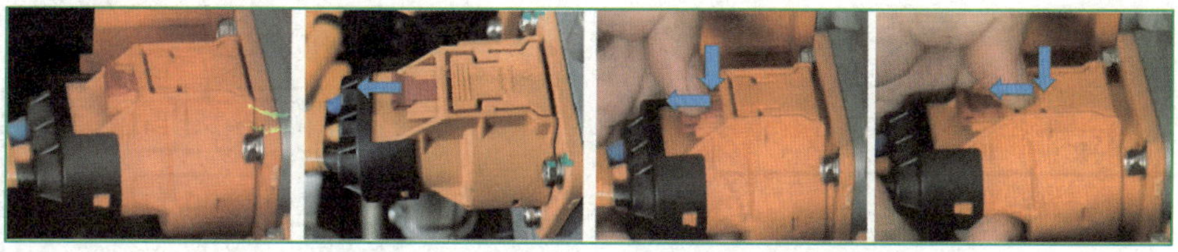

图 2-3-4　PTC 高压插接器拔插方法

3. S50EVB 车型高压互锁原理

（1）线路一。

以 VCM 为核心的高压互锁电路原理图如图 2-3-5 所示，从 VCM 的 102#端子向外输送 1 个 75%占空比的信号，从空调压缩机低压插座 2#端子进入高压插接器的短接针后，再从低压插座的 3#端子输出，从 47#端子返回，构成闭合回路。

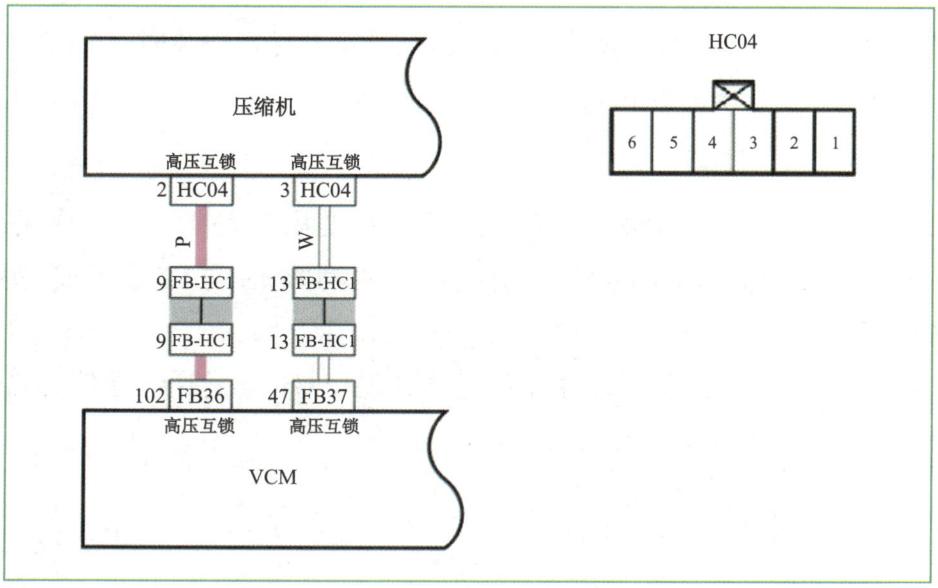

图 2-3-5　以 VCM 为核心的高压互锁电路原理图

（2）线路二。

以 BMS 为核心的高压互锁电路原理图如图 2-3-6 所示，从电池包低压插座 8#端子向外输送 1 个高电位信号，经过三合一总成件上的各短接针后，从 9#端子返回，构成闭合回路。

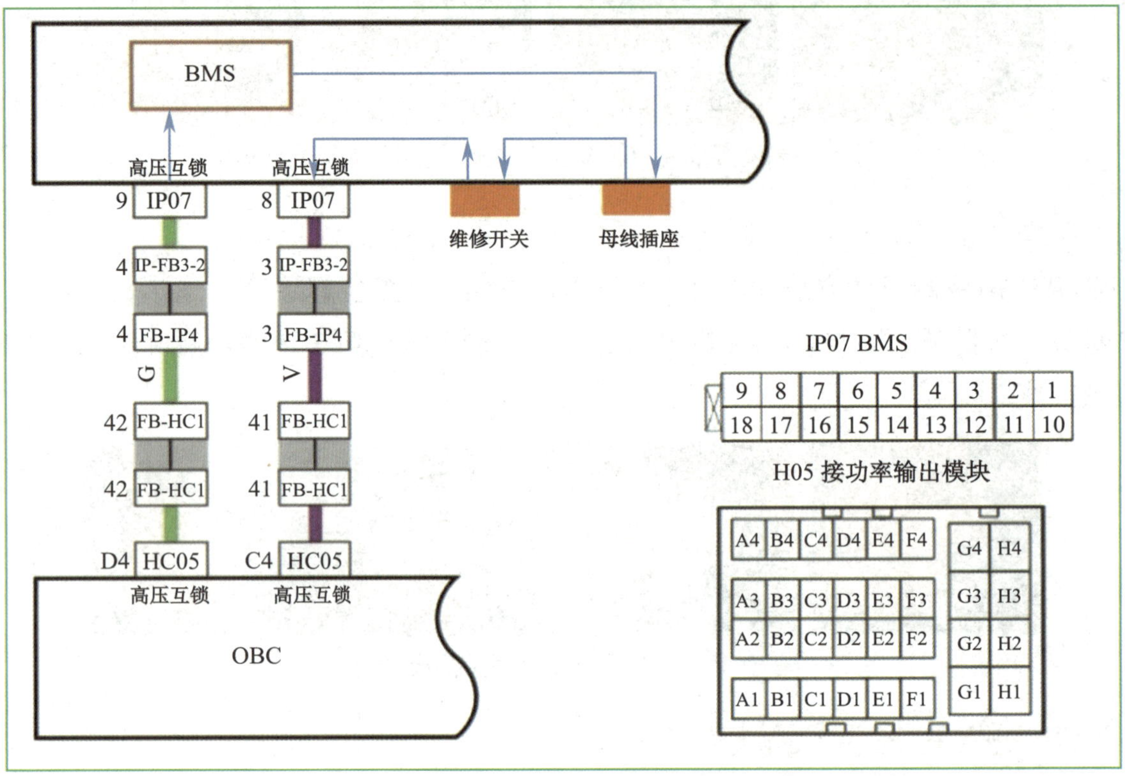

图 2-3-6　以 BMS 为核心的高压互锁电路原理图

4．报码基本原则

当 BMS 检测到高压互锁故障时，由本身记录故障码，再交由 VCM 传递故障信息，VCM 也同时记录故障码，应用检测仪可在两个系统中同时读到高压互锁的故障信息。

当只有 VCM 检测到它本身与空调之间的高压互锁电路存在故障时，由 VCM 记录故障码，应用检测仪只能在 VCM 系统读到高压互锁故障信息。

5．互锁衍变

随着汽车产品的不断完善与升级，互锁也存在相应变化。

一方面，以 BMS 为核心组成的互锁分为两种，一种为 BMS 与 OBC 组成，另一种为 BMS 与电池包上的维修开关、高压母线插座组成电池包的高压互锁。

另一方面，互锁的走线不再通过线束中的硬线传递信号，而是通过元件的 CAN 总线进行传递，这也是未来纯电动汽车的设计方向。

工作页

内容	现象及数据记录	结果判断
（一）准备	蓄电池电压值：__________V。 高压切断报警灯： □点亮　　□未点亮 车辆是否能高压上电： □是　　□否	
（二）读码及关键数据流	VCM 模块故障代码： □当前互锁故障　　□历史互锁故障 VCM 当前故障码及具体内容： ______________________________ ______________________________ VCM 关键数据流 高压互锁输入占空比：______%。 高压互锁输出占空比：______%。 BMS 模块故障代码： □当前绝缘故障　　□历史绝缘故障 BMS 当前故障码及具体内容： ______________________________ ______________________________	故障发生于： □VCM 系统 □BMS 系统
	消码后是否能重新成功启动车辆： □是　　□否	故障类型： □当前真实 □历史偶发
（三）VCM 高压互锁故障排查	按指导书规范操作，在拔出空调低压插座的状态下进行测量。 2#端子电压值：______V。 占空比为：________%。 3#端子电压值：______V。 1#电源端子电压值：____V。 在插好空调低压插座的状态下进行测量。 3#端子电压值：______V	高压互锁故障存在于： □AC 输入端 □AC 输出端 □AC 内部
（四）BMS 高压互锁故障排查	按指导书规范操作，在拔出三合一低压插座的状态下进行测量。 蓄电池电压值：______V。 C4#端子电压值：______V。 D4#端子电压值：______V。 D4#端子相对于蓄电池正极电压值：______V。 在断开蓄电池负极的状态下进行测量。 D4#端子与搭铁之间电阻值：____Ω。 在插好三合一低压插座的状态下进行测量。 D4#端子电压值：______V	高压互锁故障存在于： □三合一输入端 □三合一输出端 □三合一内部
（五）拓展	应用示波器测量空调低压插座 2#端子波形，并画出波形图	信号波形是否受干扰： □是 □否

任务四 交流充电故障排查

交流充电是纯电动汽车家庭用户最常用的充电方式，纯电动汽车用户和维修人员都应了解充电基本知识、充电方法、充电注意事项及常见故障排查，通过本任务的学习，应学会从多角度判断交流充电的故障。

学习内容

通过学习建立交流充电基本故障排查思路，能在实车上排查 S50EVB 车型不能进行交流充电的故障。

教学用具

最低配备：S50EVB 车辆 2 台，新能源汽车专用工具 2 套，诊断仪 2 台，万用表 2 块，充电桩 2 个（或随车充），车内外护套 2 套，示波器 2 台，绝缘防护用品及工具 2 套。

学习目标

（1）能在实车上排查 S50EVB 车型不能进行交流充电的故障。

（2）协作完成操作。

（3）强化“四不原则”。

学习建议

（1）课前预习后安排小组分工，在课上进行实践操作。

（2）为保证学习维修思路的完整性与连贯性，此故障不再进行子任务分解，学习时可根据实际进度，将步骤中的第五步进行分时段学习。

（3）在设备能充分保证每个工位可容纳 4～6 人的情况下建议授课 8 课时，其他情况建议授课 16 课时。

操作练习

内容	操作	参考图片
（一）准备		
安装车内外护套及车轮挡块。 测量蓄电池电压作为判断故障的基准		
（二）故障现象确认		
上高压检查	检查系统是否能高压上电。 若能正常高压上电，说明充电故障与无法高压上电无关	

续表

<table>
<tr><th>内容</th><th>操作</th><th>参考图片</th></tr>
<tr><td rowspan="2">充电指示灯检查</td><td>充电座指示灯状态确认。
将充电枪插入充电座，观察外部指示灯状态，根据指示灯状态查阅资料，初步确认故障</td><td>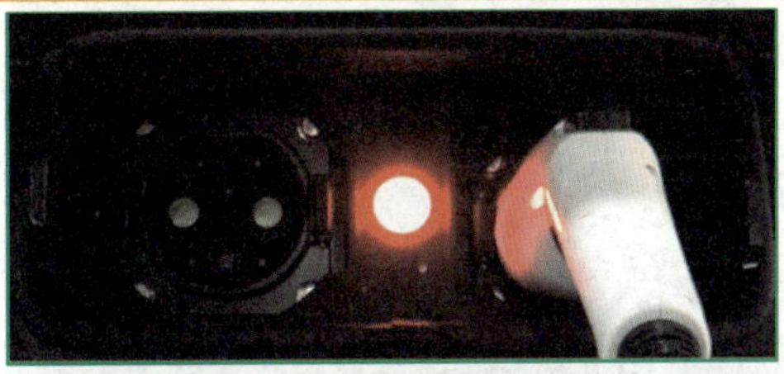</td></tr>
<tr><td>观察仪表充电连接指示灯状态，初步确认充电是否存在故障</td><td>
</td></tr>
<tr><td colspan="3">（三）读取故障码</td></tr>
<tr><td>读取故障码</td><td>连接诊断仪，进入对应车型后，读故障码。
可选择“快速测试”或“系统选择”，当选择“系统选择”时，必须进入 VCM、OBC、BMS 系统进行读取。
右图所示为 VCM（整车控制器）的故障码，此时可根据故障码内容查找故障。
但在实际操作中，不出现故障码的情况较多，此时应根据故障现象逐步检查各信号及控制</td><td>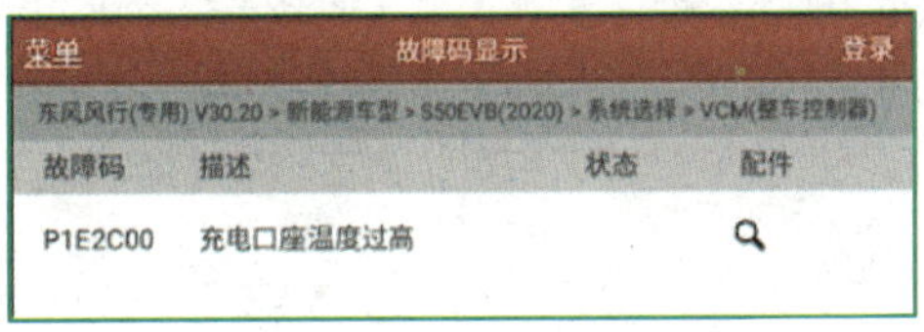
</td></tr>
<tr><td colspan="3">（四）读取关键数据流</td></tr>
<tr><td>读取 VCM 数据流</td><td>进入 VCM 数据流，选择“慢充充电枪 CC（连接检测）信号”等关键数据流，查看数据状态，判断慢充充电枪 CC（连接检测）信号（简称“CC 信号”）及挡位信号是否正常。
正常状态的情况如下：
1. CC 信号应为有效，无效则查看相应数据，若“慢充枪/放电枪模拟输入”为 5V，则 CC 信号断路。
2. S50EVB 车型必须也仅 N 挡有效，含 P 挡的车型则必须在 P 挡时才有可能实现充电</td><td>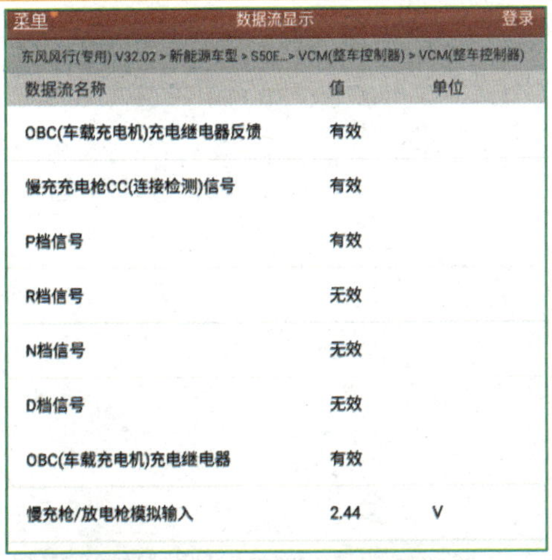
</td></tr>
<tr><td>读取 MCU 数据流</td><td>进入 MCU（电机控制器）数据流，查看“电机实际转速”数据流，判断 MCU 是否允许充电。
正常情况下不应出现 10rpm 以上的转速</td><td>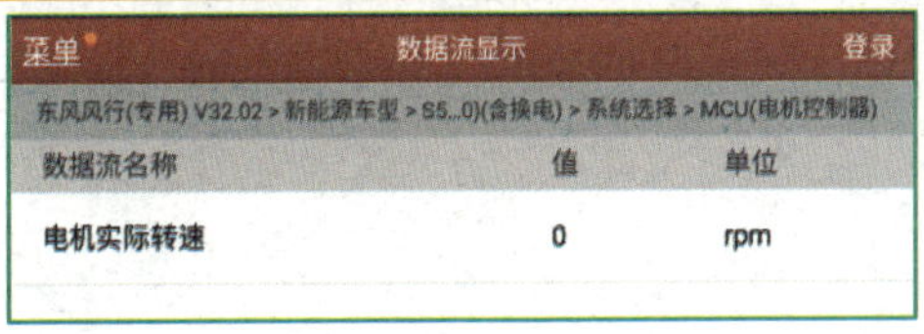
</td></tr>
</table>

续表

<table>
<tr><th>内容</th><th>操作</th><th>参考图片</th></tr>
<tr><td>读取 OBC 数据流</td><td>进入 OBC（充电机控制器）模块查看数据流，判断 CP 信号是否正常，OBC 是否真正给电池包充电。
充电机保持工作状态为“CP 正常（模式 2，3）”</td><td>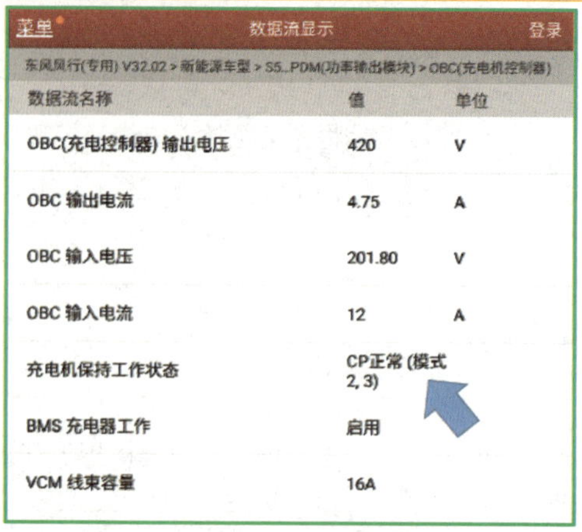
</td></tr>
<tr><td>读取 BMS 数据</td><td>进入 BMS（电池管理系统）数据流，选择查看影响充电的关键参数，如最高单体温度、最低单体温度、最高单体电压、最低单体电压等。
注意：
根据工作页填写</td><td>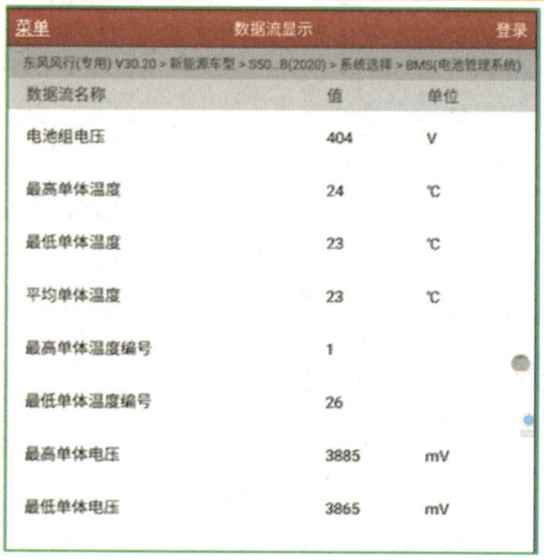
</td></tr>
<tr><td colspan="3">（五）关键信号电路检测</td></tr>
<tr><td rowspan="2">挡位开关检测</td><td>关闭点火开关，拆下挡位开关面板</td><td>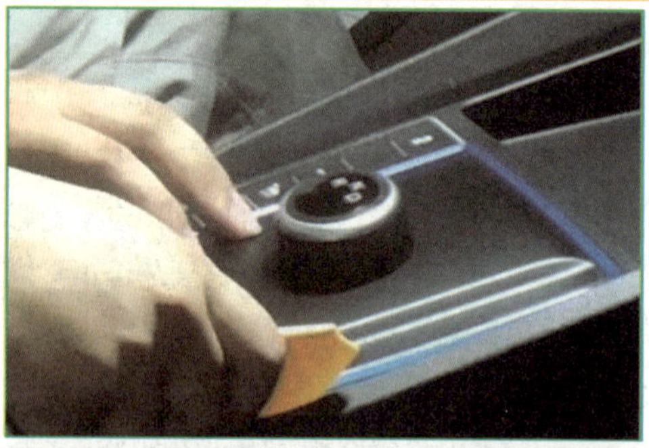</td></tr>
<tr><td>分别将换挡旋钮转到不同挡位，然后测量三根挡位信号线上的电压值（请查阅资料）（一）</td><td>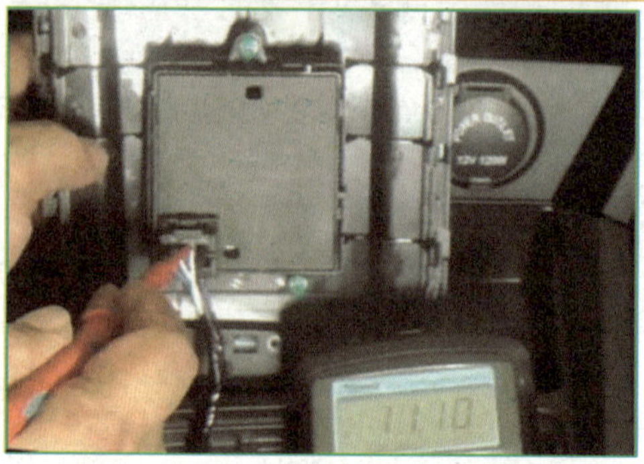</td></tr>
</table>

续表

<table>
<tr><th>内容</th><th>操作</th><th>参考图片</th></tr>
<tr><td rowspan="2">挡位开关检测</td><td>分别将换挡旋钮转到不同挡位，然后测量三根挡位信号线上的电压值（请查阅资料）（二）</td><td>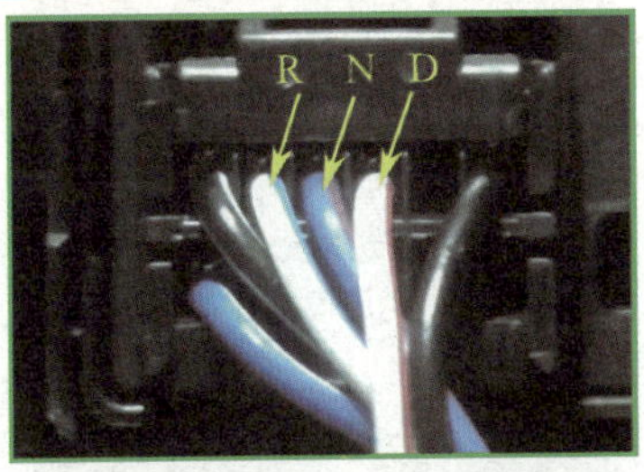
</td></tr>
<tr><td>正常状态为在任一挡位下，3 个挡位信号只有 1 个低电位出现。
参考数值如右表所示</td><td><table>
<tr><th>端子（v）／挡位</th><th>2（白蓝）</th><th>3（蓝红）</th><th>4（白红）</th></tr>
<tr><td>N</td><td>11.09</td><td>0</td><td>11.10</td></tr>
<tr><td>R</td><td>0</td><td>11.08</td><td>11.10</td></tr>
<tr><td>D</td><td>11.08</td><td>11.08</td><td>0</td></tr>
</table></td></tr>
<tr><td rowspan="3">CC 信号检测</td><td>查看充电设备额定电流。
也可通过测量充电枪上的 CC 端子与 PE 端子之间的电阻值确认充电设备额定电流或功率</td><td>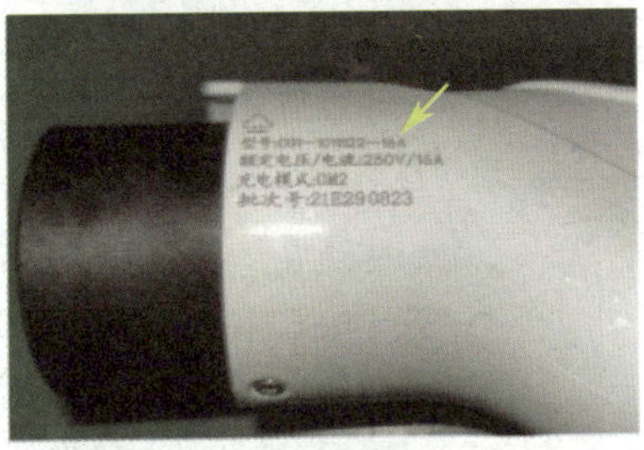
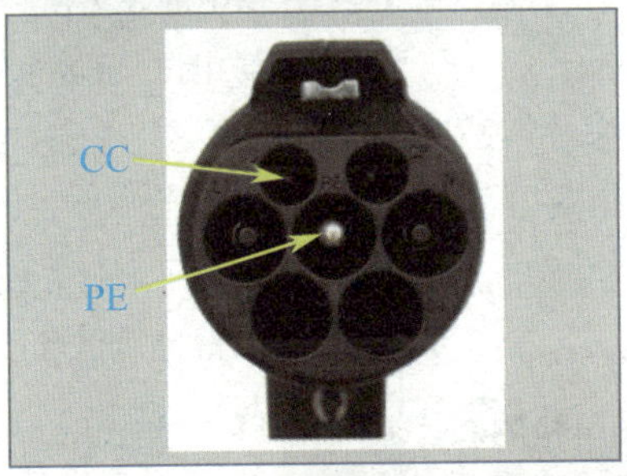
</td></tr>
<tr><td>未插充电枪时，测量 CC 端子与 PE 端子（或车身搭铁）之间的电压值。
正常值应约低于蓄电池电压</td><td>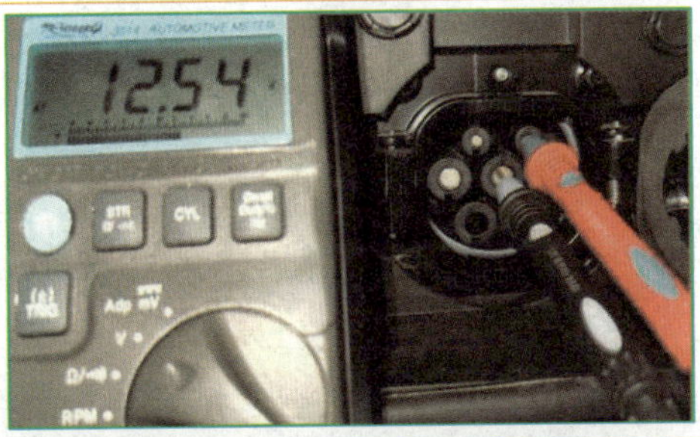
</td></tr>
<tr><td>为交流充电座的低压插座上的 CC 端子插好背针</td><td>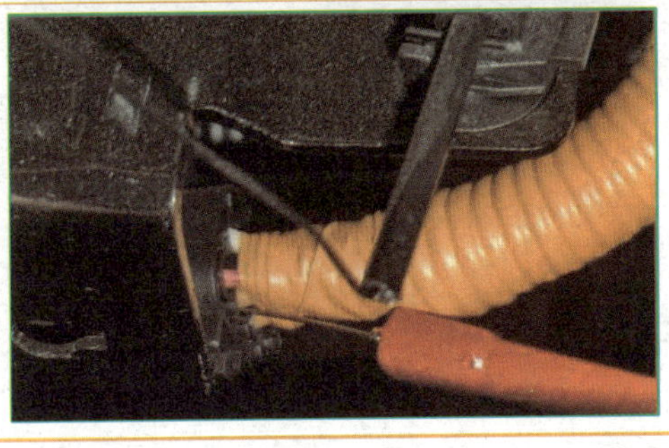</td></tr>
</table>

续表

<table>
<tr><th>内容</th><th>操作</th><th>参考图片</th></tr>
<tr><td rowspan="2">CC 信号检测</td><td>插上充电枪</td><td>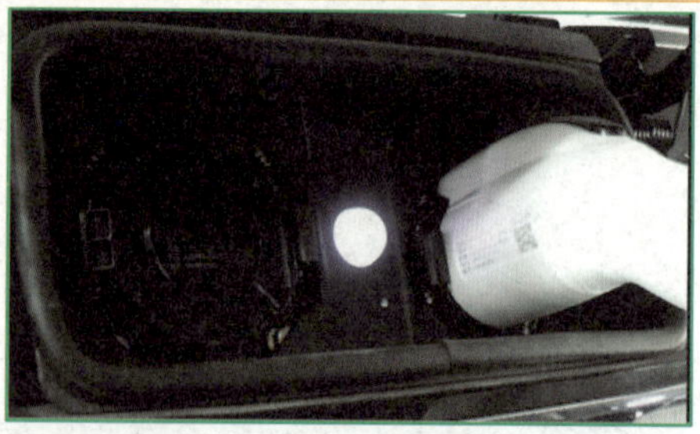</td></tr>
<tr><td>测量 CC 端子的电压值，参考数据如右表所示。
注意：
数据不符一般为插接器接触不良或插座进水导致</td><td><table><tr><th>类型</th><th>额定电流(A)</th><th>CC实测电压(V)</th><th>诊断仪数据(V)</th></tr><tr><td rowspan="3">充电枪</td><td>8</td><td>2.69</td><td>3.27</td></tr><tr><td>16</td><td>1.80</td><td>2.43</td></tr><tr><td>32</td><td>0.80</td><td>1.48</td></tr><tr><td>放电枪</td><td>16</td><td>2.97</td><td>3.57</td></tr></table></td></tr>
<tr><td rowspan="4">CP 信号检测</td><td>未插充电枪时，测量 CP 端子与 PE 端子（或车身搭铁）之间的电压值。
正常值应约为 0V</td><td>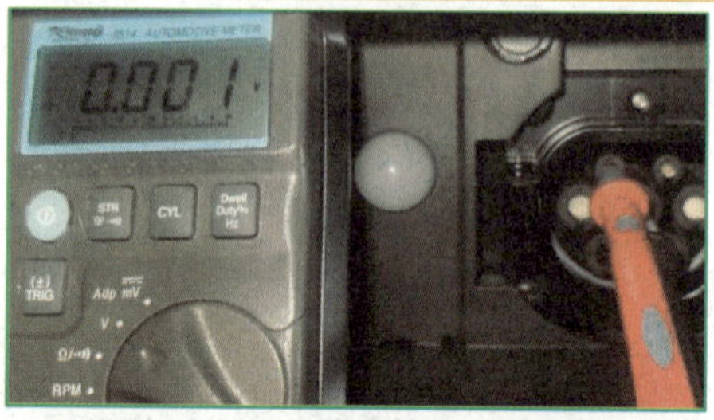</td></tr>
<tr><td>将 PE 端子的表笔换到 CC 端子上，测量 CP 端子相对电源电压，正常状态下可测得接近蓄电池电压的压差值。
注意：
此处只是为了测量方便借用 CC 端子电压，也可将表笔换到蓄电池正极，只是数据稍大</td><td>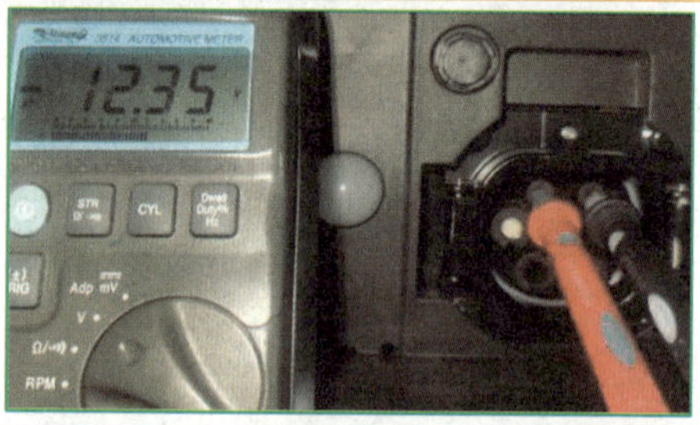</td></tr>
<tr><td>拆下蓄电池负极，将万用表换到电阻挡，测量 CP 端子与 PE 端子之间的电阻值。
参考数据：
电阻值为 1.089MΩ</td><td></td></tr>
<tr><td>为交流充电座的低压插座上的 CP 端子插好背针</td><td>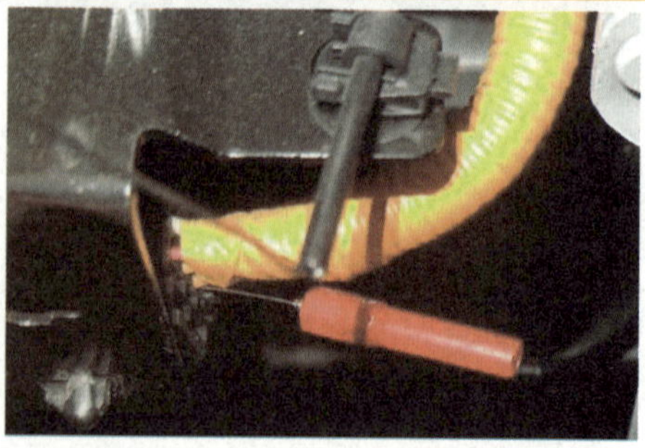</td></tr>
</table>

续表

内容	操作	参考图片
CP 信号检测	接好蓄电池负极，插上充电枪。 通过插好的背针测量 CP 信号占空比。 注意： 不同功率充电桩的数据不同，右图所示为随车充电枪数据，额定电流 16A，占空比为 22%	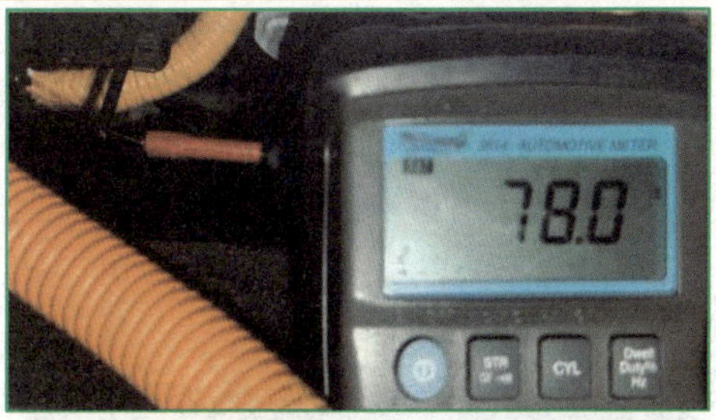
	若无占空比功能万用表，测量充电时的电压值。 注意： 电压值应为负值	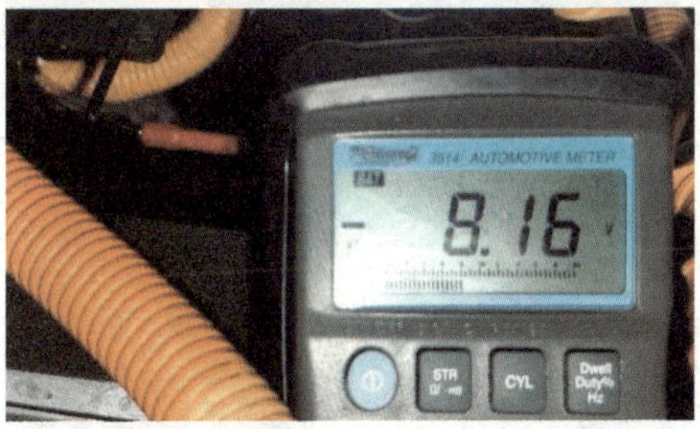
	充电时的 CP 信号波形如右图所示	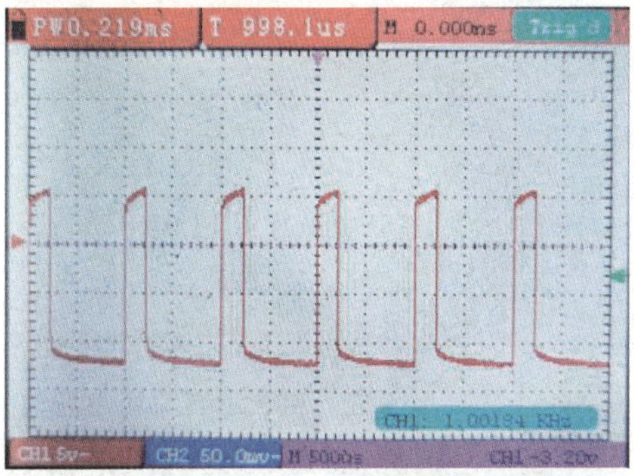
充电口温度信号检测	检查充电座前方的火线及零线端口是否有氧化及烧蚀情况	
	检查充电座背部是否有氧化、烧蚀、进水等情况。 当车辆报“P1E2C00 充电口座温度过高”时，一般是由于充电座内部的温度开关故障或实际温度过高导致的	

续表

内容	操作	参考图片
充电口温度信号检测	拔出发动机舱 10#熔断器，检查是否能交流充电。 能充电则说明不能充电的故障应为温度开关引起，但交流充电座与直流充电座同时设有温度保护开关，需进一步确认故障发生在交流充电座还是直流充电座上。 重新插好熔断器	
	拆除保险杠盖板	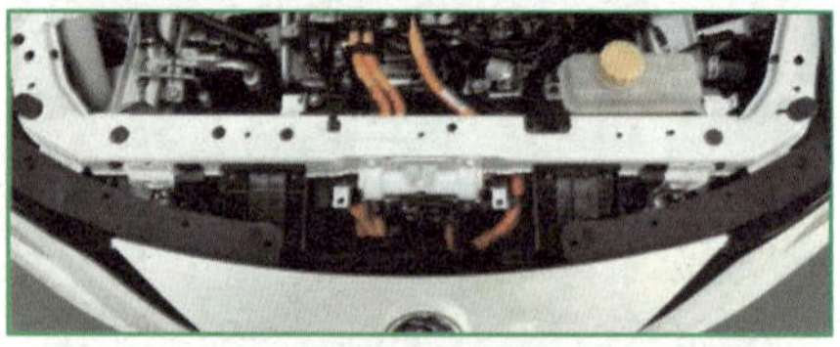
	拔出直流充电座的低压插座，再次检查是否能充电。 能充电表示直流充电座的温度开关有故障；不能充电表示交流充电座的温度开关有故障	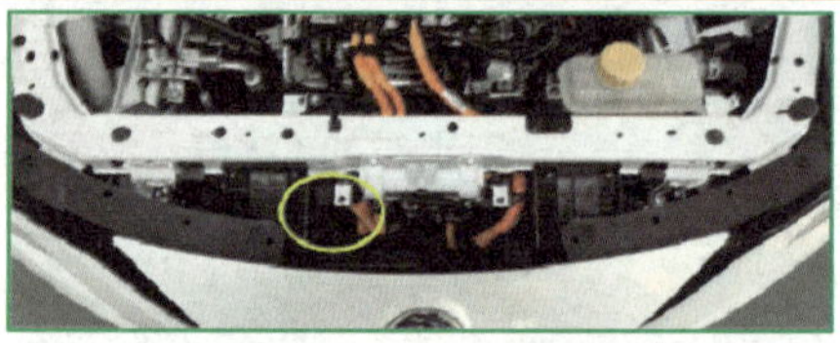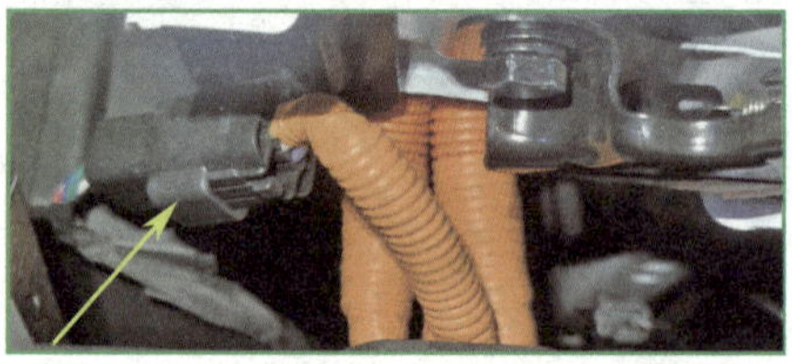
（六）排除故障		
更换故障件或处理相应故障部位		
（七）确认及恢复车辆		
恢复车辆	清除故障码	
	将蓄电池负极断开 10s 后再接上	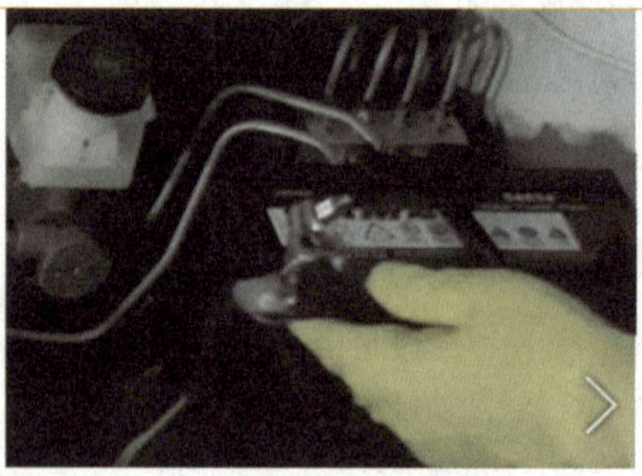
确认修复	重新启动高压上电及充电核查	
（八）按照 5S 管理标准进行整理		

原理讲解

1. 交流充电系统的组成

交流充电系统组成如图 2-4-1 所示，交流充电系统由交流充电桩、充电枪、充电座、OBC（车载充电机）、电池包等组成。

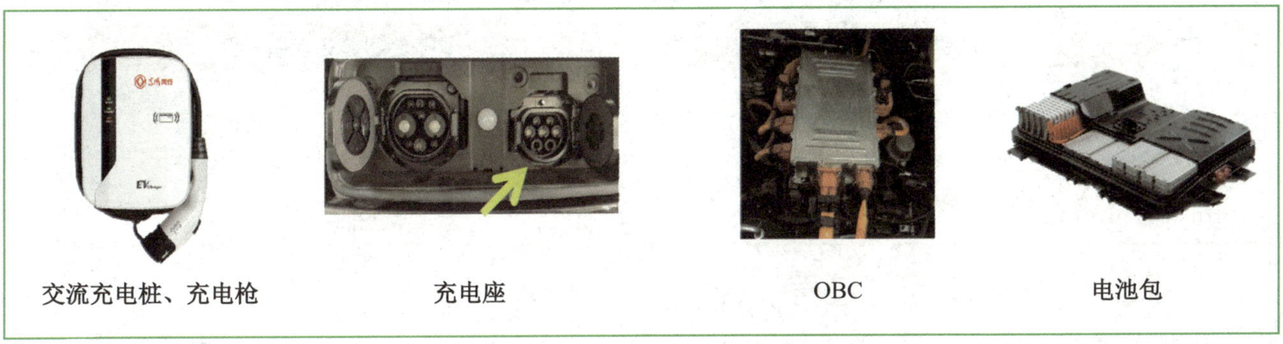

图 2-4-1 交流充电系统组成

2. 交流充电座端子定义

为统一标准、使用方便，国家对于交流充电座的大小及端子布置有明确规定，交流充电座如图 2-4-2 所示，交流充电座端子标识及功能定义如表 2-4-1 所示。

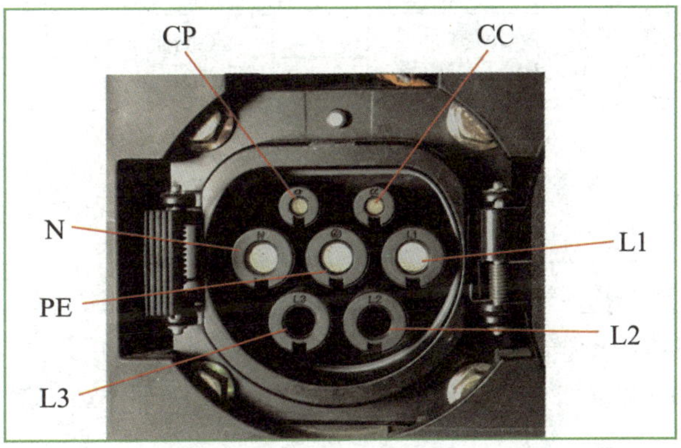

图 2-4-2 交流充电座

表 2-4-1 交流充电座端子标识及功能定义

端子标识	功能定义
CP	充电引导控制
CC	插枪连接确认
L1	交流电输入端火线 1
L2	交流电输入端火线 2（备用）
L3	交流电输入端火线 3（备用）
PE	交流电输入端地线
N	交流电输入端零线

3. 充电枪标准

在国家标准中，虽然交流充电枪的外观端口相同，但充电桩的功率各有不同，不过在制造时已统一标准。充电枪上的 CC 端子与 PE 端子之间存在电阻，其阻值对应一定功率的充电桩。交流充电枪功率识别电阻表如表 2-4-2 所示。

表 2-4-2 交流充电枪功率识别电阻表

类型	额定电流（A）	CC-PE 之间检测阻值（Ω）
充电枪	10	1500
	16	680
	32	220
放电枪	16	2000

4. 交流充电基本控制过程

由于车辆设计的逻辑不一样，车辆充电唤醒方式不尽相同，S50EVB 车型充电基本过程如图 2-4-3 所示。

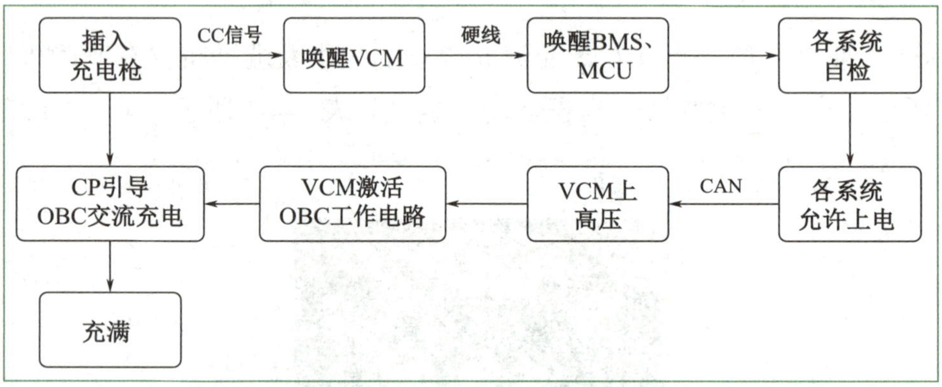

图 2-4-3 S50EVB 车型充电基本过程

（1）当为车辆插入充电枪时，充电枪上的电阻接入车辆 VCM 模块的电路中，形成有效 CC 信号，唤醒 VCM 模块工作。

（2）VCM 激活充电控制电路后，同时输出电源控制 BMS 模块及 MCU 模块工作。

（3）当 VCM 收到各个控制模块允许高压上电充电的信息后，控制车辆高压上电。

（4）VCM 激活 OBC 的充电电路，从充电桩发出的 CP 占空比信号即可控制充电电流的大小。

每一种功率的 OBC，在插枪初始发出的 CP 信号占空比都是相对固定的，但由于车辆的不同状态，其允许通过的电流与充电桩可提供的电流可能不同，因此 OBC 还根据车辆状态对 CP 信号进行调整。此时 CP 信号相当于自来水的开关，开关开得越大，水流出越多。因此，CP 信号的占空比越大，充电电流相对就越大。

5. 交流充电基本控制电路

交流充电基本控制电路如图 2-4-4 所示。

（1）充电座上的 CC 信号通过硬线传递至 VCM 模块。

（2）VCM 通过 CAN 网络收集其他各个模块的信息，确认可进行高压上电充电程序，并通过 CAN 网络激活车载充电机 OBC。

（3）充电桩通过充电座的 CP 端子向车载充电机 OBC 发出充电信号，车辆正常充电。

（4）当充电座的温度过高时，开关接通，电源通过 VCM 的 63#端子激活保护电路，车辆暂停充电，温度下降至安全值后重新启动充电。

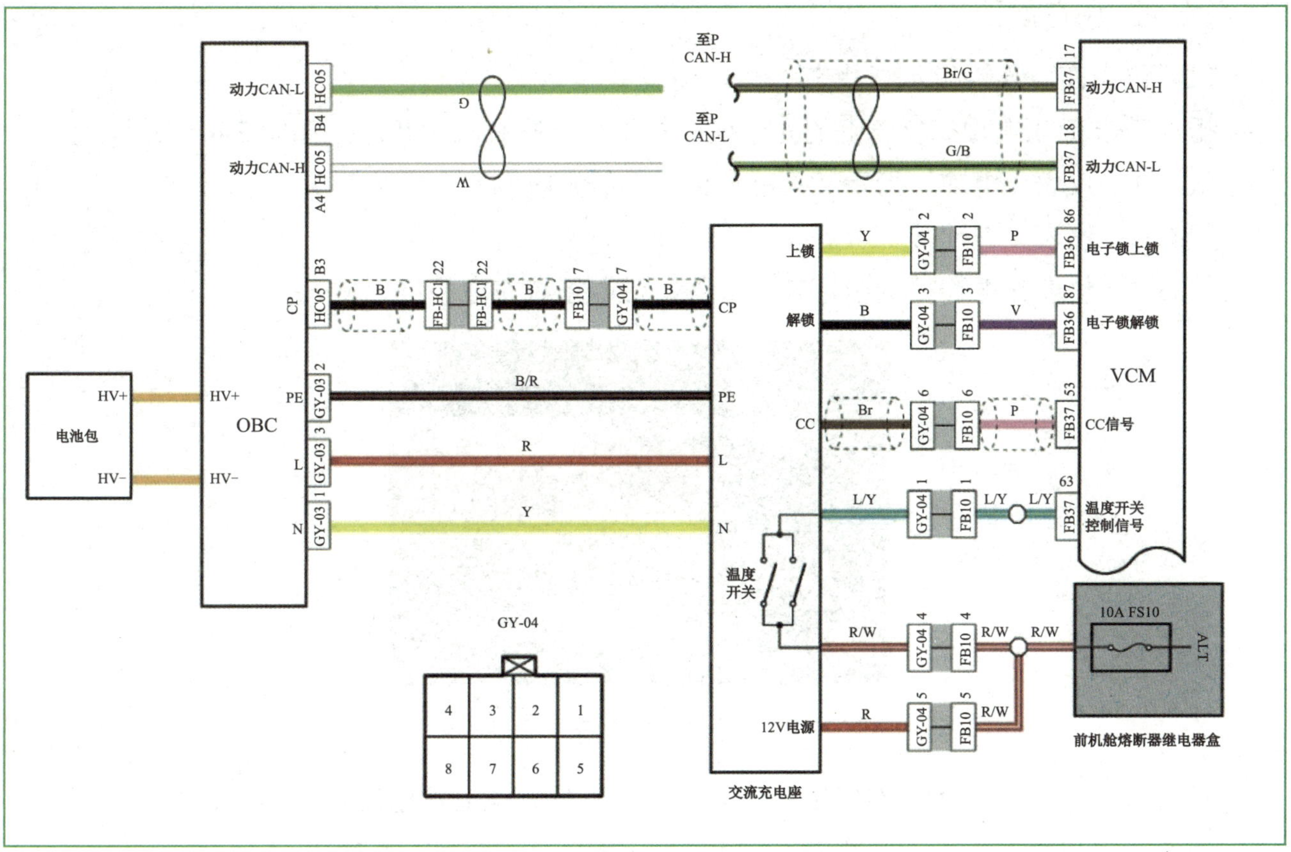

图 2-4-4 交流充电基本控制电路

6. 影响充电的主要因素

（1）挡位不正确。

（2）未插枪到位。

（3）充电座温度过高。

（4）环境温度恶劣。

（5）冷却系统工作异常。

（6）过量放电。

（7）进入预约充电模式。

（8）电网供电异常。

（9）充电器不匹配。

（10）BMS 故障。

（11）VCM 故障。

（12）MCU 故障。

（13）OBC 故障。

（14）CC 信号异常。

（15）CP 信号异常。

7. 常见故障现象

（1）仪表充电连接指示灯状态。

插上充电枪充电时，仪表上的充电连接指示灯一般有三种状态，如图 2-4-5 所示。

状态 1：仪表充电连接指示灯不亮，说明系统未收到 CC 信号。

状态 2：仪表充电连接指示灯亮，不闪烁，说明系统未正常充电。

状态 3：仪表充电连接指示灯亮，闪烁，说明系统充电控制正常。

图 2-4-5 仪表充电连接指示灯状态

正常状态为：仪表充电连接指示灯亮，闪烁，且有电流对电池包进行充电。

（2）充电口盖充电指示灯状态。

打开充电口盖后，充电口盖充电指示灯的白灯点亮，插充电枪充电后，正常状态应为绿灯闪烁，如图 2-4-6 所示。充电口盖充电指示灯有多种颜色，分别代表不同意义，充电口盖充电指示灯表示意义如表 2-4-3 所示。

图 2-4-6 充电口盖充电指示灯状态

表 2-4-3 充电口盖充电指示灯表示意义

序号	灯光颜色	灯光状态	意义
1		白灯常亮	打开充电座盖时点亮 1～2min
2		红灯常亮	充电控制存在故障，无法充电
3		橙灯常亮	设置预约充电，尚未充电
4		绿灯常亮	充电已满或放电枪正处于放电状态
5		绿灯闪烁	充电控制正常
6		灯不亮	充电控制存在故障，无法充电，无故障码

8. 挡位判定原理

挡位旋钮转到不同的挡位时，如果对应的 VCM 挡位控制线连接至搭铁，则 VCM 判定挡有效，S50EVB 车型挡位判定原理如图 2-4-7 所示。

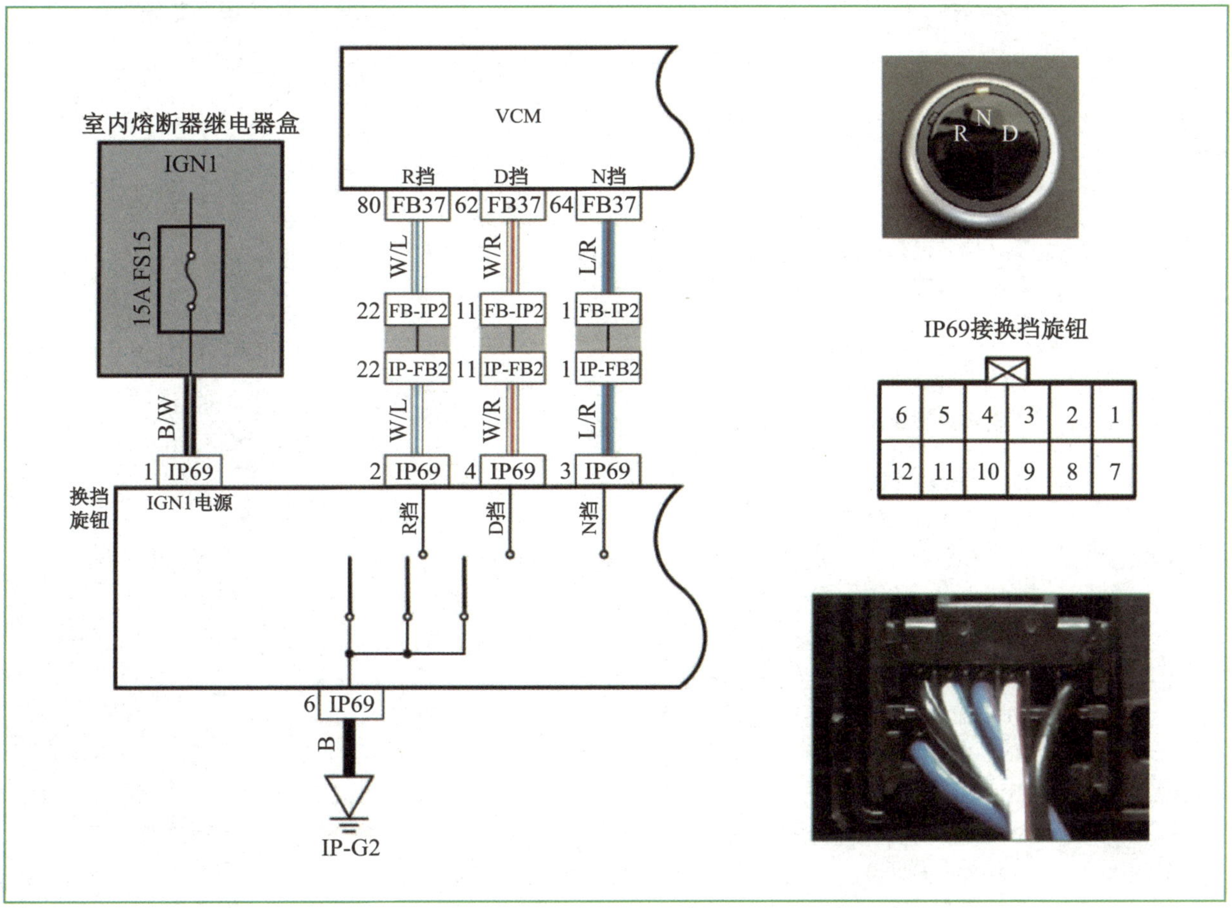

图 2-4-7 S50EVB 车型挡位判定原理

工作页

内容	现象及数据记录	结果判断
（一）准备	蓄电池电压值：____________V。 电网交流电电压值：__________V	蓄电池电压及电网交流电电压： □正常 □异常
（二）故障现象确认	车辆是否能高压上电： □是 □否 仪表充电连接指示灯： □亮 □未亮 充电口盖指示灯状态： □不亮 □红灯常亮 □橙灯常亮 □白灯常亮 □绿灯闪烁 □绿灯常亮	故障可能原因： □不能高压上电引起 □已充满电 □未插好充电枪 □充电控制有问题
（三）读取故障码	VCM 故障码及内容： ____________________ ____________________ OBC 故障码及内容： ____________________ ____________________ BMS 故障码及内容： ____________________ ____________________	故障可能原因： □VCM 故障 □OBC 故障 □BMS 故障 □充电座故障
（四）读取数据流	VCM 关键数据流。 慢充充电枪 CC 信号： □有效 □无效 慢充枪模拟输入电压值：________V。 显示有效的挡位信号是： □ P □ R □ N □ D	充电条件： □符合 □不符合
	MCU 关键数据流。 电机实际转速：________rpm	充电条件： □符合 □不符合
	OBC 关键数据流。 充电机保持工作状态： □无 CP 信号 □CP 信号正常 □CP 信号异常 OBC 输出电压值：__________V。 OBC 输出电流值：__________A。 OBC 输入电压值：__________V。 OBC 输入电流值：__________A	车辆充电控制： □有 □无
	BMS 关键数据流。 电池组电压值：__________V。 SOC：____________%。 单体最大温度：__________℃。 单体最小温度：__________℃。 单体最大电压值：__________V。 单体最小电压值：__________V	各项数据： □正常 □异常

续表

<table>
<tr><th>内容</th><th>现象及数据记录</th><th>结果判断</th></tr>
<tr><td rowspan="4">（五）关键信号电路检测</td><td>挡位开关检查。
挂入不同挡位时，将 IP69 插座对应端子电压记入下表
<table><tr><th>挡位
端子</th><th>2</th><th>3</th><th>4</th></tr><tr><td>N</td><td></td><td></td><td></td></tr><tr><td>R</td><td></td><td></td><td></td></tr><tr><td>D</td><td></td><td></td><td></td></tr></table></td><td>挡位信号：
□正常
□异常</td></tr>
<tr><td>CC 信号检测。
充电枪 CC-PE 电阻值：______________Ω。
实测 CC 电压值：______________V</td><td>CC 信号：
□正常
□异常</td></tr>
<tr><td>CP 信号检测。
CP-PE 之间电压值：____________________V。
CP-蓄电池正极之间电压值：______________V
CP-PE 之间电阻值：____________________Ω。
CP 占空比：_________________________%</td><td>CP 信号：
□正常
□异常</td></tr>
<tr><td>充电座温度开关。
测量 CY-04 插座的 1#与 4#端子：
□ 导通　　□不导通</td><td>交流充电座温度开关：
□正常
□异常</td></tr>
<tr><td>（六）拓展</td><td>测量 CP 信号波形并画出波形图</td><td></td></tr>
</table>

任务五 直流充电故障排查

直流充电是目前纯电动汽车在公共场合最常用的充电方式，其充电速度较快，同一辆汽车的交流充电与直流充电有较多共用组件，其原理有较多相似之处，在学习时互相对照可加深理解。

学习内容

S50EVB 车型直流充电常见故障现象。

S50EVB 车型直流充电故障排查思路及操作方法。

教学用具

最低配备：S50EVB 车辆 2 台，新能源汽车专用工具 2 套，诊断仪 2 台，绝缘表 2 块，毫欧表 2 台，万用表 2 块，车内外护套 2 套，绝缘防护用品及工具 2 套。

学习目标

（1）能在实车上排查 S50EVB 车型不能直流充电的故障。

（2）协作完成操作。

（3）强化“四不原则”。

学习建议

（1）课前预习后安排小组分工，在课上进行实践操作。

（2）为保证学习时维修思路的完整性与连贯性，此故障不再进行子任务分解，学习时可根据实际进度，将步骤中的第五步进行分时段学习，若在学习交流充电以后再学习本任务，可将第五步内容分为直流充电座检查与高压线路检查 2 个子任务。

（3）建议与交流充电进行对比排查，区分直流充电与交流充电所涉及的元件。

（4）在设备能充分保证每个工位可容纳 4～6 人的情况下建议授课 8 课时，其他情况建议授课 16 课时。

操作练习

内容	操作	参考图片
（一）准备		
安装车内外护套及车轮挡块。 测量蓄电池电压作为判断故障的基准		
（二）故障现象确认		
确认是否能高压上电	启动车辆，检查是否能高压上电	
充电座指示灯状态确认	将充电枪插入充电座，应保证插接到位。 观察充电座指示灯状态，根据充电座指示灯状态初步确认故障	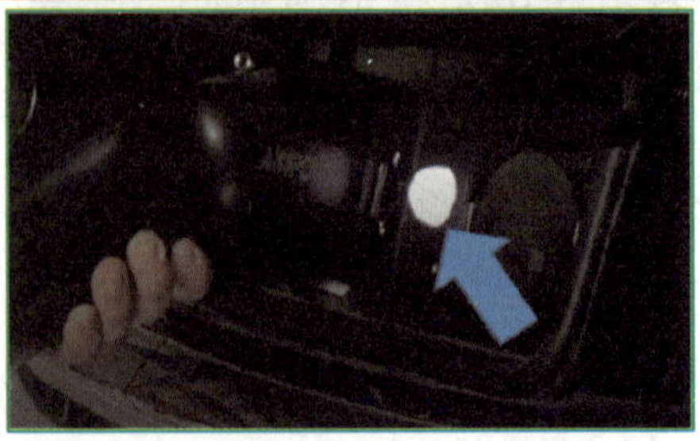

续表

内容	操作	参考图片
仪表充电连接指示灯状态确认	将充电枪插入充电座，观察仪表充电连接指示灯状态，可初步确认是否存在充电故障。 状态 1：仪表充电连接指示灯不亮，说明系统未收到 CC2 信号。 状态 2：仪表充电连接指示灯亮，不闪烁，说明系统未正常充电。 状态 3：仪表充电连接指示灯亮，闪烁，说明系统充电控制正常，但不一定正常充电	
充电桩启动确认	刷卡或扫码启动充电桩充电程序，可听到充电柜有启动声及风扇转动声	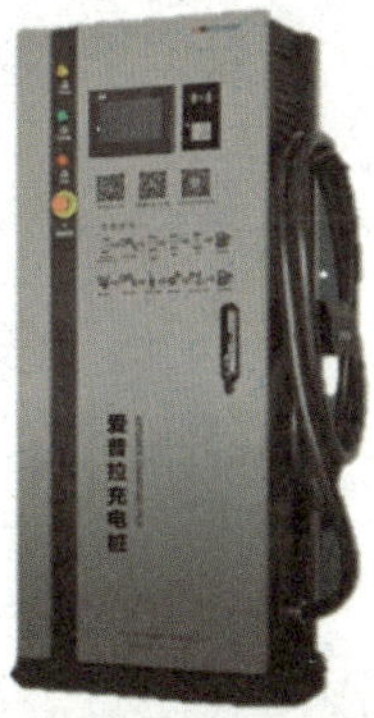
车辆启动充电程序确认	约 5s 左右，可听到电池包内部及高压配电盒内部有继电器工作声。说明 VCM 已收到充电信号，并开始控制充电。如果继电器没有工作声，或者先有声音随后又断开，说明存在故障，建议连接诊断仪进行故障诊断	
环境温度确认	环境温度过高或过低时将影响充电	
冷却系统状态确认	检查水泵或冷却风扇是否在未开启空调或未插充电枪时已经开始工作，若已经开始工作说明系统本身的温度过高	

续表

<table>
<tr><th>内容</th><th>操作</th><th>参考图片</th></tr>
<tr><td>预约充电状态确认</td><td>设置预约充电的情况下，若未到预定充电时间是不能进行充电的。
注意：
低配车型无此功能</td><td>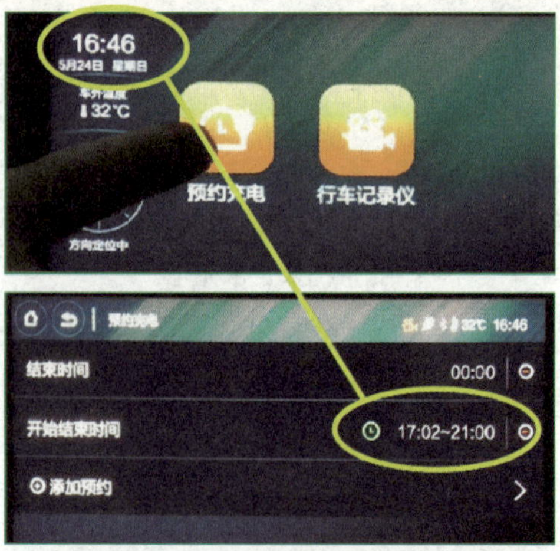
</td></tr>
<tr><td>剩余电量确认</td><td>当剩余电量显示为0%时，BMS（电池管理系统）有可能开启保护，不允许高压上电及充电</td><td>
</td></tr>
<tr><td colspan="3">（三）读取故障码</td></tr>
<tr><td>读取故障码</td><td>连接诊断仪，进入对应车型后，读故障码。
可选择“快速测试”或“系统选择”，当选择“系统选择”时，必须进入VCM（整车控制器）、BMS（电池管理系统）进行读取。
右图所示的VCM的故障码为P1E2C00，此时可根据故障码内容查找故障。
但在实际操作中，不出现故障码情况较多，此时应按照故障现象逐步检查各信号及控制</td><td>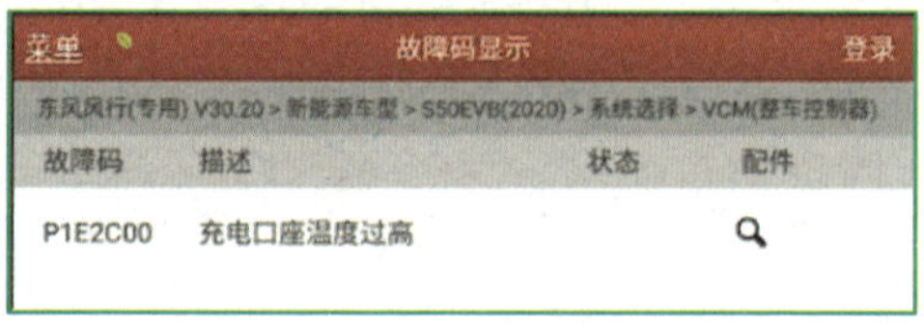
</td></tr>
<tr><td colspan="3">（四）读取关键数据流</td></tr>
<tr><td>读取VCM（整车控制器）数据流</td><td>进入VCM数据流，选择相关关键数据流进行查看。
CC2（快充枪连接模拟输入）信号：有效。
快充正继电器：无效。
挡位：N挡有效（S50EVB）。
注意：
1. 含P挡的车型应是P挡有效。
2. 其他参数见工作页</td><td>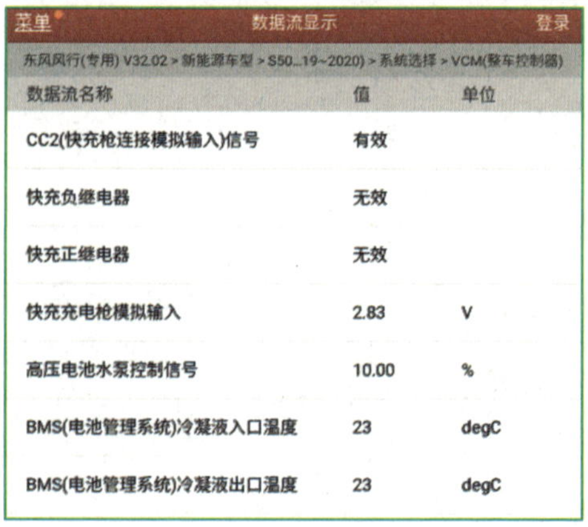
</td></tr>
</table>

续表

内容	操作	参考图片
读取 MCU（电机控制器）数据流	进入 MCU 数据流，查看“电机实际转速”数据流，判断 MCU 是否允许充电。 正常情况不应出现 10rpm 以上的转速	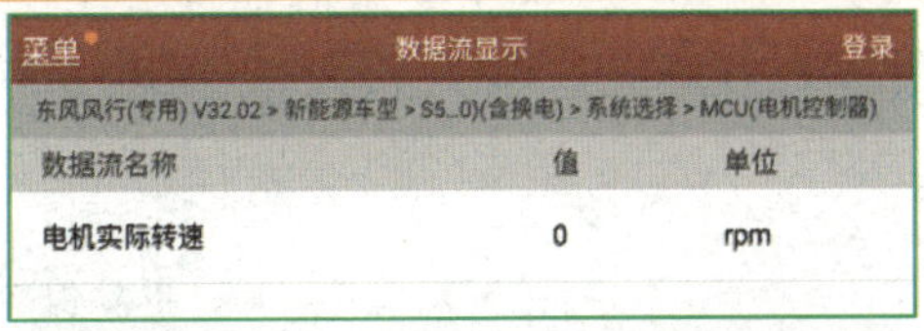 菜单 数据流显示 登录 东风风行(专用) V32.02 > 新能源车型 > S5...0)(含换电) > 系统选择 > MCU(电机控制器) 数据流名称 值 单位 电机实际转速 0 rpm
读取 BMS（电池管理系统）数据流	进入 BMS 数据流，选择查看影响充电的关键参数，如最高单体温度、最低单体温度、最高单体电压、最低单体电压等。 注意： 根据工作页填写	 菜单 数据流显示 登录 东风风行(专用) V32.02 > 新能源车型 > S5...9~2020) > 系统选择 > BMS(电池管理系统) 数据流名称 值 单位 电池组电压 434 V SOC(荷电状态) 95 % 最高单体温度 28 degC 最低单体温度 25 degC 最高单体电压 4194 mV 最低单体电压 4152 mV 电池包母线电流 0 A VCM(整车控制器)_CC2状态 连接
（五）关键信号电路检测		
挡位开关检查	参见“任务四 交流充电故障排查”	
CC2 信号线路检测	打开点火开关，测量充电座 CC2 与 PE 之间的电压值。 参考数据： 正常值约低于蓄电池电压 0.2V，说明 CC2 线路无断路	
S+与 S-信号线路检测	分别测量 S+与 S-两个端子与 PE 之间的电压值。 参考数据： S+与 S-两个端子与 PE 之间的电压值相等，均约为 2.47V，说明线路无断路	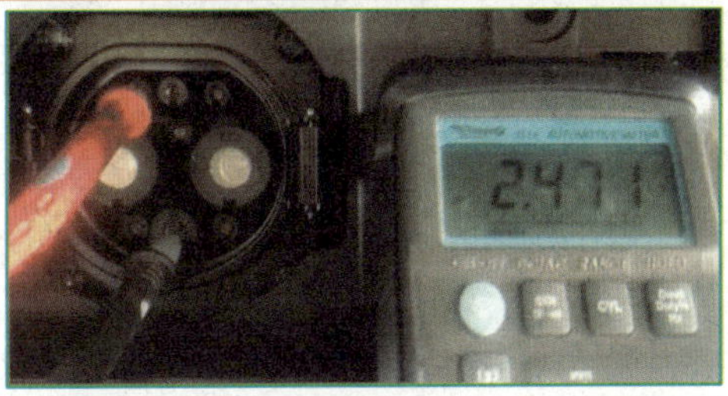
	关闭点火开关，拆下蓄电池负极	
	测量 S+与 S-两个端子之间的电阻值。 参考数据： S+与 S-两个端子之间的电阻值相等，均约为 120Ω，说明线路无接触不良，且终端电阻正常	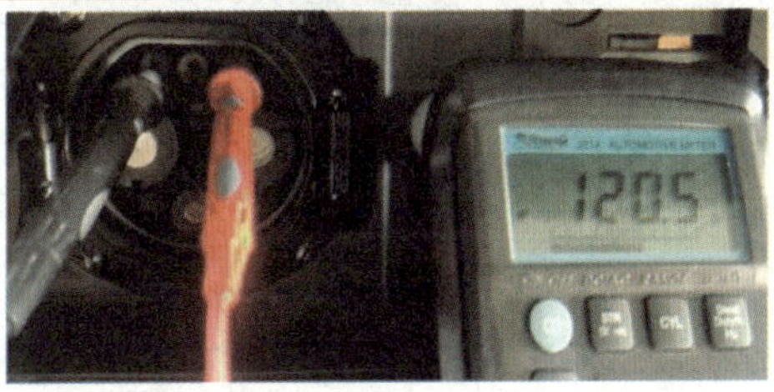

续表

内容	操作	参考图片
CC2 信号检测	关闭点火开关后，拆除保险杠盖板	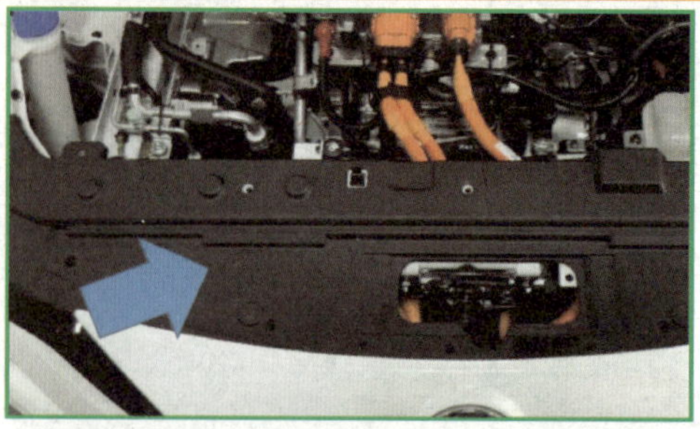
	为直流充电座的低压插座上的 CC2 端子接上背针后，插入充电枪，将点火开关转到 ON 挡，测量 CC2 信号电压值。 参考数据： CC2 信号电压值为 2.24V，说明充电枪电阻值正常，CC2 信号电路正常	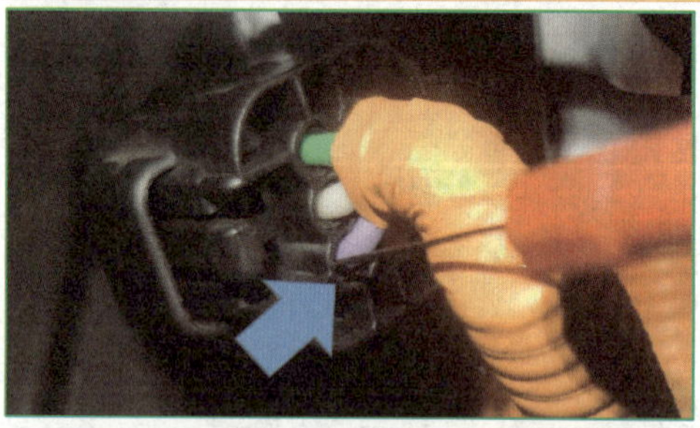
S+与 S-信号检测	分别为 S+与 S-两个端子接上背针，测量其电压值。 参考数据： CAN-H 电压值约为 2.6～2.7V，CAN-L 电压值约为 2.3～2.4V，说明充电桩已与车辆的 BMS 建立通信连接	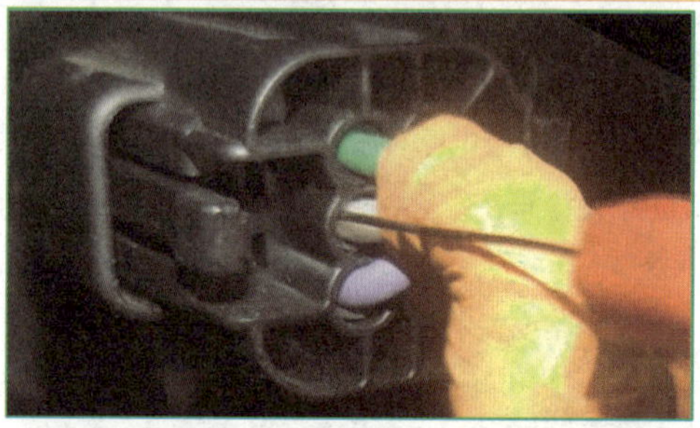 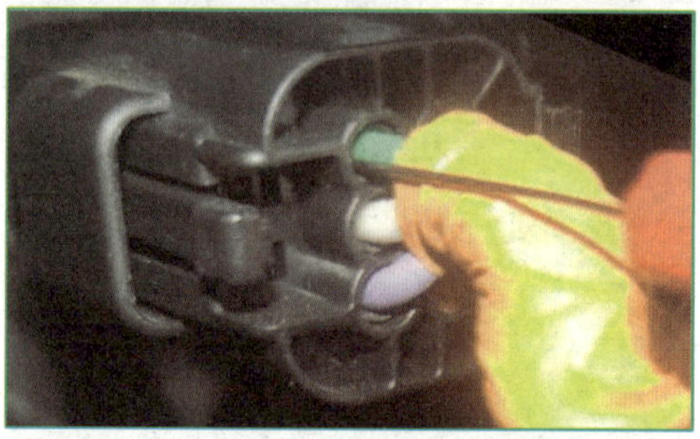
充电口温度信号检测	关闭点火开关，拔开直流充电座的低压插座，测量温度开关导通状态。 参考数据： 温度开关不导通	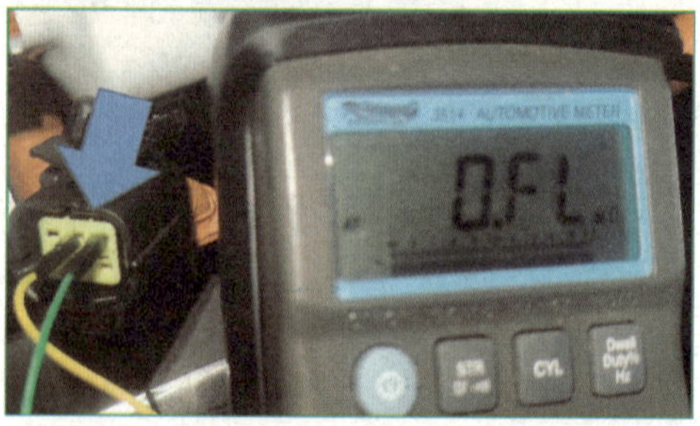
高压线路接触状态检测	关闭点火开关，拨至 OFF 挡，应用检测仪进入 MCU 模块，读取 MCU 高压值，确保高压值低于人体安全电压后再进行下一步操作	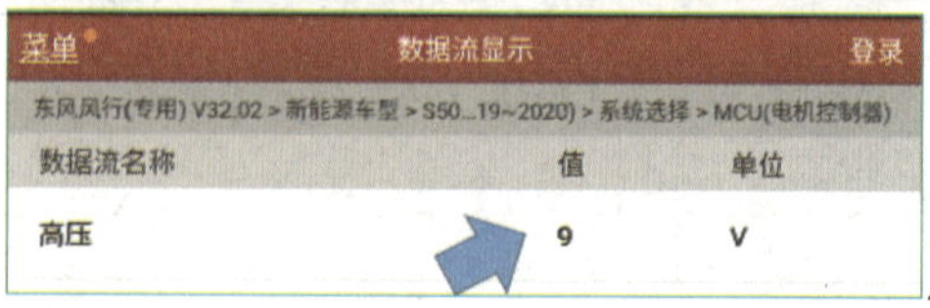
	拆下蓄电池负极	

续表

内容	操作	参考图片
高压线路接触状态检测	拆下三合一进电母线插座	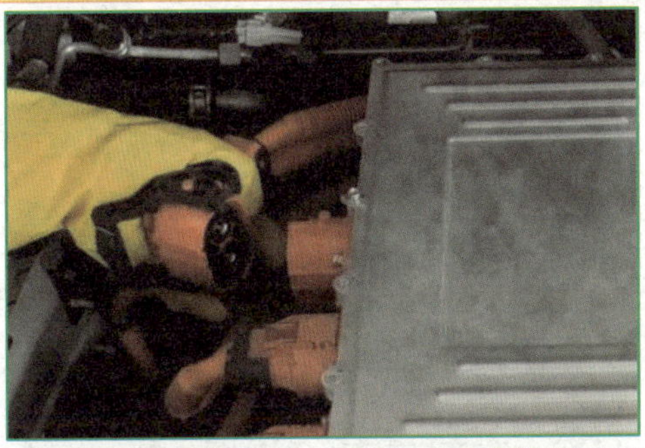
	应用毫欧表测量三合一进电口正极与直流充电座 D+之间的接触状态。 注意： 建议 2 人配合操作，应用检测仪进入 VCM 模块，对快充正继电器进行动作测试后再进行测量	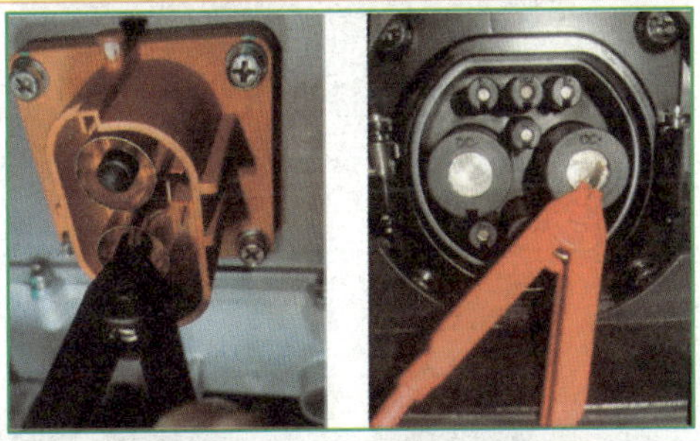
充电座绝缘检测	在三合一进电口上拆下直流充电线束插座	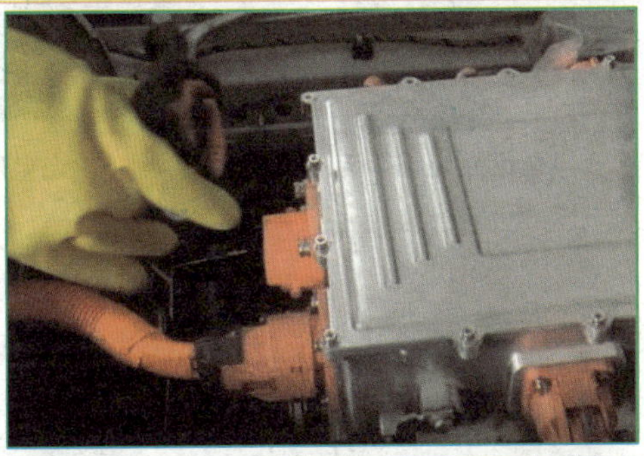
	分别测量直流充电座 D+、D−与 PE 之间的绝缘电阻值。 参考数据： 电阻值为 11GΩ，说明绝缘性能良好	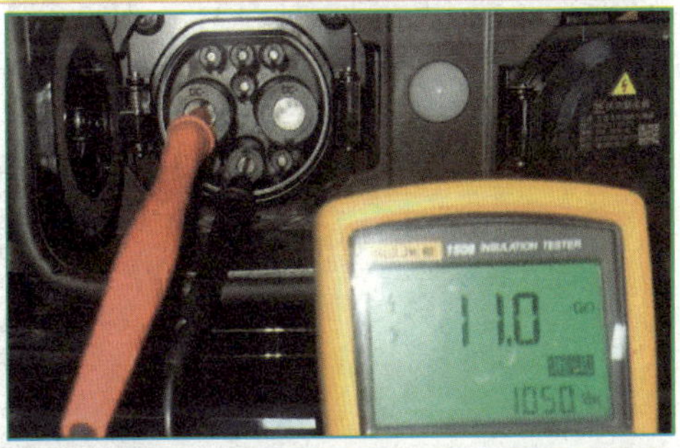
	装回直流充电线束插座	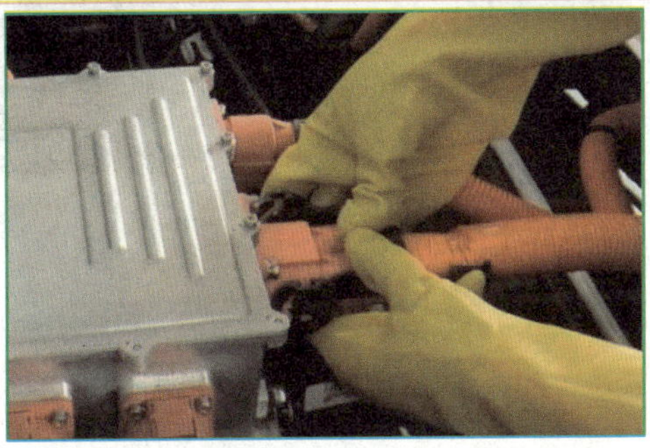

（六）排除故障

更换故障件或处理相应故障部位

续表

内容	操作	参考图片
（七）确认及恢复车辆		
恢复车辆	清除故障码	
	将蓄电池负极断开 10s 后再接上	
确认修复	重新启动高压上电及充电核查	
（八）按照 5S 管理标准进行整理		

原理讲解

1. 直流充电系统组成

直流充电系统主要由直流充电桩、充电枪、充电座、快充继电器（三合一内部）、电池包组成，如图 2-5-1 所示。

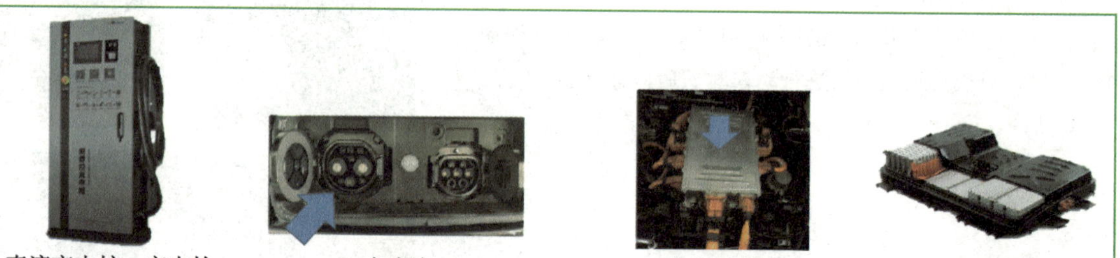

图 2-5-1　直流充电系统组成

2. 直流充电座端子定义

为统一标准、使用方便，国家对于直流充电座的大小及端子布置有明确规定，直流充电座如图 2-5-2 所示，直流充电座端子功能定义如表 2-5-1 所示。

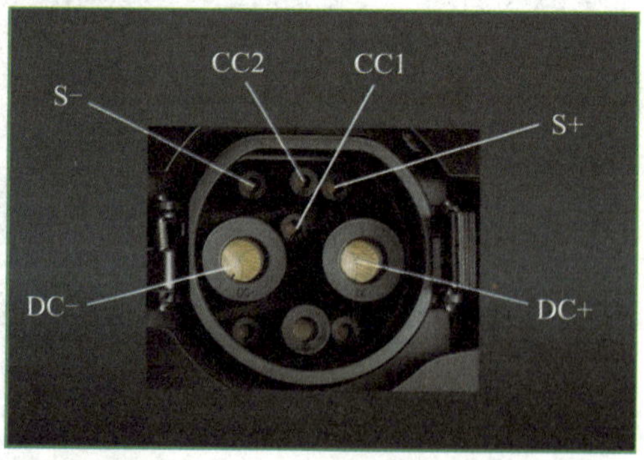

图 2-5-2　直流充电座

表 2-5-1　直流充电座端子功能定义

端子编号/标识	功能定义
1——（S−）	快充 CAN-L
2——（S+）	快充 CAN-H

续表

端子编号/标识	功能定义
3——（CC1）	车辆为充电桩提供的连接确认信号
4——（CC2）	充电桩为车辆提供的连接确认信号
5——（DC-）	快充电源负极，连接充电桩电源负极与 HV 电池负极
6——（DC+）	快充电源正极，连接充电桩电源正极与 HV 电池正极
7——（PE）	保护接地，连接供电设备地线与车辆搭铁

3. 充电枪标准

在快速充电中，由于充电电流较大，充电桩与车辆需相互确认连接后才能进行通信与充电，因此需确认相互之间的连接情况。相对于交流充电控制，多了一组车辆为充电桩提供的连接确认信号。在国家标准中，车辆直流充电口的 CC1 与 PE 之间有 1000Ω 的电阻，充电枪的 CC2 与 PE 之间也有 1000Ω 的电阻。

在正常的直流充电中，若从开始到结束，充电桩一直为电池包进行大电流充电，则可能会使电池包受到损害。在设计中，电池包的实时状态会通过通信线将信息传输给充电桩，充电桩根据电池包的需求及能接受充电电流的程度，实时调整充电电流大小。此通信网络是在充电枪插入充电座后构成的，其中一个终端电阻安装于 BMS 内部，另一个终端电阻安装于充电桩内部，通过 S+与 S-构成快充网络。单个终端电阻值为 120Ω。

4. 直流充电基本控制过程

（1）插入充电枪后，VCM 被唤醒进行自检等操作。

（2）充电桩检测车辆后同意充电。

（3）VCM 控制高压上电，接通快充继电器。

（4）以最大功率充至电池包 SOC 的 80%（一般车辆于 30～50min 可达到），然后进行降功率充电，根据电池包的状态不断减小电流进行充电，直至充满，总用时一般约 1.5～2h。

直流充电基本控制过程如图 2-5-3 所示。

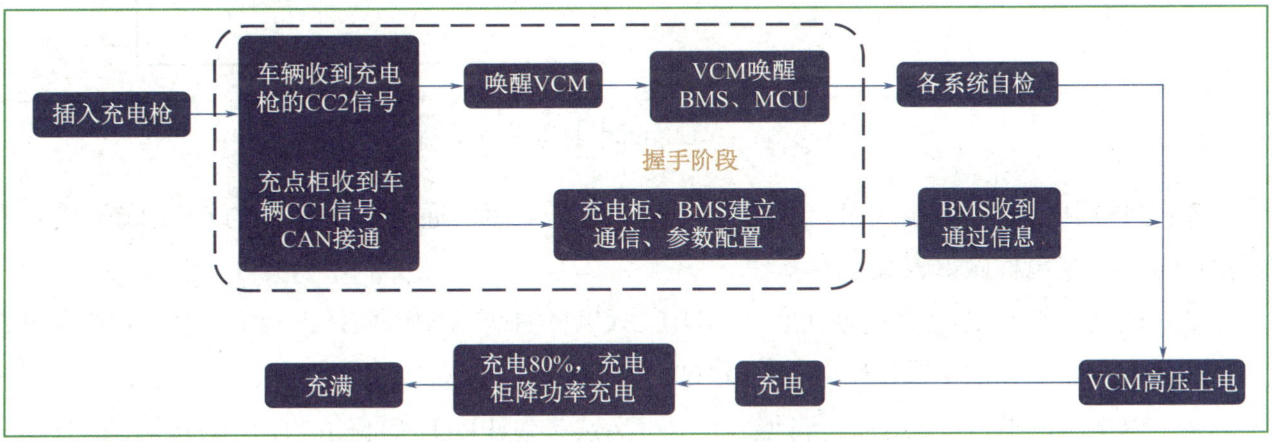

图 2-5-3 直流充电基本控制过程

5. 直流充电基本控制电路

直流充电基本控制电路如图 2-5-4 所示。

（1）插枪到位时，枪上的电阻通过充电座上的 CC2 端子接入 VCM 电路，实现唤醒 VCM 功能。

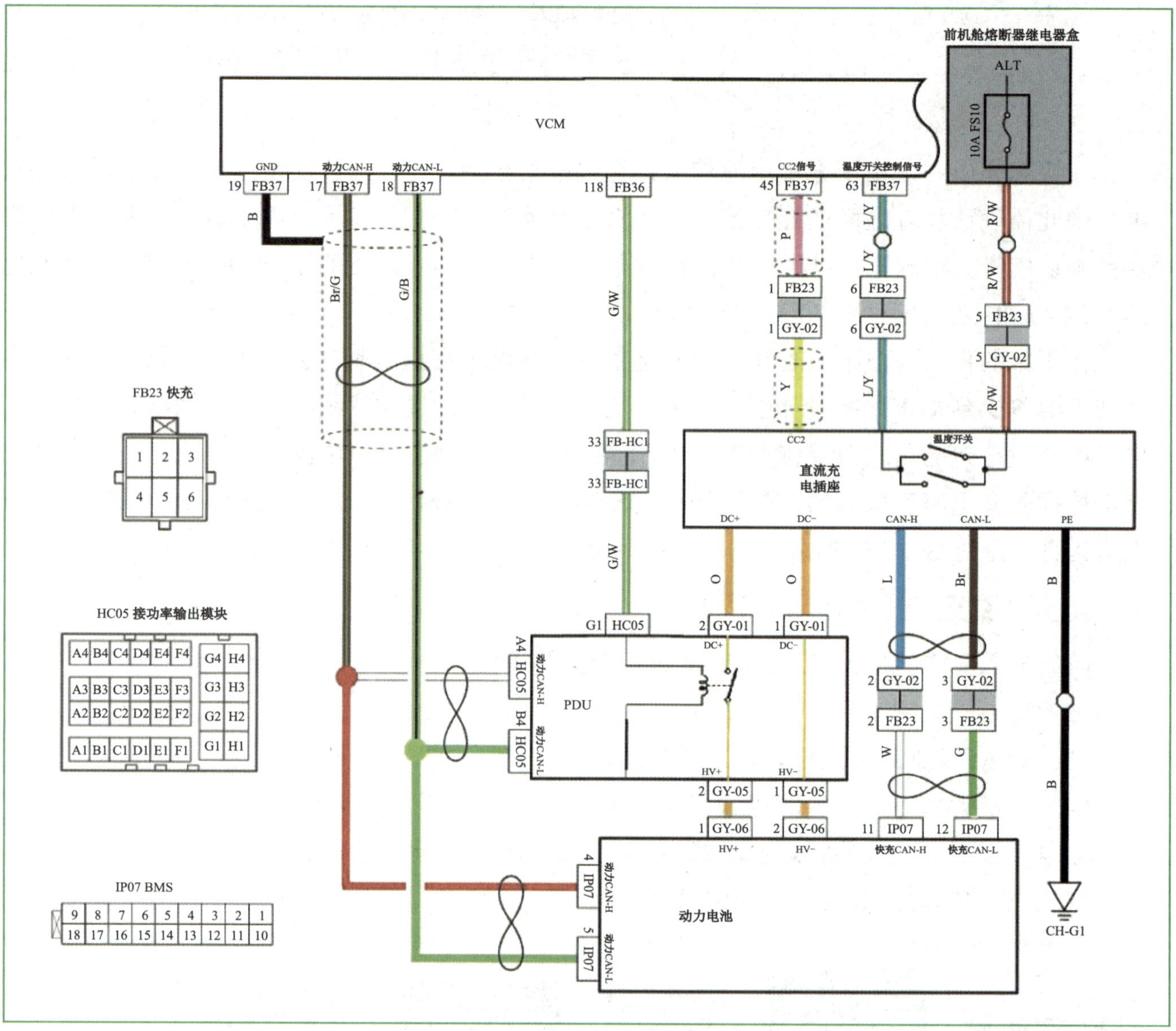

图 2-5-4　直流充电基本控制电路

（2）插枪到位时，高压线束上的电阻（有些是充电座）通过充电座上的 CC1 端子接入直流充电桩中，充电桩做好准备工作。

（3）直流充电桩通过充电座上的 CAN-L、CAN-H 与车辆的 BMS 实现通信（俗称快充 CAN），BMS 再与 VCM 通过车辆的动力 CAN 通信。

（4）VCM 控制高压上电后，再通过动力 CAN 控制 PDU 内部的高压电路接通。

（5）车辆正常充电，在充电的过程中，直流充电桩通过快充 CAN 实时调整充电电流。

（6）当充电座的温度过高时，开关接通，电源通过 VCM 的 63#端子激活保护电路，车辆暂停充电，温度下降至安全值后重新启动充电。

6. 影响充电的主要因素

（1）挡位不正确。

（2）未插枪到位。

（3）充电座温度过高。

（4）环境温度恶劣。

（5）冷却系统工作异常。

（6）过量放电。

（7）进入预约充电模式。

（8）电网供电异常。

（9）充电桩协议版本程序过低不匹配

（10）BMS 故障。

（11）VCM 故障。

（12）MCU 故障。

（13）快充继电器故障。

（14）CC2 信号异常。

（15）充电座及快充线束绝缘故障。

7. 常见故障现象

（1）仪表充电连接指示灯状态。

插上充电枪充电时，仪表上的充电连接指示灯一般有三种状态，如图 2-5-5 所示。

图 2-5-5 仪表充电连接指示灯状态

状态 1：仪表充电连接指示灯不亮，说明系统未收到 CC2 信号。

状态 2：仪表充电连接指示灯亮，不闪烁，说明系统未正常充电。

状态 3：仪表充电连接指示灯亮，闪烁，说明系统充电控制正常。

正常状态为：充电连接指示灯亮，闪烁，且有电流对电池包进行充电。

（2）充电口盖充电指示灯状态。

打开充电口盖后，充电口盖充电指示灯的白灯点亮，插充电枪充电后，正常状态应为绿灯闪烁，如图 2-5-6 所示，充电口盖充电指示灯有多种颜色，分别代表不同意义，充电口盖充电指示灯表示意义如表 2-5-2 所示。

图 2-5-6　充电口盖充电指示灯状态

表 2-5-2　充电口盖充电指示灯表示意义

充号	灯光颜色	灯光状态	意义
1		白灯常亮	打开充电座盖时点亮 1～2min
2		红灯常亮	充电控制存在故障，无法充电
3		橙灯常亮	设置预约充电，尚未充电
4		绿灯常亮	充电已满或放电枪正处于放电状态
5		绿灯闪烁	充电控制正常
6		灯不亮	充电控制存在故障，无法充电，无故障码

8．挡位判定原理

参见“任务四　交流充电故障排查”。

工作页

<table>
<tr><th>内容</th><th>现象及数据记录</th><th>结果判断</th></tr>
<tr><td>（一）准备</td><td>蓄电池电压值：____________V</td><td>蓄电池电压：
□正常
□异常</td></tr>
<tr><td>（二）故障现象确认</td><td>车辆是否能高压上电：
□是　　□否
仪表充电连接指示灯：
□亮　　□未亮
充电口盖指示灯状态：
□不亮　□红灯常亮　　□橙灯常亮　　□白灯常亮
□绿灯闪烁 □绿灯常亮
充电柜是否启动：
□是　　□否
三合一内部有继电器动作声：
□是　　□否
环境温度为：________℃。
设置预约充电：
□是　　□否
剩余电量为：________%</td><td>故障可能原因：
□不能高压上电引起
□已充满电
□未插好充电枪
□充电控制有故障
□高压电路有故障</td></tr>
<tr><td>（三）读取故障码</td><td>VCM 故障码及内容：
____
____
BMS 故障码及内容：
____
______________________________</td><td></td></tr>
<tr><td>（四）读取数据流</td><td>读取 VCM 上关于充电的数据流。
CC2（快充枪连接模拟输入）信号：
□ 有效　　□ 无效
未插枪前，快充充电枪模拟输入电压值：____V。
插枪后，快充充电枪模拟输入电压值：_____V。
快充正继电器：
□ 有效　　□ 无效
必要时应用万用表检测。
未插枪时，CC2-PE 之间电压值：_____V。
插枪后，在相应低压线束上采用背插方式，实测 CC2 信号电压值：________V。
VCM 关键数据流。</td><td>VCM 认可 CC2 信号：
□ 是
□ 否</td></tr>
</table>

续表

<table>
<tr><th>内容</th><th>现象及数据记录</th><th>结果判断</th></tr>
<tr><td rowspan="3">（四）读取数据流</td><td>慢充充电枪 CC2 信号：
□有效　　□无效
慢充枪模拟输入电压值：________V。
显示有效的挡位信号是：
□ P　□ R　□ N　□ D</td><td></td></tr>
<tr><td>MCU 关键数据流。
电机实际转速：________rpm</td><td>充电条件：
□符合
□不符合</td></tr>
<tr><td>BMS 关键数据流。
电池组电压值：____________V。
SOC：__________________%。
单体最大温度：__________℃。
单体最小温度：__________℃。
单体最大电压值：___________V。
单体最小电压值：___________V</td><td>各项数据：
□正常
□异常</td></tr>
<tr><td rowspan="3">（五）关键信号电路及元件检测</td><td>挡位开关检查。
挂入不同挡位时，将 IP69 插座对应端子电压记入下表
<table><tr><th>挡位
端子</th><th>2</th><th>3</th><th>4</th></tr><tr><td>N</td><td></td><td></td><td></td></tr><tr><td>R</td><td></td><td></td><td></td></tr><tr><td>D</td><td></td><td></td><td></td></tr></table></td><td>挡位信号：
□正常
□异常</td></tr>
<tr><td>CC2 信号检测。
车辆充电座 CC1-PE 电阻值：________Ω。
充电枪 CC2-PE 电阻值：___________Ω。
未插枪时，车辆充电座 CC2-PE 之间电压值：___________V。
插枪后，CC2-搭铁之间电压值：________V</td><td>CC2 信号值：
□正常
□异常</td></tr>
<tr><td>S+与 S-信号检测。
未插枪时，
S+与 PE 之间电压值：___________V。
S-与 PE 之间电压值：___________V。
S+与 S-之间电阻值：___________Ω。
插枪后，
S+与搭铁之间电压值：___________V。
S-与搭铁之间电压值：___________V</td><td>通信信号：
□正常
□异常</td></tr>
</table>

续表

内容	现象及数据记录	结果判断
（五）关键信号电路及元件检测	充电座温度开关。 测量 CY-02 插座的 5#与 6#端子： □ 导通　　□不导通	直流充电座温度开关： □正常 □异常
	高压线路接触状态检测。 快充正继电器接触电阻值：__________ Ω	快充继电器触点： □正常 □异常
	快充座绝缘状态。 D+与搭铁绝缘电阻值：_________Ω。 D−与搭铁绝缘电阻值：_________Ω	快充座及线束绝缘状态： □正常 □异常

任务六 空调系统不工作故障排查

S50EVB 车型的空调系统与燃油车的空调系统有较大区别，S50EVB 车型的压缩机驱动是通过高压电进行的，同时压缩机内部包含控制及驱动电路，与传统燃油汽车的电磁离合器控制相差较远。另外冷凝风扇的控制逻辑也不一样，压缩机的工作与否直接影响冷凝风扇是否参与工作。

学习内容

S50EVB 车型空调系统工作原理。

S50EVB 车型空调系统不工作的故障排查思路及操作方法。

教学用具

最低配备：S50EVB 车辆 2 台，新能源汽车专用工具 2 套，诊断仪 2 台，万用表 2 块，试灯 2 个，仪表面板拆装工具及十字螺丝刀 2 套，绝缘防护用品及工具 2 套。

学习目标

（1）能在实车上排查空调系统不工作的故障，完成故障排查的流程操作。

（2）协作完成操作。

（3）强化“四不原则”。

学习建议

（1）课前预习后安排小组分工，在课上进行实践操作。

（2）为保证学习时维修思路的完整性与连贯性，此故障不再进行子任务分解，学习时可根据实际进度情况，将步骤中的第五步进行分时段学习。

（3）在设备能充分保证每个工位可容纳 4～6 人的情况下建议授课 12 课时，其他情况建议授课 24 课时。

操作练习

内容	操作	参考图片
（一）准备		
安装车内外护套及车轮挡块。 测量蓄电池电压作为判断故障的基准		
（二）故障现象确认		
确认是否能高压上电	启动车辆，检查是否能高压上电	
检查空调控制器（控制面板）	开启鼓风机开关	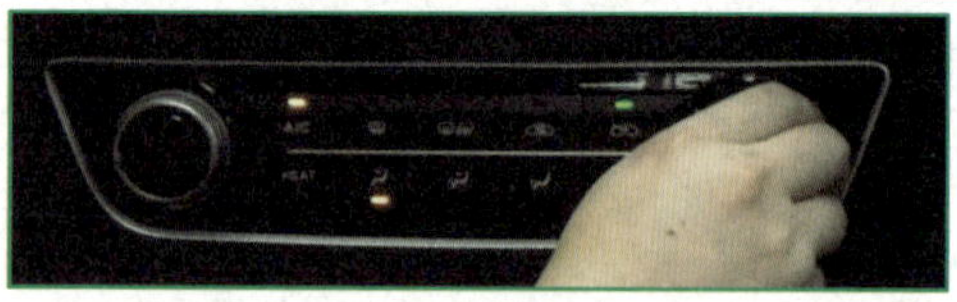
	按下各模式开关按键，检查对应出风口是否正常。 对应出风口正常，则间接说明控制器供电正常，基本功能正常	
	调温旋钮可转到最低温的状态（左旋至极限），中央屏有对应的状态显示	
蒸发器温度传感器信号初检	开启空调，观察 AC 指示灯。 AC 指示灯亮，说明蒸发器温度传感器信号电压在合理范围内；若出现闪烁现象应检测蒸发器温度传感器的电阻值	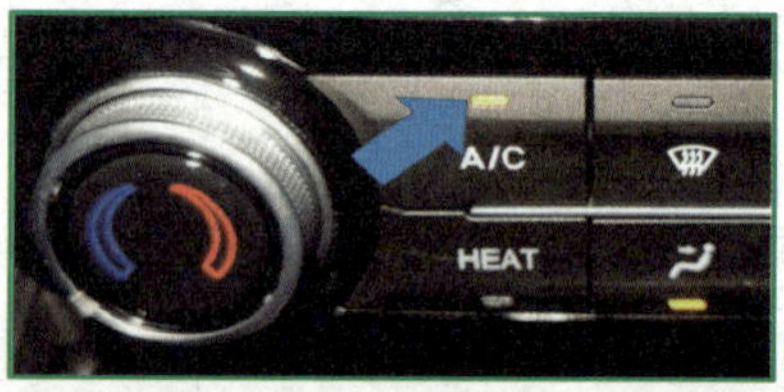
管路压力电磁阀初检查	在开启空调瞬间，可听到管路压力电磁阀有工作声（工作车间噪声较大时，可通过用手触摸感觉管路压力电磁阀的振动情况来判断）	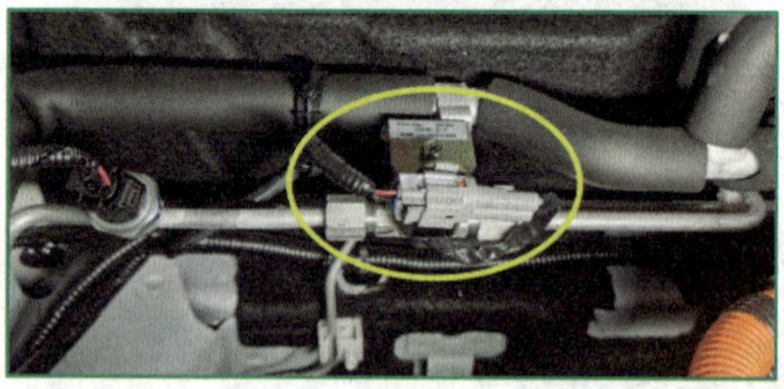
压缩机初检查	在管路压力电磁阀工作瞬间，可听到压缩机启动声（或触摸感觉到振动）	
冷凝风扇初检查	正常状态风扇会转动	
（三）读取故障码		
因 S50EVB 车型目前未提供相关空调诊断内容，仅可根据故障现象进行排查		
（四）读取关键数据流		
VCM 数据流	进入 VCM（整车控制器）数据流，读取 VCM 中的空调冷凝液压力传感器模拟输入值。 参考数据： 空调未开启时为 0.7～0.9V	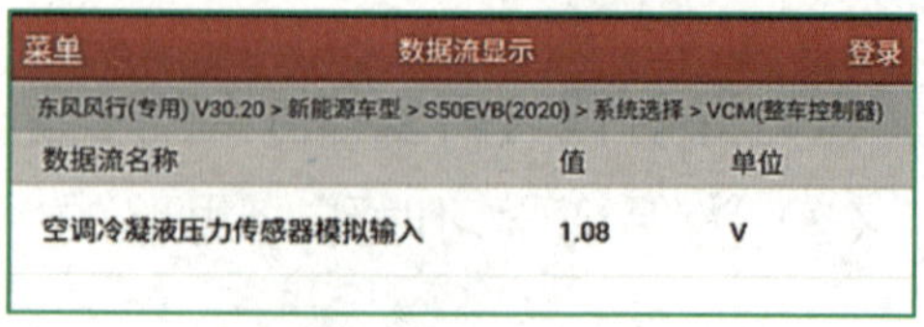

续表

内容	操作	参考图片
（五）关键信号电路检测		
空调控制器	当按下空调控制面板的各模式风门开关后，风门不工作时；或者开启鼓风机开关后，鼓风机也都不工作时，应先排查空调控制器的供电故障	
	检查仪表配电盒 11#片式熔断器及导电情况。 如果检查正常则继续向下操作。 注意： 配电盒熔断器编号见附件 4	
	拆下面板。 1．用塑料拆卸工具拆除换挡盖板左下角的小扣板，拆下小扣板下的固定螺栓，再用塑料拆卸工具撬开换挡盖板	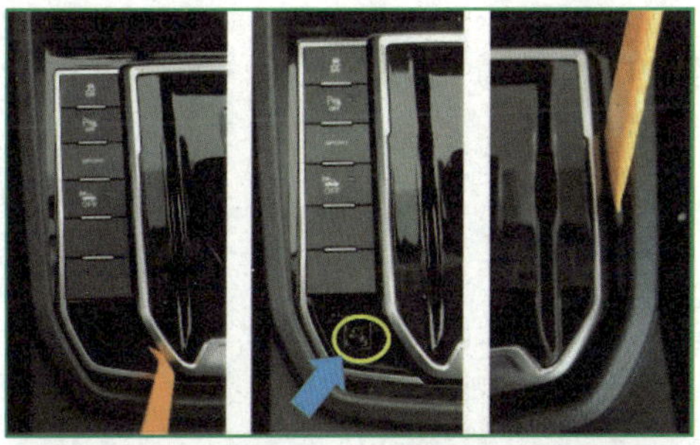
	2．拆下换挡盖板下的固定螺栓，提拉换挡盖板支架，拆下支架	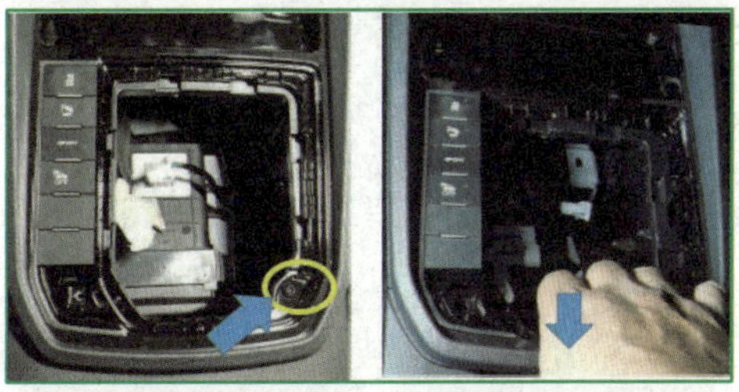
	3．用塑料拆卸工具双边均匀地撬开控制器盖板	
	4．拔出 USB 插座及点烟器插座	
	5．拆下空调控制器的 4 颗固定螺栓	

续表

内容	操作	参考图片
空调控制器	测量1#端子和2#端子的电源是否正常。 测量21、22、23#端子搭铁是否正常。 建议采用试灯进行检查	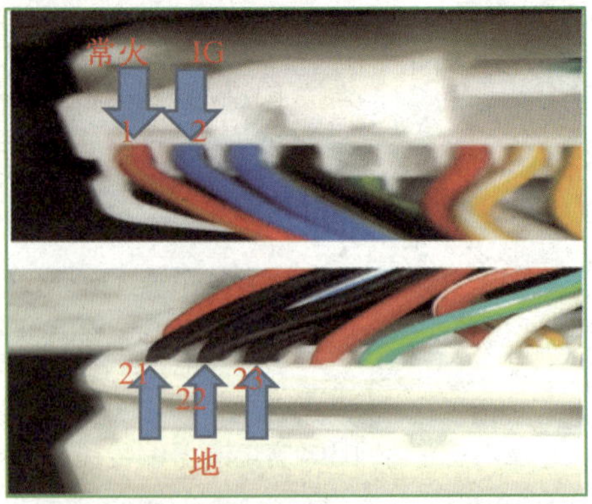
管路电磁阀检测	为控制端插上背针	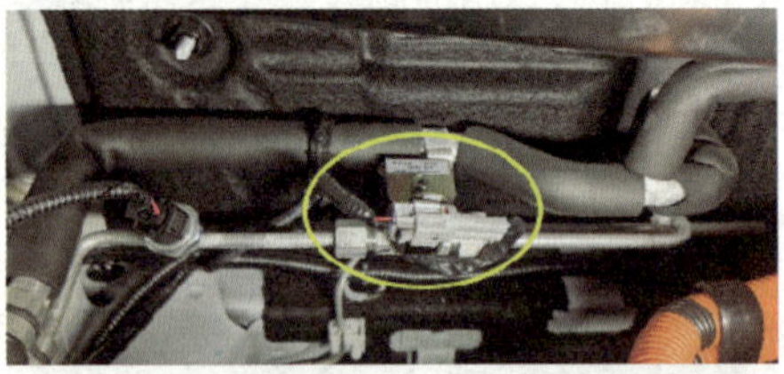 
	开启空调后，控制端电压应从高电位下降至低电位。 控制端电压未下降至低电位时，应检查空调的开启条件，同时检查管路压力信号及蒸发器温度信号是否正常。 注意： 空调开启时，靠近空调可听到清脆的工作声	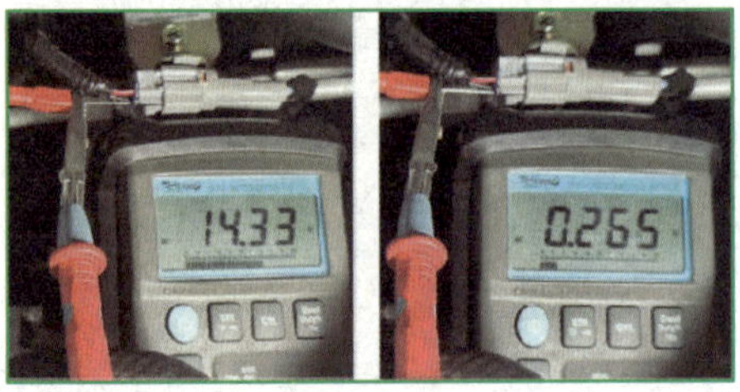
	电磁阀电阻值参考范围为：18～20Ω	
管路压力传感器检测	若数据流的读取值不正常时，应对传感器线路及信号电压进行检测。 1．为信号端子接上背针，测量其电压值。 参考数据： 空调未开启时电压值约为0.7～0.9V，开启后电压值约为1～1.3V	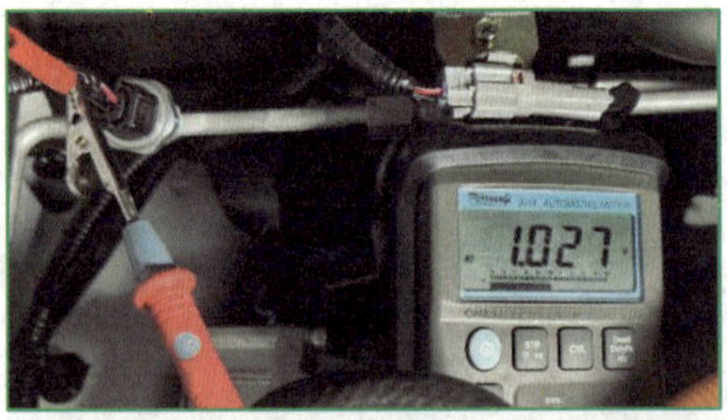
	2．关闭点火开关，拔出插座，再打开点火开关，分别检测插座上的5V电源及搭铁端子是否正常	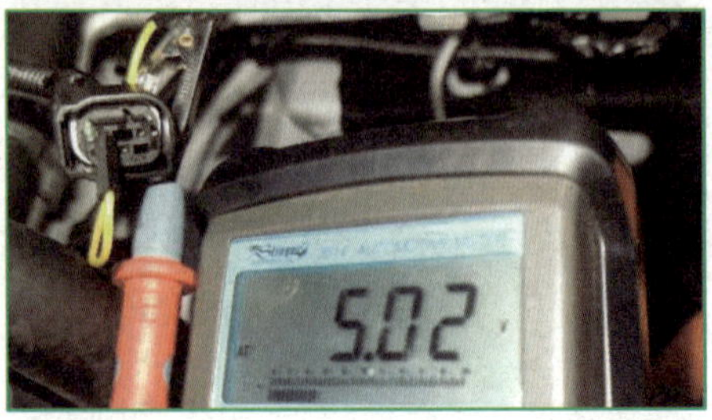

续表

内容	操作	参考图片
管路压力传感器检测	3．测量信号端子电压值	
	4．在测得信号端子电压值为 0V 情况下，将万用表负表笔接到蓄电池正极（或 5V 电源上），再次读取电压值数据。 若蓄电池电压不为 0V 说明线路无断路	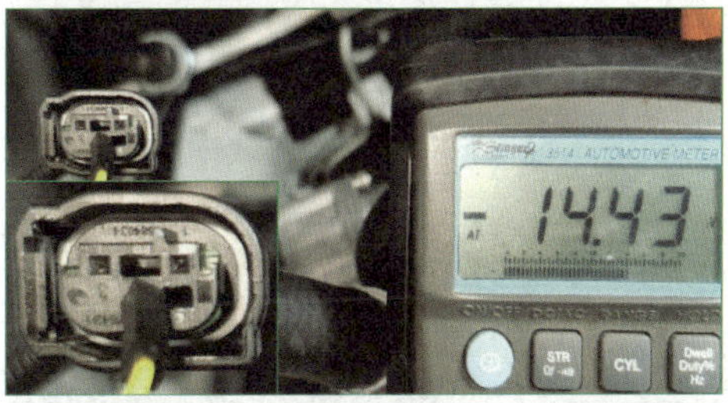
	5．关闭点火开关后，断开蓄电池负极，测量信号端子与搭铁之间的电阻值。 正常状态电阻值约为 10kΩ，说明信号端子线路无搭铁故障	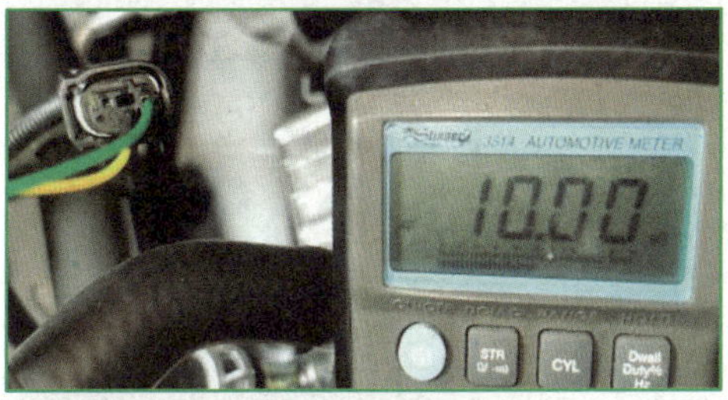
蒸发器温度传感器信号检测	拔出传感器插座，测量传感器电阻值。 右图所示电阻值为 2.653kΩ（约为 20℃）	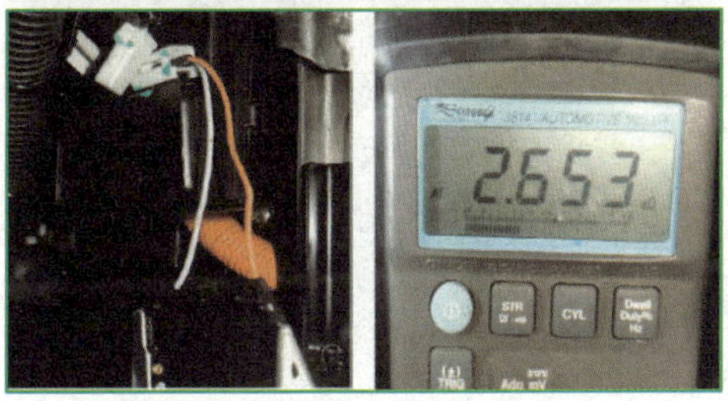
	打开点火开关后，信号端子电压约为 5V，搭铁应可正常工作	
	插好插座，为信号端子插好背针，测量点火开关打开时的信号端子电压值。 参考数据： 信号端子电压值大于 2.7V 时，压缩机停机	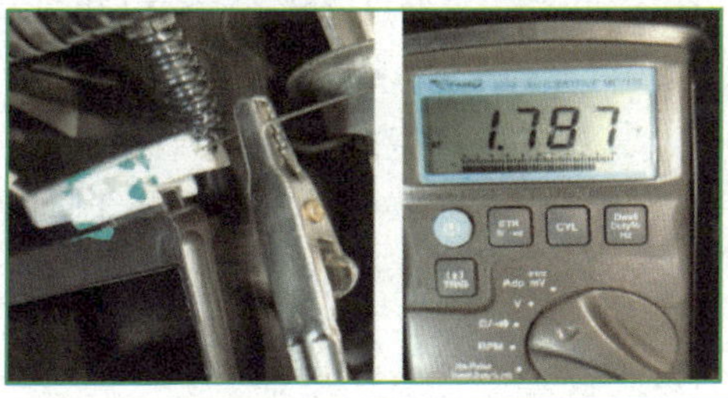

续表

内容	操作	参考图片
冷凝风扇控制电路检测	检测仪读取 VCM（整车控制器）模块中的冷却风扇控制信号。 参考数据： 未开启空调时约为10%，开启空调后直接上升至70%	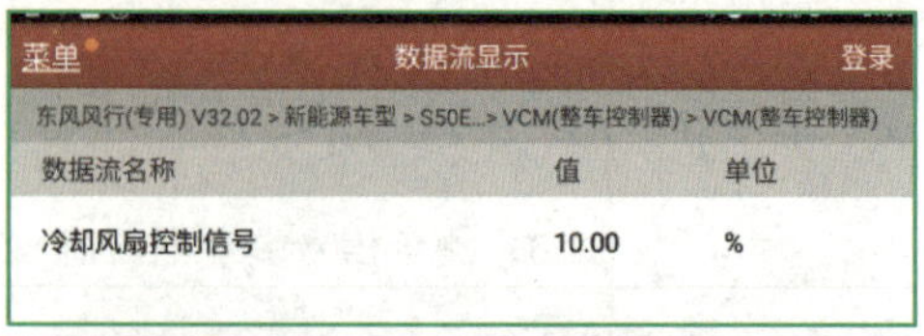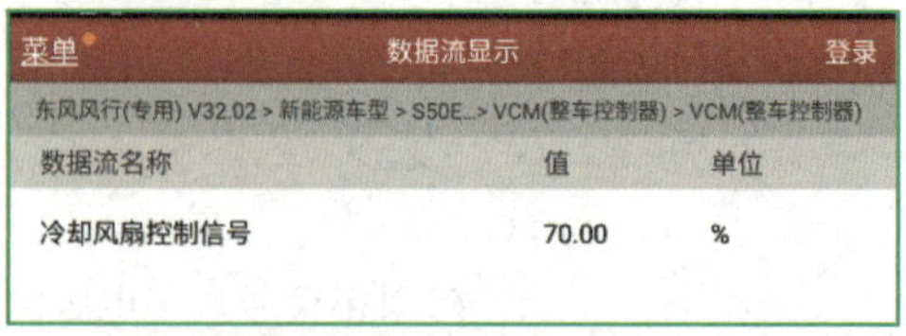
	进入“动作测试”，对冷却风扇进行 70%占空比动作测试，检查风扇是否能工作。 若正常工作可不再检查	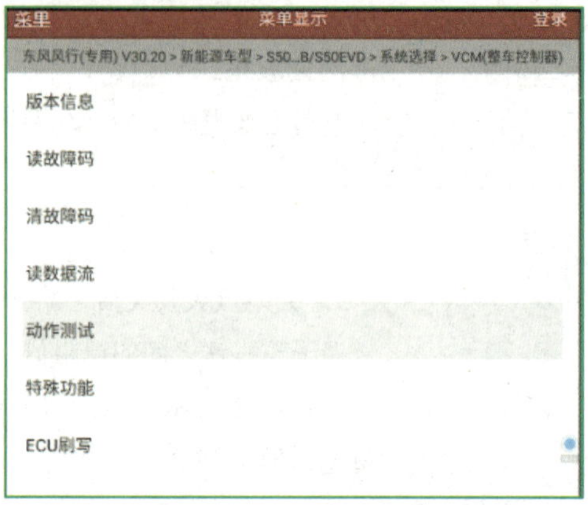
	检查风扇模块电源及搭铁。 建议用试灯进行检查	
	为风扇控制模块插上背针，检测信号电压值及占空比是否正常。 正常状态信号电压值约为 1V，占空比为 10%，状态不正常，则应检查线路	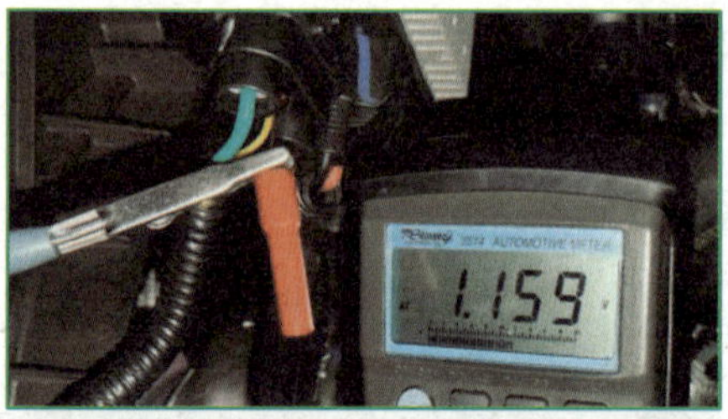
	拔出插座，检测信号电压值及占空比。 参考数据： 信号电压值约为 0.25V，占空比约为 5%。 断电后测量信号端子与搭铁之间的电阻值应为无穷大	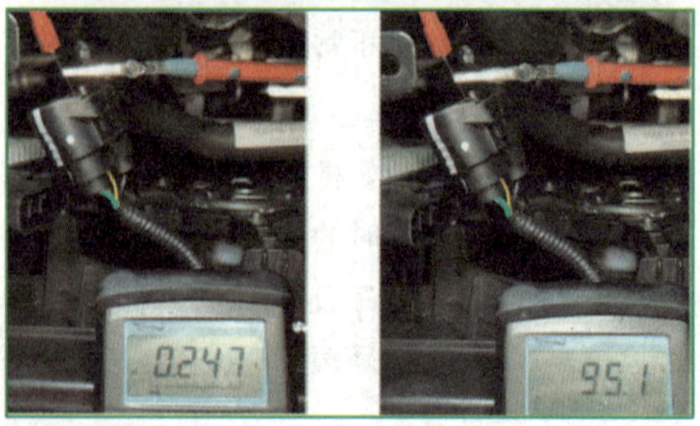

续表

内容	操作	参考图片
冷凝风扇控制电路检测	应用示波器可测得 Vp=2V，D=5%，T=50ms 的矩形波	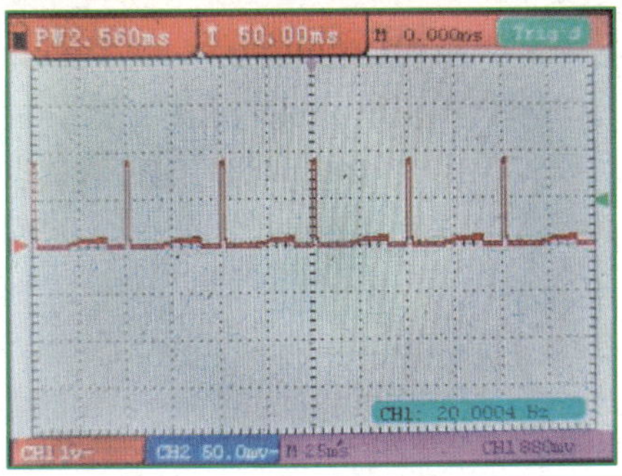
	线路不正常时，可单独检查风扇组件的好坏。 首先为风扇控制模块单独进行供电，检查风扇是否能工作。若不能工作，应进一步为单个风扇单独进行供电，检查单个风扇是否能工作；若能工作，则应更换风扇控制模块	
压缩机低压电路检测	检查压缩机低压插座 1#、4#端子的电源与搭铁情况是否正常。 建议用试灯检测	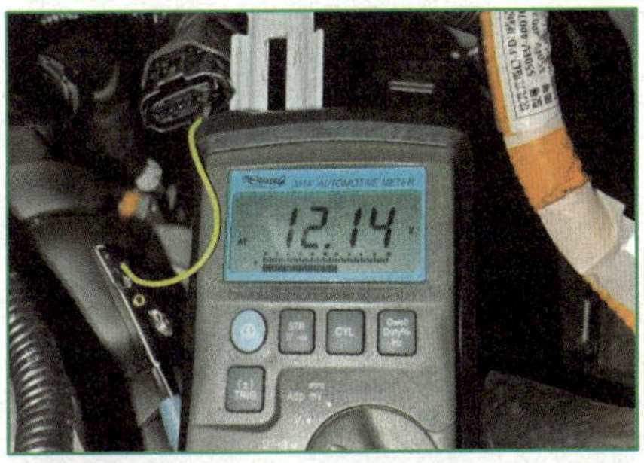
	在 ON 挡状态下测量 5#端子 LIN 线电压值。 注意： 5#端子 LIN 线电压值为变化电压值，且与蓄电池电压值有关，约低于蓄电池电压值 2～3V。 开路对地电阻值应大于 1MΩ	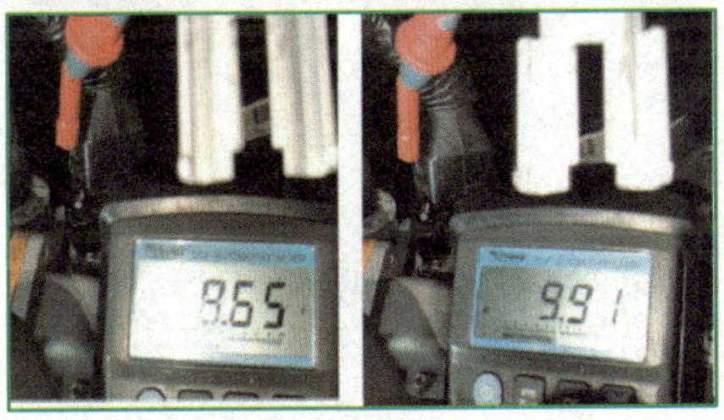
压缩机高压电路检测	根据安全规范要求拔下压缩机低压插座与高压插座	
	短接压缩机高压互锁	
	保证拔出的高压插座与其他物品隔离的情况下，接好蓄电池负极，启动车辆高压上电	

续表

<table>
<tr><th>内容</th><th>操作</th><th>参考图片</th></tr>
<tr><td rowspan="2">压缩机高压电路检测</td><td>穿戴好防护用具，测量拔下的高压插座的电压值</td><td>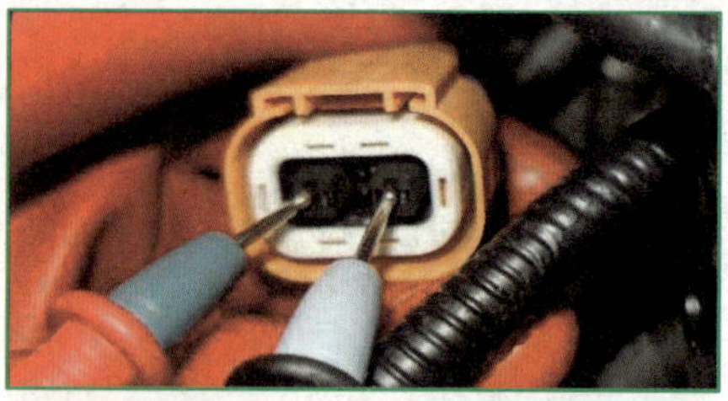</td></tr>
<tr><td>与万用表和检测仪可读取的电压值相比较。
参考数据：
各处电压理论上应相等，但在实际应用中，由于高压继电器触点及高压检测电路的老化，会导致微小偏差</td><td>

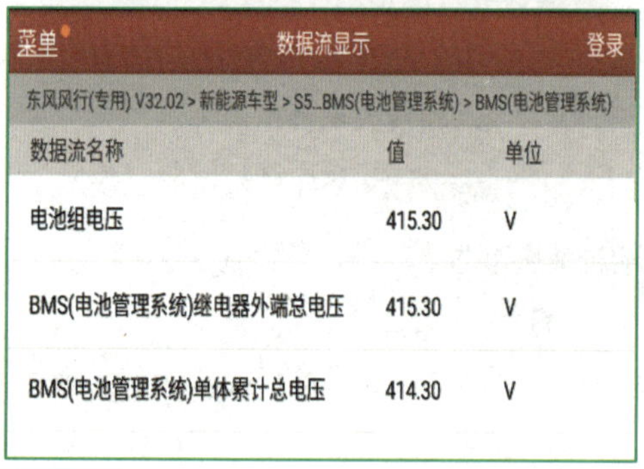
</td></tr>
<tr><td colspan="3">（六）排除故障</td></tr>
<tr><td colspan="3">更换故障件或处理相应故障部位</td></tr>
<tr><td colspan="3">（七）确认及恢复车辆</td></tr>
<tr><td rowspan="3">恢复车辆</td><td>清除故障码</td><td></td></tr>
<tr><td>断开一次蓄电池负极后重新接上</td><td></td></tr>
<tr><td>启动高压上电，重新核实故障是否排除</td><td></td></tr>
</table>

原理讲解

1. 空调系统组成

S50EVB 车型空调系统组成如图 2-6-1 所示，S50EVB 车型的空调与燃油车相比，主要组件大致相同，只是压缩机由传统的发动机动力驱动转变为电驱动，并在空调管路中增加了电磁阀。同时，为了防止电池包的电芯温度过高，增设了一条电池包的冷却支路，支路上的水冷器相当于主路上的蒸发器，冷却的介质是电池包的循环水。

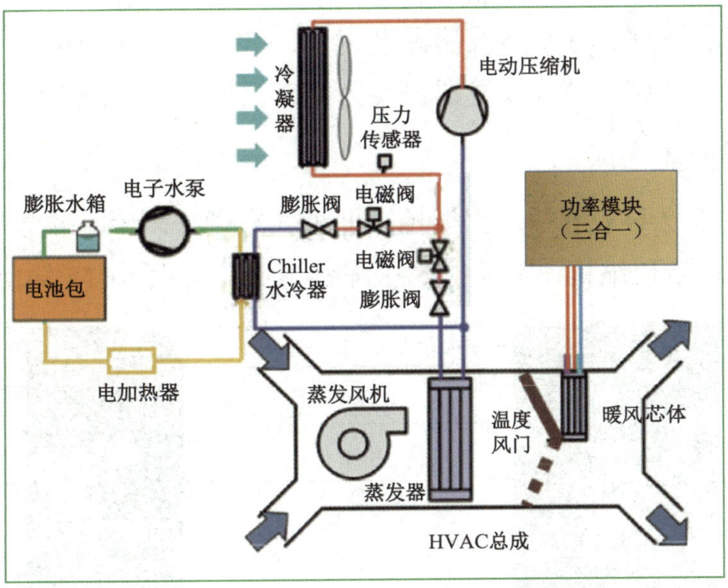

图 2-6-1　S50EVB 车型空调系统组成

2. 空调控制面板

空调控制面板如图 2-6-2 所示，空调控制面板也是空调控制模块，面板按键与控制合为一体。

图 2-6-2　空调控制面板

3. 出风口温度标准

出风口标准温度如表 2-6-1 所示，空调工作状态正常的情况下，出风口温度是固定的，在设计车辆时都已标定好。

表 2-6-1　出风口标准温度

出风口标准温度															
温度挡位		1	2	3	4	5	6	7	8	9	10	11	12	13	14
正常模式	蒸发器温度	4	5	6	7	8	9	10	11	12	13	14	15	16	17
经济模式	蒸发器温度	7	8	9	10	11	12	13	14	15	16	17	18	19	20

正常模式下，温度挡位在 1 挡，蒸发器温度为 4℃；温度挡位在 14 挡，蒸发器温度为 17℃。

经济模式下，温度挡位在 1 挡，蒸发器温度为 7℃，温度挡位在 14 挡，蒸发器温度为 20℃。

4. 空调控制原理

空调控制原理如图 2-6-3 所示，空调控制面板（空调控制器）收集相关的空调工作条件信号后，输出控制命令给压缩机，从而控制压缩机工作，再由 VCM 输出命令控制风扇工作。

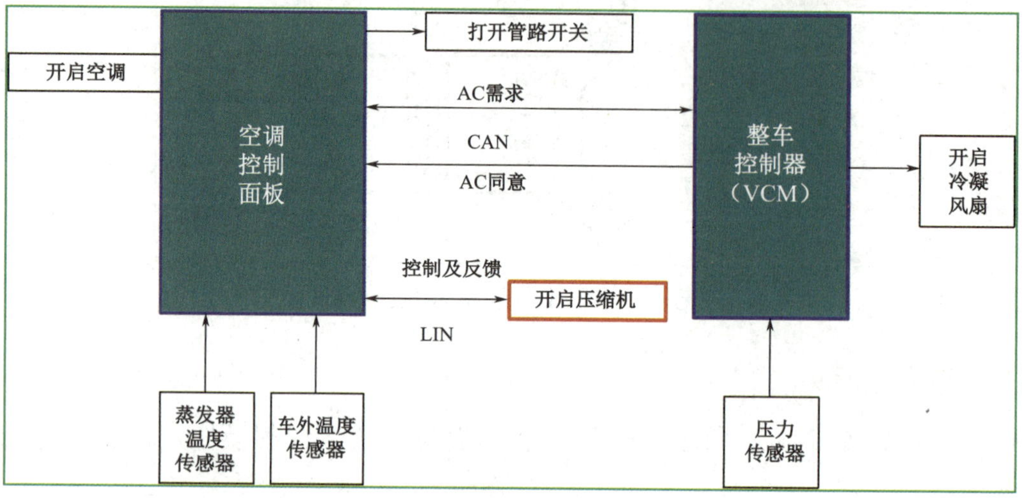

图 2-6-3 空调控制原理

（1）车辆在已完成高压上电的状态下，开启鼓风机开关，调温旋钮转到制冷区域，按下空调开关（空调面板与空调控制器设计为一体式）。

（2）空调控制器收集蒸发器温度传感器信号和车外温度传感器信号，并向 VCM 发出 AC 请求。

（3）VCM 收到 AC 请求后，检查管路压力传感器信号，并同意开启空调。

（4）空调控制器通过 LIN 线开启空调压缩机。

（5）VCM 开启风扇控制。

5. 基本控制电路

S50EVB 车型空调控制电路如图 2-6-4 所示。

（1）空调压力传感器的信号通过硬线输出到 VCM，VCM 与空调面板之间通过 CAN 进行通信（俗称舒适 CAN）。

（2）蒸发器温度传感器及室车外温度传感器直接输出信号到空调面板。

（3）管路电磁阀由空调面板进行负控，打开空调管路。

（4）打开点火开关后，空调面板直接负控压缩机继电器，为压缩机直接供电。

（5）空调面板接收到 VCM 同意开启空调的信号后，通过 13#端子的 LIN 通信线控制压缩机的开启及停止。

（6）冷凝风扇的工作由 VCM 控制。

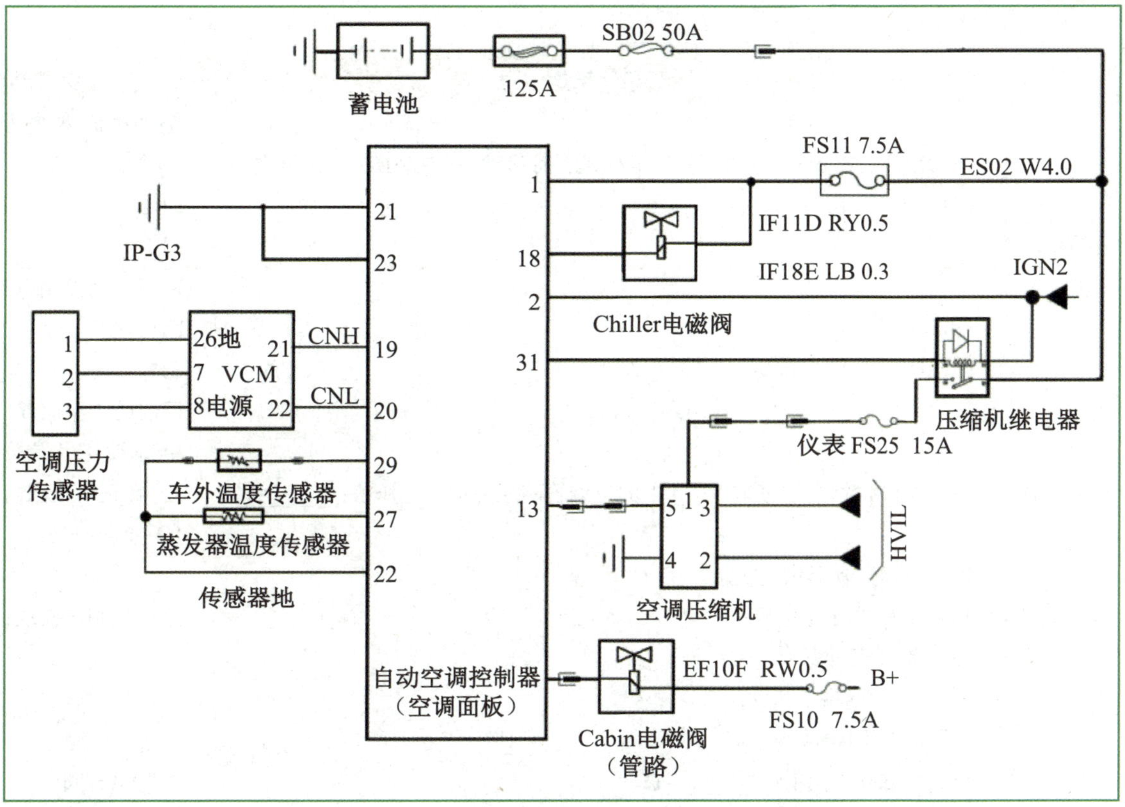

图 2-6-4 S50EVB 车型空调控制电路

工作页

内容	现象及数据记录	结果判断
（一）准备	蓄电池电压值：________________V	蓄电池电压及电网电压： □正常 □异常
（二）故障现象确认	车辆是否能高压上电： □是 □否	故障与车辆高压上电： □有关 □无关
	开启鼓风机，检查各出风口是否正常： □是 □否	故障与鼓风机电路及出风口： □有关 □无关
	开启空调，观察 AC 指示灯是否正常： □是 □否	故障与 AC 开关及蒸发器温度开关： □有关 □无关
	在开启空调瞬间，管路压力电磁阀是否有工作声： □是 □否	管路压力电磁阀或相应控制电路： □有故障 □无故障

续表

内容	现象及数据记录	结果判断
（二）故障现象确认	在管路压力电磁阀工作瞬间，压缩机是否有启动声（或触摸感觉到振动）： □是　　□否	空调控制器是否有启动信号输出： □是 □否
	冷凝风扇： □转动　　□未转动	冷凝风扇控制电路： □正常 □异常 □需进一步检查
（三）读取数据流	进入 VCM 数据流，读取 VCM 中的空调管路压力信号电压值：________V	空调管路压力信号电压值： □ 在正常范围内 □ 异常
（四）关键信号电路及元件检测	检查空调控制器供电状态。 1#端子及 2#端子电源： □正常　□异常 21、22、23#端子搭铁： □正常　□异常	空调控制器模块： □正常 □异常
	管路电磁阀电阻值：________Ω。 人工负控电磁阀： □有动作声　□无动作声	管路电磁阀： □正常 □异常
	管路压力传感器检测。 传感器 5V 电源： □正常　□异常 传感器搭铁： □正常　□异常 传感器信号端线路： □正常　□异常 传感器信号电压值：__________V	管路压力传感器： □正常 □异常
	蒸发器温度传感器信号检测。 传感器： □正常　□异常 开路电压值：________V。 在线电压值：________V。 传感器电阻值：__________Ω	蒸发器温度传感器： □正常 □异常
	冷凝风扇控制电路检测。 动作测试（数据选 50%），风扇： □能转动　□不能转动	冷凝风扇控制电路： □正常 □异常
	空调压缩机检测。 低压检测。 1#端子电源： □正常　□异常 4#端子搭铁：	空调压缩机供电： □低压正常 □低压异常 □高压正常 □高压异常

续表

内容	现象及数据记录	结果判断
（四）关键信号电路及元件检测	□正常　□异常 5#端子 LIN 信号电压值：________V。 规范操作高压下电，拔下压缩机上的高压插座，再拔下插座，短接 2#及 3#互锁端子，规范操作蓄电池负极及高压上电（注意穿戴好防护用具，未穿戴好防护用具严禁操作，同时保证拔下的高压插座严禁与车身搭接）。启动高压上电，测量拔下的高压插座的电压是否与仪表上显示的高压一致： □是　□否	□LIN 正常 □LIN 异常
（五）拓展	测量 LIN 信号波形并画出波形图	

任务七　暖风系统不工作故障排查

纯电动汽车由于没有燃油车的发动机，无法像燃油车一样通过发动机的冷却水进行采暖，需要添加另外的加热装置通过加热水或加热器来产生热量，进而通过鼓风机工作获得暖风。

目前市场上的纯电动汽车主要有四种获得暖风的方法：第一种，先加热水，再将热水送至驾驶室，这样的方式成本较高，但暖风效果相对舒适；第二种，在驾驶室中直接设有暖风箱，暖风箱中安装电阻丝，高压电的电流流过电阻丝可直接产生热量，如日常生活中的取暖器等；第三种，将压缩机制作成与家用冷暖空调一样的双向模式，可以制冷，也可以制热；第四种，添加热泵，工作原理与家用烘干机相似。S50EVB 车型采用的是第二种方法。

学习内容

S50EVB 车型暖风系统工作原理。

S50EVB 车型暖风系统不工作的故障排查思路及操作方法。

教学用具

最低配备：S50EVB 车辆 2 台，新能源汽车专用工具 2 套，诊断仪 2 台，万用表 2 块，试灯 2 个，仪表面板拆装工具及十字、一字螺丝刀各 2 套，绝缘防护用品及工具 2 套。

学习目标

（1）能在实车上根据操作流程排查暖风系统不工作的故障。

（2）协作完成操作。

（3）强化“四不原则”。

学习建议

（1）课前预习后安排小组分工，在课上进行实践操作。

（2）为保证学习时维修思路的完整性与连贯性，此故障不再进行子任务分解，学习时可根据实际进度情况，将步骤中的第五步进行分时段学习。

（3）在设备能充分保证每个工位可容纳4～6人的情况下建议授课6课时，其他情况建议授课12课时。

操作练习

内容	操作	参考图片
（一）准备		
安装车内外护套及车轮挡块。 测量蓄电池电压作为判断故障的基准		
（二）故障现象确认		
确认是否能高压上电	启动车辆，检查是否能高压上电	
检查空调控制器（控制面板）	开启鼓风机开关	
	按下各模式开关按键，检查对应出风口是否正常。 正常则间接说明控制器供电正常，基本功能正常	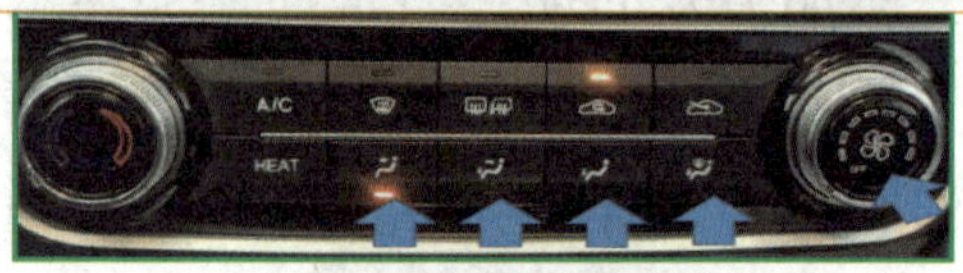
	调温旋钮可转到最高温度状态（右转至极限）	
初检	按下加热开关按键。 正常状态下，按键的指示灯点亮，三合一内部有继电器工作声，相应出风口有热风吹出	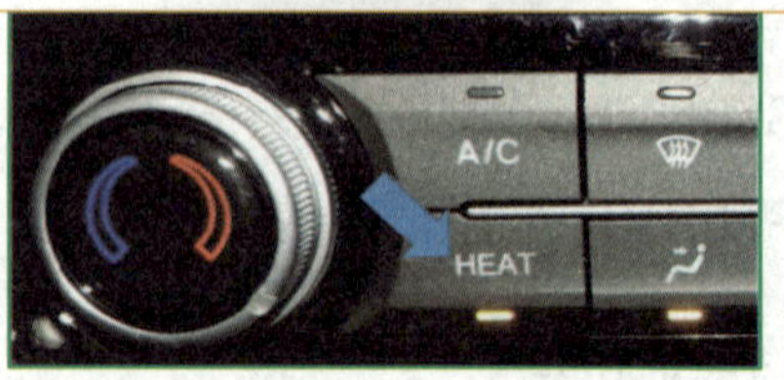
（三）读取故障码		
因S50EVB车型未提供相关空调诊断内容，目前可根据故障现象进行排查		

续表

内容	操作	参考图片
（四）读取关键数据流		
VCM 数据流	进入 VCM（整车控制器）数据流，读取空调冷凝液压力传感器模拟输入电压值。 参考数据： 空调未开启时为 0.7～0.9V	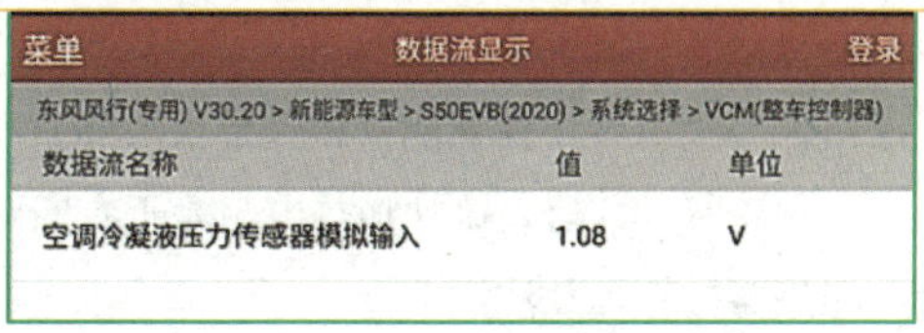
（五）关键信号电路检测		
空调控制器	参见任务六相同内容	
PTC 传感器检查	若开启加热功能时，未听到三合一内部有继电器的工作声，应先检查 PTC 传感器组件。 安装位置：油门踏板右上方	
	为 PTC 传感器组件 4#端子插上背针，打开点火开关，测量温度开关信号电压值。 参考数据： 正常状态下电压值为 0V。 当加热箱中温度过高时，4#端子与 3#端子之间的温度保护开关将断开，4#端子转为高电位，电压值约为 4.8V	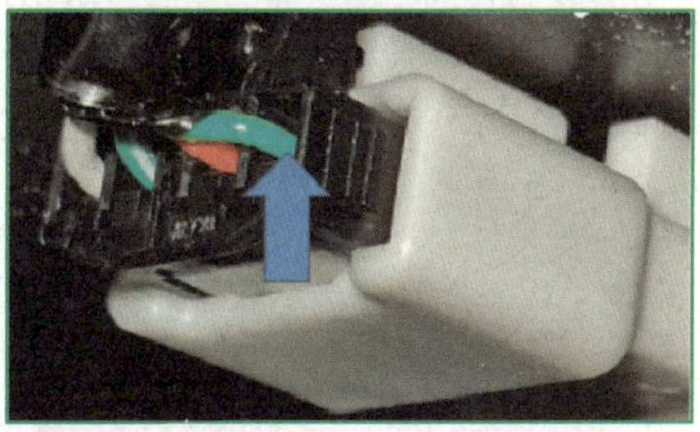
	测量 2#端子温度传感器温度信号电压值	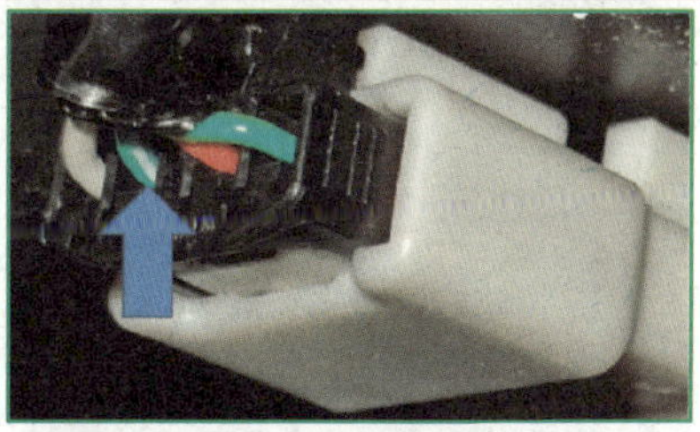
	若电压值过小，关闭点火开关，拔出插座，测量传感器 1#与 2#端子的电阻值。 参考数据： 电阻值为 13.5kΩ 时电压值约为 2.8V，电阻值为 1.6kΩ 时电压值约为 1.2V，电阻值为 1.05kΩ 时电压值约为 0.5V。 暖风不控制加热	
空调控制器输出功能检查	拆下空调控制器，为 38#端子插上背针，开启鼓风机，开启加热。 38#端子应从高电位转为低电位	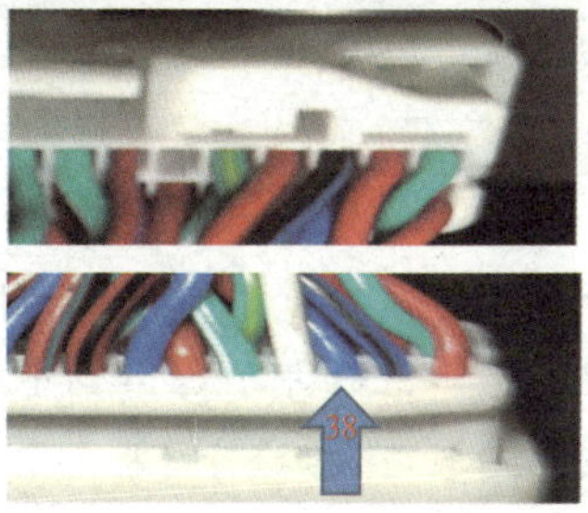

续表

内容	操作	参考图片
PTC 加热器检查	规范操作高压下电，拆下 PTC 加热器插座。	
	分别测量高压负极与 PTC1、PTC2 之间的电阻值，确认加热电阻是否有断路。 注意： 电阻值随温度变化较大，一般高压负极与 PTC1 之间的电阻值约为 100～1000Ω，高压负极与 PTC2 之间的电阻值相对稍小，约为 50～500Ω	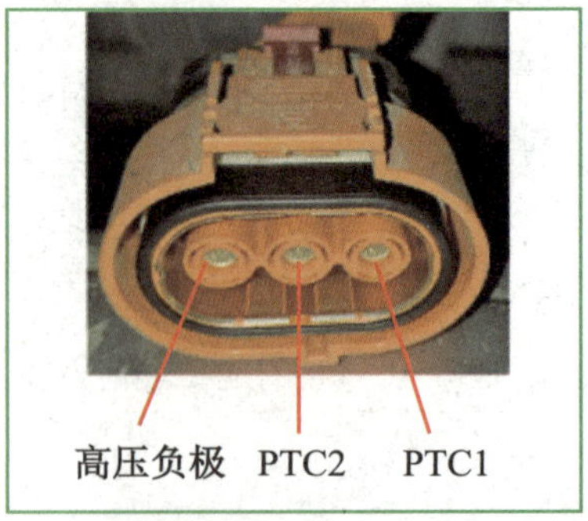
高压电路检测	拔出空调控制器插座，（拆卸过程参照前文）打开点火开关，分别将 38#、39#端子接至搭铁（或将三合一低压插座的 3E、2G 分别接至搭铁）	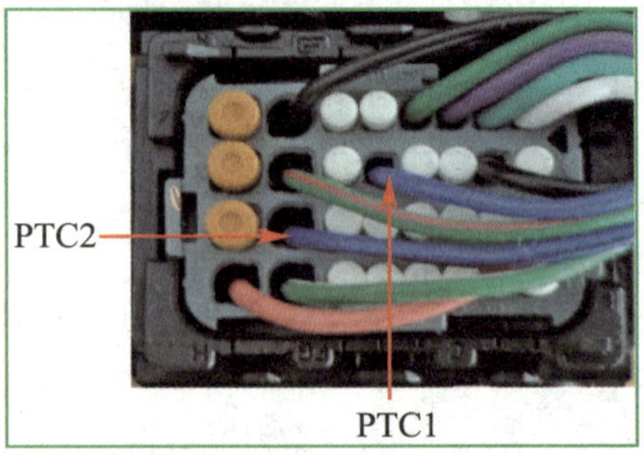
	低压插座 PTC1 端子接搭铁时，进电母线正极与 PTC1 高压端接通	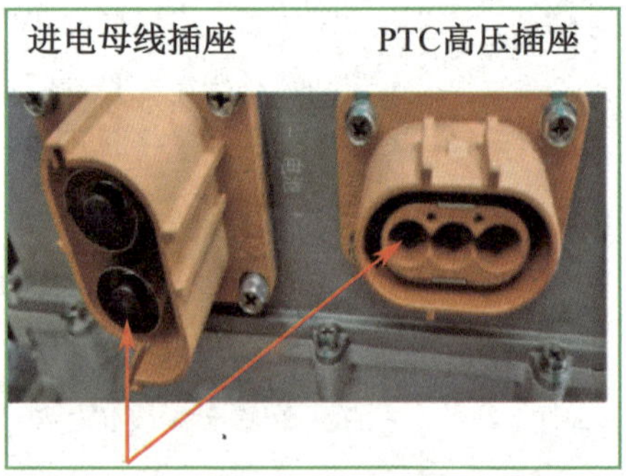
	低压插座 PTC2 端子接搭铁时，进电母线正极与 PTC2 高压端接通	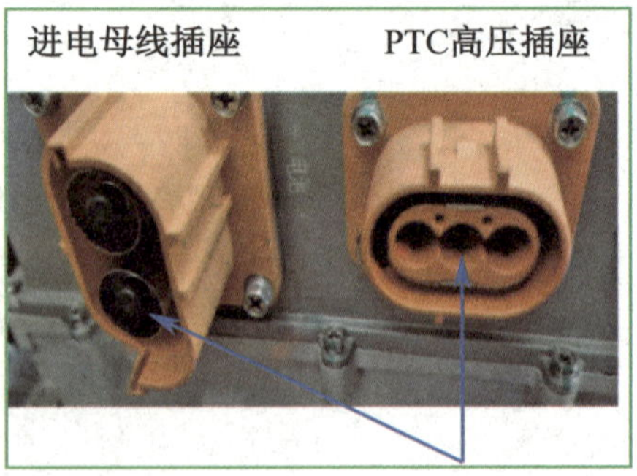
（六）排除故障		
更换故障件或处理相应故障部位		
（七）确认及恢复车辆		
恢复车辆	清除故障码	
	断开一次蓄电池负极后重新接上	
	启动高压上电，重新核实故障是否排除	
（八）按照 5S 管理标准进行整理		

原理讲解

1. 暖风系统组成

S50EVB 车型的暖风系统组成如图 2-7-1 所示，主要通过加热暖风芯体产生热量，鼓风机吹其表面，将热量带入驾驶室内，与家用电吹风机的工作原理相似。

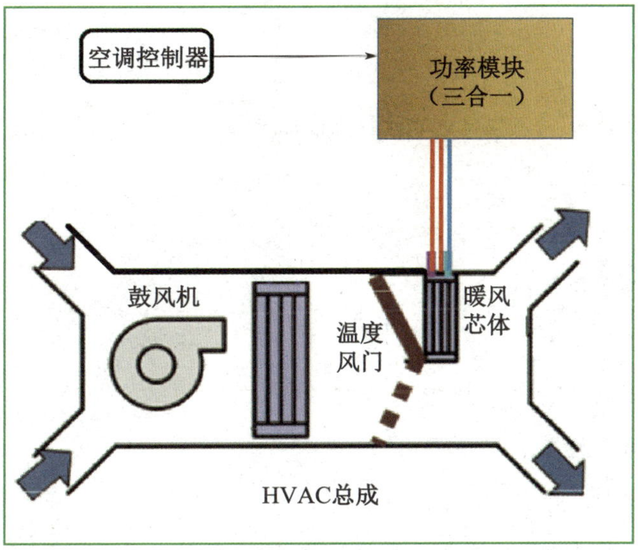

图 2-7-1 S50EVB 车型的暖风系统组成

2. 暖风电路控制原理

S50EVB 车型暖风电路控制原理如图 2-7-2 所示。

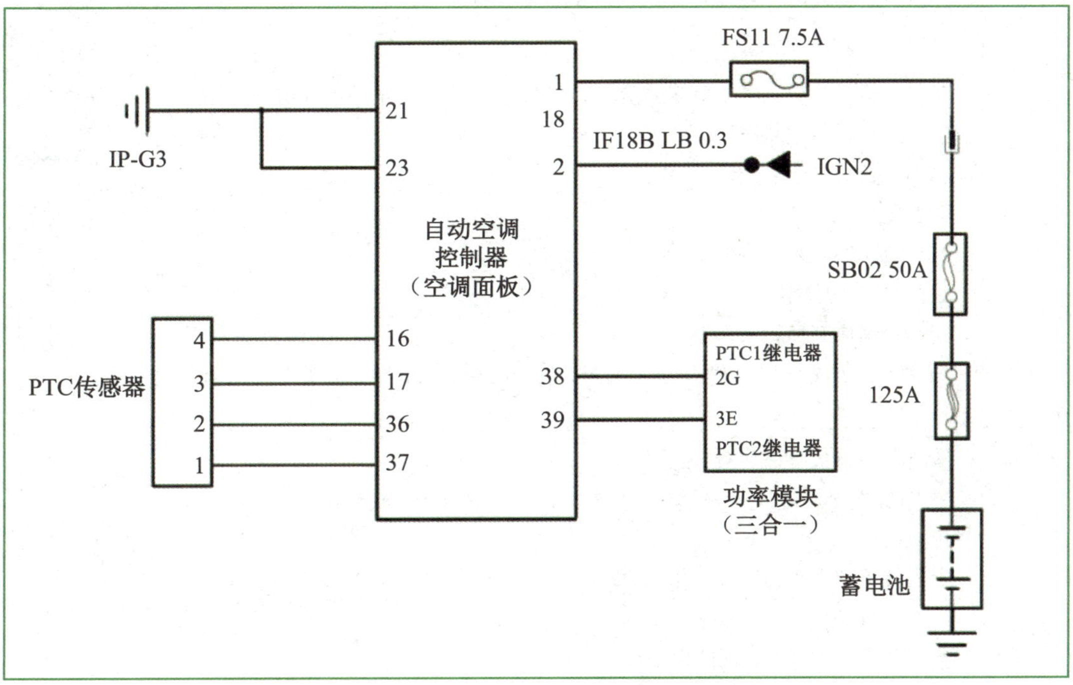

图 2-7-2 S50EVB 车型暖风电路控制原理

（1）车辆在高压上电状态下，开启鼓风机开关，调温旋钮转到制暖区域，按下 HEAT 加热开关（空调面板与空调控制器设计为一体式）。

（2）空调控制器收集暖风箱中的温度传感器信号决定是否 PTC1 与 PTC2 同时工作。

（3）当加热箱内的温度高于 140℃时，控制器控制三合一内部的继电器断开，PTC 停止加热。

工作页

内容	现象及数据记录	结果判断
（一）准备	蓄电池电压值：______V	蓄电池电压： □正常　□异常
（二）故障现象确认	车辆是否能高压上电： □是　□否	故障与车辆是否能高压上电： □有关 □无关
	开启鼓风机，检查各出风口是否正常： □是　□否	故障与鼓风机电路及出风口： □有关 □无关
	开启加热，观察 HEAT 指示灯是否正常： □是　□否	故障与 HEAT 开关及暖风箱温度开关： □有关 □无关
	在开启加热功能后，三合一内部是否有继电器工作声： □是　□否	PTC 继电器低压控制线路： □有故障 □无故障
（三）关键信号电路检测	当鼓风机及面板开关等灯未点亮时，经检查熔断器正常后，应进一步检查空调控制器供电状态。 1#端子及 2#端子电源： □正常　□异常 21、22、23#端子搭铁： □正常　□异常	空调控制器模块： □正常 □异常
	暖风箱温度开关检查。 为 PTC 传感器组件 4#端子插上背针，打开点火开关，测量温度开关信号电压值：______V	暖风箱温度开关： □正常 □异常
	暖风箱温度传感器检查。 为 PTC 传感器组件 2#端子插上背针，打开点火开关，测量温度传感器信号电压值：______V。 温度传感器电阻值：______Ω	暖风箱温度传感器信号： □正常 □异常
	PTC 组件检测。 高压负极与 PTC1 之间的电阻值：______Ω。 高压负极与 PTC2 之间的电阻值：______Ω	PTC 组件检测： □正常 □异常

续表

内容	现象及数据记录	结果判断
（三）关键信号电路检测	PTC 继电器检查。 拔开三合一上的进电母线插座及 PTC 高压插座，打开点火开关，用背针将三合一低压插座的 3E、2G 分别连接搭铁，应听到三合一内部的继电器工作声。应用毫欧表测量三合一上的进电母线正极与 PTC1、PTC2 之间的电压值。 进电母线正极与 PTC1 之间的电压值：________ mΩ。 进电母线正极与 PTC2 之间的电压值：________ mΩ	PTC 继电器及控制线路： □正常 □异常
（四）拓展	拔出暖风箱温度传感器组件插座，短接温度开关，分别用 800Ω、1000Ω、1200Ω 的电阻接在温度传感器插座上，启动高压上电后，开启暖风，观察暖风工作情况	

任务八 不能行驶故障排查

当车辆高压上电后，挂入行驶挡位，车辆会偶尔出现不能行驶的故障，这样的故障不宜根据单个故障码或数据流进行故障确认，应主要根据具体的现象进行排查，可相对缩短故障排查时长。

学习内容

S50EVB 车型不能行驶故障的具体表现现象。

S50EVB 车型不能行驶故障的排查思路及操作方法。

教学用具

最低配置：S50EVB 车辆 2 台，新能源汽车专用工具 2 套，诊断仪 2 台，万用表 2 块，试灯 2 支，绝缘防护用品 2 套。

学习目标

（1）能根据故障现象确认故障发生的大概位置，会读取相关关键数据流并进行基本分析。

（2）协作完成关键元件的信号检测。

（3）强化“四不原则”。

学习建议

（1）课前预习后安排小组分工，在课上进行实践操作。

（2）为保证学习时维修思路的完整性与连贯性，此故障不再进行子任务分解，学习时可据实际进度情况，将步骤中的第五步进行分时段学习。

（3）建议提升分析能力，将工作页中的判断结果进行交流与分享。

（4）在设备能充分保证每个工位可容纳 4～6 人的情况下建议授课 4 课时，其他情况建议授课 8 课时。

操作练习

内容	操作	参考图片
（一）准备		
安装车内外护套及车轮挡块。 测量蓄电池电压作为判断故障的基准		
（二）故障现象确认		
基本检查	检查是否能正常进入 READY 状态	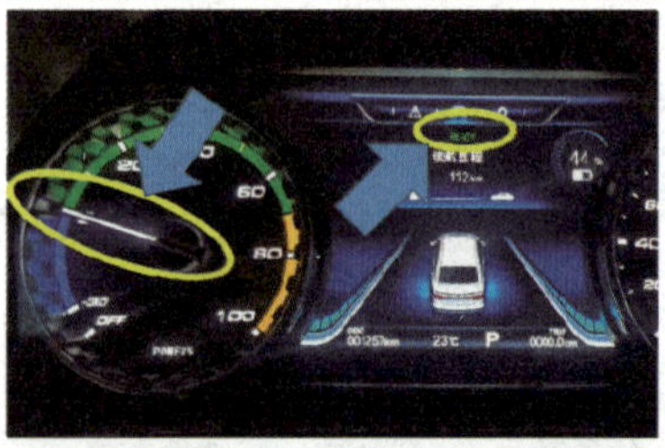
	踩住制动踏板，挂入各挡位，检查仪表是否能正常显示各挡位	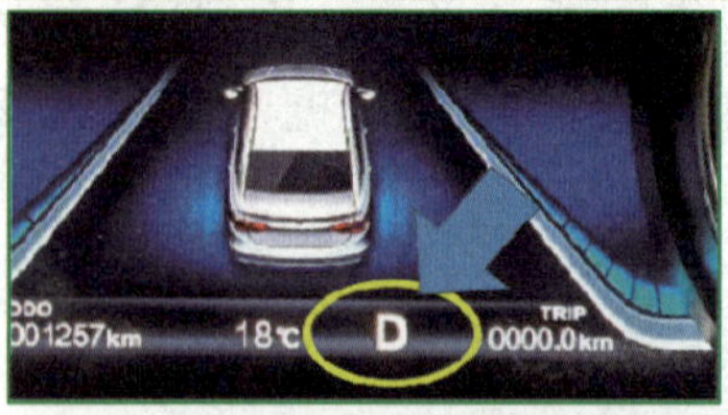
	在空旷区域将车辆的 4 个车轮用三角木堵住，启动高压上电后挂入 D 挡或 R 挡，在仪表中选择到电流及电机转速界面，轻踩油门踏板（注意：严禁重踩油门踏板），观察电流输出是否增大。 正常状态下，电流输出范围为-1～-4A，说明 MCU 有输出	
（三）读取故障码		
不熟悉车辆情况时，建议采用快速扫描，读取所有系统故障代码，再分析故障起因		

续表

<table>
<tr><th>内容</th><th>操作</th><th>参考图片</th></tr>
<tr><td colspan="3">（四）读取关键数据流</td></tr>
<tr><td>读取 VCM 数据流</td><td>车辆能行驶时的正常参考数据：
制动踏板输入 1：无效。
制动踏板输入 2：无效。
S50EVB 车型的 R 挡、N 挡、D 挡信号只能是 D 挡或 R 挡有效，不能出现都无效或两个以上有效（注意：EVG 车型应是 P 挡与 D 挡有效，或 R 挡有效）。
油门踏板信号应为同时增大</td><td>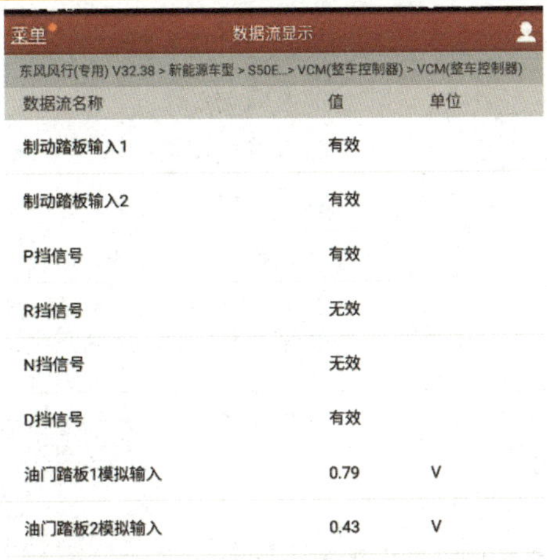
</td></tr>
<tr><td>读取 MCU 数据流</td><td>电机实际转矩：正常时即时向电机目标转矩靠近，若与电机目标转矩相差较远，则可能出现电机内部短路故障。
电机目标转矩：根据油门踏板计算出来的扭矩，一般轻踩油门踏板即可达 30～40N・m。
控制器启动允许：正常值为“1”，为“0”时则控制器不允许向外输出。U、V、W 三相交流电流有效值：一般轻踩油门踏板时约有 0～80A 的电流输出</td><td>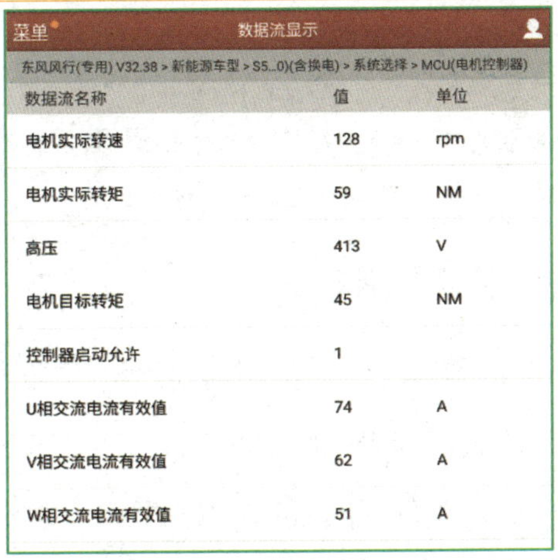
</td></tr>
<tr><td colspan="3">（五）关键信号电路检测</td></tr>
<tr><td rowspan="2">制动开关检测</td><td>制动信号不可信时，应检查制动开关，并调整状态</td><td>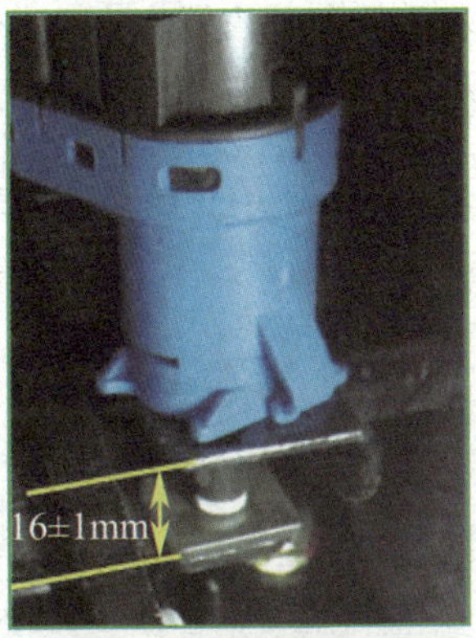
</td></tr>
<tr><td>必要时进行制动与非制动状态下的测量
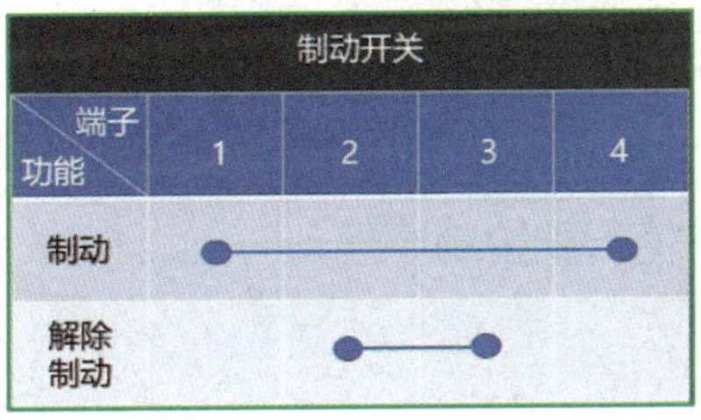
</td><td>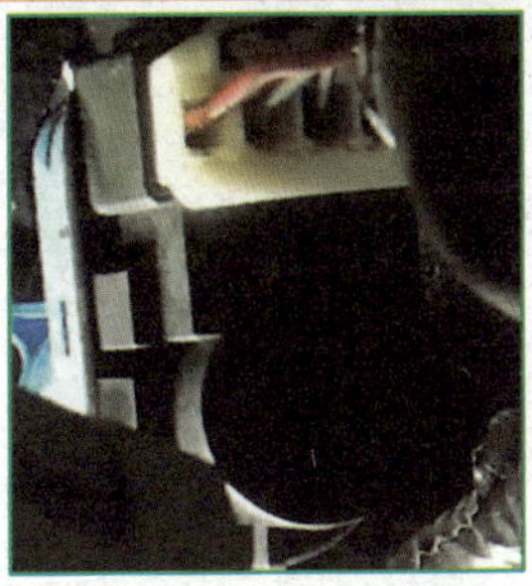</td></tr>
</table>

续表

内容	操作	参考图片
油门踏板检测	借助背针检查踏板的4#、6#端子电压值。 参考数据： 4#端子电压值：约为0.8V。 6#端子电压值：约为0.4V	
挡位开关检测	参见“任务四 交流充电故障排查”	
电机总成基本检测	具体见“任务十一 电机拆检”	
（六）排除故障		
更换故障件或处理相应故障部位		
（七）确认及恢复车辆		
恢复车辆	清除故障码	
重启程序	拆除蓄电池负极10s后重新接好	
（八）按照5S管理标准进行整理		

原理讲解

1. 车辆行驶控制原理

车辆行驶控制原理如图2-8-1所示。

（1）车辆启动进入READY模式。

（2）VCM将有效的油门踏板信号（扭矩需求）通过CAN传输给MCU。

（3）MCU根据驾驶员需求，通过CAN采集到的挡位信号、制动信号，计算出目标扭矩，同时据电机上的传感器计算出当时电机的位置、转速及扭矩，调整改变MCU三相电流的输出，从而适应驾驶员的驾驶需求。

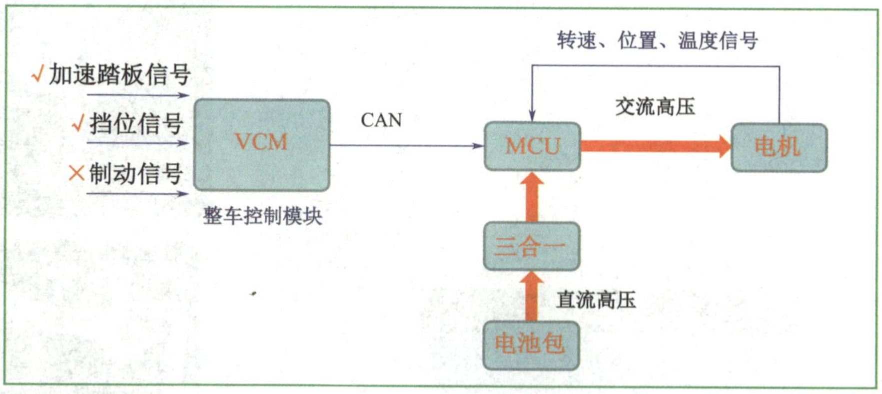

图2-8-1 车辆行驶控制原理

2. 挡位开关工作原理

参见“任务四 交流充电故障排查”。

3. 油门踏板位置传感器检测

油门踏板位置传感器电路原理图如图 2-8-2 所示。

（1）加速信号由两组霍尔传感器信号组成。

（2）两组信号的电压在加速时以两倍关系线性增大。

（3）一组信号的初始电压约为 0.3～0.4V，另一组信号的初始电压约为 0.6～0.8V。

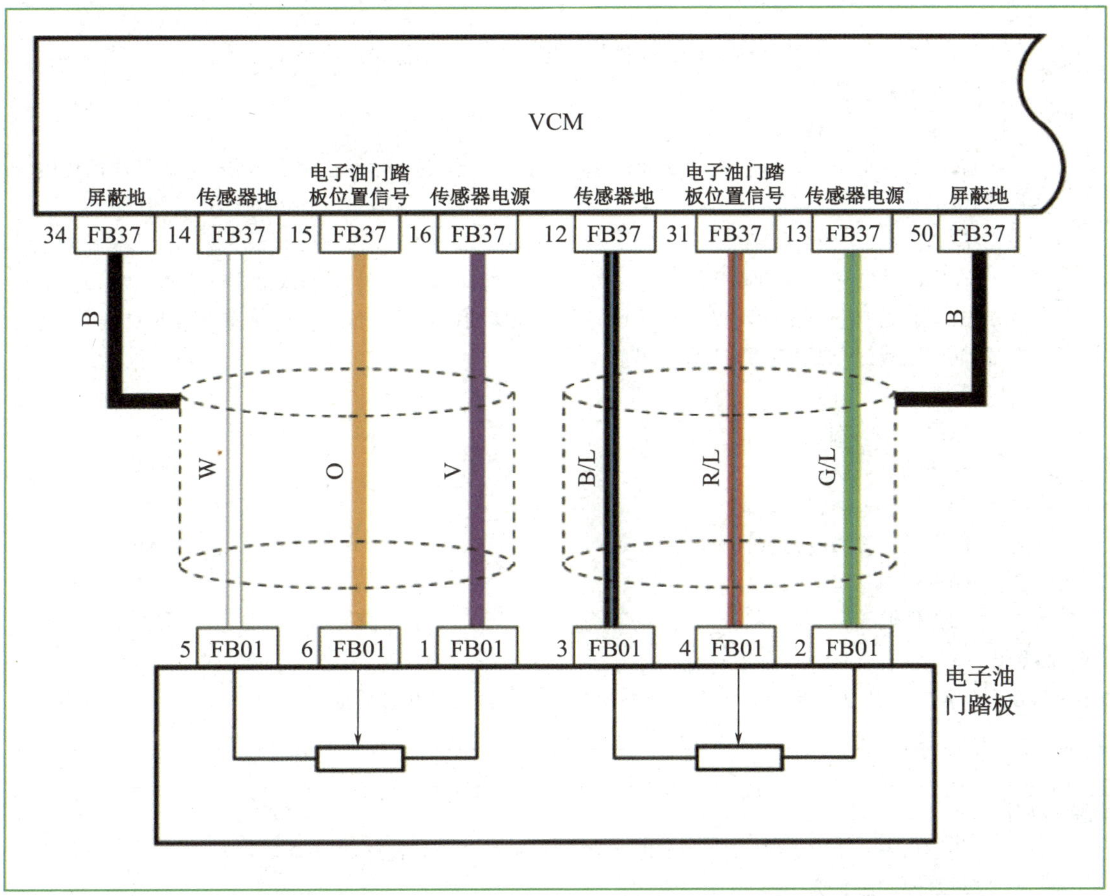

图 2-8-2 油门踏板位置传感器电路原理图

4. 无故障码常见故障部位

（1）加速时车辆高压下电或报故障码，一般为 MCU 或电机故障。

（2）加速时车辆有轻微受力感且电机有转动声，多见于电机故障。

（3）加速时车辆有憋力感，多见于制动系统机械故障。

（4）加速时无任何感觉，且电流无变化，多见于制动开关故障。

工作页

内容	现象及数据记录	结果判断
（一）准备		
	安装车内外护套及车轮挡块	
	蓄电池电压值：______________V	蓄电池电压： □正常 □异常
（二）故障现象确认及基本检查		
高压上电检查	车辆是否能高压上电： □是 □否	故障与车辆高压上电： □有关 □无关
ON 挡时挡位显示检查	点火开关处于 ON 挡时，检查挂挡杆，挂入各挡位，仪表挡位指示灯是否能正常显示挡位： □是 □否	
READY 时挡位显示检查	启动高压上电后，踩住制动踏板，挂入各挡位，仪表是否能正常显示各挡位： □是 □否	故障与挡位模块： □有关 □无关
输出检查	在空旷区域将车辆的 4 个车轮用三角木堵住，启动高压上电后挂入 D 挡或 R 挡，选择仪表到电流及电机转速界面，轻踩油门踏板（注意：严禁重踩油门踏板），观察电流输出是否增大： □是 □否 电流变化约为__________A	MCU 是否有输出： □有 □无
故障方向初定	加速时车辆状态： □高压下电或报故障码 □车辆有轻微受力感且电机有转动声 □有憋力感 □无任何感觉	故障可能原因： □电机故障 □MCU 故障 □机械故障 □条件不满足
（三）读取故障码		
不熟悉车辆情况时，建议采用快速扫描，读取所有系统故障代码，再分析故障起因。 VCM：______________ MCU：______________		
（四）读取数据流		
MCU 数据检查	垫三角木，高压上电，进入 MCU 数据流，挂入 D 挡，轻踩油门踏板（严禁重踩油门踏板），观察主要数据流	
	控制器启动允许值： □0 □1	MCU 控制器待命情况： □已待命 □未待命
	电机开关状态值： □0 □1	MCU 控制器输出电路： □已激活 □未激活
	电机目标转矩：_________N·m	油门踏板信号： □已解析 □未解析
MCU 数据检查	电机实际转矩：_________N·m。 U 相电流值：________________A。 V 相电流值：________________A。 W 相电流值：________________A	MCU 输出： □未输出 □输出正常 □输出异常

续表

内容	现象及数据记录	结果判断
VCM 数据检查	空挡时，检查油门踏板信号： 未踩下时电压值： ________V。 完全踩下时电压值： ________V。 从未踩下到完全踩下的过程中，电压数据是否有突变： □有　□无	行车油门踏板条件： □满足 □不满足
	放开制动踏板时。 制动踏板输入信号 1： □无效　□有效 制动踏板输入信号 2： □无效　□有效 踩下制动踏板时。 制动踏板输入信号 1： □无效　□有效 制动踏板输入信号 2： □无效　□有效	行车制动条件： □满足 □不满足
	显示有效的挡位信号是： □R　□N　□D	行车挡位条件： □满足 □不满足
（五）关键信号电路检测		
油门踏板传感器检查	拔下油门踏板线束插座，打开点火开关，测量信号端子电压值。 4#端子电压值： □0V　□5V　□12V 6#端子电压值： □0V　□5V　□12V 插好插座后，通过背针再次测量电压值。 4#端子电压值： ________V。 6#端子电压值： ________V	油门踏板信号： □正常 □异常 □需进一步检查线束情况
制动开关检查	未制动时。 信号 1 电压值： □0V　□12V 信号 2 电压值： □0V　□12V 制动时。 信号 1 电压值： □0V　□12V 信号 2 电压值： □0V　□12V	制动信号： □正常 □异常
挡位开关	挂入 D 挡时，挡位开关情况。 2#端子电压值： □0V　□5V　□12V 3#端子电压值： □0V　□5V　□12V 4#端子电压值： □0V　□5V　□12V	挡位开关 D 挡： □正常 □异常

任务九 不能高压上电故障排查

纯电动汽车的启动与燃油车的启动有较大区别，燃油车在部分传感器及执行器正常时即可启动车辆，只是发动机的工作状态不一定达到完美状态，但仍可以行车。

纯电动汽车的启动是将电池包的高压电向外输送，输送成功即启动成功，而启动高压上电要求所有的条件都满足后才能完成。

纯电动汽车的控制相当于一条由多个开关串联起来的电路，只要有一个开关有故障，用电设备就无法工作，即无法启动成功。燃油车是一套混联式的电路，不需要所有信号开关都正常也可以启动。

学习内容

（1）启动无法高压上电时观察并分析仪表状态。

（2）分析启动时的数据。

（3）检查电池包主继电器。

教学用具

S50EVB 车辆 2 台，新能源汽车专用工具 2 套，诊断仪 2 台，绝缘表 2 块，万用表 2 块，绝缘防护用品 2 套。

学习目标

（1）通过操作练习，完成相关工作页填写，建立启动时要检查启动条件的思维模式。

（2）学会应用检测仪动作测试功能检查主继电器。

学习建议

（1）课前预习后安排小组分工，在课上进行实践操作。

（2）为保证学习时维修思路的完整性与连贯性，此故障不再进行子任务分解，学习时可根据实际进度及选修情况，将步骤中的第五步进行分时段学习。

（3）建议提升分析能力，将工作页中的判断结果进行交流与分享。

（4）遵守“四不原则”。

（5）在设备能充分保证每个工位可容纳 4～6 人的情况下建议授课 4 课时，其他情况建议授课 8 课时。

操作练习：

内容	操作	参考图片
（一）准备		
安装车内外护套及车轮挡块。 检查蓄电池电压		
（二）故障现象确认及基本检查		
试启动车辆	试启动车辆，检查车辆仪表点亮状态。 点亮后熄灭：低压时说明供电无故障，高压启动时则说明条件不满足。 未能点亮：低压时说明供电有故障。 点亮仪表：未收到启动高压上电信号	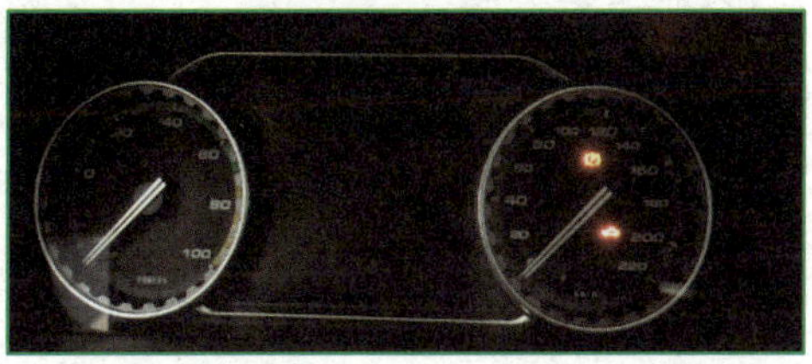
检查低压系统—PEPS、防盗及仪表	将点火开关转到 ON 挡（PEPS 车辆按下两次启动按钮）。 1．能开启 ON 挡，仪表点亮，防盗灯熄灭，说明 PEPS 正常、防盗正常、低压电路正常。 2．未能开启 ON 挡，仪表不亮，说明低压供电系统存在故障	
检查制动信号	踩下制动踏板，观察制动灯（PEPS 车辆可观察启动开关）。 1．制动灯点亮（或启动开关绿灯点亮），初步说明制动信号可能无故障。 2．启动开关绿灯不亮，说明 PEPS 未收到制动信号，应检查制动信号	
挡位信号检查	检查仪表是否能正常显示 P 挡或 N 挡	
注意电池包内部继电器工作声	在启动瞬间，注意电池包内部有无继电器的工作声。 注意：此方法不适用于噪声较大的工作环境	

续表

内容	操作	参考图片
（三）读取故障码		
	建议选择快速扫描读码。 若有指向明显的故障码，可按故障码指示方向有针对性地查找故障	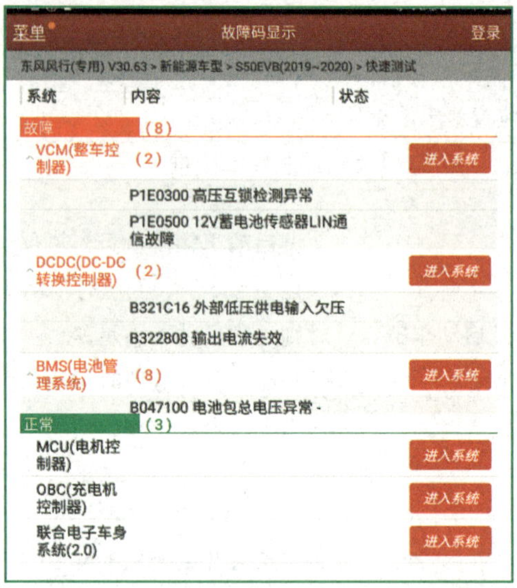
（四）读取关键数据流		
电压检查	打开点火开关，读取仪表上的高压电池的电压值	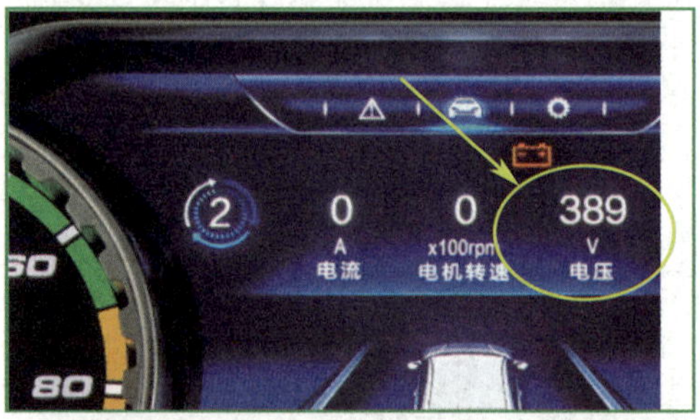
	读取 BMS 电池组电压值	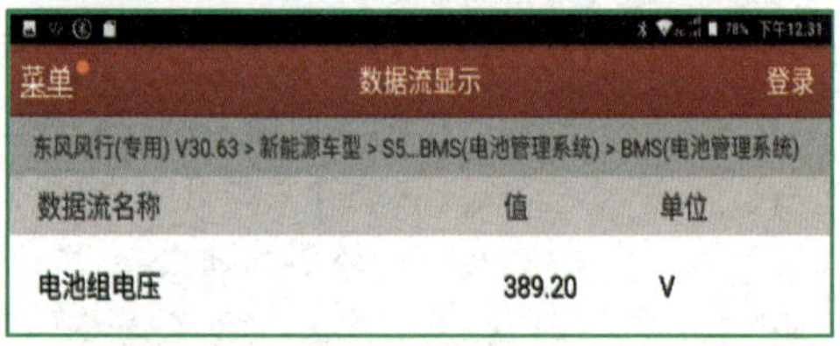
VCM 相关信号检查	钥匙启动信号：启动时有效。 制动踏板输入 1、2：制动时有效。 R 挡、N 挡、D 挡信号：正常状态时 N 挡有效	

续表

<table>
<tr><th>内容</th><th>操作</th><th>参考图片</th></tr>
<tr><td rowspan="2">VCM 相关信号检查</td><td>检查主正、主负、预充继电器的工作情况</td><td>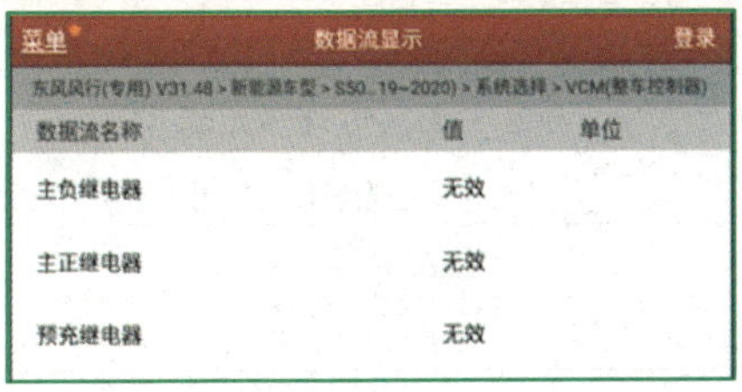</td></tr>
<tr><td>分别对主正、主负、预充继电器进行动作测试，确认继电器线路无故障</td><td></td></tr>
<tr><td>BMS 相关信号检查</td><td>正、负极绝缘电阻值正常范围为 15～19MΩ。
单体最大温度及最小温度在合理范围。
单体最大电压及最小电压在合理范围</td><td>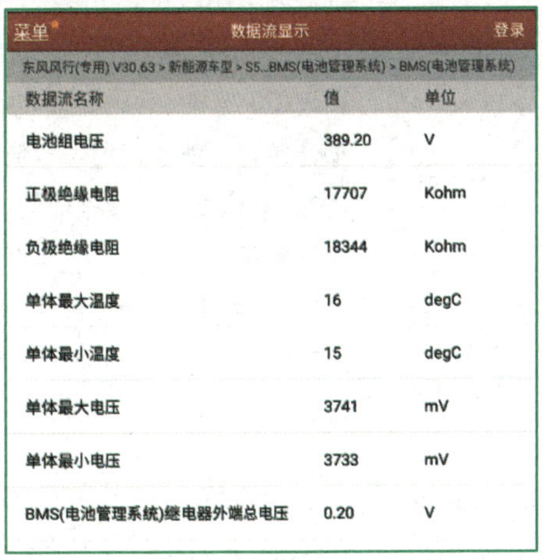</td></tr>
<tr><td colspan="3">（五）关键元件检测</td></tr>
<tr><td>制动开关</td><td>参见“任务八 不能行驶故障排查”</td><td></td></tr>
<tr><td>挡位开关</td><td>参见“任务四 交流充电故障排查”</td><td></td></tr>
<tr><td>启动信号</td><td>与燃油车相同</td><td></td></tr>
<tr><td rowspan="2">主正、主负继电器</td><td>继电器线圈电阻值检测。
1．举升车辆，拆除挡泥底板。
2．向上推开黄色锁扣，再向外拔出电池包低压插座。
3．测量电池包上的继电器线圈电阻值。
14#-13#电阻值约为 27Ω。
15#-13#电阻值约为 27Ω。
16#-13#电阻值约为 110Ω</td><td></td></tr>
<tr><td>主负继电器触点检测。
1．拆下维修开关。
2．拆除三合一进电母线。
3．准备足够长的测量导线连接好万用表。
4．选择好电压挡，测量三合一进电母线负极与维修开关座之间的电压值。
连接好后，接上蓄电池负极，打开点火开关，选择 VCM 模块的动作测试功能，对主负继电器进行动作测试，观察万用表示值</td><td>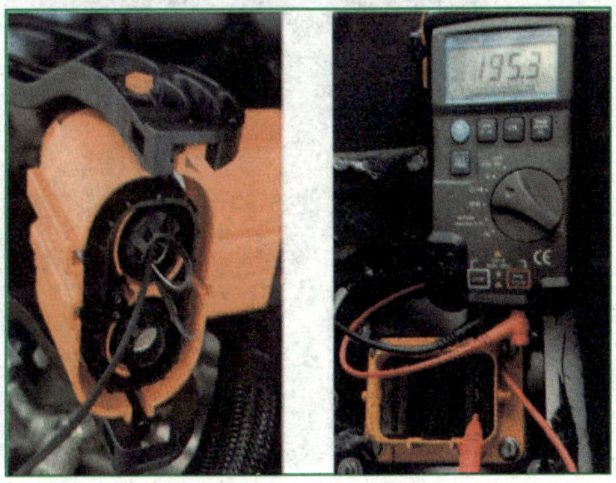</td></tr>
</table>

续表

内容	操作	参考图片
主正、主负继电器	注意： 1. 必须穿戴防护用具，保证安全。 2. 电压正常值为电池包电压值的一半，且无跳动现象	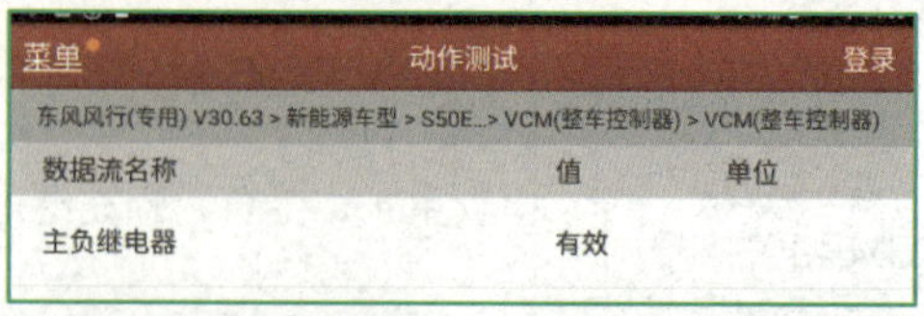
	主正及预充继电器触点检测。 1. 选择好电压挡，测量三合一进电母线正极与维修开关座之间的电压值。 连接好后，接上蓄电池负极，打开点火开关，选择 VCM 模块的动作测试功能，对主正继电器进行动作测试，观察万用表示值。 2. 对预充继电器进行动作测试。 注意： 1. 必须注意穿戴防护用具，保证安全。 2. 电压正常值为电池包电压值的一半，且无跳动现象	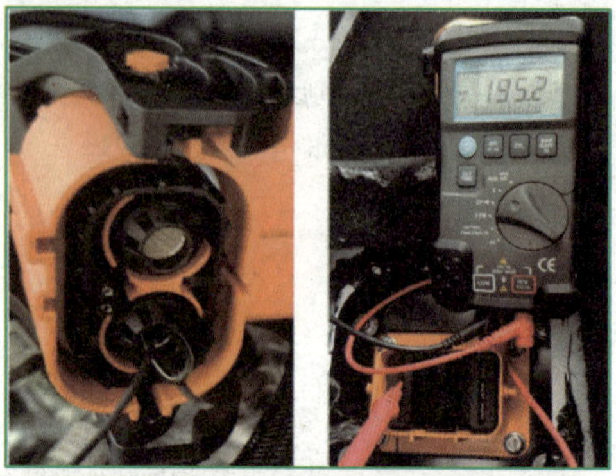 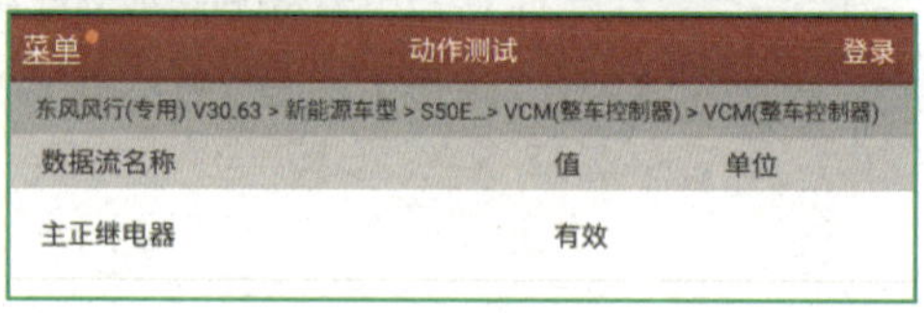
（六）排除故障		
更换故障件或处理相应故障部位		
（七）确认及恢复车辆		
恢复车辆	清除故障码	
重启程序	拆除蓄电池负极 10s 后重新接好	
（八）按照 5S 管理标准进行整理		

原理讲解

1. 故障现象

启动无法高压上电的仪表特点如图 2-9-1 所示，进入驾驶室，踩下制动踏板，按下启动按钮，车辆无法点亮 READY 灯。

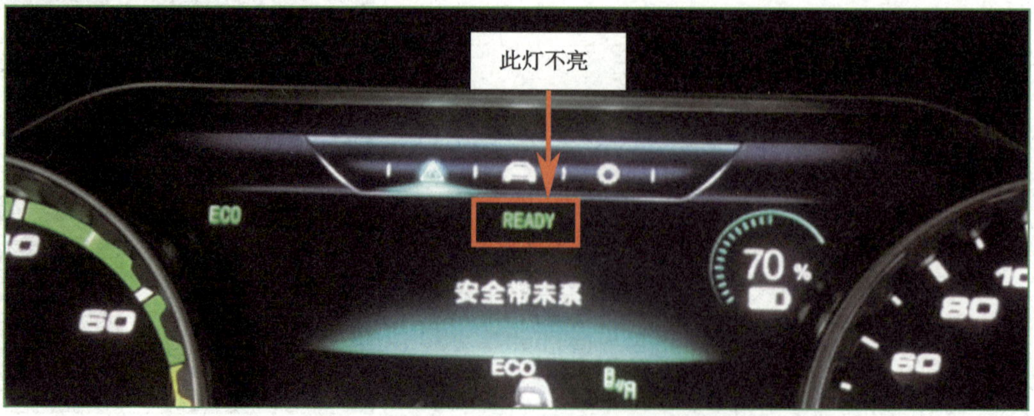

图 2-9-1　启动无法高压上电的仪表特点

2．影响高压上电的因素

（1）PEPS 及防盗未通过。

（2）CAN 通信异常。

（3）电机及 MCU 损坏。

（4）电池包各继电器工作异常。

（5）VCM 损坏。

（6）电芯最高温度和最低温度的温差超差。

（7）电池包最高电压和最低电压的压差超差。

（8）电芯最高电压和最低电压的压差超差。

（9）挡位信号异常。

（10）制动信号异常。

（11）高压互锁异常。

（12）高压绝缘超差。

（13）辅助蓄电池亏电。

3．高压上电工作原理

S50EVB 车型高压上电控制原理如图 2-9-2 所示，S50EVB 车型高压上电控制遵循一定的控制逻辑。

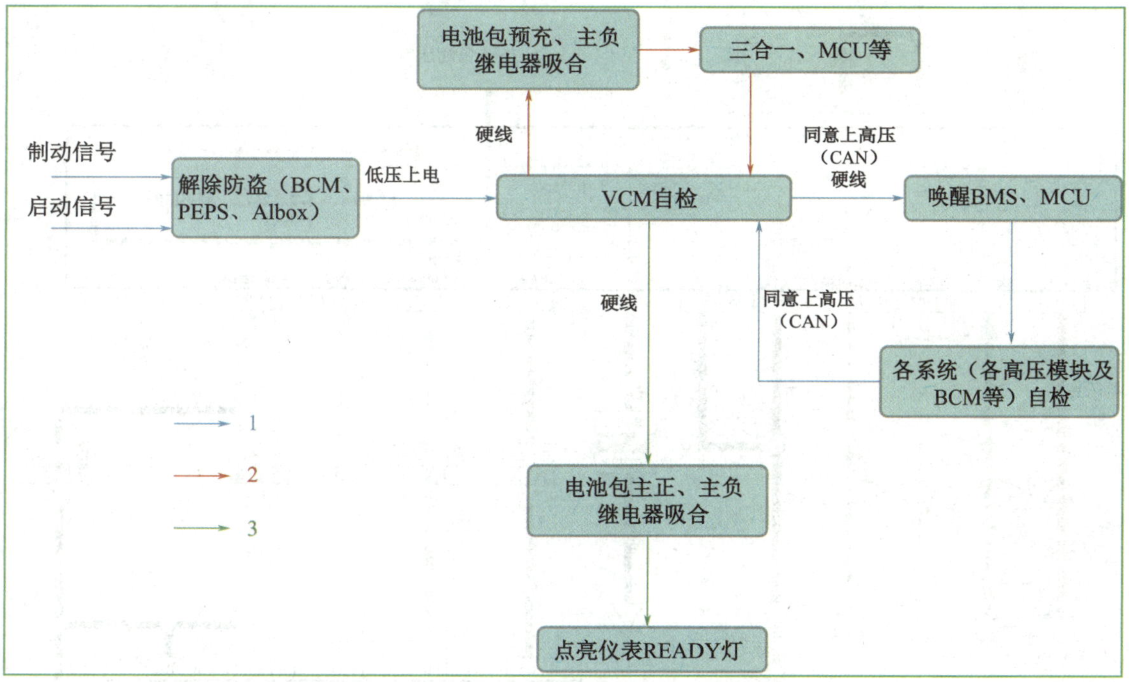

图 2-9-2　S50EVB 车型高压上电控制原理

（1）踩下制动踏板，启动高压上电操作。

（2）车辆通过防盗认证，进行低压上电操作。

（3）VCM 自检，同时唤醒 BMS、MCU 并自检。

（4）检查 VCM 高压互锁、挡位、启动信号等。

（5）BMS、MCU 允许高压上电信息传递给 VCM，VCM 控制电池包内的预充继电器及主负继电器接通并工作。

（6）MCU 检测高压是否符合要求。

（7）VCM 控制电池包内的主正继电器接通。

（8）MCU 再次检测高压是否符合要求。

（9）VCM 点亮仪表 READY 灯，释放预充继电器，完成高压上电。

4. 高压上电控制电路原理

高压上电控制电路原理如图 2-9-3 所示。

（1）低压供电正常，VCM 受电源唤醒后，通过 101#端子输出电源唤醒 BMS 工作。

（2）VCM 与 BMS 通过动力 CAN 进行通信。

（3）电池包内的主正、主负、预充继电器由 VCM 输出的电源进行触发控制。

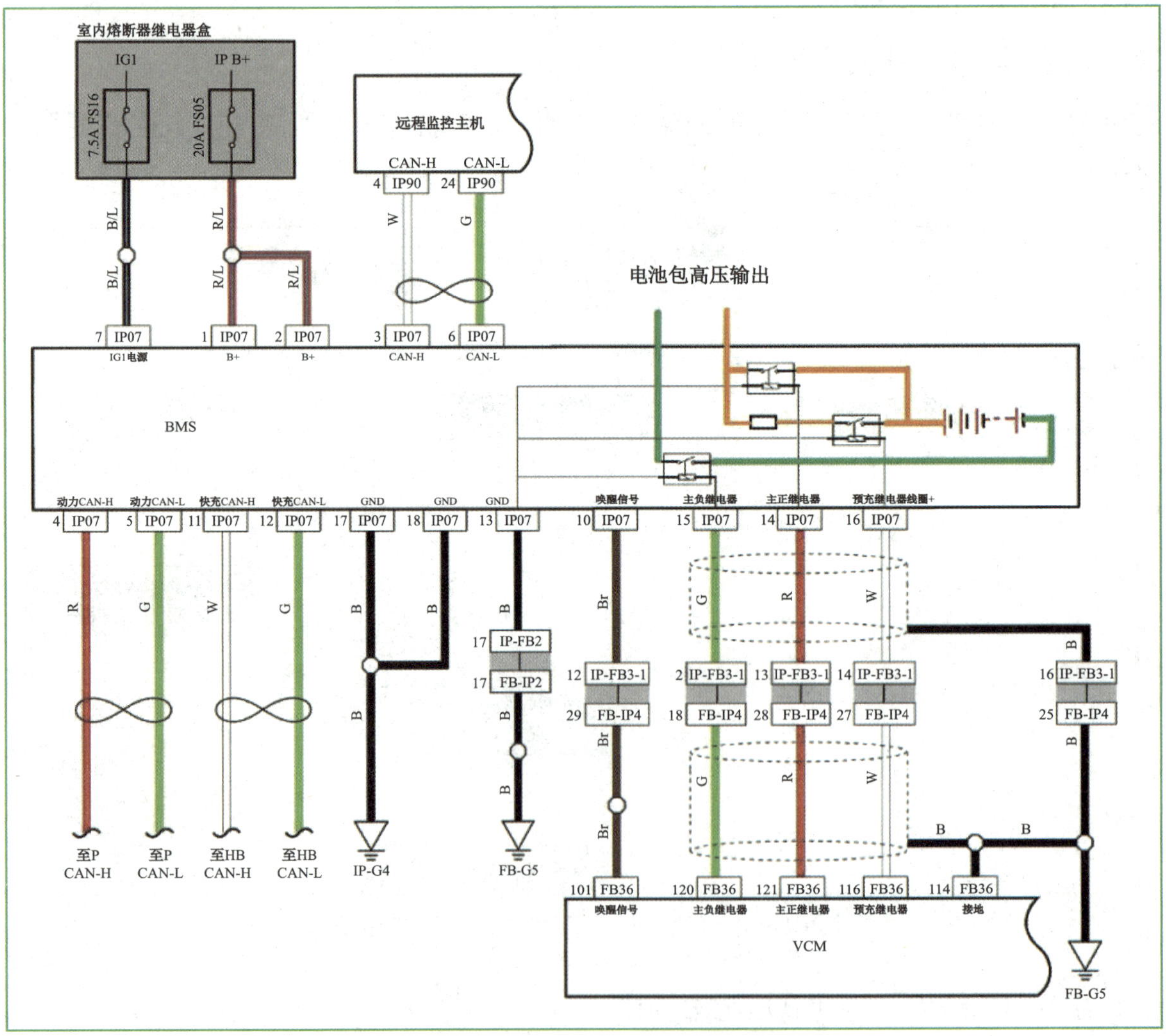

图 2-9-3 高压上电控制电路原理

工作页

内容	现象及数据记录	结果判断
（一）准备		
	安装车内外护套及车轮挡块	
	蓄电池电压值：________V	蓄电池电压： □正常　□异常
（二）故障现象确认及基本检查		
故障现象确认	仪表点亮的故障指示灯有（可文字描述或画图标）： 1. 2. 3. 4. 仪表中央区域显示的故障信息： 1. 2. 3. 4.	引起不能高压上电的主要原因可能是： □高压互锁 □电机控制 □绝缘故障 □预充失败或驱动失败 □启动条件未满足
基本检查	检查低压上电。 打开点火开关，低压是否能正常上电点亮仪表： □是　□否 辅助蓄电池电压值：________V	辅助蓄电池： □正常 □异常
	打开点火开关后，仪表是否能正常显示 N 挡（S50EV、EVG 车型为 P 挡）。 □是　□否	挡位条件： □正常 □异常
	观察仪表显示的电池包 SOC 是否处于合理范围： □是　□否	电池包是否存在过量放电： □存在 □不存在
	确认充电口是否插枪或仪表的充电连接指示灯是否点亮： □ 是　□否	是否存在充电影响： □存在 □不存在
	启动车辆，检查在启动时是否能听到电池包内部继电器的工作声： □是　□否	高压上电条件： □满足 □未满足
（三）读取故障码		
快速扫描	检测仪进入各系统模块，检查当前是否可进入 VCM 、BMS、OBC、MCU、DC-DC、BCM 等模块，且未出现总线关闭等故障： □是　□ 否	是否有控制模块未工作： □是　□否

续表

内容	现象及数据记录	结果判断
VCM 模块	主要故障代码及内容： ______________________________ ______________________________ 高压互锁现象是否存在： □存在　　□不存在 母线电压过低现象是否存在： □存在　　□不存在 主继电器驱动故障现象是否存在： □存在　　□不存在 预充电故障现象是否存在： □存在　　□不存在	是否存在主正、主负继电器同时黏结的故障： □是　　□否
BMS 模块	主要故障代码及内容： ______________________________ ______________________________ 绝缘故障现象是否存在： □存在　　□不存在 电芯压差过大现象是否存在： □存在　　□不存在 电芯电压过高现象是否存在： □存在　　□不存在 电芯电压过低现象是否存在： □存在　　□不存在 电芯温差过大现象是否存在： □存在　　□不存在 电芯温差过大现象是否存在： □存在　　□不存在	BMS 是否影响高压上电： □是 □否
MCU 模块	主要故障代码及内容： ______________________________ ______________________________ 弦变信号丢失： □存在　　□不存在	MCU 是否影响高压上电： □是 □否
（四）读取数据流		
对比分析	打开点火开关，读取仪表上的电压值。 电池电压值：________V。 读取 BMS 数据流。 电池包电压值：________V	电压是否在合理范围： □是 □否
VCM 主要数据流	点火开关置于启动位置，确认启动信号： □有效　　□无效	启动信号： □正常 □异常

续表

内容	现象及数据记录	结果判断
VCM 主要数据流	放开制动踏板时。 制动踏板输入信号 1： □无效　□有效 制动踏板输入信号 2： □无效　□有效 踩下制动踏板时。 制动踏板输入信号 1： □无效　□有效 制动踏板输入信号 2： □无效　□有效	制动条件： □满足 □不满足
	显示有效的挡位信号是： □R　□N　□D　□无	挡位条件： □满足 □不满足
	动作测试。 打开点火开关，分别对主正、主负、预充继电器进行动作测试，各继电器是否能工作。 主正继电器： □是　□否 主负继电器： □是　□否 预充继电器： □是　□否	□正常 □异常
（五）关键元件检测		
制动开关	参见“任务八 不能行驶故障排查”	
挡位开关	参见“任务四 交流充电故障排查”	
启动信号	与燃油车相同	
主继电器检测	继电器线圈电阻值检测。 1．举升车辆，拆除挡泥底板。 2．向上推开黄色锁扣，再向外拔出电池包低压插座。 3．测量电池包上的继电器线圈电阻值： 14#-13#电阻值________Ω。 15#-13#电阻值________Ω。 16#-13#电阻值________Ω	继电器线圈电阻值： □正常 □异常
	触点检测。 1．拆下维修开关。 2．拆除三合一进电母线。 3．准备足够长的测量导线连接好万用表。 4．选择好电压挡，测量三合一进电母线负极与维修开关座之间的电压值。 连接好后，接上蓄电池负极，打开点火开关，选择 VCM 模块的动作测试功能，对主负继电器进行动作测试，观察万用表示值。 三合一进电母线负极与维修开关座之间的电压值：__________V。	主负继电器触点： □正常 □异常

续表

内容	现象及数据记录	结果判断
	对主正继电器进行动作测试，观察万用表示值。 电压值：__________V	主正继电器触点： □正常 □异常
	对预充继电器进行动作测试，观察万用表示值。 电压值：__________V	预充继电器触点： □正常 □异常

任务十 电池包拆检

目前市场中多数车型的电池包一般无须拆检，也不能拆检，一般汽车维修服务站需要诊断出故障，联系电池包厂家专业维修人员进行上门维修，但也有部分厂家授权给第三方或服务站进行拆包检修，无论采用哪种方式，电池包从车上卸下来的操作一般都是由汽车服务站完成的。

学习内容

（1）电池包组成。

（2）正确拆检电池包的顺序。

（3）电池包的主要核心组成元件和易损件的检查。

（4）排气方法。

教学用具

S50EVB 车辆 2 台，新能源汽车专用工具 2 套，电池包举升机 2 台，诊断仪 2 台，绝缘表 2 块，万用表 2 块，绝缘防护用品及工具 2 套。

学习目标

（1）通过操作练习，填写相关工作页，掌握规范拆检电池包的工作要点。

（2）学会应用排气的基本方法。

（3）强化“四不原则”。

学习建议

（1）课前预习后安排小组分工，在课上进行实践操作。

（2）为保证学习时维修思路的完整性与连贯性，此故障不再进行子任务分解，学习时可据实际进度及选修情况，分阶段操作练习，特别是电池包举升机的调整与支承，需教师实时进行安全指导。

（3）时刻谨记电池包带有高压电，每一个操作步骤须在教师的指导下操作。

（4）强化“四不原则”。

（5）在设备能充分保证每个工位可容纳 4～6 人的情况下建议授课 8 课时，其他情况建议授课 16 课时。

操作练习

内容	操作	参考图片
（一）准备		
1. 读取 VCM 及 BMS 故障码，确保主正、主负继电器无黏结故障。 2. 关闭点火开关后，读取 MCU 数据流，确保 MCU 电压低于安全电压。 3. 必须全程穿戴安全防护用具并在教师指导下进行操作		
（二）拆检		
高、低压断电	解锁发动机舱盖	
	开启发动机舱盖	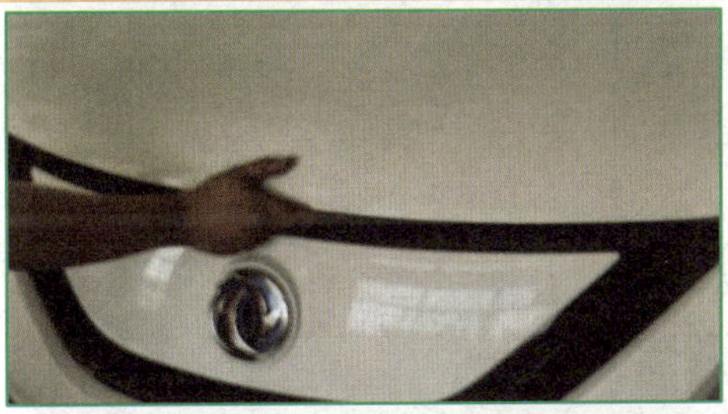
	拆除防尘盖上的塑料扣及固定螺栓，拆除防尘盖	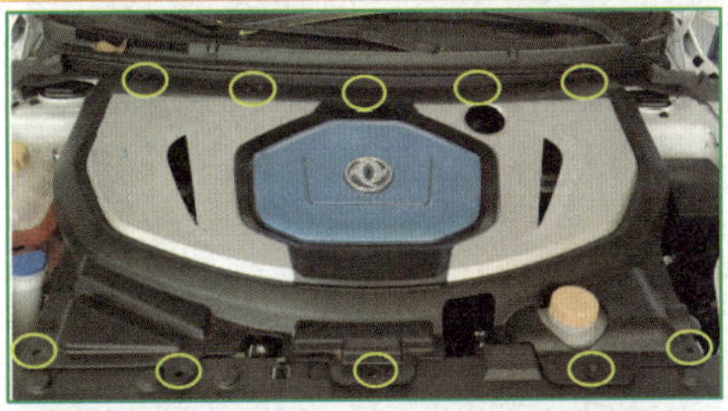
	拆下蓄电池负极，静置 10min	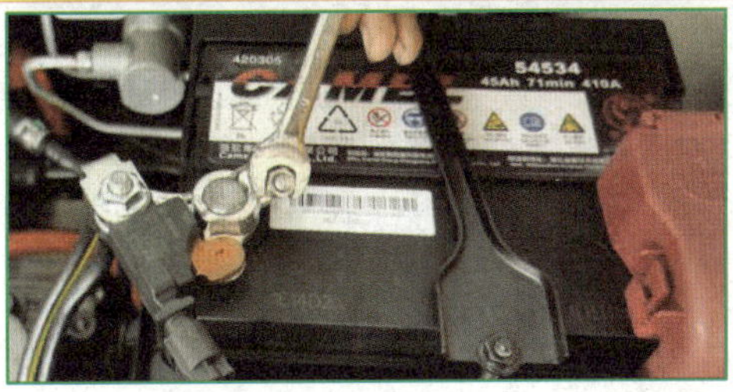

续表

内容	操作	参考图片
高、低压断电	揭开后排地板盖板，取出海绵垫	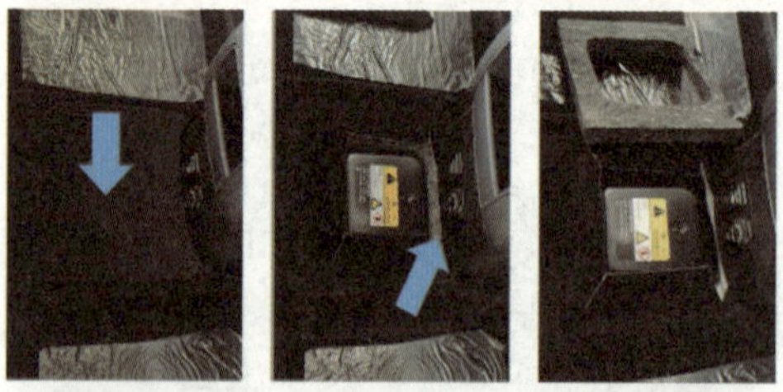
	拆除维修开关保护盖四周螺栓。 撬开维修开关保护盖。 拔出维修开关并放置到专用位置，保证只有维修人员才能取用	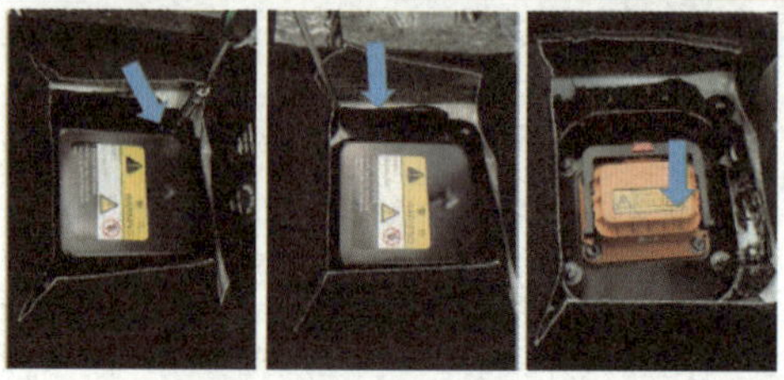
拆除底盘挡泥板	选择好支承点，举升车辆	
	拆除底盘挡泥板	
拆除电池包外壳搭铁	拆除电池包搭铁线	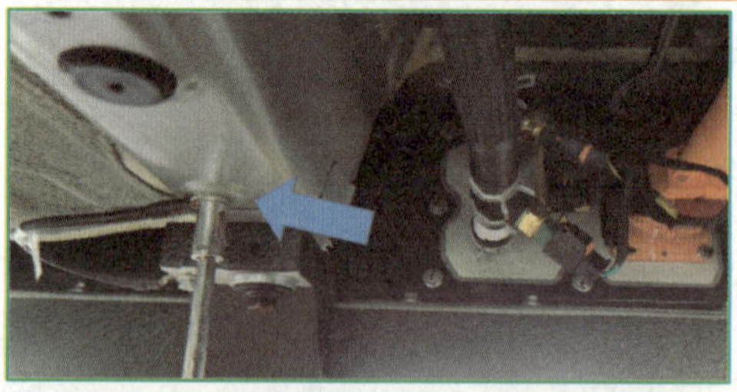
排水	拆开电池包进水口卡扣，用容器盛装流出的冷却液	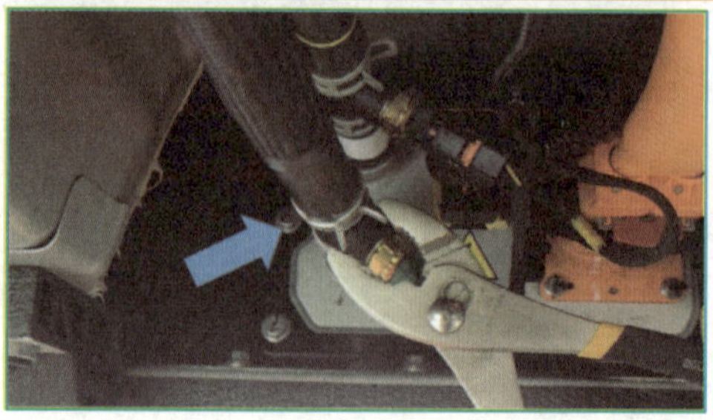

续表

内容	操作	参考图片
分离高低压插座	拆开低压插座	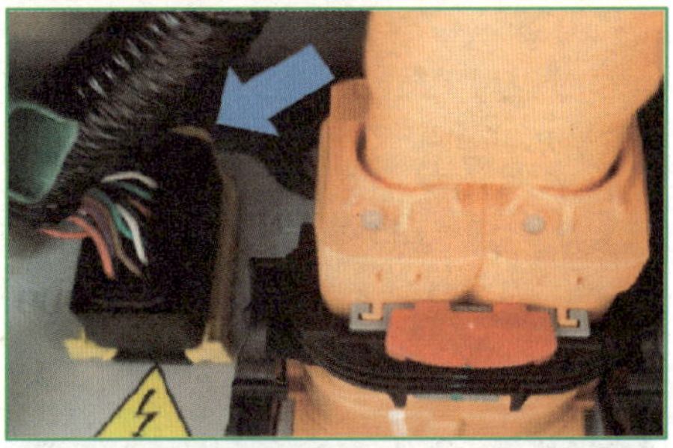
	释放高压母线锁扣	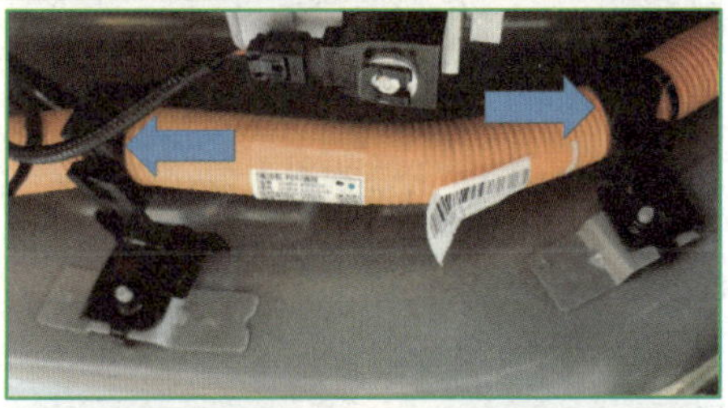
	将高压母线与电池包分离	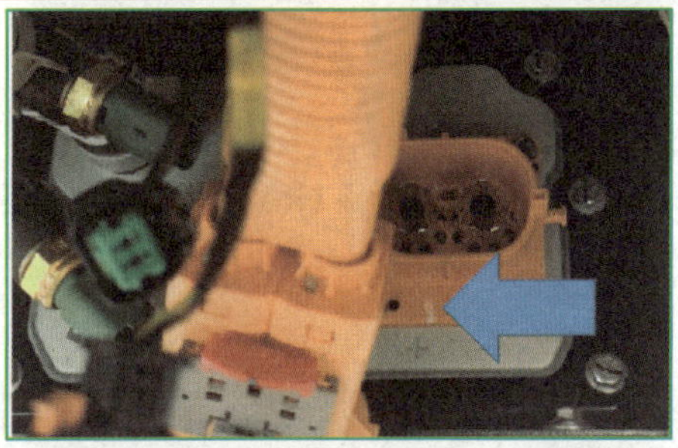
拆除电池包固定螺栓	应用电池举升机均匀贴合电池包后，再分 3 次拆松电池包固定螺栓	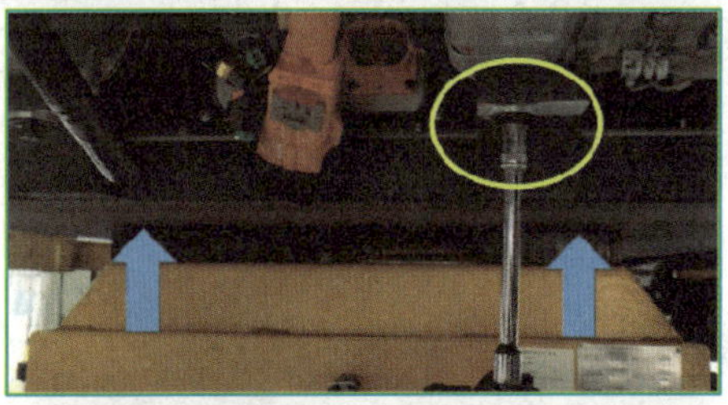
	缓慢放下电池举升机	
	拆除维修开关座的 4 颗固定螺栓	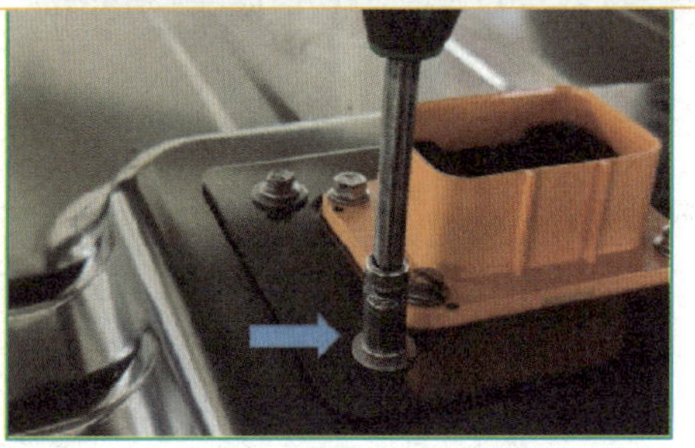

续表

内容	操作	参考图片
拆除上下盖连接固定螺栓	拆除高压母线座盖板上的所有螺栓	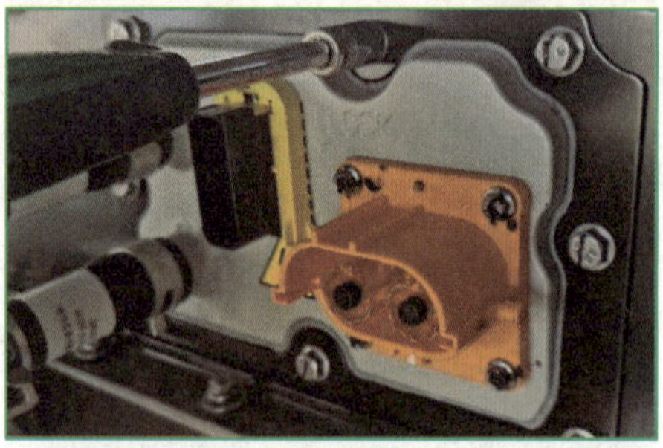
	分 2 次以上放松并拆除电池包上下盖的螺栓，分离电池包上下盖	
拆检 PRA	拆除 PRA 上所有固定螺栓	
	移除 PRA 上盖	
	拔出预充继电器触点端子插座中的预充电阻插片，测量预充电阻阻值。 参考数据： 预充电阻阻值约为 47Ω	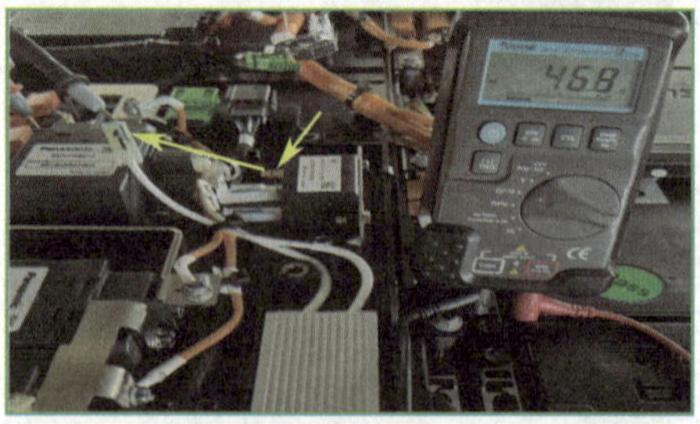
拆检 PRA	测量预充继电器线圈电阻值。 参考数据： 预充继电器线圈电阻值约为 110Ω	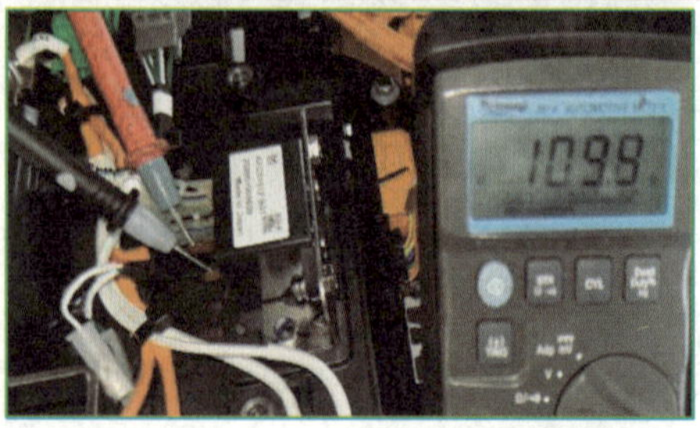

续表

内容	操作	参考图片
拆检 PRA	测量主正、主负继电器线圈电阻值。 参考数据： 主正、主负继电器线圈电阻值约为 27Ω	
（三）换件		
（四）装配		
	更换有故障的配件后，按相反顺序装配电池包至车上	
（五）排气		
	补充冷却液至合理范围	
	打开点火开关，进入 VCM 动作测试功能，选择“高压电池水泵控制信号”	
	功能初设为 50%，同时注意及时补充冷却液，以防吸入空气，造成排气时间过长	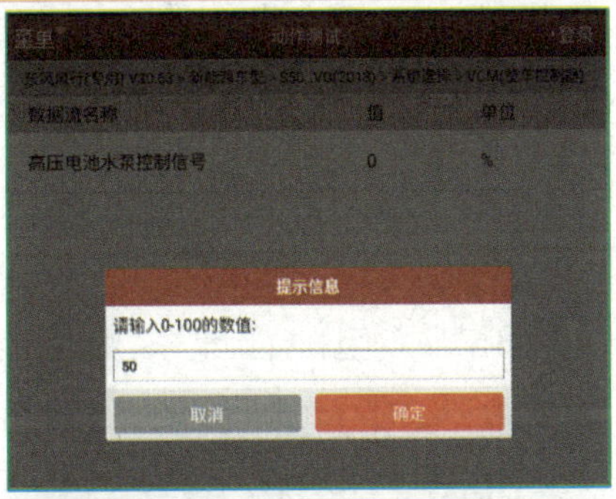
	以 50%运转约 2～3min 后，功能设置值可修改为 30%、90%等，观察电池包水壶内的循环液体在低、高速状态下是否还有气泡，反复几次直至无气泡为止	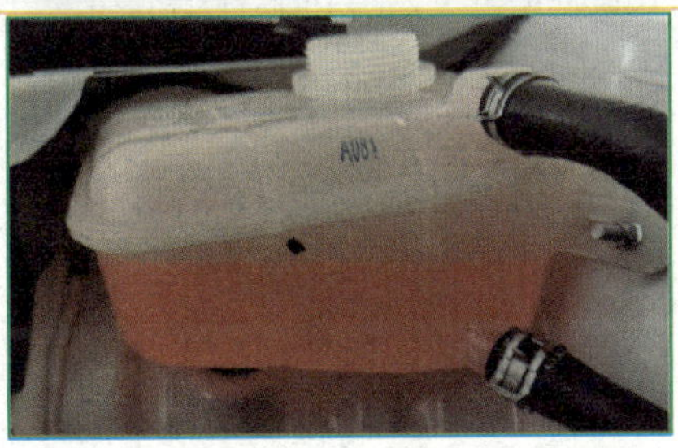
（六）消码及恢复车辆		
（七）按照 5S 管理标准进行整理		

原理讲解

1. 电池包组成介绍

电池包组成如图 2-10-1 所示，主要由电池组、MSD、CSC、BMS、PRA 等组件组成。

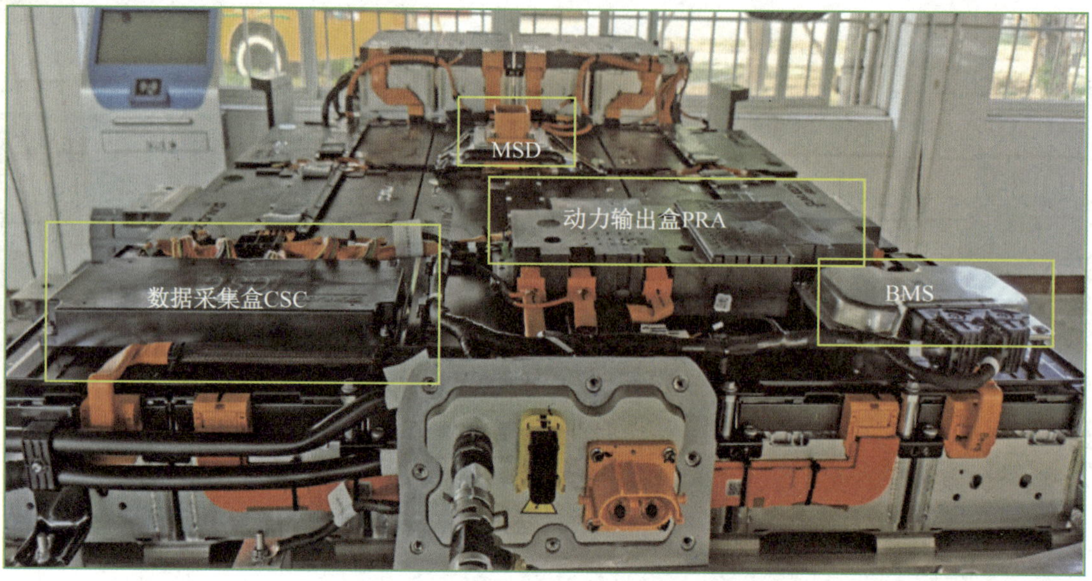

图 2-10-1 电池包组成

（1）电池组。

由多块电池串联后形成电池箱体，电池箱体串联后成为电池组。

（2）MSD（手动维修开关）。

在电池组的中部串联一个大熔断器，此熔断器称为手动维修开关，主要用于检修电池包断开串联时的电池包电路，保证维修人员操作安全。

（3）CSC（数据采集盒）。

采集每块电芯的电压数据及每箱电池的多点温度，并将数据传输给 BMS。

（4）BMS（电池管理系统）。

处理电池包的各种数据，并与电池包外控制模块构成通信，实现高压上电、充电等操作。

（5）PRA（动力输出组件）。

控制串联后电池正、负极的输出。

2. PRA 组成介绍

PRA 的组成如图 2-10-2 所示，PRA 主要由继电器及电阻组成。

（1）主正继电器。

工作后触点闭合，接通电池包正极与车辆高压用电负载正极。

（2）主负继电器。

工作后触点闭合，接通电池包负极与车辆高压用电负载负极。

（3）预充继电器。

其触点与预充电阻串联后再与主正继电器触点并联，主要用于启动高压上电时的预充电，防止高压电路瞬间接合产生的脉冲高压冲击，保护用电负载。

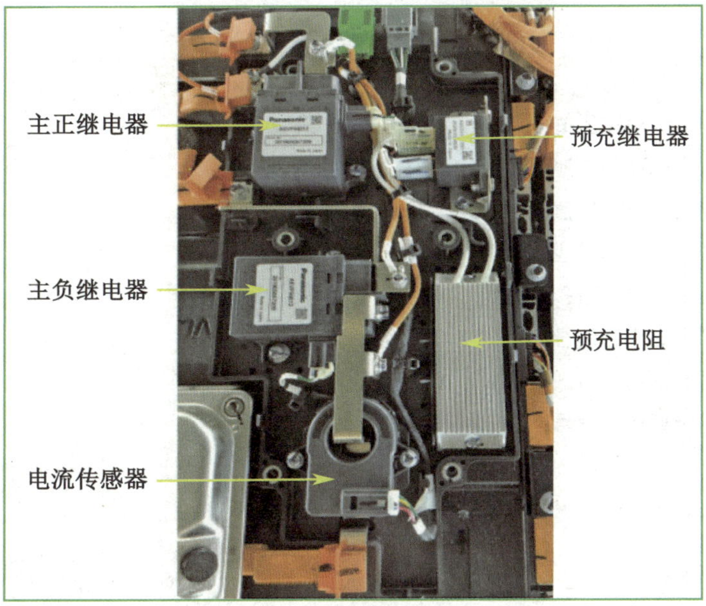

图 2-10-2　PRA 的组成

（4）电流传感器。

非接触式传感器，用于监测高压电路的用电负载。

工作页

内容	现象及数据记录	结果判断
（一）准备		
VCM 安全确认	读取 VCM 故障码，是否存在以下故障代码： □主正继电器黏结 □主负继电器黏结 □主正、主负继电器同时黏结	车辆是否存在漏电风险： □是 □否 □在拆装过程中还需进一步检查
BMS 安全确认	读取 BMS 故障码，是否存在以下故障代码： □正极绝缘故障 □负极绝缘故障	
MCU 安全确认	关闭点火开后，读取 MCU 数据流。 输入高压值：___________ V	
（二）数据测量		
PRA 检查	主正继电器电阻值：_________Ω。 主负继电器电阻值：_________Ω。 预充继电器电阻值：_________Ω。 预充电阻阻值：_________Ω。 为各继电器线圈单独进行 12V 供电，检查触点接触情况	存在故障的元件： □主正继电器 □主负继电器 □预充继电器 □预充电阻

续表

内容	现象及数据记录	结果判断
电池检查	各箱电池最高电压值：________V。 各箱最高电压的电池编号：________#。 各箱电池最低电压值：________V。 各箱最低电压的电池编号：________#。 各电芯最高电压值：________V。 各电芯最高电压编号：________#。 各电芯最低电压值：________V。 各电芯最低电压编号：________#	最高电压是否超过上限： □是 □否 压差是否超过上限： □是 □否
（三）排气		
	排气用时：__________min	动作测试： □无效 □选择数值不合理 □选择快慢搭配不合理

任务十一 电机拆检

目前纯电动汽车多数车型的电机一般无须拆检，更有要求不得拆检转子与定子，并且各维修服务站的条件也较为有限，拆装后难以恢复电机性能。但有的电机与控制器做成一体后，电机上的弦变信号检测需拆除电机尾盖，且电机三相绕组也需拆除尾盖才能进行检测。在有配件供应情况下，与厂家沟通后，可对电机进行一定程度的拆检，本任务主要针对电机更换与拆检进行学习与练习。

学习内容

（1）电机工作原理。

（2）快速更换电机的方法。

（3）电机核心信号检测。

（4）更换电机后的排气方法。

教学用具

S50EVB 车辆 2 台，新能源汽车专用工具 2 套，诊断仪 2 台，绝缘表 2 块，毫欧表 2 块，万用表 2 块，电池包举升机（或变速器拆卸平台）1 台，绝缘防护用品及工具 2 套。

学习目标

（1）通过操作练习，填写相关工作页，掌握规范拆换电机的工作要点。

（2）会应用排气的基本方法。

（3）强化“四不原则”。

学习建议

（1）课前预习后安排小组分工，在课上进行实践操作。

（2）为保证学习时维修思路的完整性与连贯性，此故障不再进行子任务分解，学习时可根据实际进度及选修情况，分阶段操作练习，特别是电机从车上拆卸的过程。

（3）半轴螺母建议用气动扳手拆卸，减少工作量。

（4）可利用电池包举升机作为电机总成的平台，不但可熟悉电池包举升机的使用，而且安全、可靠、方便。

（5）在设备能充分保证每个工位可容纳 4～6 人的情况下建议授课 16 课时，其他情况建议授课 32 课时。

操作练习

内容	操作	参考图片
（一）准备		
1．读取 VCM 及 BMS，确定主正、主负继电器是否存在黏结故障。 2．关闭点火开关后，读取 MCU 数据流，确定 MCU 电压在安全电压范围内。 3．必须全程穿戴安全防护用具进行操作		
（二）拆检		
高、低压断电	解锁发动机舱盖	
	开启发动机舱盖	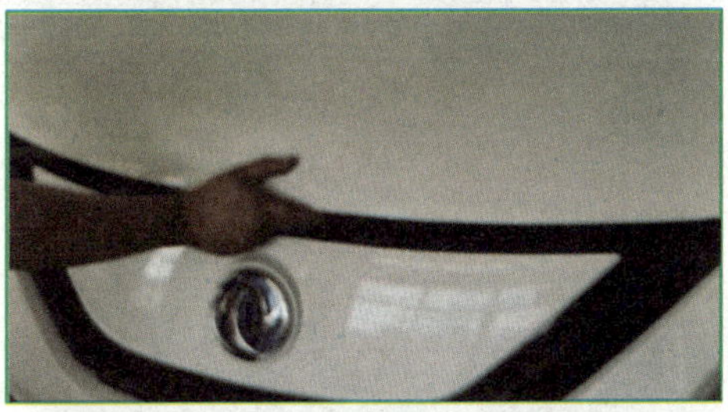
	拆除防尘盖上的塑料扣及固定螺栓，拆除防尘盖	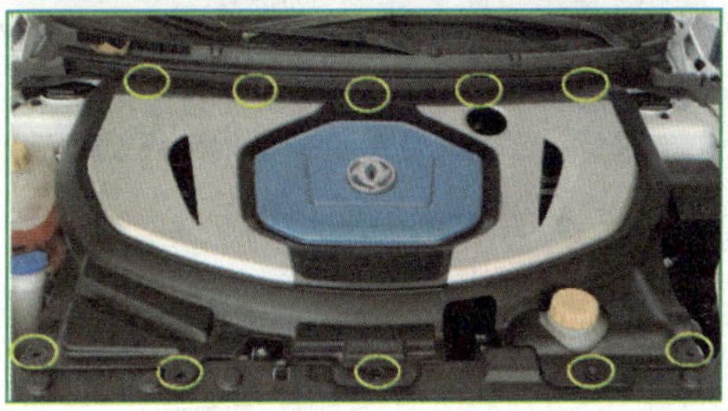

续表

内容	操作	参考图片
高、低压断电	拆下蓄电池负极，并静待 10min	
	揭开后排地板盖板，取出海绵垫	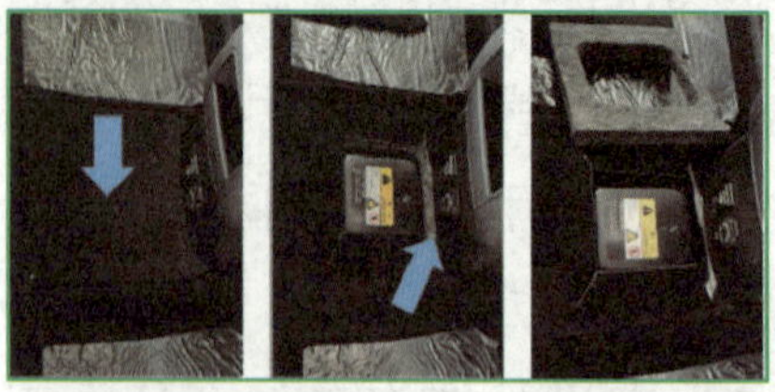
	拆除维修开关保护盖四周螺栓。 撬开维修开关保护盖。 拔出维修开关并放置到专用位置，保证只有维修人员才能取用	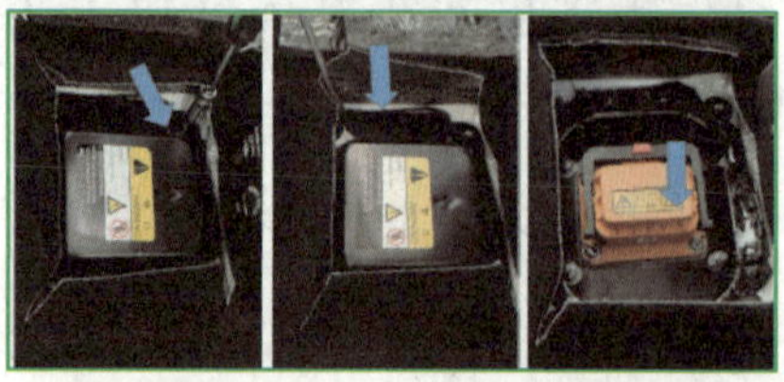
发动机舱低压附件拆除	拆除三合一搭铁线及线束固定扣	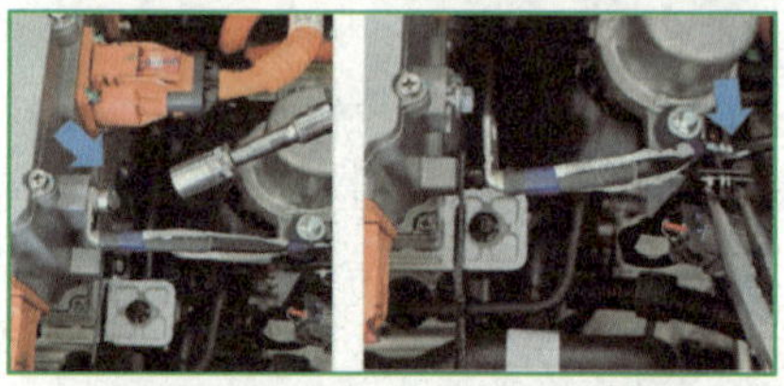
	拆开真空助力电泵插座	
	在发动机舱配电盒上拆除 DC-DC 电池线	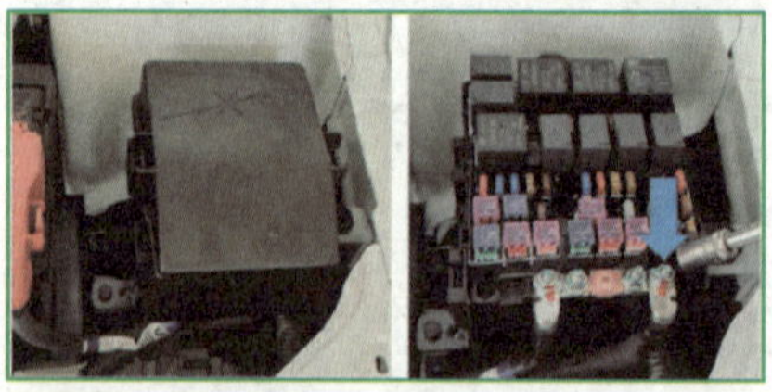
	分离车身前部与发动机舱线束	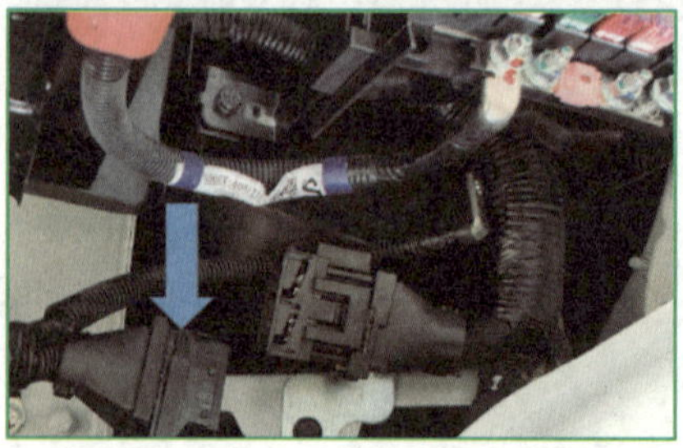

续表

内容	操作	参考图片
发动机舱低压附件拆除	拔除空调低压插座	
	拆除电机及电机控制器搭铁线	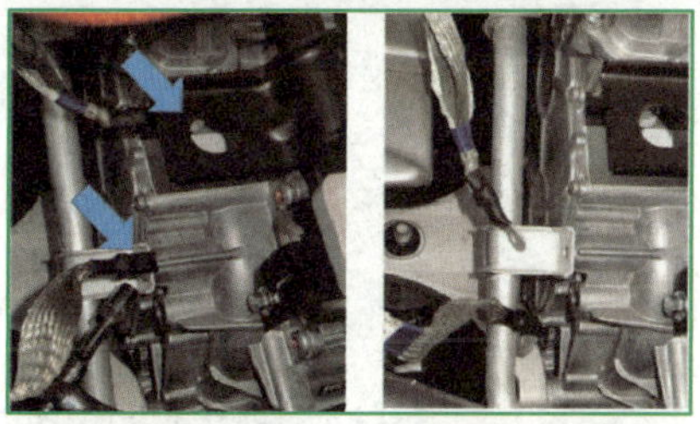
发动机舱高压附件拆除	从三合一上拆下进电母线、暖风 PTC、电池包 PTC 高压线束	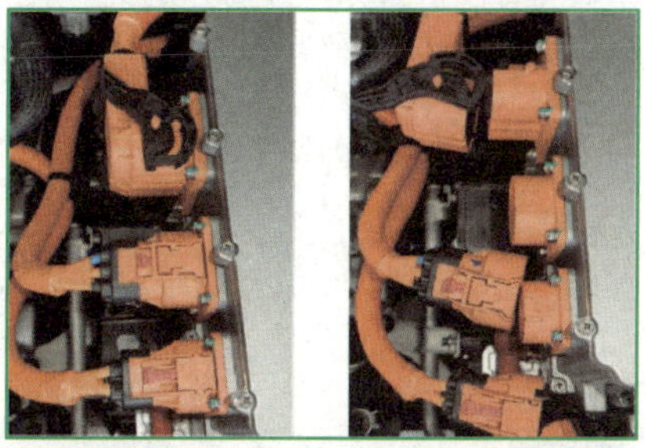
	释放快充线束与慢充线束固定扣，在三合一上拆开快充与慢充高压线束	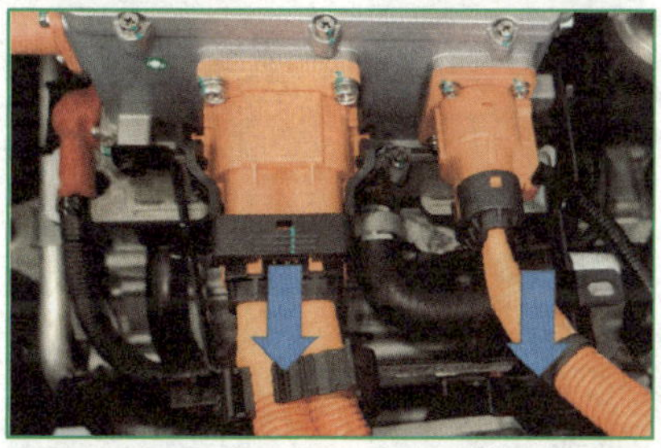 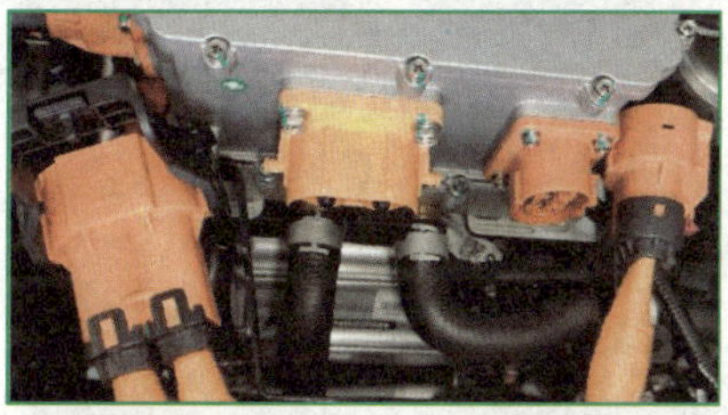
	在三合一上拆开空调高压线束与电机控制器线束	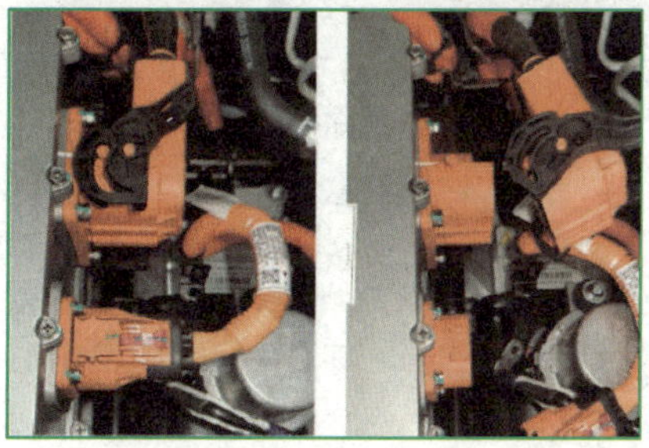

续表

内容	操作	参考图片
转向器连接拆除	在驾驶室内拆除转向轴锁紧螺栓	
轮胎拆除及半轴锁止释放	拆除左右前轮的轮胎螺母保护套后，放松轮胎螺母	
	举升车辆至合适位置，拆下左右轮胎	
	拆除半轴螺母的锁销	
	拆除半轴螺母。 注意： 有条件的建议应用气动扳手拆除半轴螺母	

续表

内容	操作	参考图片
	选择好支承点，举升车辆	
放水	拆除底盘挡泥板固定扣及螺栓，取下挡泥板	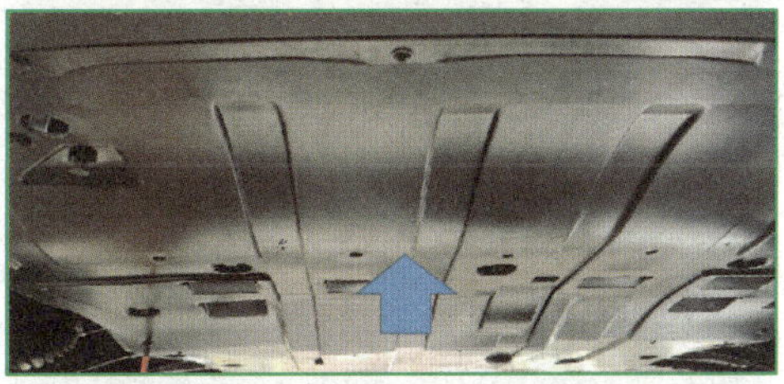 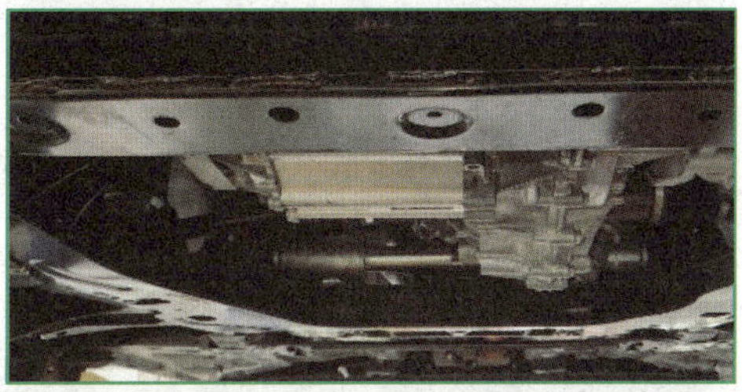
	拆除电机下部水管卡箍，分离水管，用容器盛装排放的动力系统冷却液	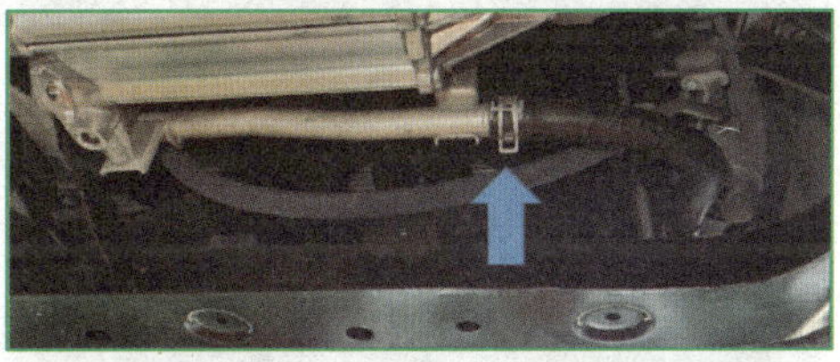 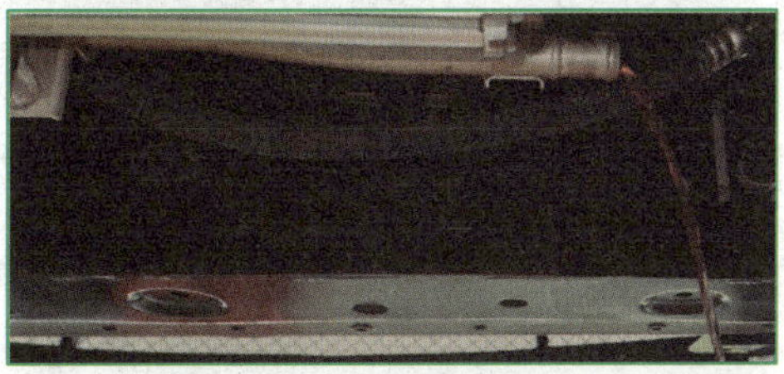
底盘连接拆除	拆除并分离转向横拉杆及垂直稳定杆固定螺栓（一）	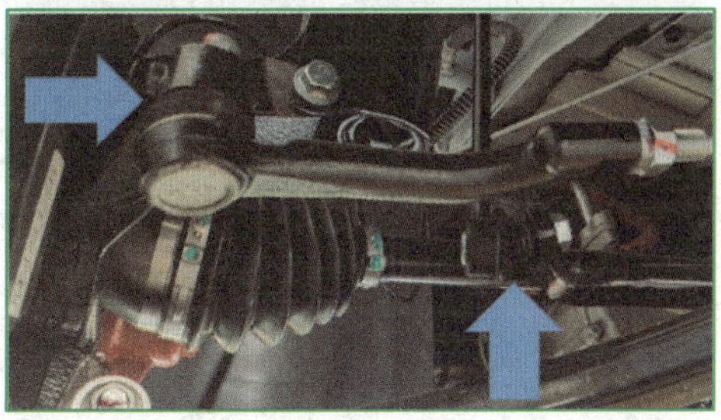

续表

内容	操作	参考图片
底盘连接拆除	拆除并分离转向横拉杆及垂直稳定杆固定螺栓（二）	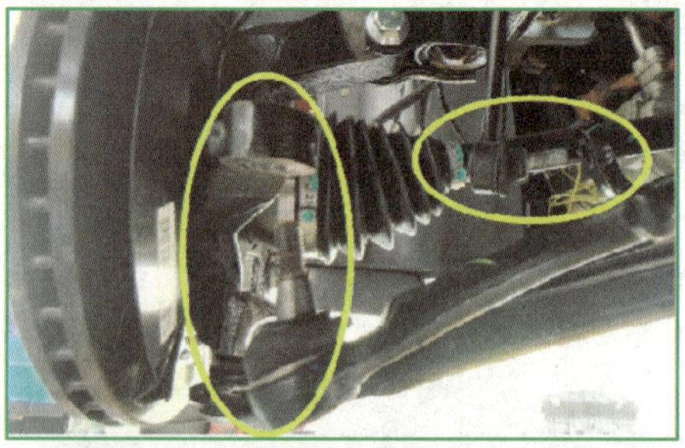
	拆除下摆固定螺栓，并分离下摆臂	
压缩机连接分离	用绳索等柔性物将压缩机固定在车架上，拆除压缩机固定螺栓	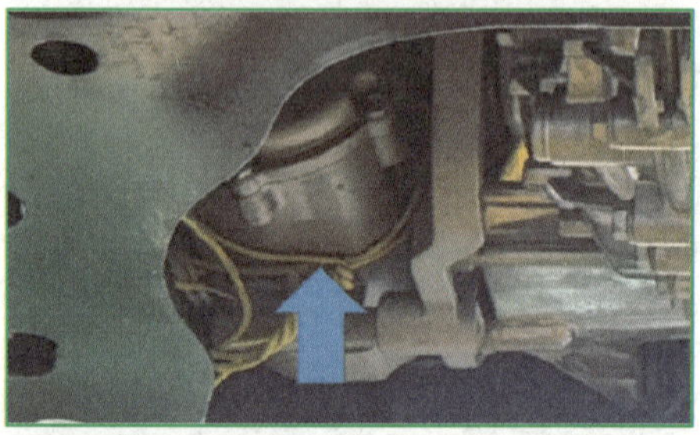
支架固定螺栓拆除	应用电池举升机均匀贴合在电机机架上（注意留出固定螺栓的拆卸空间）。 拆卸支架固定螺栓	
拆除电机总成	慢放电池举升机。 注意半轴与制动盘的分离情况，必要时可用锤子、铜棒敲打，帮助分离	
弦变及温度信号检测	拆除电机总成后盖，拔出弦变信号插座	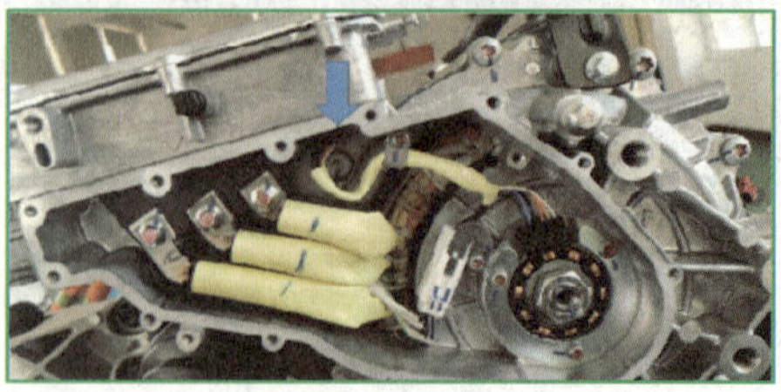

续表

内容	操作	参考图片
弦变及温度信号检测	测量正弦信号线圈电阻值。 参考数据： 正弦信号线圈电阻值为 38.4Ω	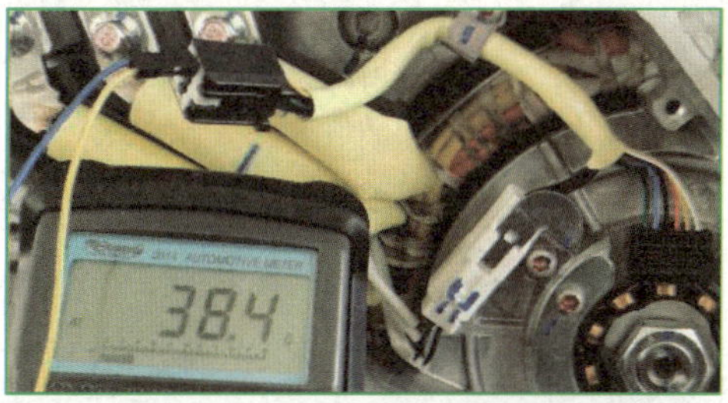
	测量余弦信号线圈电阻值。 参考数据： 余弦信号线圈电阻值为 43.9Ω	
	测量激磁信号线圈电阻值。 参考数据： 激磁信号线圈电阻值为 15.7Ω	
	测量电机温度信号传感器 1 电阻值。 参考数据： 电机温度信号传感器 1 电阻值为 79.8kΩ	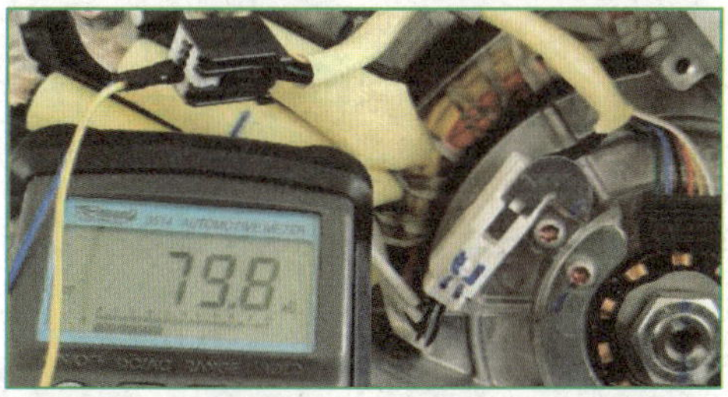
	测量电机温度信号传感器 2 电阻值。 参考数据： 电机温度信号传感器 2 电阻值为 79.9kΩ	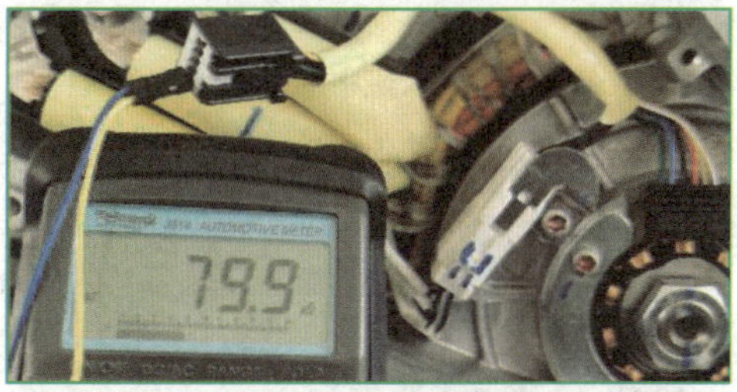
电机三相绕组检测	拆开电机三相绕组固定螺栓	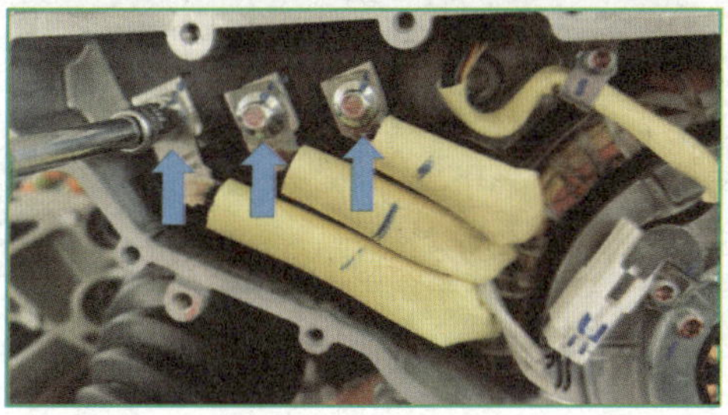

续表

内容	操作	参考图片
三相绕组检测	应用毫欧表分别测量电机绕组 U-V、U-W、V-W 之间的电阻值。 参考数据： 电阻值为 0.032Ω（32mΩ）	
	应用兆欧表分别测量电机绕组的 U、V、W 三相抽头与壳体搭铁之间绝缘情况。 参考数据： 电阻值为 11.0GΩ	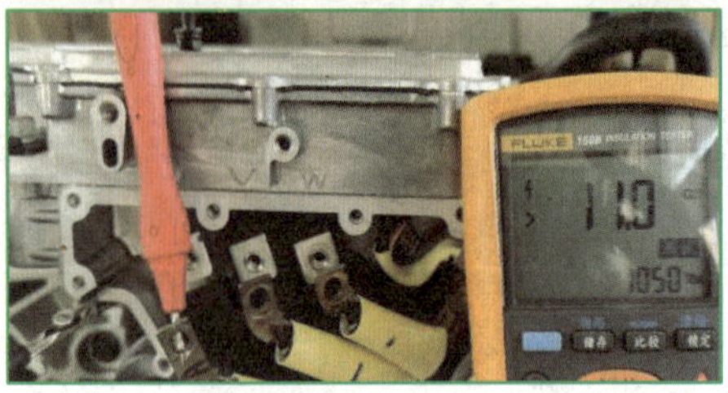
（三）换件		
（四）装配		
更换有故障的配件后，按相反顺序装配电机总成至车上		
（五）排气		
	补充冷却液至合理范围	
	打开点火开关，进入 VCM 动作测试功能，选择“驱动系统冷却循环水泵”。 功能初设为 50%，同时注意及时补充冷却液，以防吸入空气，造成排气时间过长	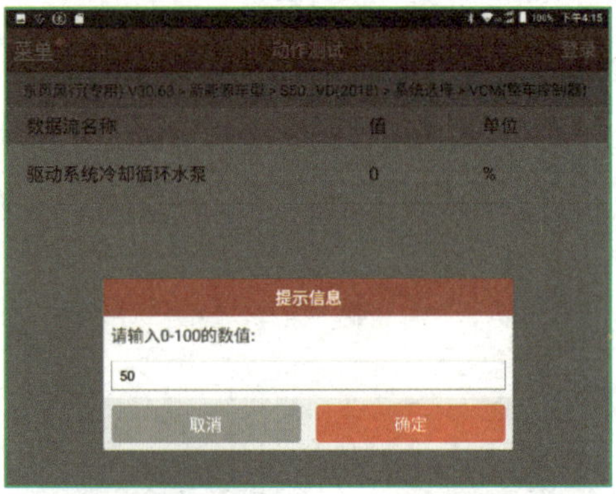
	以 50%运转约 2～3min 后，观察驱动系统冷却循环水壶中的循环水是否顺畅，且无断流现象。 动作测试功能设置值修改为 30%、90%等，在低、高速状态下再次检查循环水是否顺畅，且无断流现象。若有断流现象可反复检查几次，直至正常	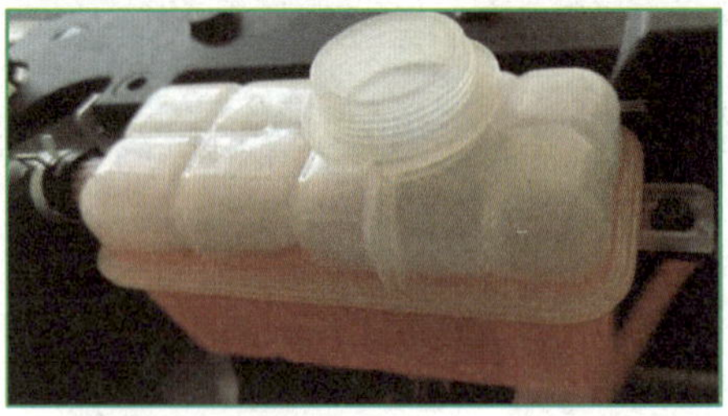
（六）消码及恢复车辆		
（七）按照 5S 管理标准进行整理		

原理讲解

1. 电机工作基本原理

电机工作原理如图 2-11-1 所示。

（1）电机控制器按照一定相序输出三相交流电时，在电机的定子上就产生了变化磁场，效果相当于一个绕电机轴旋转的磁场。

（2）电机转子由永久磁铁制成。

（3）旋转的电磁场推动永久磁铁转动。

（4）电流大小及方向的变化影响着电机扭矩方向及大小，从而满足汽车在不同状态下的使用需求。

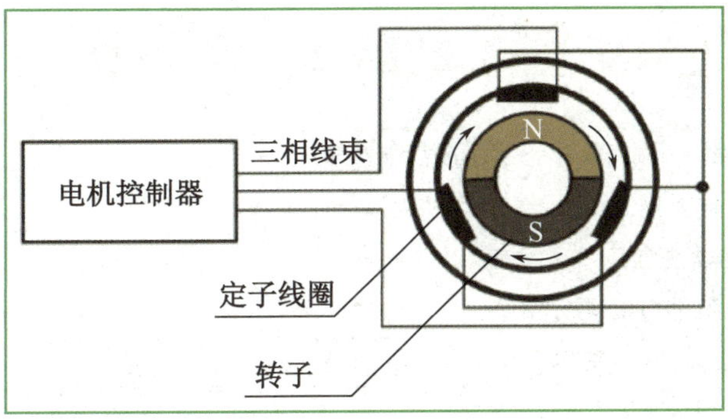

图 2-11-1　电机工作原理

2．电机控制总成电路原理

电机控制原理如图 2-11-2 所示。

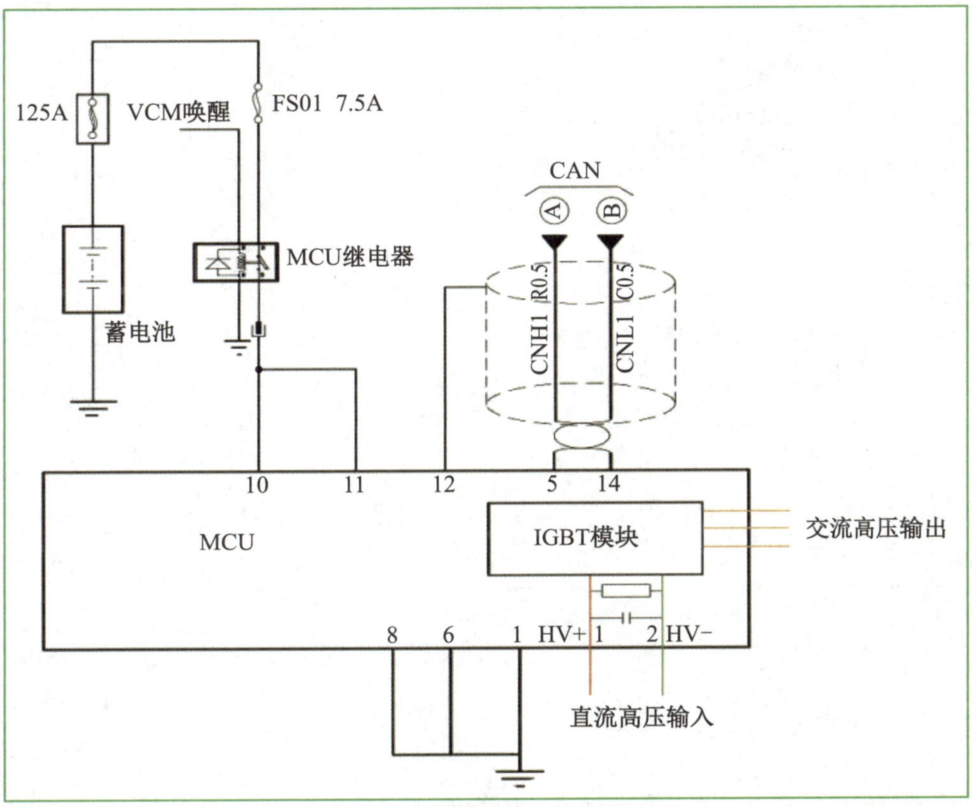

图 2-11-2　电机控制原理

（1）打开点火开关后，VCM 受 IG 唤醒工作（或插枪后受 CC 唤醒工作）。

（2）VCM 通过唤醒硬线控制 MCU 继电器通电工作，其触点闭合，电源送至 MCU 10#、

11#端子。

（3）MCU 获得电源后，开始自检等工作。

（4）驾驶员踩下油门踏板后，VCM 将收集到的加速信号通过 CAN 线传递给 MCU，MCU 根据需求改变电机三相电流大小及方向，从而实现行驶需求。

工作页

内容	现象及数据记录	结果判断
（一）准备		
VCM 安全确认	读取 VCM 故障码，查看是否存在以下故障代码： □主正继电器黏结 □主负继电器黏结 □主正、主负继电器同时黏结	车辆是否存在漏电风险： □是 □否 □在拆装过程中还需进一步检查
BMS 安全确认	读取 BMS 故障码，查看是否存在以下故障代码： □正极绝缘故障 □负极绝缘故障	
MCU 安全确认	关闭点火开后，读取 MCU 数据流。 输入高压值：__________ V	
（二）数据测量		
弦变信号检查	正弦信号线圈电阻值：________Ω。 余弦信号线圈电阻值：________Ω。 激磁信号线圈电阻值：________Ω	存在故障的弦变信号： □正弦 □余弦 □激磁
电机温度传感器检查	电机温度传感器 1 电阻值：________Ω. 电机温度传感器 2 电阻值：________Ω	存在故障的温度传感器： □温度 1 □温度 2
三相绕组检查	U-V 电阻值：_____ mΩ。 V-W 电阻值：_____ mΩ。 W-U 电阻值：_____ mΩ。 U-壳体电阻值：______ Ω。 V-壳体电阻值：______ Ω。 W-壳体电阻值：______ Ω	三相绕组之间存在内部击穿： □是 □否 三相绕组绝缘状态： □正常 □异常
（三）排气		
	排气用时：__________min	动作测试： □无效 □选择数值不合理 □选择快慢搭配不合理

3

第三篇

活页教材篇——宝骏E100

宝骏 E100 车型（下文简称“E100 车型”）是由上汽通用五菱汽车股份有限公司研制的城市小精灵乘用车，目前该系列产品还有 E200、E300、MINI 宏光等车型，其中，E100 车型的市场保有量在同类车型中占比较大，MINI 宏光车型的市场保有量呈逐年上升的趋势，该系列产品的控制逻辑基本相同，本章以 E100 车型为主进行介绍。

相应学习要求与风行景逸 S50EVB 车型（下文简称“S50EVB 车型”）相同。

任务一　整车认识

子任务 1　高压组件认识

学习建议

建议参阅 S50EVB 车型进行学习。

原理讲解

1. 组成及作用

E100 车型高压系统组成如图 3-1-1 所示。

（1）动力蓄电池（HV BAT）。

安装于汽车底盘，相当于燃油车的油箱位置。

（2）高压配电盒（又称高压配电箱）（PDU）。

高压电送至高压配电盒，再向各个高压电使用终端输送。

（3）电机控制器（MCU）。

根据车辆行驶需求，将高压配电盒输送过来的直流高压电转变为交流高压电向驱动电机输送。

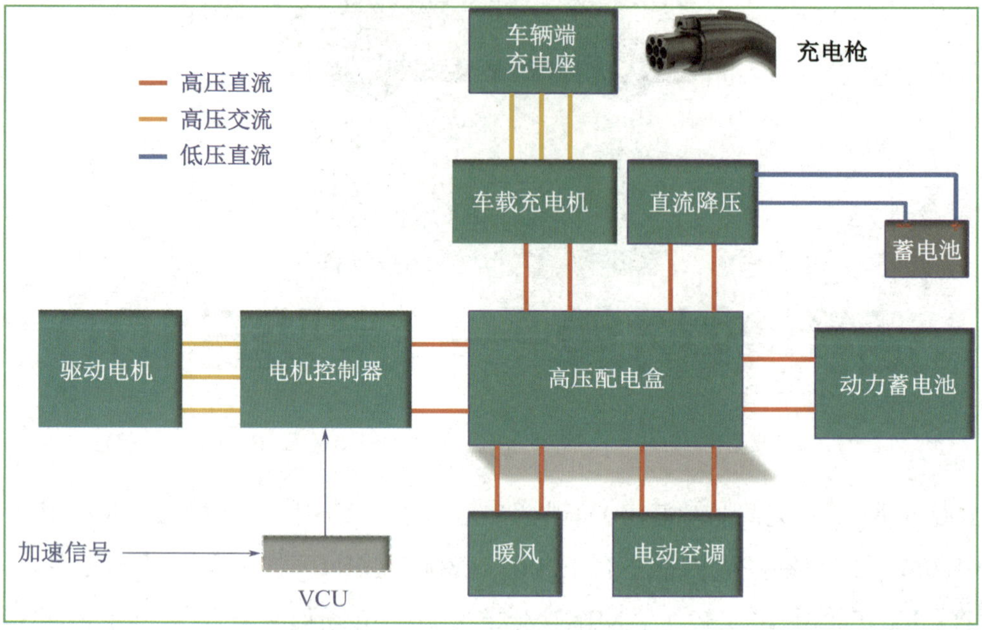

图 3-1-1　E100 车型高压系统组成

（4）驱动电机（MOTO）。

永磁交流同步电机，根据电机控制器的电流驱动电机轴按要求转动，再通过减速机构驱动半轴转动，从而驱动车轮转动。

（5）直流降压装置（DC-DC）。

将高压配电盒的高压直流电转变为低压（14V）直流电，对全车低压用电设备进行供电，相当于燃油车的发电机。

（6）电动空调（AC）。

将高压配电盒的直流高压电转变为交流高压电，驱动空调压缩机旋转工作，保证制冷循环。

（7）暖风加热器（暖风 PTC）。

高压通电时产生热量，通过风机将加热后的空气送至驾驶室内，获得与燃油车通过发动机热水取暖相同的效果。

（8）车载充电机（OBC）。

插枪充电时，将民用交流电（220V）转变为接近车辆直流高压电池的电压（标称电压为110～135V），通过高压配电盒对车辆高压电池包进行充电。

2. 组件识别

E100 车型高压系统如图 3-1-2 所示，主要采取分布式设计方式，其实车布置图如图 3-1-3 所示，其中的橙色电缆连接的元件均为高压元件。

（1）交、直流充电线束的区别。

较粗的电缆为直流充电线束，充电时电流大，并且在充电口盖上也有标识，交、直流充电口均为国家标准规格。一般只配备交流充电口，除非客户在购车时定制直流充电口。

（2）OBC 识别。

交流充电线束连通的高压元件即为 OBC。

（3）DC-DC 识别。

高压元件中有一根较粗直径的低压线连接至蓄电池正极，或者连接至发动机舱配电盒正极后经大熔断器再连接至蓄电池正极，此高压元件为 DC-DC 元件。

（4）PDU 识别。

从底盘引出的高压线连接其本身，且含有较多高压插接器的高压元件即为 PDU。

（5）AC 识别。

带有空调高低管路的高压元件即为 AC。

（6）暖风 PTC 识别。

高压线直接穿过防火墙连接的高压元件即为暖风 PTC。

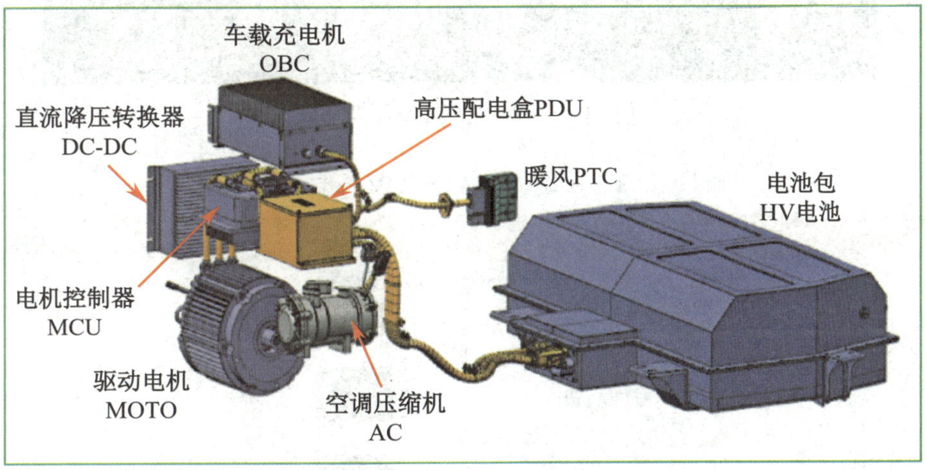

图 3-1-2　E100 车型高压系统

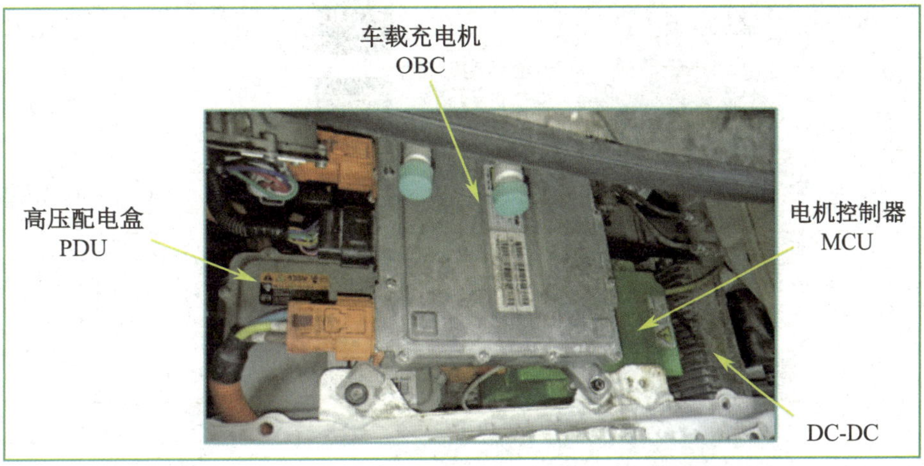

图 3-1-3　E100 车型高压系统实车布置图

3. 仪表认识

目前的汽车电子化程度较高，各控制系统几乎都采用了电子控制，即通过各个控制模块对车辆工作状况进行监测，当某个系统出现问题时，通过仪表的指示灯向驾驶员示警。由于新能源汽车的动力系统与燃油车不同，而汽车仪表指示灯的设计一般由动力系统中比较有代表性的元件（或比较形象的图标）来表示。因此通过认识仪表可以基本了解汽车的配置及功能特点，E100 车型仪表如图 3-1-4 所示，E100 车型主要仪表指示灯含义如表 3-1-1 所示。

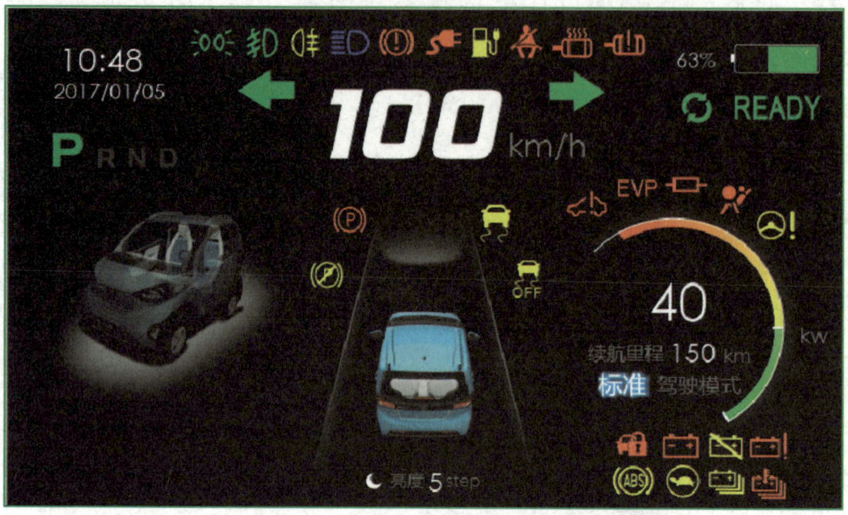

图 3-1-4　E100 车型仪表

表 3-1-1　E100 车型主要仪表指示灯含义

图标	内容	图标	内容
	充电连接指示灯		充电状态指示灯
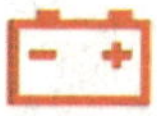	12V 蓄电池充电指示灯		系统就绪指示灯
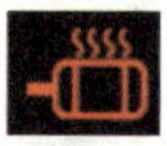	电机过热指示灯		电机系统故障指示灯
	整车故障指示灯		真空泵故障指示灯
	防盗指示灯		高压截断指示灯
	电池故障指示灯		动力电池温度异常指示灯
	动力电池电量不足指示灯		限功率指示灯
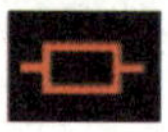	高压绝缘故障指示灯		能量回收指示灯

工作页

针对实车识别以下高压组件。

①进电高压母线；②空调压缩机（AC）；③交流充电座；④暖风加热器（暖风 PTC）；⑤车载充电机（OBC）⑥直流转换器（DC-DC）；⑦电机控制器（MCU）。

子任务 2　高压上电操作及鉴别

学习建议

建议参阅 S50EVB 车型进行学习。

原理讲解

踩下制动踏板，将点火开关转到相应挡位（多数为 ST 挡）1～2s，车辆的整车控制模块检测到驾驶员意图后，控制电池包内部低压电路工作，最终稳定接通电池包内部与外部的高压电路，仪表上的系统准备就绪灯点亮后，驾驶员挂挡、加速即可行车。

高压配电原理图如图 3-1-5 所示，接通电池包内部与外部正极高压电路的继电器称为主正继电器，主正继电器触点两端分别接通内部与外部的正极高压电路，继电器线圈由低压电路控制。

接通电池包内部与外部负极高压电路的继电器称为主负继电器，主负继电器触点两端分别接通内部与外部的负极高压电路，继电器线圈由低压电路控制。

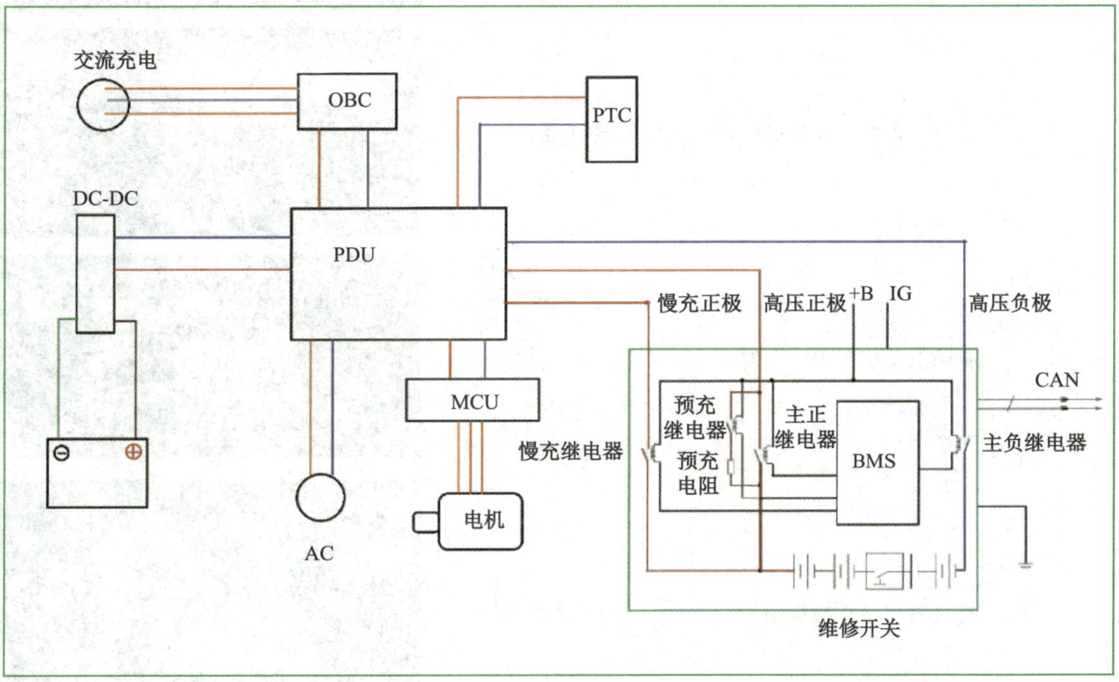

图 3-1-5　高压配电原理图

操作练习

内容	操作	参考图片
（一）准备	安装车内外护套及车轮挡块	
（二）点火开关ACC挡状态识别	不踩制动踏板，将点火开关转到ACC挡（若车辆为PEPS版，则只需短按启动按钮1次），观察仪表上的指示灯及挡位灯的指示状态，音响、点烟器等辅助设备应可工作。 将挡位开关转到充电挡（P挡）或空挡（N挡）	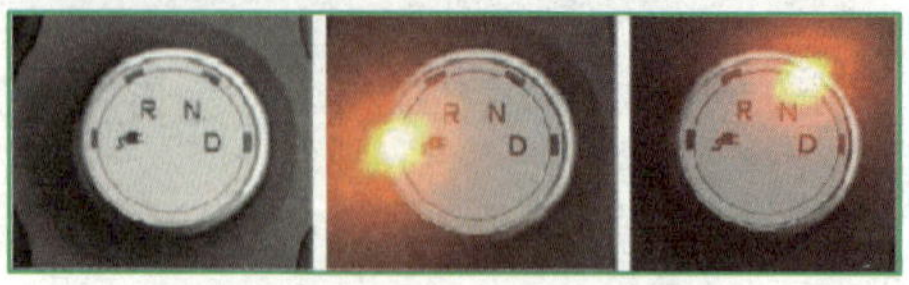
	在驾驶室中解锁发动机舱盖	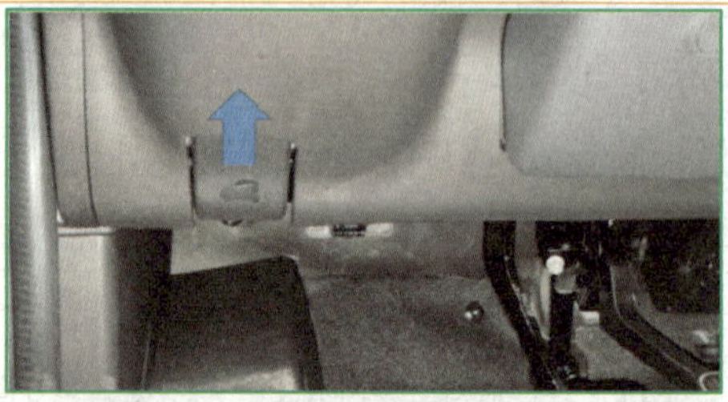
	在发动机舱盖前方再次解锁	
	从发动机舱盖缝隙处解锁发动机舱盖锁扣	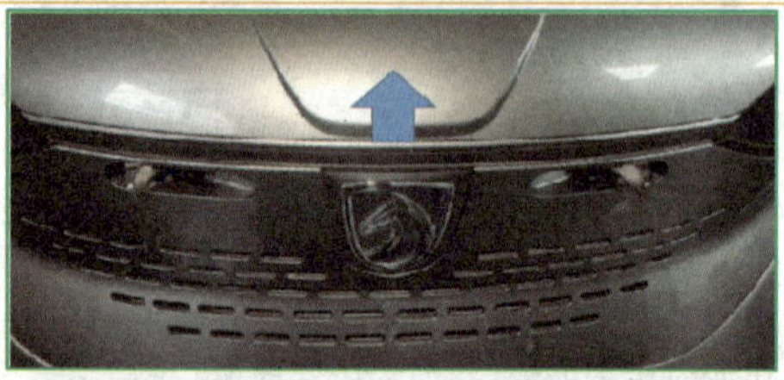
	拆除发动机舱盖	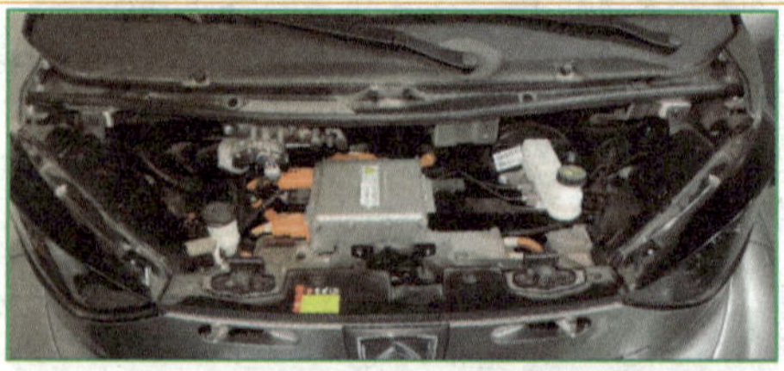
	打开蓄电池正极保险盖	

续表

内容	操作	参考图片
（二）点火开关 ACC 挡状态识别	测量蓄电池电压作为判断故障的基准	
（三）点火开关 ON 挡状态识别	不踩制动踏板，将点火开关转到 ON 挡（若车辆为 PEPS 版，则需短按启动按钮 2 次），观察仪表上各背景灯及指示灯的点亮状态。 注意： 此车较为特殊，ON 挡的仪表状态与 ACC 挡的仪表状态相同	
（四）启动后状态识别	将点火开关转到 ON 挡，踩下制动踏板（若车辆为 PEPS 版，则需长按启动按钮约 2s），观察仪表状态，同时要注意在启动瞬间底盘部位是否有“嘀嗒”响声。 READY 灯点亮表示车辆已处于高压上电状态	
	测量发动机舱辅助蓄电池电压	
（五）充电状态识别	关闭点火开关后，按下驾驶员侧门上的充电按钮即可打开车前方的充电口盖	
	插入充电枪为车辆充电	
	仪表充电状态指示灯点亮，说明车辆正在充电	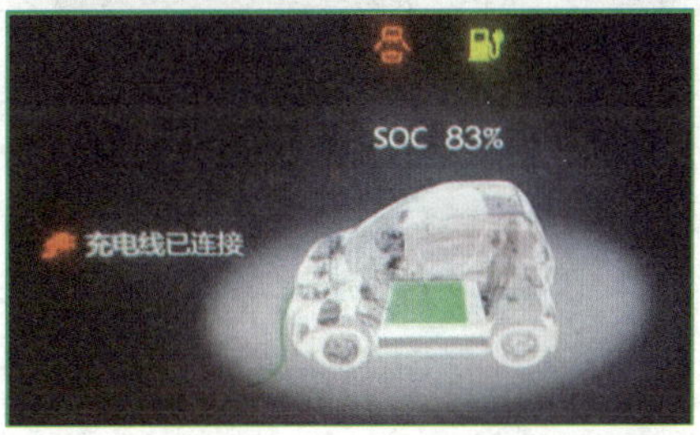

续表

内容	操作	参考图片
（五）充电状态识别	测量发动机舱辅助蓄电池电压。 说明： 虽然关闭了点火开关，但车辆也已经高压上电，因为 DC-DC 已经工作	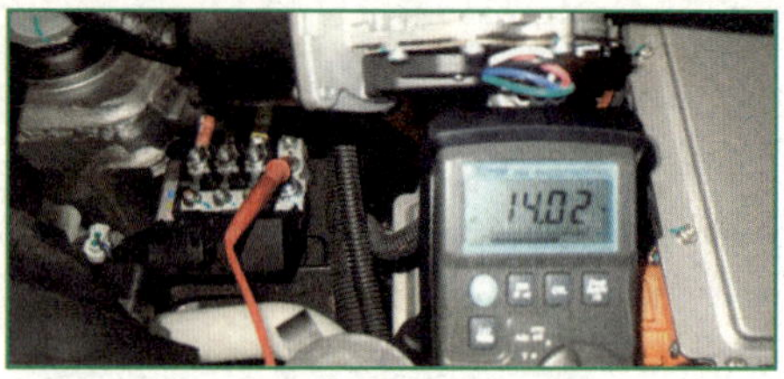

工作页

内容	现象及数据记录	结果判断
（一）点火开关 ACC 挡状态识别	不踩制动踏板，将点火开关转到 ACC 挡。 音响是否能工作： □是　　□否 发动机舱辅助蓄电池电压值：__________V	车辆是否高压上电： □是 □否
（二）点火开关 ON 挡状态识别	不踩制动踏板，将点火开关转到 ON 挡。 仪表上的背景灯是否点亮： □是　　□否 辅助蓄电池指示灯是否点亮： □是　　□否 发动机舱辅助蓄电池电压值：__________V。 开启空调，检查空调是否能制冷： □是　　□否	车辆是否高压上电： □是 □否
（三）启动后状态识别	踩下制动踏板瞬间，底盘部位是否有“嘀嗒”响声： □是　　□否 READY 灯是否点亮： □是　　□否 车外日间行车灯是否已点亮（高配车型）： □是　　□否 发动机舱辅助蓄电池电压值：__________V。 开启空调，检查空调是否能制冷： □是　　□否 踩下制动踏板不放松，将挡位旋钮转到 D 挡或 R 挡，仪表挡位显示区域是否对应正常显示挡位： □是　　□否	车辆是否高压上电： □是 □否
（四）充电状态识别	在车辆 READY 灯亮的情况下，插入充电枪为汽车充电瞬间，仪表充电连接指示灯： □亮　　□不亮 充电状态指示灯： □亮　　□不亮 辅助蓄电池指示灯： □点亮后熄灭　　□长亮　　□无变化	车辆是否高压上电： □是 □否

续表

内容	现象及数据记录	结果判断
（四）充电状态识别	关闭点火开关后，再次观察车辆仪表状态。 仪表充电连接指示灯： □保持闪烁状态 □熄灭 □常亮 充电状态指示灯： □熄灭 □常亮 发动机舱辅助蓄电池电压值：__________V。 开启空调，检查空调是否能制冷： □是　　　□否	车辆是否高压上电： □是 □否

任务二　高压互锁故障排查

学习建议

建议参阅 S50EVB 车型进行学习。

操作练习

内容	操作	参考图片
（一）准备		
安装车内外护套及车轮挡块 测量蓄电池电压作为判断故障的基准		
（二）故障现象确认		
仪表现象	打开点火开关，查看仪表状态，检查高压截断指示灯及系统故障指示灯是否都点亮。 踩下制动踏板，进行启动操作，检查车辆是否能启动高压上电	
（三）读取故障码		
读取故障码	连接诊断仪，进入对应车型后，读故障码。 可选择“快速测试”或“系统选择”。 注意： 1.“B110600 高压互锁故障”说明舒适系统高压互锁电路曾经存在故障。 2.“B110700 高压配电盒开启”说明动力系统高压互锁电路曾经存在故障	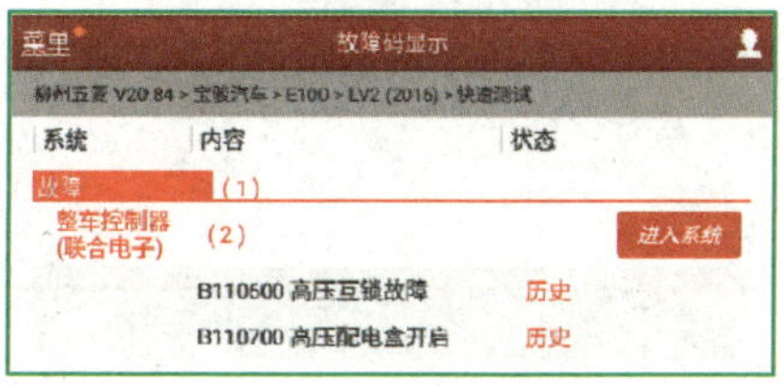

续表

内容	操作	参考图片
（四）读取关键数据流		
读取 VCU（整车控制器）数据流	选择 VCU 模块界面中的“其他”（或“所有数据”）	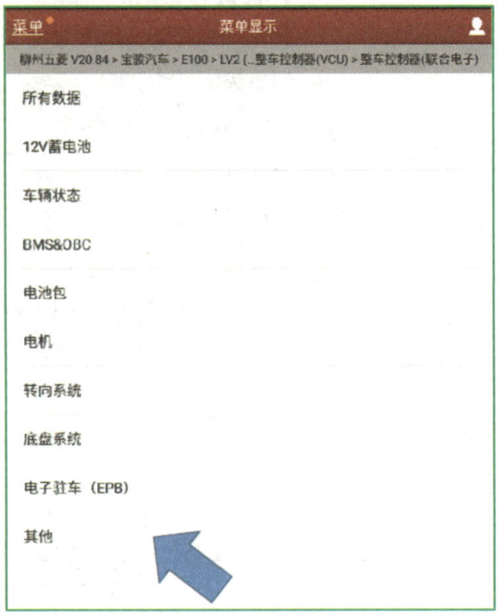
判断故障类型及方向	选择“高压配电箱开启信号”，读取其数据，确认故障最终状态。 1．“开启”说明动力系统高压互锁线路当前存在故障，此类情况下系统故障指示灯一般都会点亮，且不能高压上电。 2．舒适系统的高压互锁即使报了故障码，车辆仍可启动高压上电	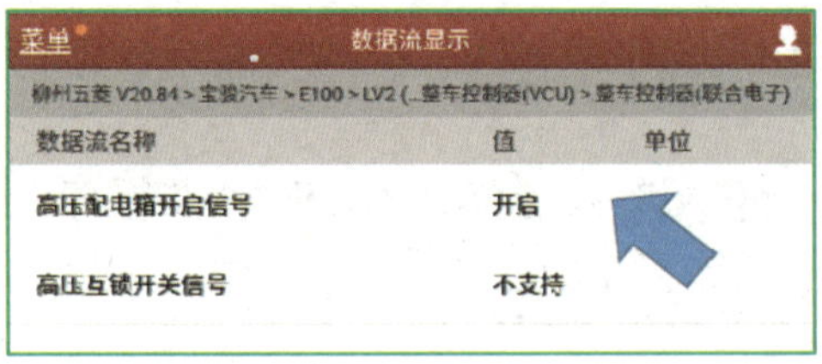
（五）高压互锁电路检测		
动力系统高压互锁检测	打开点火开关，应用背针分别测量 OBC 的 13#、14#端子对地电压与对电源电压，根据数据值判断故障方向，判断方法请参阅原理讲解部分。 参考数据： 1．插座插好的状态下均约为 0V。 2．拔出插座的状态下，14#端子的对地电压约为 10.7V，13#端子的对地电压为 0V，对电源电压为蓄电池电压	

续表

内容	操作	参考图片
动力系统高压互锁检测	应用背针分别测量 DC-DC 的 3#、4#端子对地电压与对电源电压，根据数据值判断故障方向，判断方法请参阅原理讲解部分。 参考数据： 1. 插座插好的状态下均约为 0V。 2. 拔出插座的状态下，4#端子的对地电压约为 10.7V，3#端子的对地电压为 0V，对电源电压为蓄电池电压	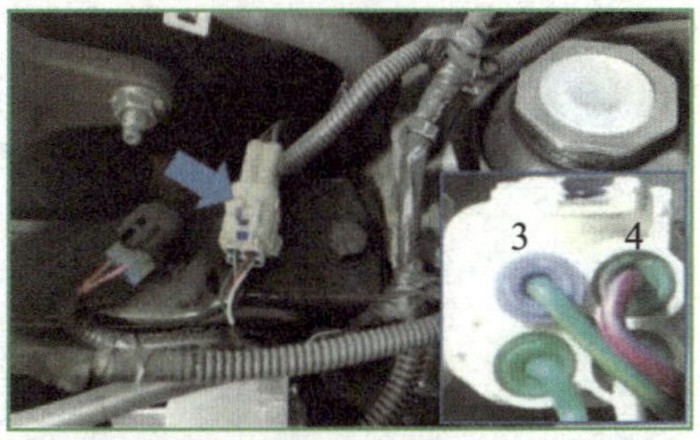
	分离 OBC 上的高、低压插座	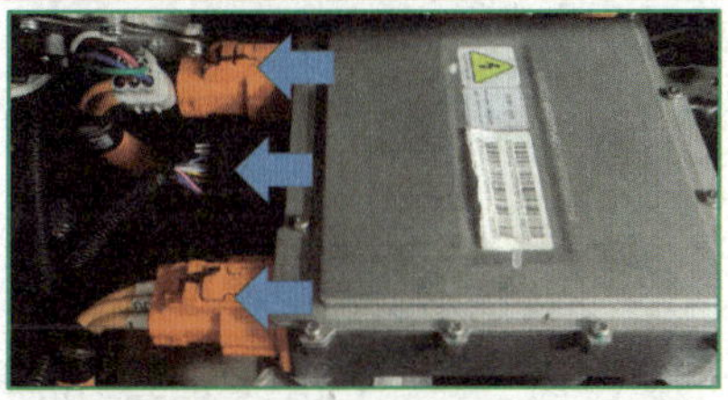
	拆除 OBC	
	应用背针分别测量 PDU 的 5#、6#端子对地电压与对电源电压，根据数据值判断故障方向，判断方法请参阅原理讲解部分。 参考数据： 1. 插座插好的状态下均约为 0V。 2. 拔出插座的状态下，5#端子的对地电压约为 10.7V，6#端子的对地电压为 0V，对电源电压为蓄电池电压。 注意： 右图为新旧款插座对比图	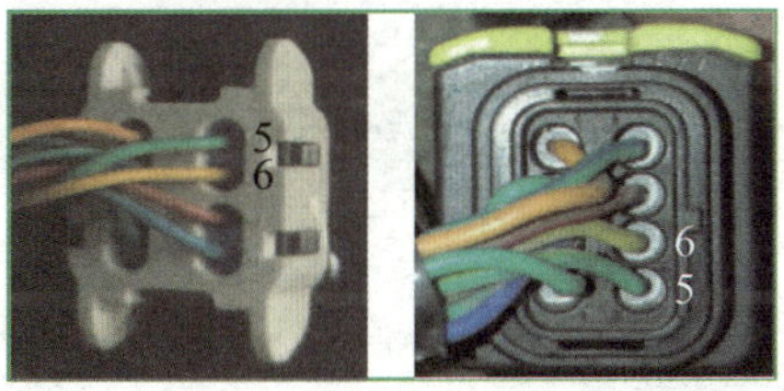
舒适系统高压互锁检测	应用背针分别测量 PTC 插接器的 1#、2#端子对地电压与对电源电压，根据数据值判断故障方向，判断方法请参阅原理讲解部分。 参考数据： 1. 插座插好的状态下均约为 0V。 2. 拔出插座的状态下，2#端子的对地电压约为 10.7V，1#端子的对地电压为 0V，对电源电压为蓄电池电压	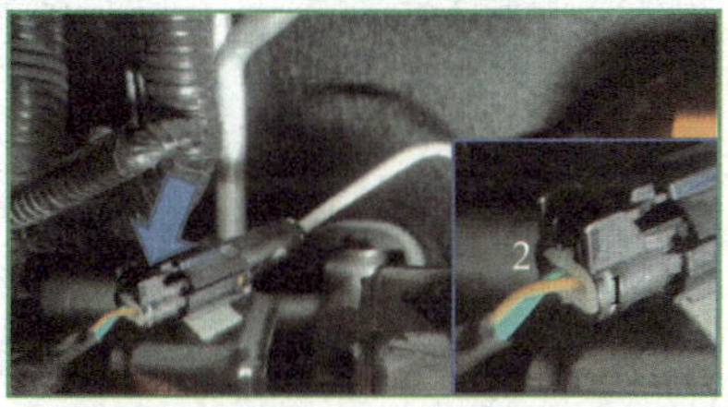
	举升车辆，应用背针分别测量压缩机低压插接器的 2#、6#端子对地电压与对电源电压，根据数据值判断故障方向，判断方法请参阅原理讲解部分。 参考数据： 1. 插座插好的状态下均约为 0V。 2. 拔出插座的状态下，6#端子的对地电压约为 10.7V，2#端子的对地电压为 0V，对电源电压为蓄电池电压	

续表

内容	操作	参考图片
（六）排除故障		
更换故障件或处理相应故障部位		
（七）确认及恢复车辆		
恢复车辆	清除故障码	
	将蓄电池负极断开 10s 后再接上	
确认修复	重新启动高压上电核查	
（八）按照 5S 管理标准进行整理		

原理讲解

1. 高压互锁介绍

请查阅本书 S50EV 车型的高压互锁介绍内容。

2. 常见高压插接器拔插方法

请查阅本书 S50EV 车型的高压互锁插接器拔插方法。

3. 宝骏 E100 车型高压互锁原理

E100 车型高压互锁组成如图 3-2-1 所示。

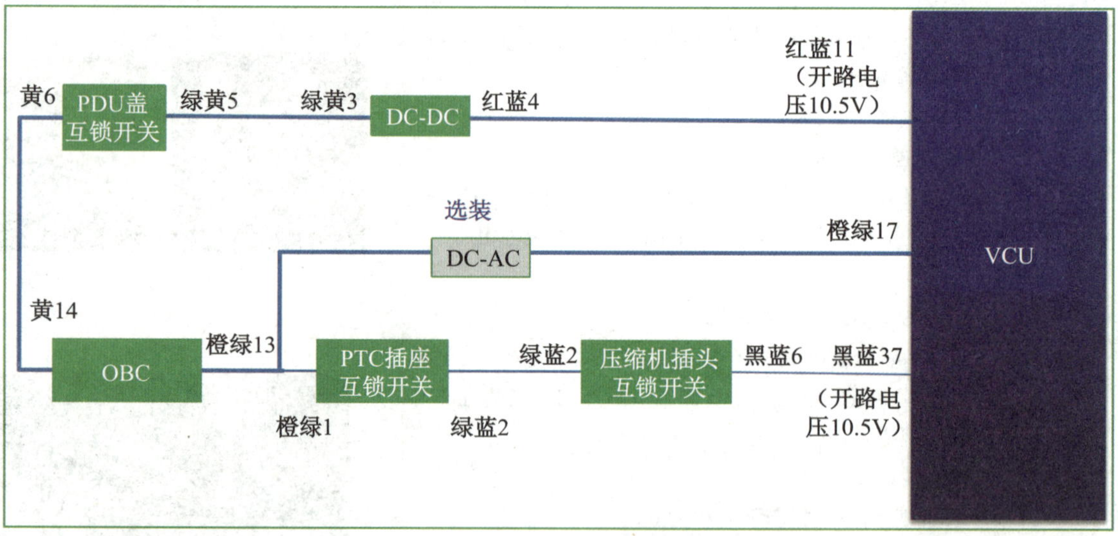

图 3-2-1　E100 车型高压互锁组成

（1）线路一（动力系统高压互锁）。

VCU11#端子向外输送一个高电位，经过 DC-DC、PDU、OBC、DC-AC（选装），再从 17#端子返回，构成闭合回路。

（2）线路二（舒适系统高压互锁）。

VCU37#端子向外输送一个高电位，经过空调压缩机、PTC 插座，再从 17#端子返回，构成闭合回路。

4. 仪表指示特点

当第一套高压互锁出现故障时，仪表同时点亮系统故障指示灯和高压截断指示灯，且踩下制动踏板启动车辆不能进入 READY 状态。

当第二套高压互锁出现故障时，仪表只点亮高压截断指示灯，但踩下制动踏板启动车辆可进入 READY 状态，同时熄灭高压截断指示灯，高压互锁故障仪表指示如图 3-2-2 所示。

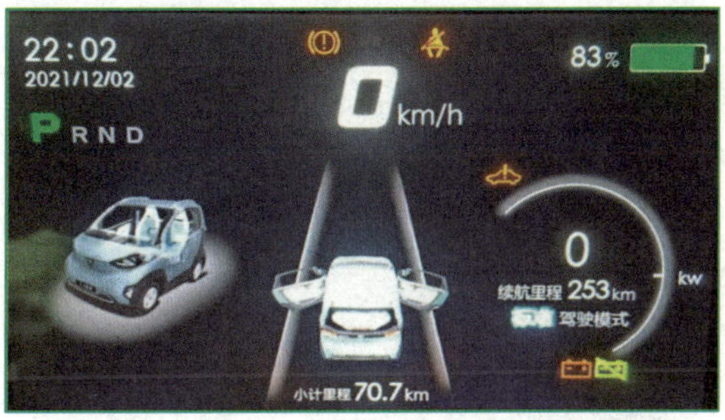

图 3-2-2　高压互锁故障仪表指示

5. 报码基本特点

VCU17#端子为低电位，所以当整个互锁电路连接良好时，整个回路被钳制在低电位；当任一插接器出现断路时，VCU 出现高电位，系统报故障码。E100 车型高压互锁故障码如图 3-2-3 所示。

线路一出现故障时，系统报故障码“B110700 高压配电盒开启”。

线路二出现故障时，系统报故障码“B110600 高压互锁故障”。

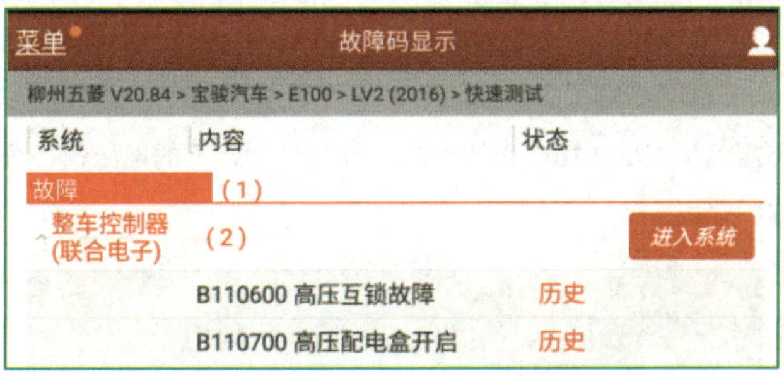

图 3-2-3　E100 车型高压互锁故障码

6. 检测技巧

在检测高压互锁电路时，针对测量的元件，有三种常见状态，可根据测量的数据进一步查找出故障部位，E100 车型高压互锁故障快速判定表如表 3-2-1 所示。

表 3-2-1　E100 车型高压互锁故障快速判定表

状态	输入端（V）	输出端（V）	故障方向确认
1	10.7	0	测量输出端对电源电压，若为 12V，故障多为高压元件内部或高压插接器接触不良
2	10.7	10.7	故障多出现于输出端后方
3	0	0	测量对电源电压，若为 12V，故障多出现于输入端前方

工作页

内容	现象及数据记录	结果判断
（一）准备		
	蓄电池电压值：______V	蓄电池电压： □正常 □异常
（二）基本检查		
	高压截断指示灯： □点亮　□未点亮 动力系统故障指示灯： □点亮　□未点亮 车辆是否能高压上电： □是　□否	高压互锁故障是否真实存在： □是 □否
（三）读码及关键数据流		
读码	VCU 当前和历史的故障码及具体内容： ______ ______	故障发生于： □动力互锁系统 □舒适互锁系统
数据流	VCU 关键数据流。 高压配电盒开启信号： □开启　□关闭	
	清除故障码后是否能重新成功启动车辆： □是　□否	故障类型： □当前真实 □历史偶发 □系统有 BUG
（四）高压互锁电路检测		
动力系统互锁	测量以下高压元件的低压插座在拔出与插好两种状态下的电压值，分析数据，确定故障部位（见下表）	故障发生部位： ______ ______ ______
舒适系统互锁	测量以下高压元件的低压插座在拔出与插好两种状态下的电压值，分析数据，确定故障部位（见下表）	故障发生部位： ______ ______ ______
（五）修复		
（六）复核及恢复车辆		
（七）按照 5S 管理标准进行整理		

动力系统互锁：

插座	OBC		DC-DC		PDU	
状态	13	14	3	4	5	6
插好						
拔出						

舒适系统互锁：

插座	PTC		空调	
状态	1	2	3	4
插好				
拔出				

任务三 DC-DC 故障排查

学习建议

建议参阅 S50EVB 车型进行学习。

操作练习

内容	操作	参考图片
（一）准备及故障确认		
准备	安装车内外护套及车轮挡块	
故障确认	将点火开关转到 ON 挡时，踩下制动踏板（若车辆为 PEPS 版，则需长按启动按钮约 2s），观察仪表状态，当启动高压上电后 DC-DC 出现故障时，蓄电池充电指示灯点亮，但系统未高压下电	
	启动前发生 DC-DC 故障，系统不能高压上电	
	测量发动机舱辅助蓄电池电压。 发动机舱辅助蓄电池电压值未能达到 14V，说明 DC-DC 模块不工作	

续表

内容	操作	参考图片
（二）读码		
读码	进入 X431 诊断仪，选择“柳州五菱”，并确定诊断版本	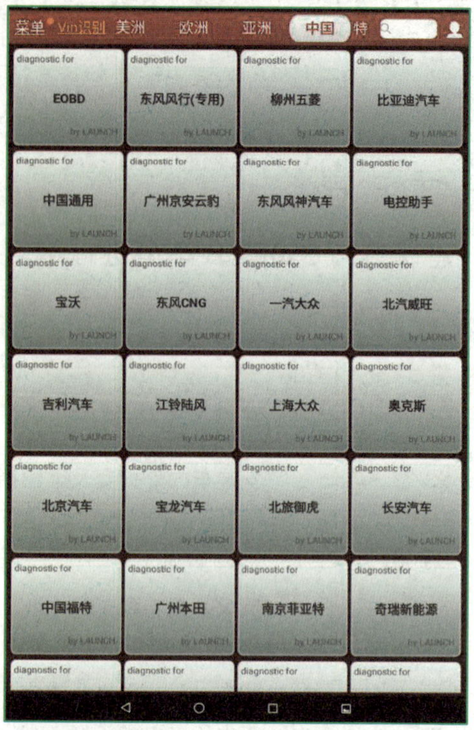
	选择“宝骏汽车”	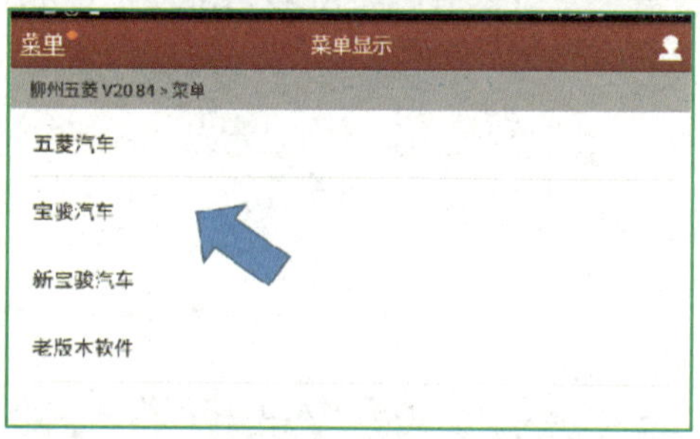
	选择“E100”	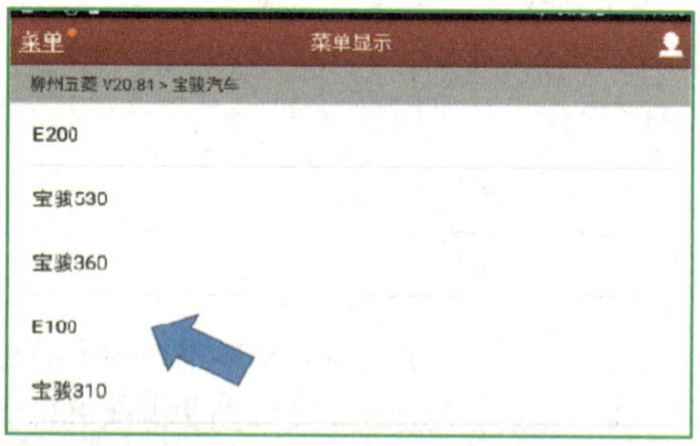
	实际车型选择“LV2（2016）”	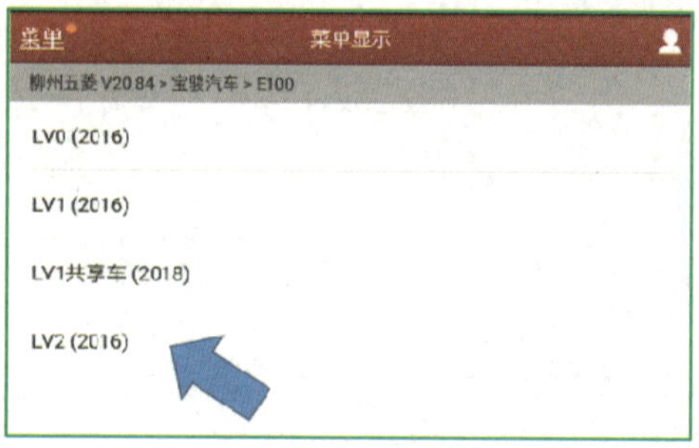

续表

内容	操作	参考图片
读码	对于刚接触本车型的初学者，可选择“快速测试”；对于已熟悉车辆的配置人员，可选择“系统选择”进入系统	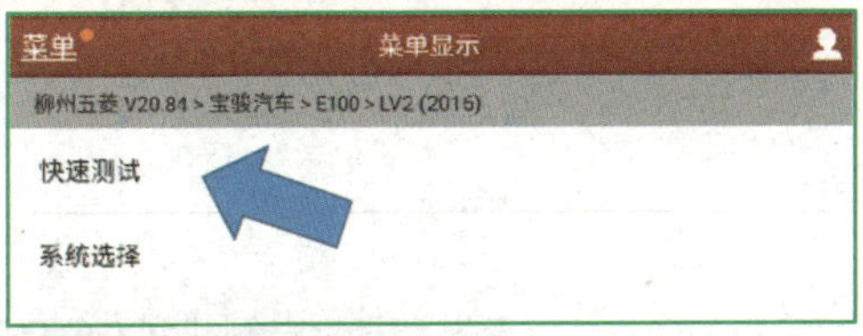
	检测仪直接读出所有系统的故障代码，如图中在“整车控制器（联合电子）”读到了“B101014 DCDC 使能回路故障（对电源短路或开路）”，说明 DC-DC 系统有故障	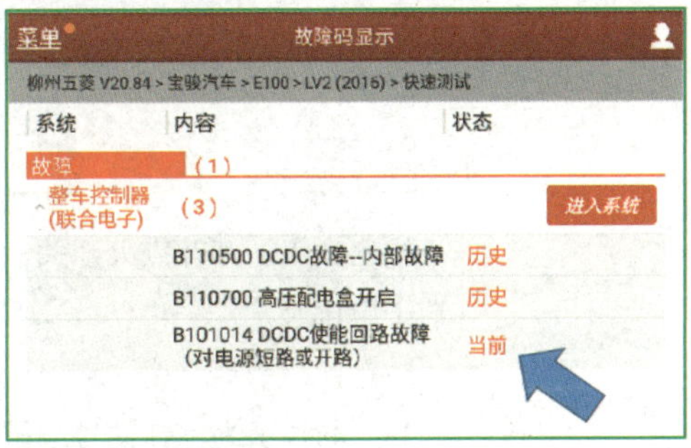
（三）读取数据流		
读取数据流	在快速诊断结果页面中，直接点击有故障码的“整车控制器（联合电子）”中的“进入系统”	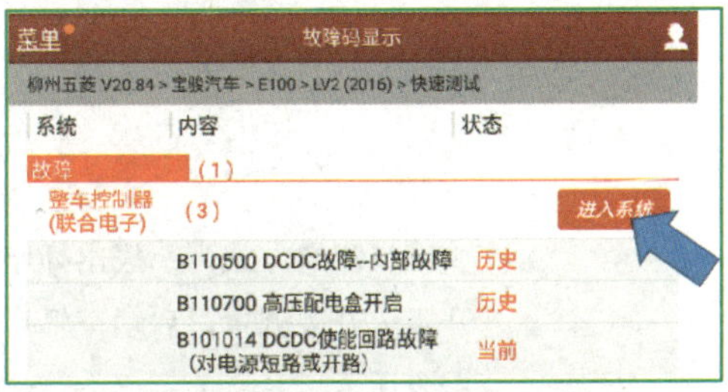
	选择“读数据流”	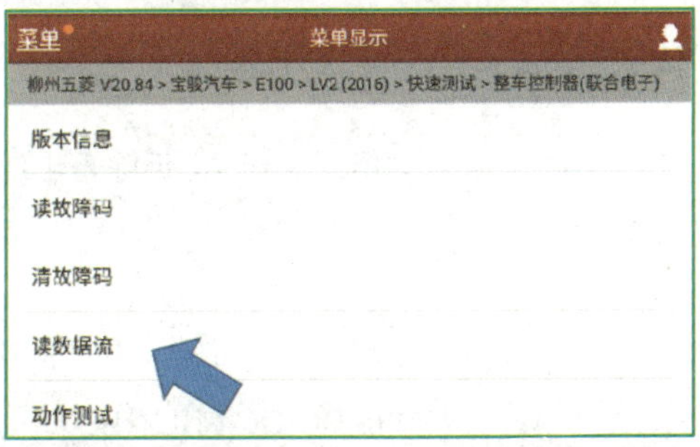
	选择“12V 蓄电池”	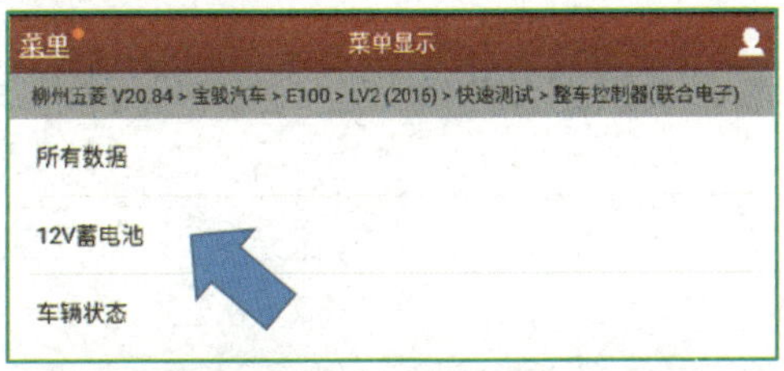
	选择所有数据。 “12V 蓄电池电压”值为 11.76V，说明 DC-DC 模块未工作或损坏	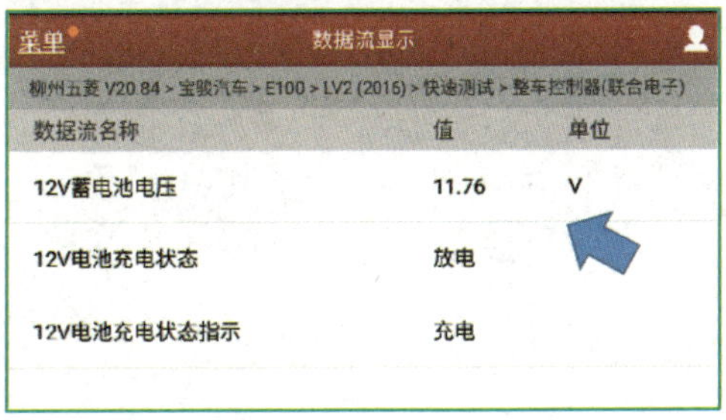

续表

<table>
<tr><th>内容</th><th>操作</th><th>参考图片</th></tr>
<tr><td colspan="3">（四）元件及线路检测</td></tr>
<tr><td rowspan="3">DC-DC 低压检测</td><td>在发动机舱左侧找到 DC-DC 低压线路插接器</td><td>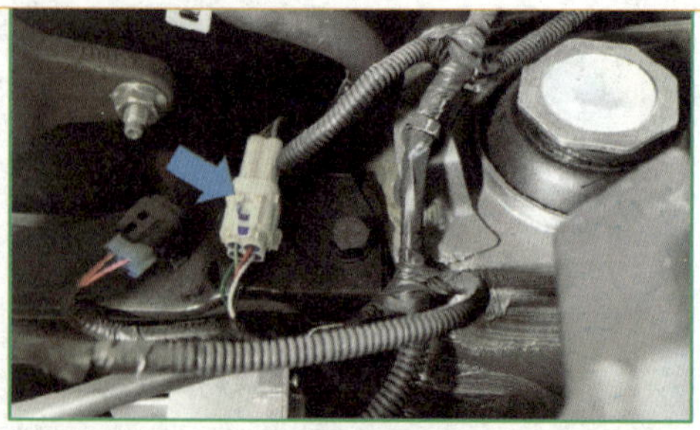</td></tr>
<tr><td>拔出插座，打开点火开关，测量低压插接器各端子电压值。
注意：
3#、4#端子为互锁信号端子，1#端子为充电指示灯控制信号端子，2#端子为充电使能控制信号端子</td><td>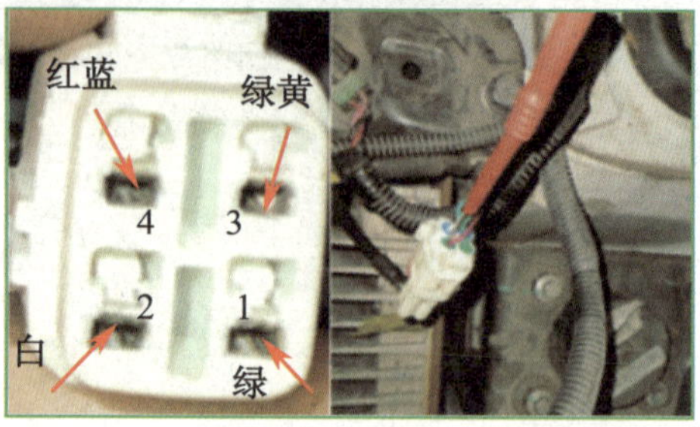</td></tr>
<tr><td>三种测量方式为：拔出插座测量、插好插座打开点火开关测量、启动车辆后测量。参考数据如右表所示</td><td><table><tr><th>端子</th><th>拔</th><th>插</th><th>启动后</th></tr><tr><td>红蓝</td><td>11V</td><td>0 V</td><td>0V</td></tr><tr><td>绿黄</td><td>0V</td><td>0V</td><td>0V</td></tr><tr><td>白</td><td>3.5V</td><td>0.6V</td><td>13.8V</td></tr><tr><td>绿</td><td>0V</td><td>0V</td><td>11.36V</td></tr></table></td></tr>
<tr><td rowspan="3">DC-DC 高压检测</td><td colspan="2">关闭点火开关，拆除蓄电池负极，等待 10min</td></tr>
<tr><td>拔出 DC-DC 高压插座</td><td>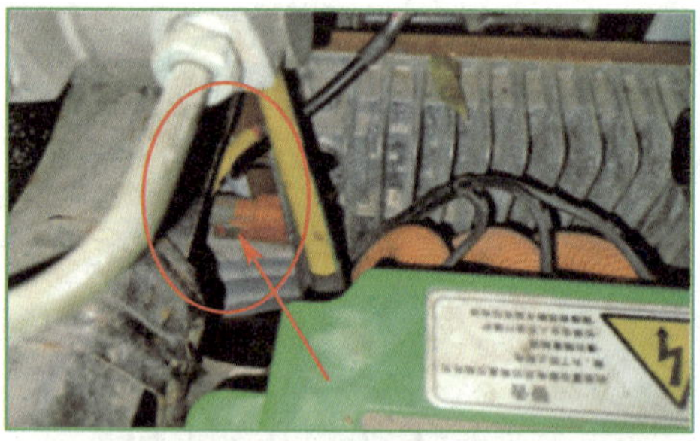</td></tr>
<tr><td>拔出 OBC 输出端高压插座</td><td></td></tr>
</table>

续表

内容	操作	参考图片
DC-DC 高压检测	测量两插座之间高压线导通情况。 说明： 1. 高压线导通说明 DC-DC 高压熔断器未断路。 2. 有断路则需要拆除 PDU 更换熔断器或更换总成件	
（五）排除故障		
（六）消码、验证及恢复车辆		
	验证： “12V 蓄电池电压”值为 13.78V。 “12V 电池充电状态”为充电	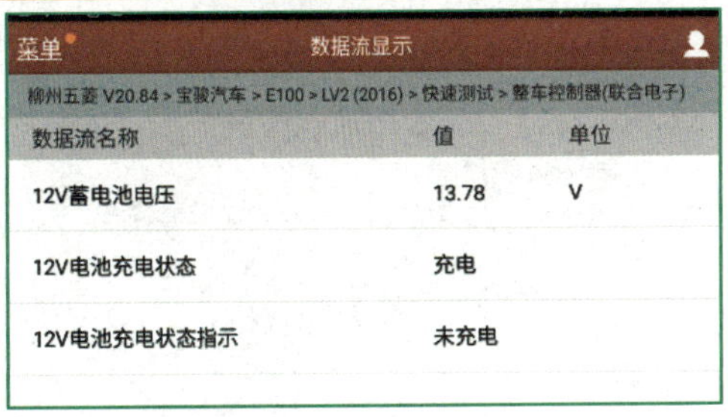

原理讲解

E100 车型 DC-DC 工作原理图如图 3-3-1 所示，打开点火开关时，VCU 向 DC-DC 2#端子发送使能信号（开路电压值为 3.5V，接通 DC-DC 电路后电压值为 0.6V），DC-DC 1#端子为 VCU 提供低电位信号，VCU 控制蓄电池充电指示灯点亮。

启动高压上电后，VCU 为 DC-DC 提供高电位使能信号（12V），DC-DC 模块功能激活，进行高压直流向低压直流转换，向低压辅助蓄电池进行充电，同时 DC-DC 1#端子转变为高电位，为 VCU 提供熄灭充电指示灯信号。

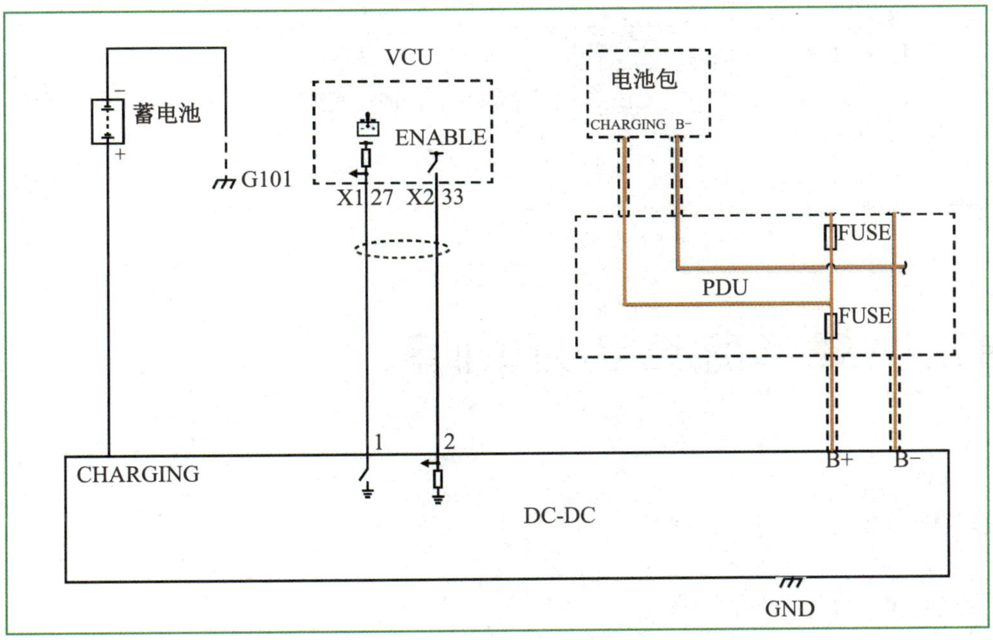

图 3-3-1 E100 车型 DC-DC 工作原理图

工作页

内容	现象及数据记录	结果判断
（一）准备及故障确认		
仪表	12V 蓄电池充电指示灯是否点亮： □是 □否 车辆是否能高压上电点亮 READY 灯： □是 □否	车辆可能的故障： □仅仪表灯故障 □未高压上电引起故障 □DC-DC 或线路存在故障
蓄电池	蓄电池电压值：__________V	蓄电池是否充电： □是 □否
（二）读码		
	读取故障代码： ______________________________ ______________________________	故障类型： □当前故障 □历史故障
（三）读取数据流		
	12V 蓄电池电压值：__________V	12V 蓄电池充电状态： □充电 □放电
（四）元件及线路检测		
低压线路检测	在拔插两种状态下打开点火开关，测量充电使能控制信号： 拔出插座时的电压值：__________V。 插好插座时的电压值：__________V。 在拔插两种状态下打开点火开关，测量充电指示灯控制信号： 拔出插座时的电压值：__________V。 插好插座时的电压值：__________V	低压线路： □正常 □异常
高压线路检测	测量 DC-DC 高压插座与 OBC 输出高压插座之间的导通情况： □正极导通 □正极不导通	PDU 内部高压电路熔断器： □有断路 □无断路

任务四　交流充电故障排查

学习建议

建议参阅 S50EVB 车型进行学习。

操作练习

内容	操作	参考图片
（一）准备		
安装车内外护套及车轮挡块。 测量蓄电池电压作为判断故障的基准		
（二）故障现象确认		
检查系统是否能上高压	做好安全防护及车内外护套安装完成后，检查系统是否能高压上电。 现象 1：能正常高压上电。 结论 1：说明充电故障与无法高压上电无关。 现象 2：不能高压上电。 结论 2：先排除不能高压上电的故障	
确认故障现象	检查插枪是否插接到位	
	观察仪表指示灯状态。 状态 1：充电连接灯不亮，说明系统未收到 CC 信号。 状态 2：充电连接灯亮，充电状态灯不亮，说明系统未正常进行充电控制。 状态 3：充电连接灯及充电状态灯亮，系统正常进行充电控制，但不一定正常充电	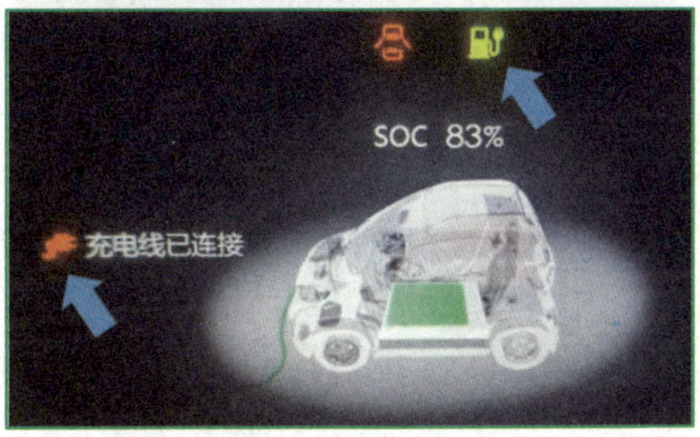
（三）读取故障码		
读取故障码	连接诊断仪，进入对应车型后，选择“快速测试”读出所有系统故障	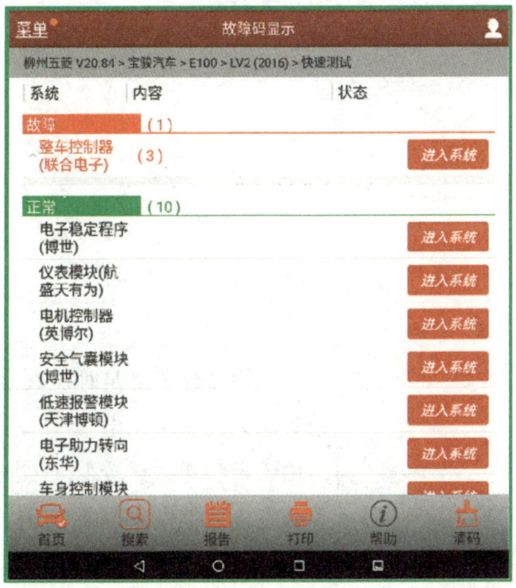

续表

内容	操作	参考图片
（四）读取关键数据流		
读取充电机数据流	充电状态如右图所示，若未正常充电，“充电装置状态”的值会显示为“待机”	
读取 BMS 数据流	进入 BMS 系统，选择充电相关数据，插枪后“CC 状态”的值显示为“CC 接入”	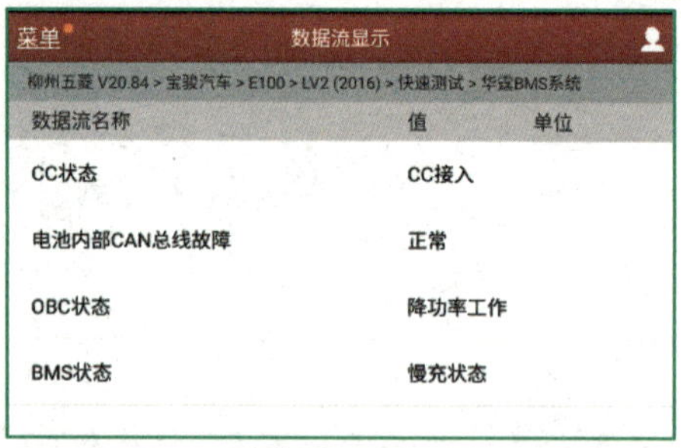
读取 VCU 数据流	挡位信号中，只有“换挡开关的 P 挡”的值显示为“有效”才可以充电	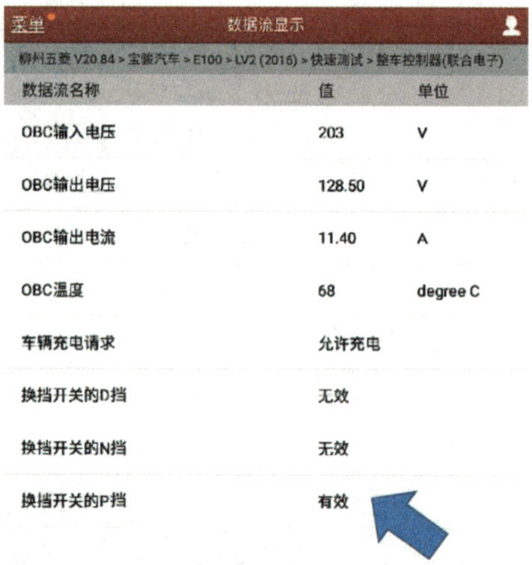
	当充电条件不满足时，VCU“车辆充电请求”的值显示为“禁止充电”。 由于可参考数据较少，应进一步检测充电的核心信号条件才能做出判断	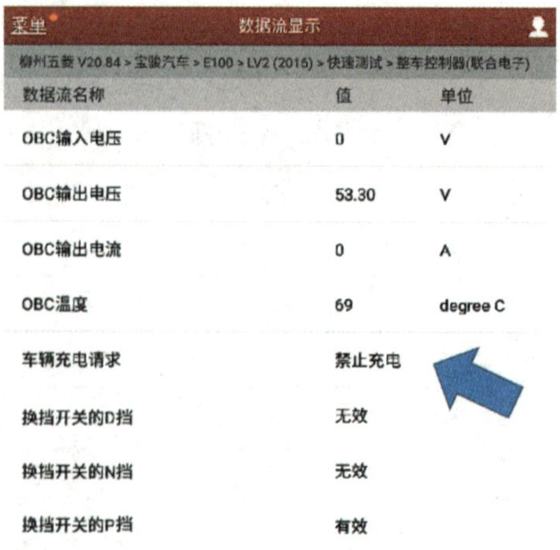

续表

<table>
<tr><th>内容</th><th>操作</th><th>参考图片</th></tr>
<tr><td colspan="3">（五）关键信号电路检测</td></tr>
<tr><td rowspan="3">CC 信号检测</td><td>查看充电设备额定电流。
也可通过测量充电枪上 CC 端子与 PE 端子之间的电阻值确认充电设备额定电流</td><td>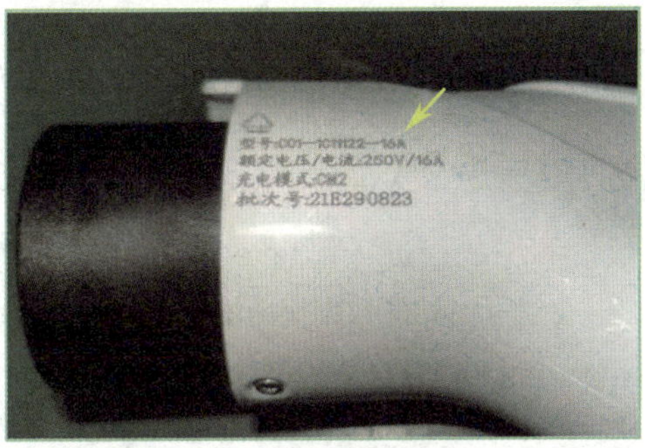

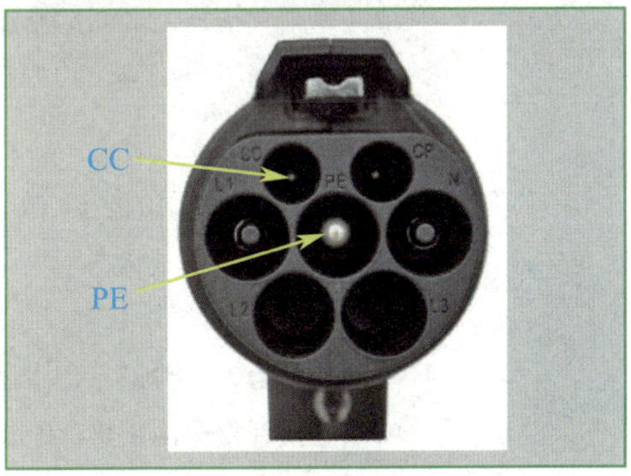
</td></tr>
<tr><td>查阅资料，找出 OBC 低压插座上的 CC 及 CP 端子</td><td>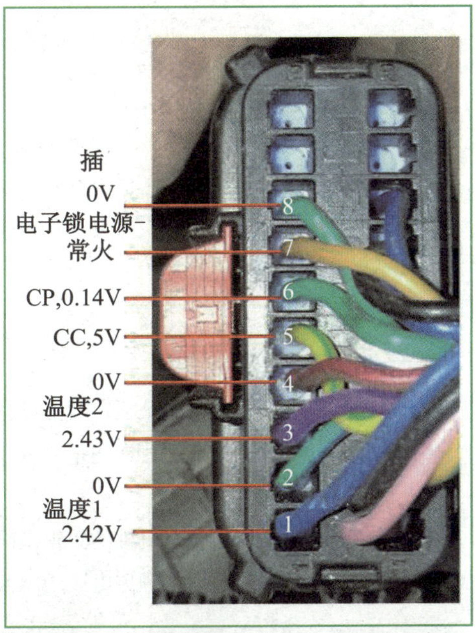
</td></tr>
<tr><td>为 OBC 低压插座上的 CC 端子插好背针。
在未插充电枪的情况下，测量 CC 端子与 PE 端子（或车身搭铁）之间的电压值。
参考数据：
CC 端子与 PE 端子（或车身搭铁）之间的电压值为 5V</td><td>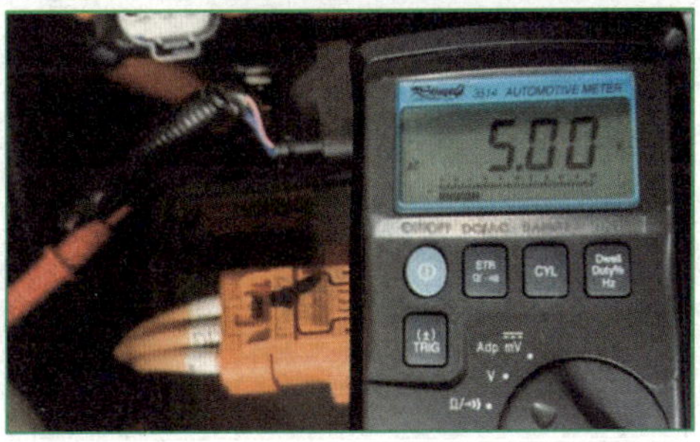
</td></tr>
</table>

续表

内容	操作	参考图片
CC 信号检测	插上充电枪，测量 CC 端子电压值。 参考数据： CC 端子电压值为 2.14V（10A 充电枪）。 注：不同配件商供应的产品，即使用同一规格的充电枪插入后，所测得的 CC 端子电压值也不尽相同，学习者应根据具体车型确认。教师应在检测仪的数据流中确认充电枪的电缆容量是否为同一额定电流	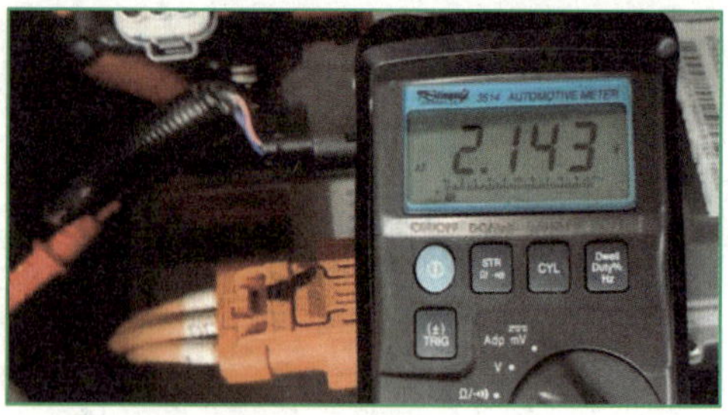
CP 信号检测	在未插充电枪的情况下，测量 CP 端子与 PE 端子（或车身搭铁）之间的电压值。 正常情况下电压值应约为 0V	
	将 PE 端子的表笔换到 CC 端子上，测量 CC 端子的电压值，正常状态下电压值接近 5V。 注意： 此处只是为了测量方便借用 CC 端子电压，也可将表笔换到蓄电池正极，测量数据接近蓄电池电压	
	拆下蓄电池负极，将万用表换到电阻挡，测量 CP 端子与 PE 端子之间的电阻值。 右图所示电阻值为 0.882MΩ，说明无搭铁，结合以上步骤的测量结果，可判断 CP 信号线无断路也无搭铁故障	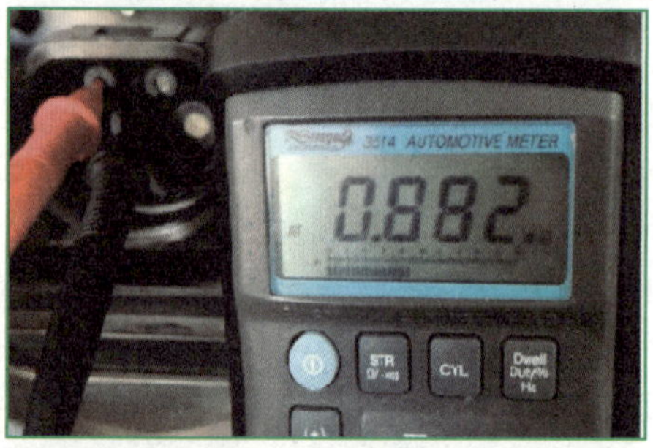
	接好蓄电池负极，插上充电枪。 通过插好的背针测量 OBC 上的 CP 信号占空比。 注意： 不同功率充电桩的数据不同，右图所示为随车充电枪的数据（额定电流 10A），占空比约为 14%	
	若无占空比功能万用表，测量充电时的电压值。 注意： 电压值为“−9.56V”，说明充电桩与 OBC 构成充电引导控制回路，且信号正常	

续表

内容	操作	参考图片
CP 信号检测	充电时 CP 信号波形如右图所示。 注意： CP 信号通过充电设备与车辆的 OBC 电路相互接通而形成，在通过检测仪读取数据流时，若仅显示 CP 信号不正常，则不能判断车辆有故障。测量线路并确认无故障后，可再次测试另一个正常的充电桩，这样可以更快地确认车辆的 OBC 是否存在故障	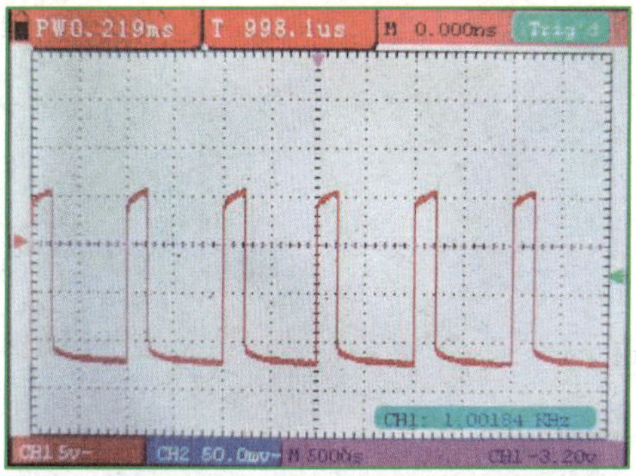
充电口温度信号检测	检查充电座前方的火线及零线端口是否有氧化及烧蚀情况。 检查充电座背部是否有氧化、烧蚀、进水等情况	
	测量充电座温度 1 及温度 2 的信号电压。 电压过低（或温度过高）时，车辆将报“P1411 充电口座温度过高” 故障	
（六）排除故障		
更换故障件或处理相应故障部位		
（七）确认及恢复车辆		
恢复车辆	清除故障码	
	将蓄电池负极断开 10s 后再接上	
确认修复	重新启动高压上电及充电核查	
（八）按照 5S 管理标准进行整理		

原理讲解

1. 交流充电系统的组成

交流充电系统由交流充电桩、充电枪、充电座、OBC、电池包等部分组成。

2. 交流充电座端子定义

交流充电座如图 3-4-1 所示，交流充电座端子标识及功能定义如表 3-4-1 所示。

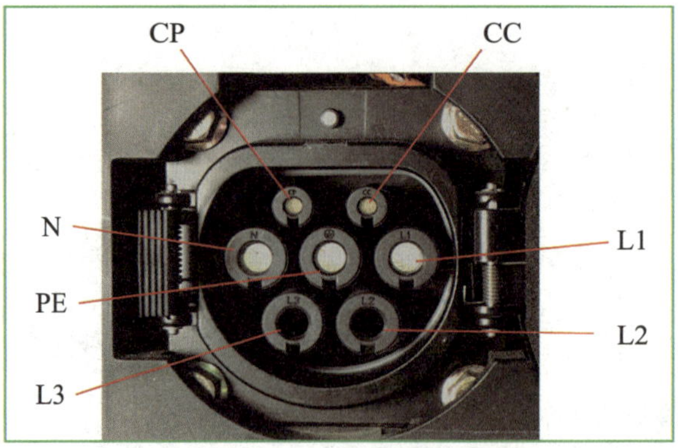

图 3-4-1　交流充电座

表 3-4-1　交流充电座端子标识及功能定义

端子标识	功能定义
CP	充电引导控制
CC	插枪连接确认
L1	交流电输入端火线 1
L2	交流电输入端火线 2（备用）
L3	交流电输入端火线 3（备用）
PE	交流电输入端地线
N	交流电输入端零线

3. 充电枪标准

在国家标准中，虽然交流充电枪的外观端口相同，但充电桩的功率各有不同，不过在制造时已统一标准。充电枪上的 CC 端子与 PE 端子之间存在电阻，其阻值对应一定功率的充电桩。交流充电桩功率识别电阻表如表 3-4-2 所示。

表 3-4-2　交流充电桩功率识别电阻表

类型	额定电流（A）	CC-PE 之间检测阻值（Ω）
充电枪	10	1500
	16	680
	32	220
放电枪	16	2000

4. 交流充电基本控制过程

交流充电基本控制过程如图 3-4-2 所示。

（1）当为车辆插入充电枪时，充电枪上的电阻接入车辆 OBC 电路中，形成有效 CC 信号，唤醒 OBC 工作。

（2）以 OBC 为基准，唤醒需要工作的必要模块，并进行自检。

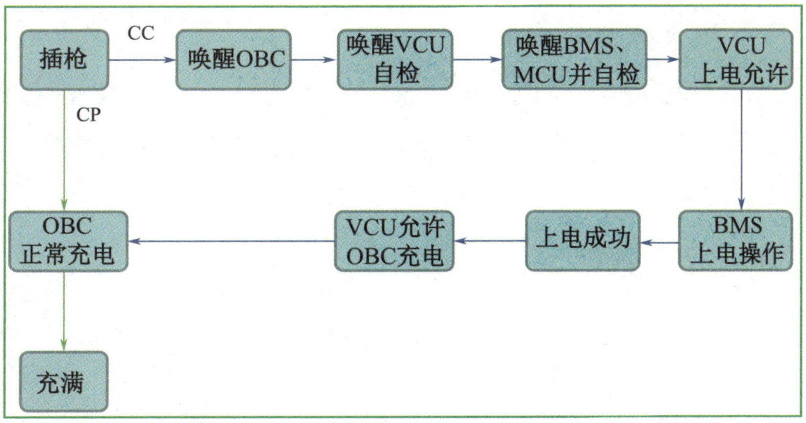

图 3-4-2 交流充电基本控制过程

（3）VCU 给 BMS 发送高压上电指令。

（4）BMS 高压上电后，VCU 向 OBC 发送允许充电信息。

（5）OBC 根据充电桩的 CP 信号进行有效充电。

每种功率的 OBC 在插枪后初步形成的 CP 信号占空比是相对固定的，但由于车辆的不同状态，其允许通过电流与充电桩能提供的电流可能不同，因此 OBC 还会根据车辆状态对 CP 信号进行调整。此时 CP 信号相当于自来水的开关，开关开得越大，水流出越多。因此，CP 信号的占空比越大，充电电流相对就越大。

5. 交流充电基本控制电路

交流充电基本控制电路如图 3-4-3 所示，交流充电控制信号主要向 OBC 传输，再由 OBC 通过 CAN 向 VCU 传输。

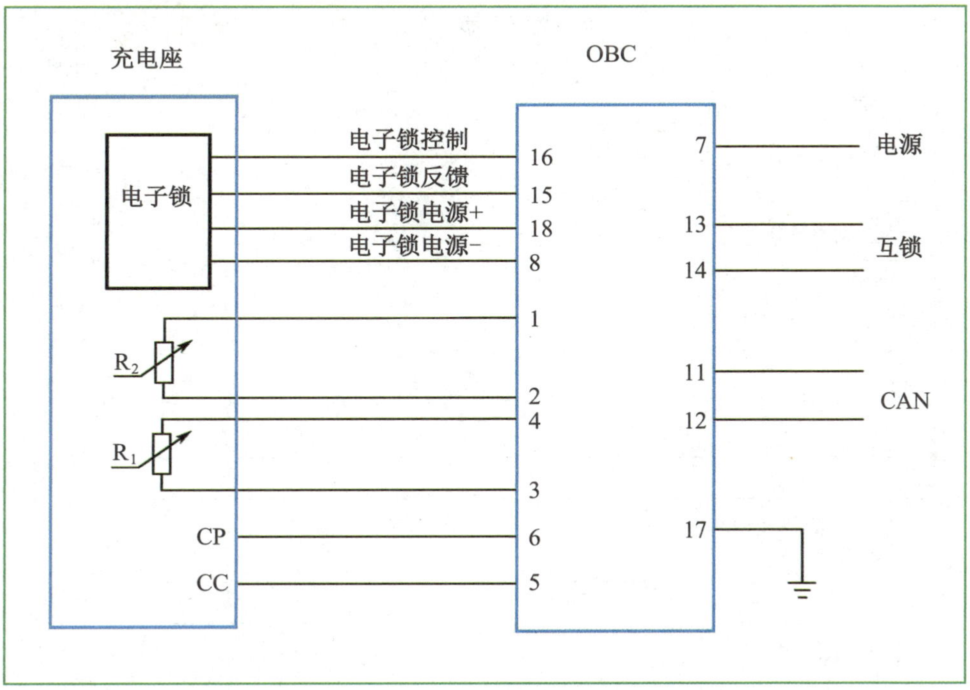

图 3-4-3 交流充电基本控制电路

（1）CC 信号与 CP 信号传送至 OBC。

（2）充电座含 2 个温度信号，温度过高（或电阻较小）时，OBC 起控停止充电。

（3）在电子锁锁枪的状态下，当充电桩功率大于 OBC 功率时，OBC 可以用最大功率进行充电，否则为限功率模式。

6. 影响充电的主要因素

（1）挡位不正确。

（2）未插枪到位。

（3）充电座温度过高。

（4）环境温度恶劣。

（5）过量放电。

（6）进入预约充电模式。

（7）电网供电异常。

（8）BMS 故障。

（9）VCU 故障。

（10）MCU 故障。

（11）OBC 故障。

（12）CC 信号异常。

（13）CP 信号异常。

工作页

内容	现象及数据记录	结果判断
（一）准备	蓄电池电压值：______________V。 电网交流电电压值：___________V	蓄电池电压及电网电压： □正常　□异常
（二）故障现象确认	车辆是否能高压上电： □是　□否 仪表充电连接指示灯： □亮　□未亮 充电状态指示灯： □亮　□未亮	故障可能原因： □不能高压上电引起 □已充满电 □未插好枪 □充电控制有问题
（三）读取故障码	VCU 故障码及内容： ______________________________ ______________________________ OBC 故障码及内容： ______________________________ ______________________________ BMS 故障码及内容： ______________________________ ______________________________	

续表

内容	现象及数据记录	结果判断
（四）读取数据流	VCM 关键数据流。 CC 状态： □接入　　□未接入 显示有效的挡位信号是： □ P　□ R　□ N　□ D	充电条件： □符合 □不符合 □不能完全确认
	MCU 关键数据流。 电机实际转速：________rpm	充电条件： □符合 □不符合
	OBC 关键数据流。 充电机保持工作状态： □无 CP 信号　□CP 信号正常　□CP 信号异常 OBC 输出电压值：____________V。 OBC 输出电流值：____________A。 OBC 输入电压值：____________V。 OBC 输入电流值：____________A。 车辆充电请求：____________	车辆充电控制： □有 □无
（五）关键信号电路检测	CC 信号检测。 充电枪 CC-PE 之间的电阻值：____________Ω。 未插枪时的 CC 电压值：____________V。 插枪后的 CC 电压值：____________V	CC 信号值： □正常 □异常
	CP 信号检测。 CP-PE 之间的电压值：________________V。 CP-蓄电池正极之间的电压值：______________V。 CP-PE 之间的电阻值:__________________Ω。 CP 占空比：____________________%	CC 信号： □正常 □异常
	充电座温度传感器。 温度 1 电阻值：_________Ω。 温度 2 电阻值：_________Ω。 温度 1 信号电压值：_________V。 温度 2 信号电压值：_________V	交流充电座温度开关： □正常 □异常
（六）拓展	测量 CP 信号波形并画出波形图	

任务五 空调系统不工作故障排查

学习建议

建议参阅 S50EVB 车型进行学习。

操作练习

内容	操作	参考图片
（一）准备		
安装车内外护套及车轮挡块。 测量蓄电池电压作为判断故障的基准		
（二）故障现象确认		
确认是否能高压上电	启动车辆，检查是否能高压上电，SOC%是否大于 30%	
检查空调控制器（控制面板）	开启鼓风机开关，调温旋钮转到最低温状态。 检查对应出风口是否正常出风	
	按下鼓风机开关中部的内循环开关，检查是否能正常点亮指示灯。 能正常点亮指示灯，则间接说明控制器供电正常，基本功能正常（或可按下调温旋钮中部的模式风门开关，指示灯是否可在吹脸与吹前挡风玻璃之间改变）。 若不能正常点亮指示灯，则应先检测 AC 控制模块	
压缩机初检查	在开启空调约 3～5s 后，正常情况下可听到压缩机启动声或触摸到压缩机振动	
冷凝风扇初检查	检查冷却风扇是否工作。 正常状态风扇会转动	

续表

内容	操作	参考图片
（三）读取故障码		
VCU	读取 VCU 故障码。 例： “B101911 AC 使能回路对地短路”。 “B101914 AC 使能回路故障（对电源短路或开路”	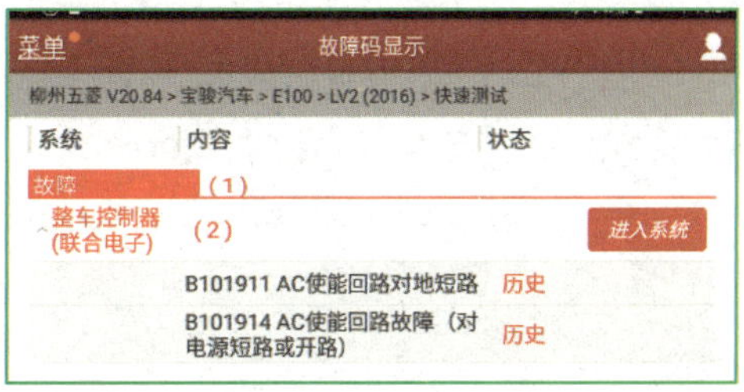
（四）读取关键数据流		
VCU	进入 VCU 数据流，读取 VCU 中关于空调的当前数据参数，如右图所示	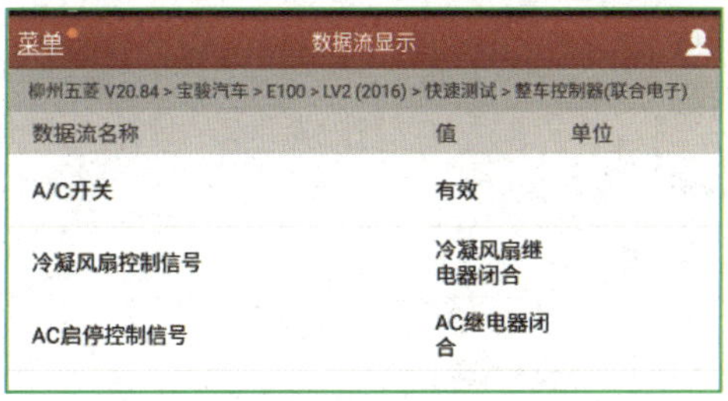
（五）关键信号电路检测		
AC 控制模块	当打开鼓风机开关后，鼓风机不工作且开关内部指示灯也未点亮时，应重点检查控制器的供电功能，并确认控制器的状态好坏	
	检查仪表配电盒 F221D（18#）熔断器。 具体位置标识见附件一	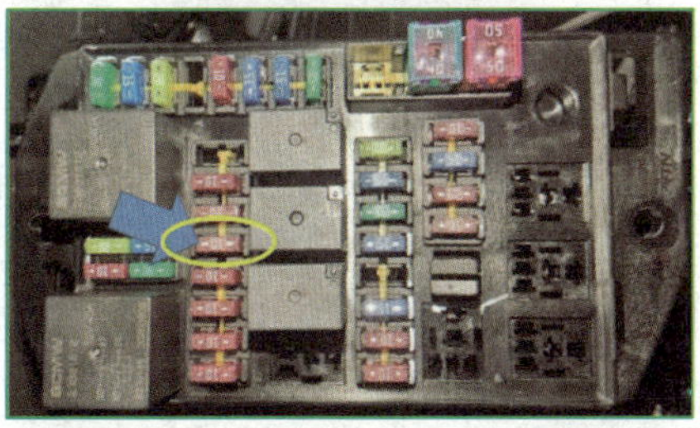
	若熔断器正常，可检查空调控制器插接器的供电情况。 用塑料工具撬开仪表台上的控制盖板	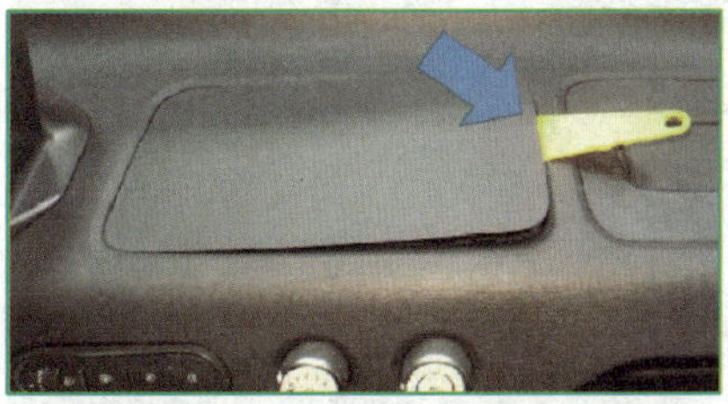
	拔出空调控制器插接器	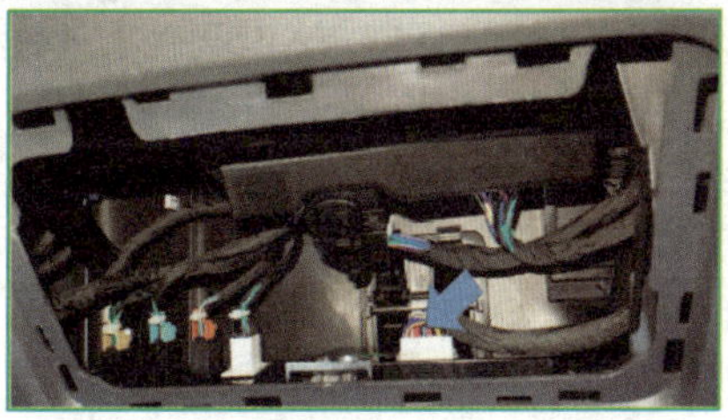

续表

内容	操作	参考图片
AC 控制模块	打开点火开关，检查空调控制器 2#端子的 IG 电源及 14#端子搭铁情况。 建议采用实电（功率）试灯进行检查	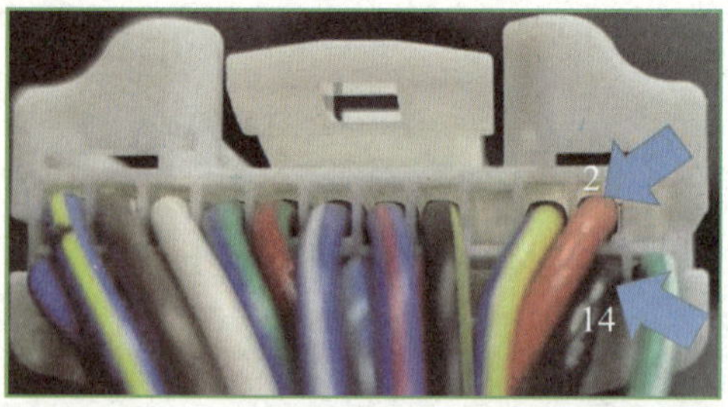
高压侧压力开关	开启空调，举升车辆至合适高度，在前保险杠后方及冷凝器下方找到高压侧压力开关	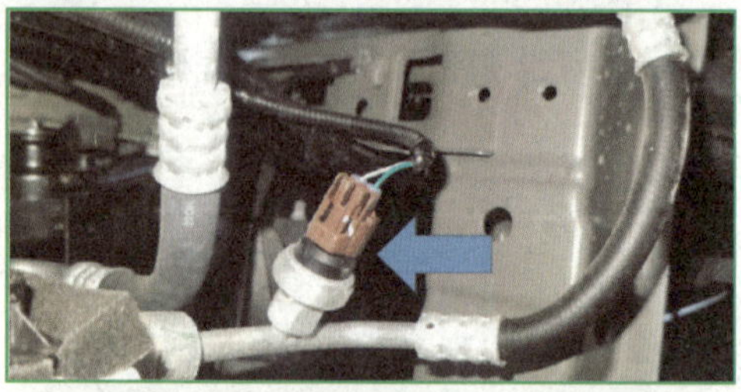
	借助背针测量压力开关输出端电压值。 正常应略低于蓄电池电压值 0.5～0.8V	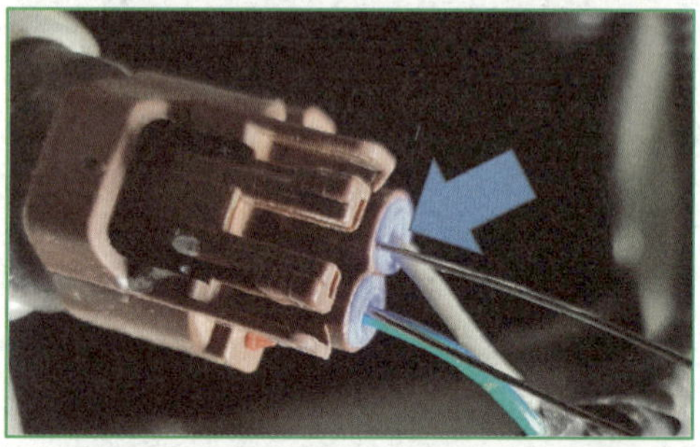
	测量压力开关输入端电压值。 正常应略低于蓄电池电压值 0.5～0.8V。 若输入电压与输出电压不相等，说明压力开关有故障，或者制冷剂压力过高或过低（可通过压力表验证，压力范围为：0.196～3.14MPa）	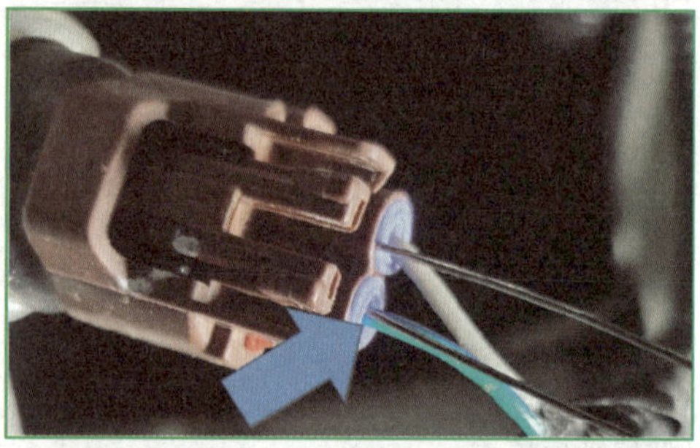
	当压力开关输入端（2#端子）无电压时，可检查空调控制器 9#端子的输出情况。 正常开空调时的电压值约为 13.3V，略低于蓄电池 14V 的电压值	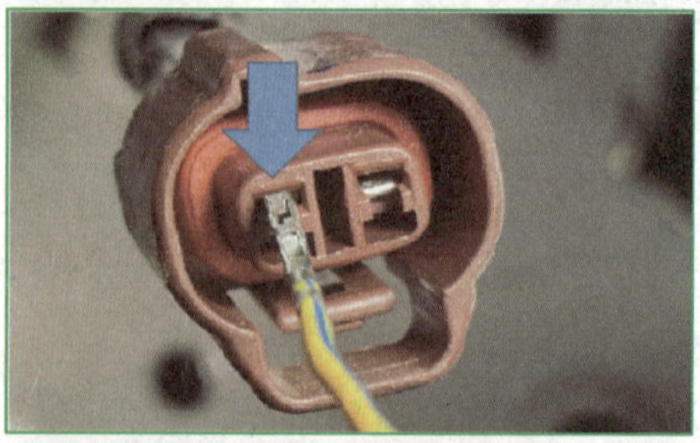 

续表

内容	操作	参考图片
高压侧压力开关	压力开关输出端（1#端子）的检查。 （1）拔出压力开关插座，打开点火开关，测量1#端子对地电压值约为 0V。 （2）对电源电压值约为 13.9V。 （3）关闭点火开关，拆下蓄电池负极，测量 1#端子与地之间的电阻值为 9kΩ。 以上检查结果说明压力开关至 VCU 线路正常	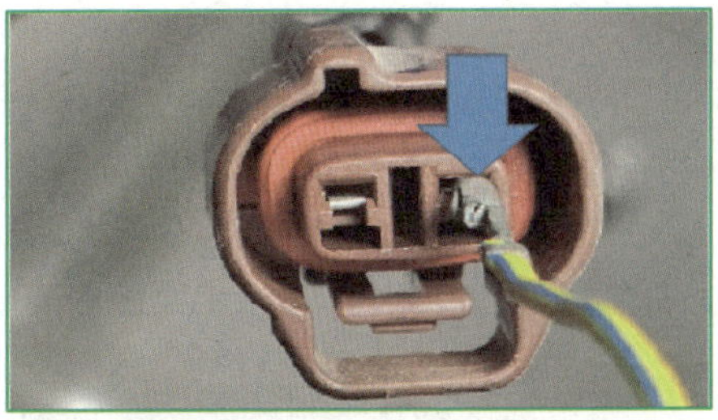
蒸发器温度传感器信号检测	拔出传感器插座（位于副驾驶位的蒸发箱旁）	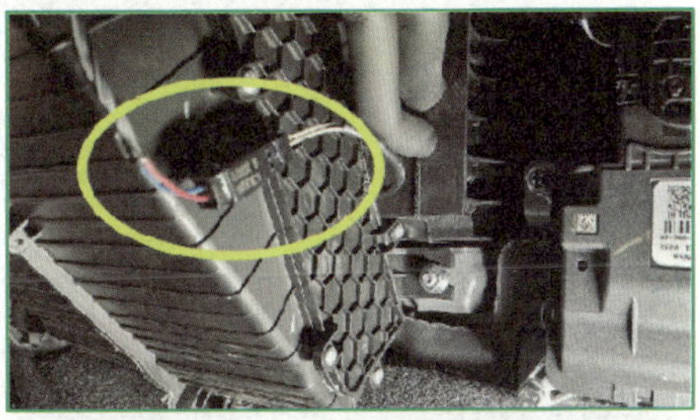
	测量传感器电阻值。 参考数据： 2.79kΩ（20℃），6.0kΩ（3℃）	
	打开点火开关后，检查信号端子电压值约为 5V	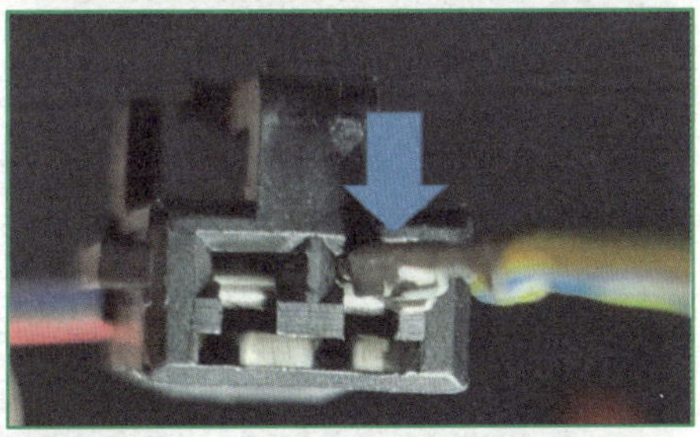
	插好插座，为信号端子插好背针，测量点火开关打开时的信号端子电压值。 参考数据： 信号端子电压值约 1.1V（2.79kΩ）	
	传感器搭铁线应良好	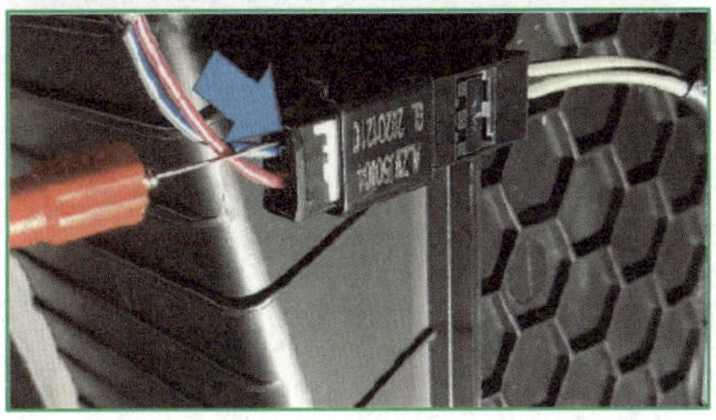

续表

内容	操作	参考图片
冷凝风扇控制电路检测	进入 VCU 系统，选择“动作测试”，选择“风扇”，再选择“打开”，检查风扇工作情况。 风扇能工作则说明风扇及控制电路正常；风扇不能工作则需要进一步检查	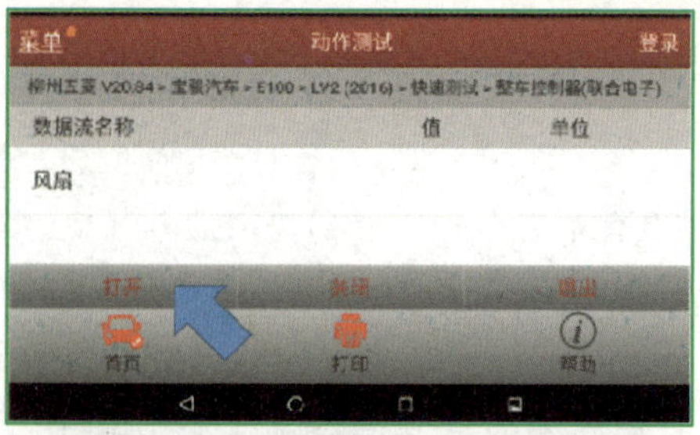
	拔出发动机舱配电盒中的 KR20F 风扇继电器	
	应用功率试灯检查继电器的线圈端及触点端的电源到电情况	
	继电器控制端检测。 （1）打开点火开关应用万用表测量继电器控制端电压值。 参考数据： 继电器控制端电压值约 3.5V。 （2）试灯一端接电源正极，另一端接继电器控制端，启动车辆，开启空调，检查试灯点亮情况。 正常状态试灯应点亮，未点亮说明 VCU 未起控继电器，应检查空调工作条件。 注意： 控制端既是继电器控制端，也是使能电源输入端	
	用导线短接继电器触点两端，检查冷却风扇工作情况。 注意： 风扇正常工作则说明风扇电机及连接线路无故障，否则应考虑更换风扇	
压缩机低压电路检测	检查仪表配电盒压缩机熔断器	

续表

内容	操作	参考图片
压缩机低压电路检测	拔出发动机舱配电盒压缩机继电器	
	启动高压上电，万用表分别测量 1#、2#、3#、4#端子电压值。 参考数据： 1#端子电压值：13.3V。 2#端子电压值：3.5V。 3#端子电压值：0V。 4#端子电压值：0V	
	压缩机工作触发功能检查。 将试灯一端接 1#端子，另一端搭铁，2～3s 后压缩机能工作，说明测量端至 VCU 正常	
	继电器控制功能检查。 应用试灯一端接 2#端子，另一端串联一个继电器线圈后搭铁，继电器即刻工作。 注意： 此电路同时为 AC 使能回路，若冷却风扇电路正常，则风扇即刻工作	
	关闭点火开关，拆下蓄电池负极，检查 3#与 4#端子的搭铁情况。 3#负极电阻值：约为 1Ω。 4#负极电阻值：0Ω	
	举升车辆至合适位置，拔出空调压缩机低压线束插座	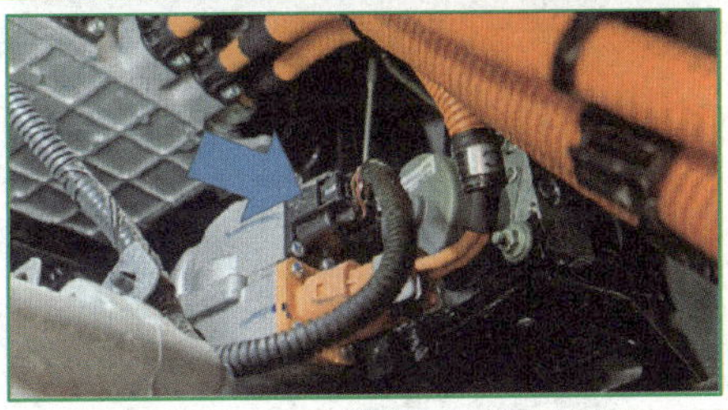

续表

内容	操作	参考图片
压缩机低压电路检测	降下车辆，启动车辆并开启空调。 再次举升车辆至合适位置，测量低压线束上相关端子信号电压值。 1#电源电压值：14V。 5#搭铁电压值：0V。 3、7#控制线电压值：约为12V。 4#信号地电压值：0V。 8#信号触发电压值：约为13V	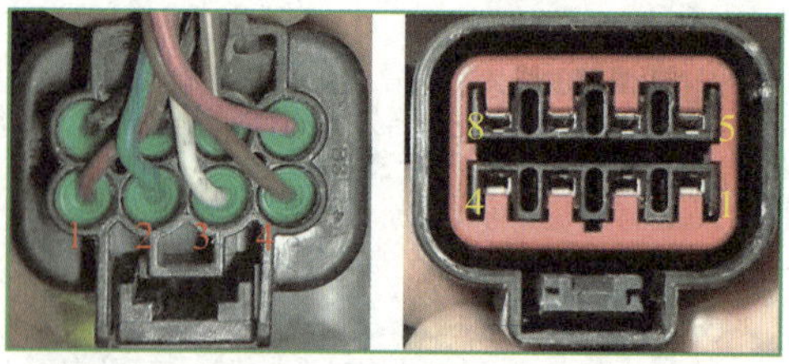
压缩机高压电路检测	高压下电后，拆除蓄电池负极，举升车辆，拔出空调压缩机高压插座。 注意规范拔插高压插座	
	保证拔出的高压插座与其他物品隔离的情况下，启动车辆，开启空调	
	将压缩机高压互锁短接至搭铁（可听到配电盒中继电器的吸合声）	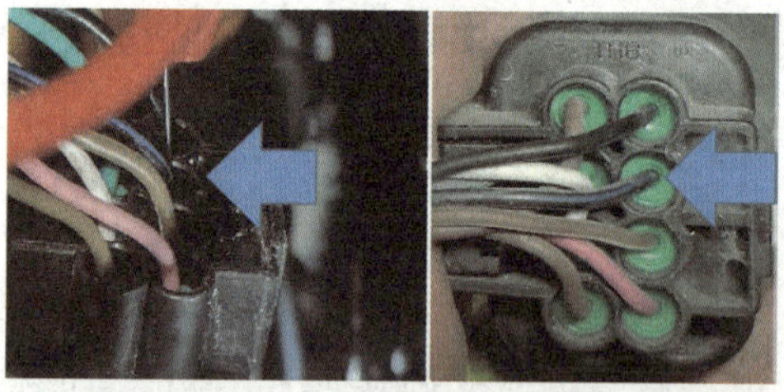
	穿戴好防护用具，应用万用表直流挡测量拔出的高压线上的直流电压。 正常应为电池包电压，否则故障为高压配电盒内部熔断器或继电器	
（六）排除故障		
更换故障件或处理相应故障部位		
（七）确认及恢复车辆		
恢复车辆	清除故障码	
	断开一次蓄电池负极后重新接上	
	启动高压上电，重新核实故障是否排除	
（八）按照5S管理标准进行整理		

原理讲解

1. 空调工作原理

E100 车型空调工作原理如图 3-5-1 所示。

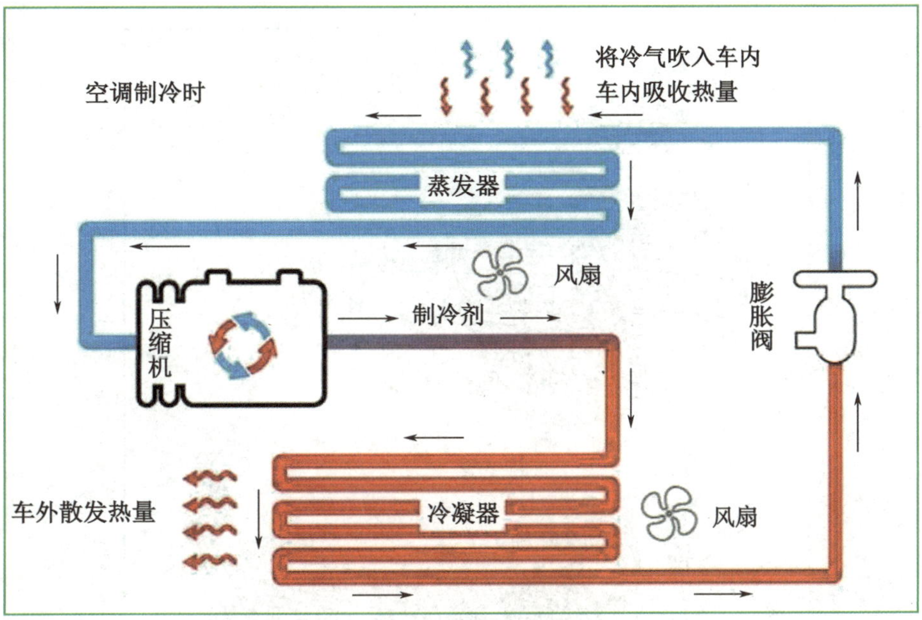

图 3-5-1　E100 车型空调工作原理

（1）压缩机工作时，将气态制冷剂压缩至冷凝器，由于经过压缩，气态制冷剂的温度较高。

（2）冷却风扇工作时，将高温高压的气态制冷剂进行冷却，使其物理状态发生改变，高温高压的气态制冷剂转变为气液态制冷剂（或液态制冷剂），制冷剂在管子中向前流动并进一步自然冷却。

（3）经过膨胀阀的节流作用，转变为低温低压的液态制冷剂（或气液态制冷剂）流进蒸发器，此时制冷剂的温度较低。

（4）驾驶室内的风扇（鼓风机）吹拂蒸发器表面时，带走热量，制冷剂吸热汽化，又转变为气态制冷剂回流进压缩机形成循环。

2. E100 车型空调系统组成

E100 车型空调系统组成如图 3-5-2 所示，E100 车型空调系统主要由压缩机、蒸发箱总成、冷凝器、排水管、控制面板等组成。

3. 空调控制原理

E100 车型空调控制原理如图 3-5-3 所示。

（1）启动车辆，将调温旋钮转到制冷，开启鼓风机（相当于开启空调开关，该车无独立 AC 开关），鼓风机及模式风门受 AC 控制模块控制开始工作。

（2）AC 控制模块根据蒸发箱温度传感信号，向外输出两组控制，其一输出至压缩机控制模块，其二通过压力开关后，输出至整车控制器（VCU）。

（3）VCU 输出控制信号控制压缩机电路激活，控制冷凝风扇电路激活。

（4）AC 控制模块与 VCU 之间通过 CAN 进行通信。

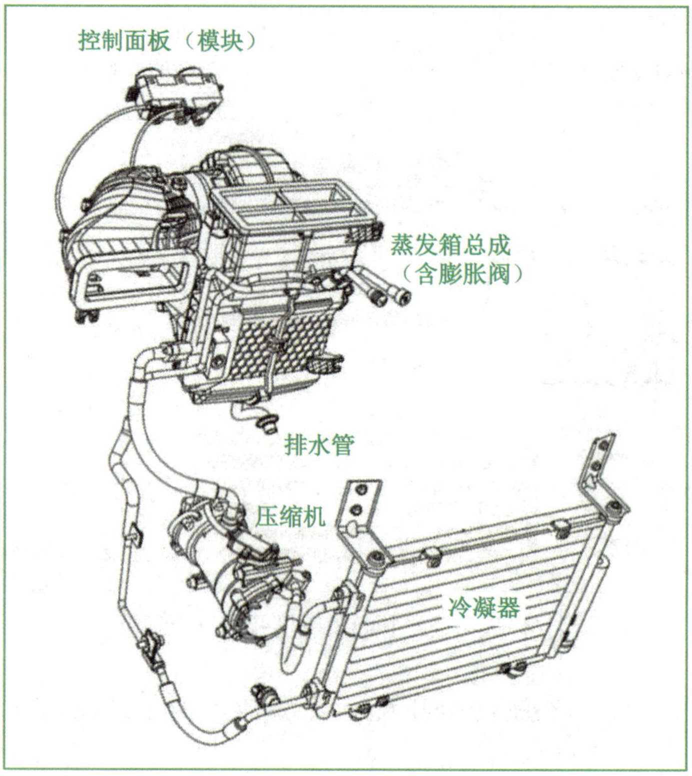

图 3-5-2　E100 车型空调系统组成

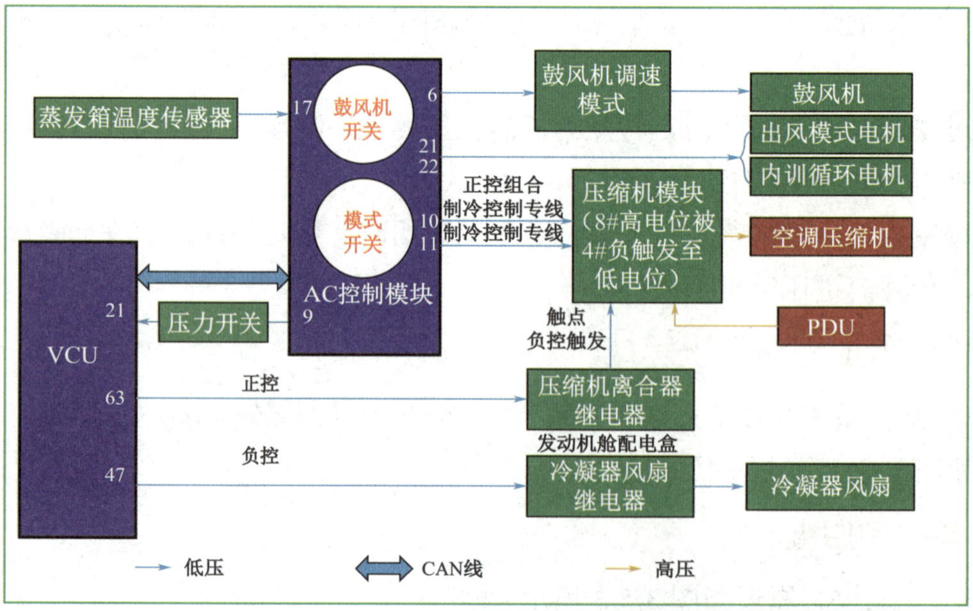

图 3-5-3　E100 车型空调控制原理

4. 空调控制电路

E100 车型空调控制电路原理图如图 3-5-4 所示。

（1）蒸发器温度传感信号直接传输到空调控制模块。

（2）开启空调后，空调控制模块 9#端子向压力开关输送高电位控制信号，VCU21#端子接收到开启信号。

（3）空调控制模块通过 10#及 11#端子输出高电位控制信号给压缩机控制模块。

（4）VCU 的 63#端子控制压缩机离合器继电器工作，激活压缩机模块工作。

（5）VCU 的 47#端子控制冷凝风扇继电器工作，风扇转动。

（6）AC 控制模块改变 10#及 11#端子输出组合，从而改变压缩机工作转速。

（7）高压电通过 PDU 送至压缩机模块。

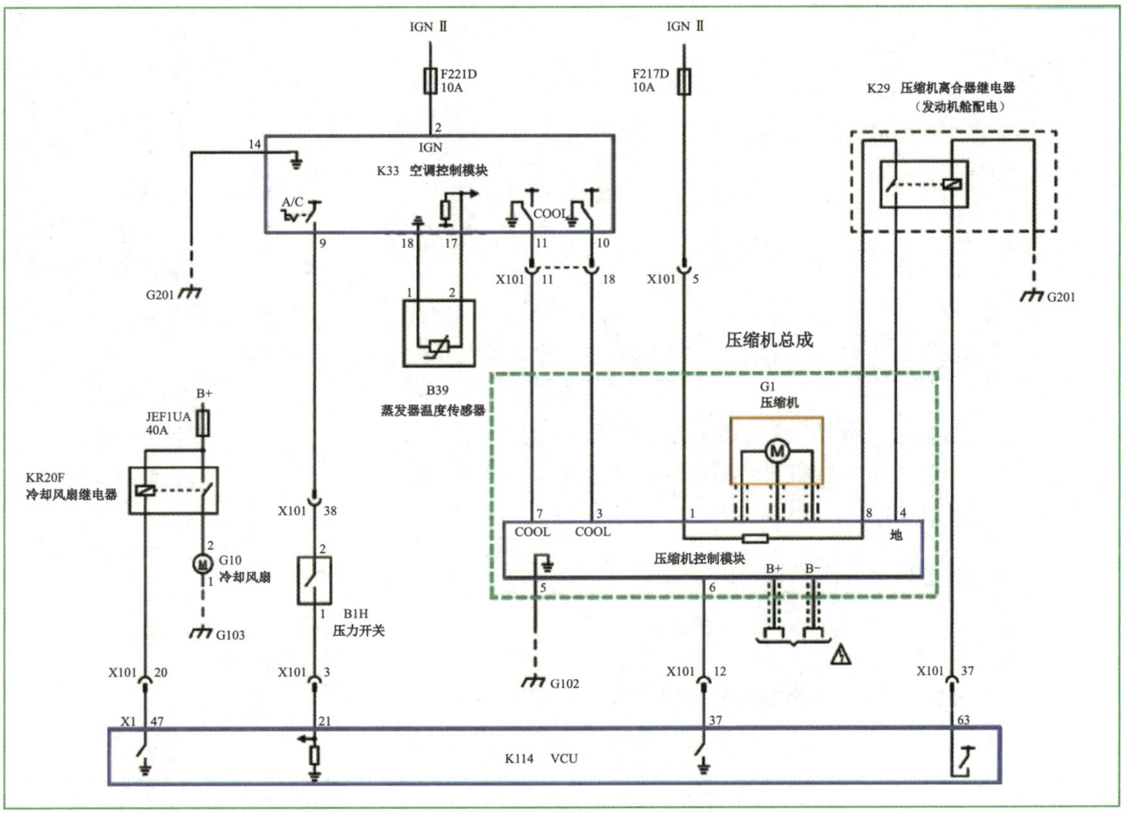

图 3-5-4 E100 车型空调控制电路原理图

5. 工作条件

（1）整车处于 READY 状态。

（2）SOC%≥30%。

（3）高压供电正常时，压缩机输入电压值为 100～150V，输入电流值为 8.5A 左右。

（4）压缩机控制器内部温度为 0～80℃。

（5）蒸发器温度传感器温度在 3℃以上。

（6）空调管路压力值为（0.196±0.02）～（3.14±0.2）MPa。

（7）鼓风机开启。

（8）制冷模式开启。

工作页

内容	现象及数据记录	结果判断
故障确认	检查安全防护用具	
（一）准备		
	安装车内外护套及车轮挡块	
	蓄电池电压值：________V	蓄电池是否充电： □是 □否
（二）故障现象确认		
高压检查	车辆是否能高压上电： □是　　□否	故障与车辆高压上电： □有关 □无关
电量检查	启动车辆，检查是否能高压上电，SOC%是否大于 30%： □是　　□否	剩余电量开启空调条件： □满足 □不满足
温度检查	环境温度：_______℃	环境温度开启空调条件： □满足 □不满足
控制器检查	开启鼓风机开关，将调温旋钮转到最低温状态，检查对应出风口的出风状态： □正常　　□异常　　□鼓风机不工作 按下鼓风机开关中部的内循环开关，检查是否能正常点亮指示灯： □是　　□否	AC 控制模块： □供电正常 □供电异常
风扇检查	检查冷却风扇是否工作： □是　　□否	冷却风扇控制： □正常 □异常
压缩机检查	3～5s 后，是否可听到压缩机启动声或触摸到压缩机振动： □是　　□否	压缩机控制： □正常 □异常
（三）读取故障码		
VCU	故障代码记录： ____________________ ____________________	
（四）读取关键数据流		
VCU	进入 VCU 数据流，读取 VCU 中关于空调的当前数据参数。 AC 开关： □有效　　□无效 冷凝风扇控制信号： □闭合　　□断开 AC 启停控制信号： □闭合　　□断开	VCU 控制： □正常 □异常

续表

内容	现象及数据记录	结果判断
（五）关键信号电路检测		
AC 控制模块	检查仪表配电盒 F221D（18#）熔断器： □正常　　□异常 打开点火开关，检查空调控制器 2#端子的 IG 电源及 14#端子搭铁情况。 2#端子的 IG 电源： □正常　　□异常 14#端子搭铁： □正常　　□异常	AC 控制模块： □正常 □异常
压力开关	压力检测管路压力值：________ MPa。 压力开关输出电压值：________V	压力开关： □正常 □异常
蒸发器温度传感器	蒸发器温度传感器电阻值：________ Ω。 蒸发器温度传感器信号电压值：________ V	蒸发器温度传感器： □正常 □异常
冷凝风扇	进入 VCU，动作测试风扇，风扇是否能工作： □是　　□否 冷凝风扇继电器控制端开路电压值：________V。 继电器触点及线圈电源： □正常 □异常 短接继电器触点，风扇是否能工作： □是　　□否	故障部位： □冷凝风扇继电器 □冷凝风扇 □电源电路 □控制电路
压缩机控制电路	开启空调后测量压缩机继电器端子电压。 1#端子电压值：________V。 2#端子电压值：________V。 3#端子电压值：________V。 4#端子电压值：________V。 开启空调后测量压缩机低压插座端子电压。 1#端子电压值：________V。 2#端子电压值：________V。 3#端子电压值：________V。 4#端子电压值：________V。 5#端子电压值：________V。 6#端子电压值：________V。 7#端子电压值：________V。 8#端子电压值：________V	故障部位： □冷凝风扇继电器 □冷凝风扇 □电源电路 □控制电路
压缩机高压控电检查	压缩机高压线束电压值：________V	配电盒存在故障： □是 □否
（六）拓展		
如何判断是冷凝风扇先工作还是压缩机先工作		
（七）按照 5S 管理标准进行整理		

任务六 暖风系统不工作故障排查

学习建议

建议参阅 S50EVB 车型进行。

操作练习

内容	操作	参考图片
（一）准备		
安装车内外护套及车轮挡块。 测量蓄电池电压作为判断故障的基准		
（二）故障现象确认		
确认是否能高压上电	启动车辆，检查是否能高压上电，SOC%是否大于30%	
检查空调控制器（控制面板）	开启鼓风机开关，将调温旋钮转到最高温状态。 检查对应出风口是否正常出热风（约 10s）	
	按下鼓风机开关中部的内循环开关，检查是否能正常点亮指示灯。 若能正常点亮指示灯则间接说明控制器供电正常，基本功能正常（或可按下调温旋钮中部模式风门开关，指示灯是否可在吹脸与吹前挡风玻璃之间改变）。 若不能正常点亮指示灯，则应先检测 AC 控制模块	
（三）读取故障码		
VCU	读取 VCU 故障码。 如右图所示，暖风电路故障码可从 VCU 中读出	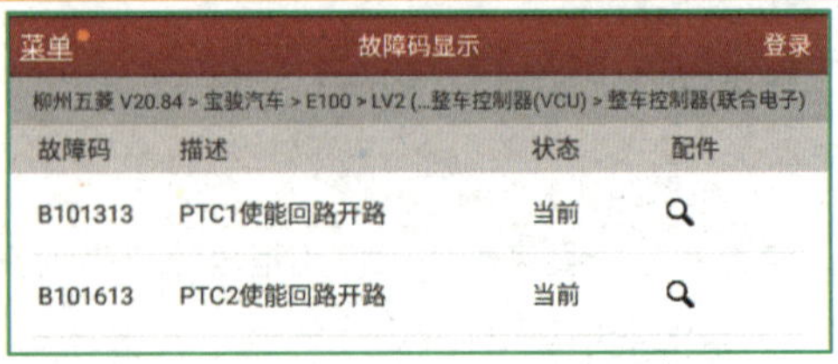

续表

<table>
<tr><th>内容</th><th>操作</th><th>参考图片</th></tr>
<tr><td colspan="3">（四）读取关键数据流</td></tr>
<tr><td rowspan="2">VCU</td><td>进入 VCU 数据流，读取 VCU 中关于暖风的当前数据参数</td><td>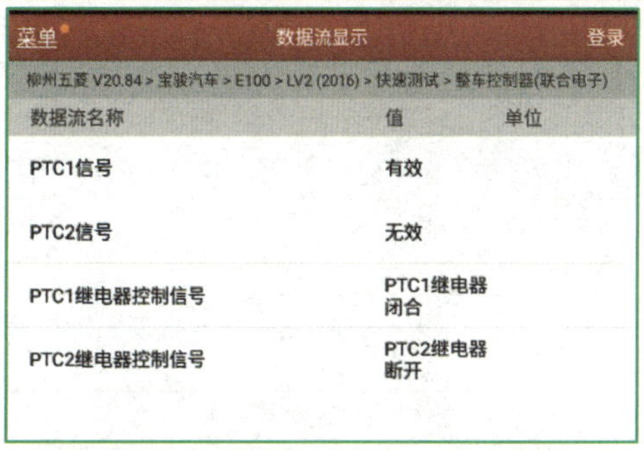
</td></tr>
<tr><td>动作测试 PTC1 输入请求信号。
正常状态下可听到高压配电盒中继电器的吸合声，说明 VCU 至高压配电盒的暖风控制电路正常。
若无继电器吸合声，应对相关控制电路及元件进行进一步检测</td><td>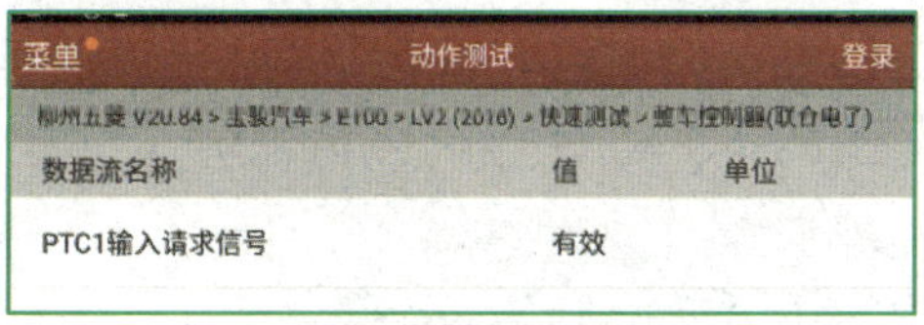
</td></tr>
<tr><td colspan="3">（五）关键信号电路检测</td></tr>
<tr><td rowspan="4">AC 控制模块</td><td>当打开鼓风机开关后，鼓风机不工作，开关内部指示灯也未点亮，应重点检查控制器的供电，并确认控制器的好坏</td><td></td></tr>
<tr><td>检查仪表配电盒 F221D（18#）熔断器。
具体位置标识见附件一</td><td>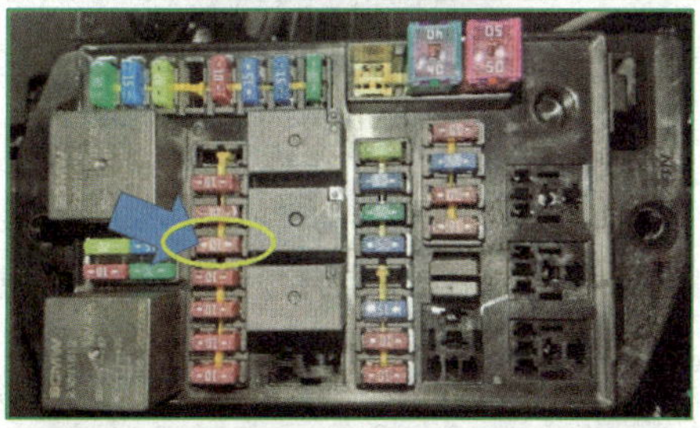</td></tr>
<tr><td>若熔断器正常，可检查空调控制器插接器的供电情况。
用塑料工具撬开仪表台上的控制盖板</td><td>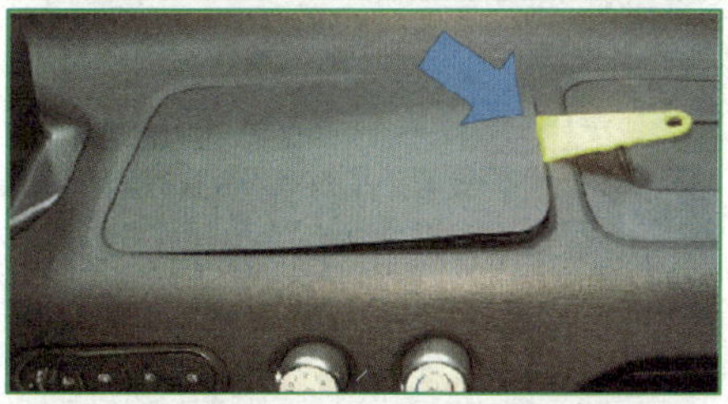</td></tr>
<tr><td>拔出空调控制器插接器</td><td>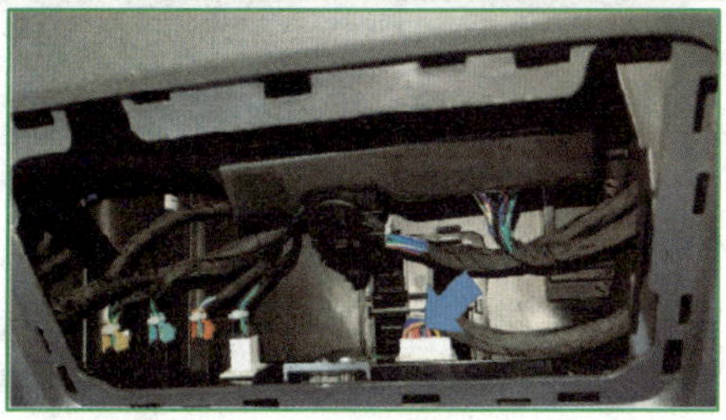</td></tr>
</table>

续表

<table>
<tr><th>内容</th><th>操作</th><th>参考图片</th></tr>
<tr><td>空调控制器</td><td>打开点火开关，检查空调控制器 2#端子的 IG 电源及 14#端子搭铁情况。
建议采用实电（功率）试灯进行检查</td><td></td></tr>
<tr><td rowspan="2">PTC 温度开关</td><td>拔出加速踏板上方的 PTC 温度开关插座</td><td>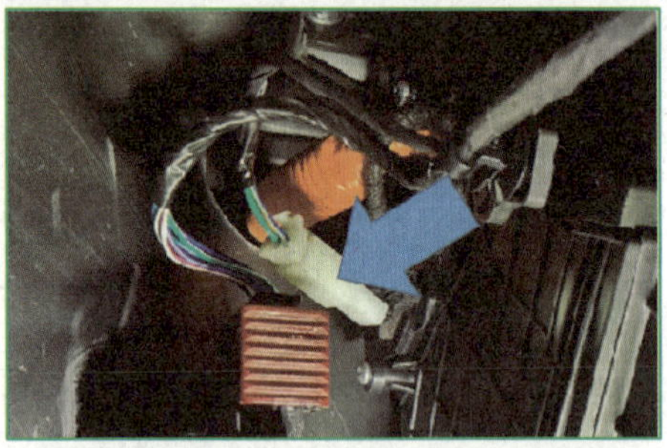</td></tr>
<tr><td>测量 PTC 温度开关导通情况。
正常情况下导通，温度过高时断开</td><td>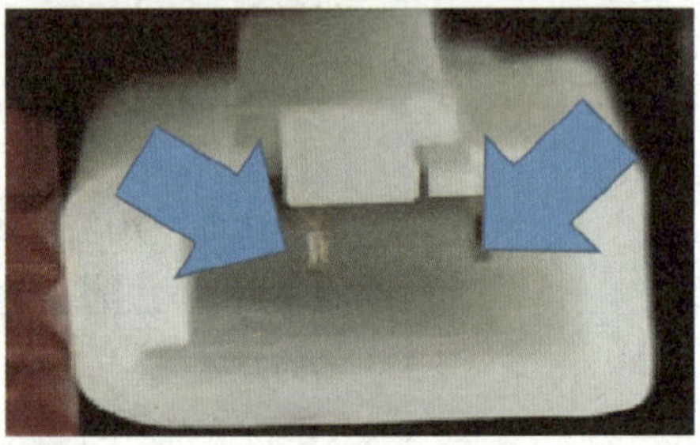</td></tr>
<tr><td rowspan="2">PTC 控制信号检测</td><td>万用表测量 AC 控制模块 7、8#端子的电压值。
参考数据：
1．未开启加热时约为 12.2V。
2．开启加热时，8#端子电压值为 0V。
3．若环境温度较低，7#端子电压值为 0V</td><td></td></tr>
<tr><td>应用功率试灯一端搭铁，另一端通过背针接至 8#端子，检测仪数据如右图所示，说明 AC 控制模块至 VCU 模块的线路无故障，否则应查找 AC 控制模块 8#端子与 VCU 模块 3#端子之间的连接情况</td><td>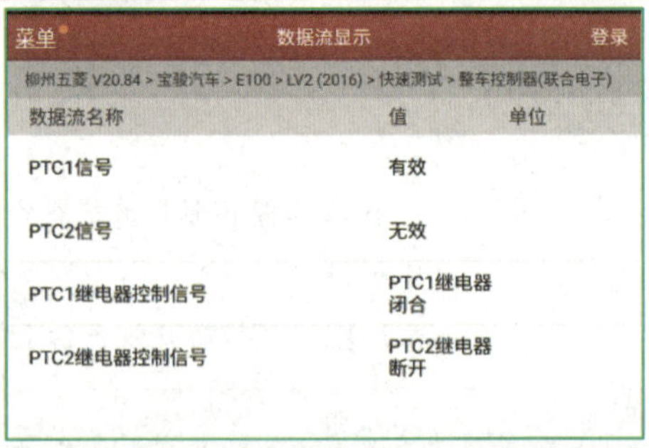</td></tr>
<tr><td>PTC 检测</td><td>在点火开关关闭的情况下，打开发动机舱盖，拔出 PTC 高压插接器。
注意：
严禁在主正、主负继电器有黏结故障的情况下进行随意拔插</td><td>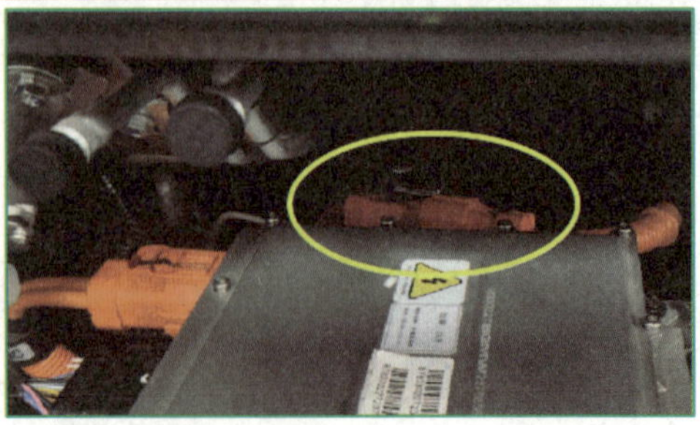</td></tr>
</table>

续表

内容	操作	参考图片
PTC 检测	测量 PTC 插接器上的高压加热芯体电阻值。 参考数据： 2#-1#电阻值约为 40Ω（20℃）。 4#-3#电阻值约为 20Ω（20℃）。 1#-3#电阻值约为 0Ω	
高压配电检查	1. 在断电情况下，短接高压线束上的高压互锁，接上蓄电池负极，启动高压上电。 2. 开启暖风。 3. 穿戴好防护用具，测量高压线束上 1#与 2#端子的电压值，正常情况应听到配电盒中继电器的吸合声，同时测量到的电压为电池包电压。 4. 无吸合声说明配电盒继电器或其电路有故障，有吸合声但电压较低或无电压说明继电器触点有故障。 注意： 可参照 S50EV 车型关于配电盒内继电器的检测方法，只打开点火开关但不进行高压上电，对 PTC1 信号做动作测试，应用万用表的电阻挡测量相应正极对输入正极、负极对相应负极是否接通来判断	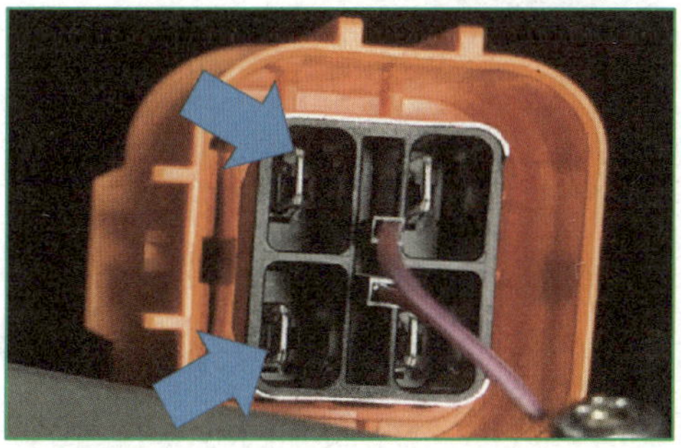
（六）排除故障		
更换故障件或处理相应故障部位		
（七）确认及恢复车辆		
恢复车辆	清除故障码	
	断开一次蓄电池负极后重新接上	
	启动高压上电，重新核实故障是否排除	
（八）按照 5S 管理标准进行整理		

原理讲解

1. 暖风工作原理

汽车暖风工作原理与家庭用取暖器工作原理相似。高压电通过加热装置时，加热器通电发热，鼓风机吹拂加热器将暖风送到驾驶室内。初始电子辅助加热器中的发热芯体温度较低，电阻很小，高压电通过时电流很大，使发热芯体温度迅速增加，电阻随之呈数量级增大。当发热芯体温度达到 270℃左右时，电阻开始保持稳定，电流不再变化，发热芯体温度随之稳定。加热挡位不同，导通的发热芯体及数量不同。E100 车型暖风工作原理如图 3-6-1 所示。

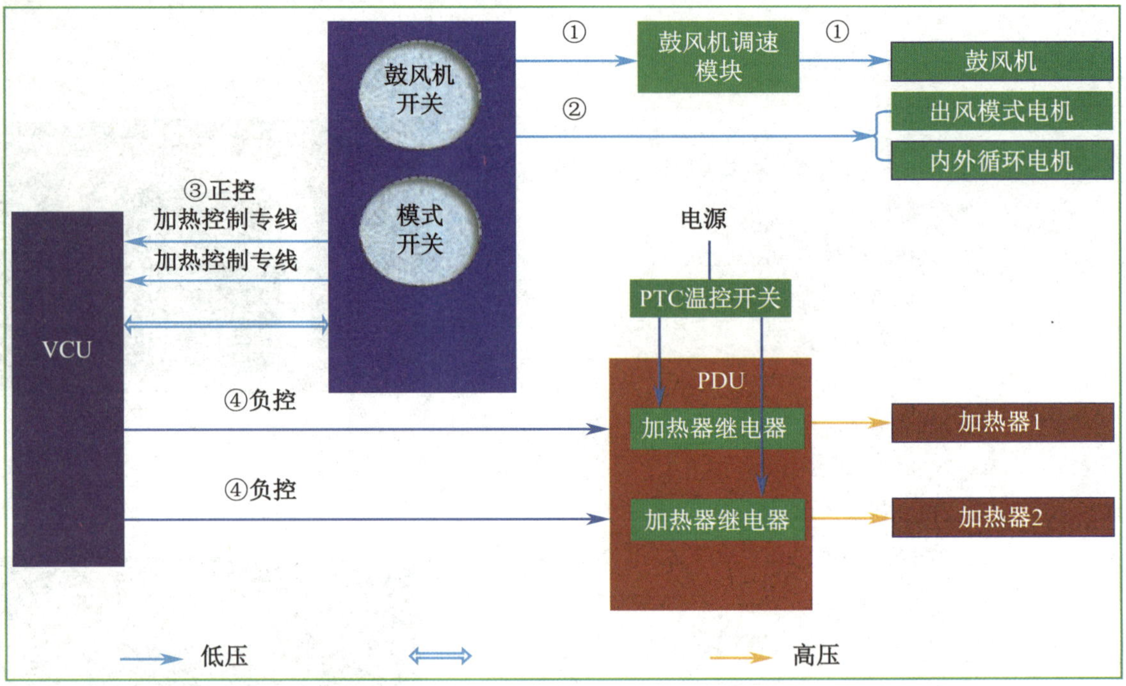

图 3-6-1　E100 车型暖风工作原理

（1）开启鼓风机开关及模式开关，选择加热功能后，空调模块通过端子向 VCU 输送高电位。

（2）VCU 根据空调模块的加热控制专线，控制 PDU 内部对应的 PTC 继电器工作。

（3）加热继电器工作后，触点接通相应的高压电路，将高压电送至相应的加热器。

（4）当加热器内温度过高时，IG 电源输送至 PTC 温度开关后断路，无法为 PTC 继电器供电，VCU 无法控制继电器工作，系统报故障。

2. 暖风电路控制原理

E100 车型暖风电路控制原理图如图 3-6-2 所示。

（1）开启鼓风机开关及模式开关，选择加热功能后，空调模块通过 7#、8#端子向 VCU 的 3#、22#端子输送高电位。

（2）VCU 根据 3#、22#信号，通过 55#、59#端子负控 PDU 内部的 PTC 继电器吸合。

3. 工作条件

（1）整车处于 READY 状态。

（2）驱动电池电量大于 30%。

（3）鼓风机启动。

（4）电子辅助加热器连通。

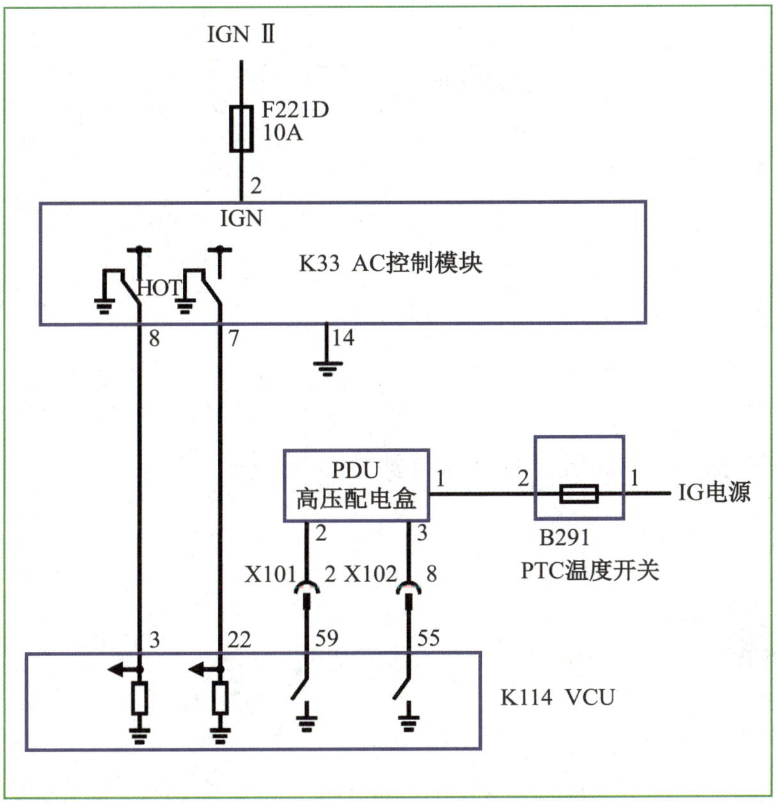

图 3-6-2　E100 车型暖风电路控制原理图

工作页

内容	现象及数据记录	结果判断
故障确认	检查安全防护用具	
（一）准备		
	安装车内外护套及车轮挡块	
	蓄电池电压值：________V	蓄电池是否充电： □是 □否
（二）故障现象确认		
高压检查	车辆是否能高压上电： □是　　□否	故障与车辆是否能高压上电： □有关 □无关
电量检查	启动车辆，检查是否能高压上电，SOC%是否大于 30%。 □是　　□否	剩余电量开启空调条件： □满足 □不满足
控制器检查	开启鼓风机开关，将调温旋钮转到最低温状态，检查对应出风口是否正常出风。 □正常　　□异常　　□鼓风机不工作 按下鼓风机开关中部的内循环开关，检查是否能正常点亮指示灯。 □是　　□否	AC 控制模块： □供电正常 □供电异常

续表

内容	现象及数据记录	结果判断
PTC 继电器检查	在开启暖风瞬间，PDU 内部是否有继电器吸合声。 □是　　□否	PTC 温度开门关及 VCU 起控情况： □正常 □异常
（三）读取故障码		
VCU	故障代码记录： ____ ____	
（四）读取关键数据流		
VCU	进入 VCU 数据流，读取 VCU 中关于暖风的当前数据参数。 PTC1 信号： □有效　　□无效 PTC2 信号： □有效　　□无效 PTC1 继电器控制信号： □闭合　　□断开 PTC2 继电器控制信号： □闭合　　□断开	VCU 控制： □正常 □异常
（五）关键信号电路检测		
AC 控制模块	检查仪表配电盒 F221D（18#）熔断器： □正常　　□异常 打开点火开关，检查空调控制器 2#端子的 IG 电源及 14#端子搭铁情况。 2#端子电源： □正常　　□异常 14#端子搭铁： □正常　　□异常	AC 控制模块： □正常 □异常
PTC 温度开关	1#端子输入电压值：__________V。 2#端子输出电压值：__________V	温度开关： □正常 □异常
PTC 控制信号检测	万用表测量 AC 控制模块 7#、8#端子电压值。 7#端子输出电压值：__________V。 8#端子输出电压值：__________V	输出的控制信号： □正常 □异常
PTC 检测	测量 PTC 插接器上的高压加热芯体电阻值。 2#-1#电阻值：__________Ω（20℃）。 4#-3#电阻值：__________Ω（20℃）。 1#-3#电阻值：__________Ω	PTC： □正常 □异常
PTC 高压供电	短接互后启动高压上电，开启暖风，测量高压线束上的电压值。 2#-1#电压值：__________V	配电盒供电： □正常 □异常
（六）排除故障		
更换故障件或处理相应故障部位		
（七）确认及恢复车辆		
恢复车辆	清除故障码	
	断开一次蓄电池负极后重新接上	
	启动高压上电，重新核实故障是否排除	

续表

内容	现象及数据记录	结果判断
（八）按照 5S 管理标准进行整理		
（九）拓展		
对于配备维修开关的车辆，还有什么方法可判断电池包内部单个继电器的好坏		

任务七 不能高压上电故障排查

学习建议

建议参阅 S50EVB 车型进行。

操作练习

内容	操作	参考图片
（一）准备		
	安装车内外护套及车轮挡块	
	检查蓄电池电压	
（二）故障现象确认及基本检查		
试启动	踩下制动踏板，将点火开关转到 ON 挡（PEPS 车辆需长按启动按钮），检查车辆状态。 仪表点亮说明低压电路初检正常。 仪表未能点亮说明低压供电有故障	
挡位信号检查	检查旋钮挡位是否处于 P 挡（充电位）或 N 挡	
	检查仪表是否能正常显示 P 挡或 N 挡	

续表

内容	操作	参考图片
检查制动信号	踩下制动踏板，观察制动灯（PEPS 车辆可观察启动开关）。 现象 1： 制动灯点亮（或启动开关绿灯点亮），初步说明制动信号可能无故障。 现象 2： 启动开关绿灯不亮，PEPS 未收到制动信号，应检查制动信号	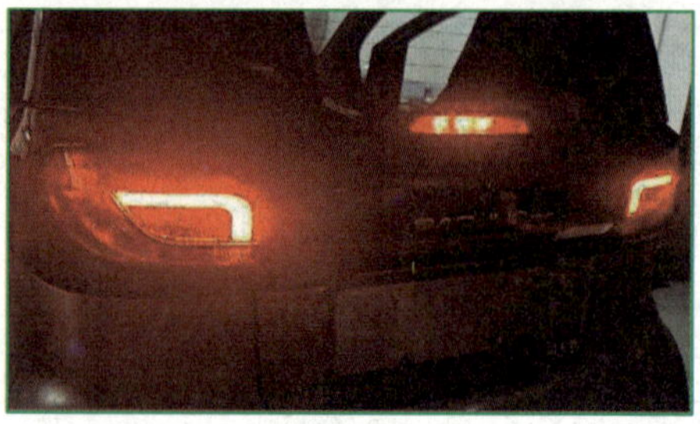
电池包继电器工作声	在启动瞬间，注意电池包内部有无继电器工作声。 有工作声说明启动条件已满足，无工作声说明启动条件未满足，应着重检查启动条件。 注意： 此方法不适用于噪声较大的工作环境	
（三）读取故障码		
	未熟悉车型配置时，建议选择快速扫描读码。 若有指向明显的故障码，可按故障码指示方向有针对性地查找故障	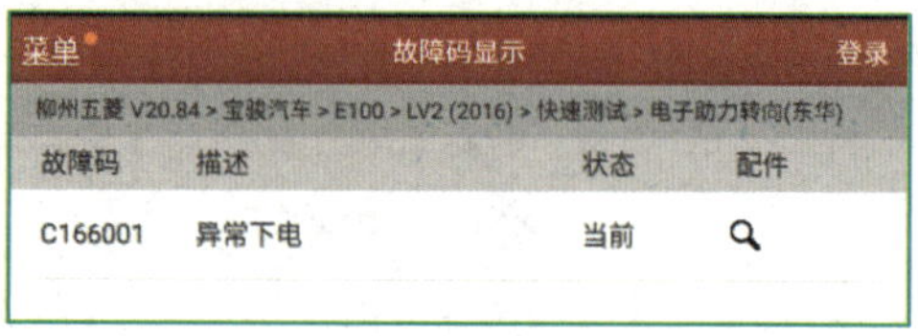
（四）读取关键数据流		
检查启动时电池包继电器工作情况	连接诊断仪，进入 BMS 系统，捕捉启动瞬间主正、主负、预充继电器状态，通过数据流来判断 VCM 是否对电池包内部的继电器起控。 （1）主负、预充继电器工作，说明起控条件已满足。 （2）主负、预充继电器未工作，说明起控条件未满足，应进一步检查起控条件	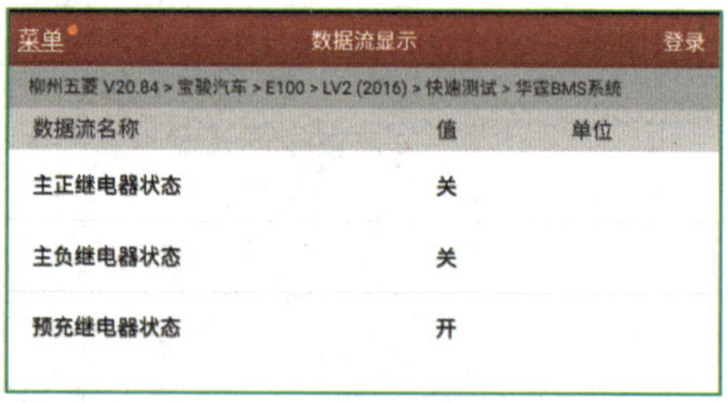
VCM 其他关键信号检查	制动踏板信号：制动时应为有效。 换挡开关的 P 挡应为有效，其他挡位应为无效	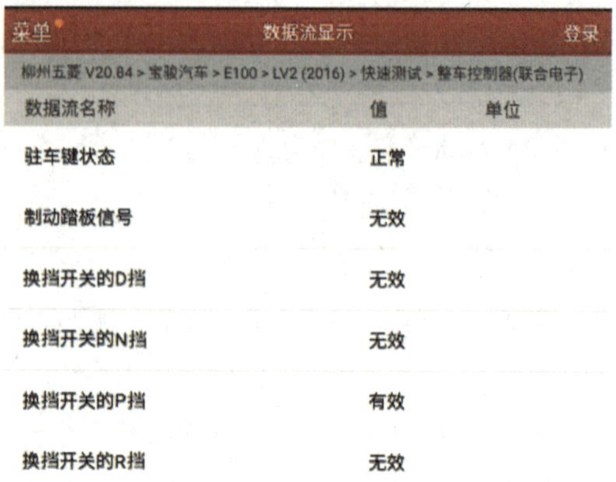

续表

<table>
<tr><th>内容</th><th>操作</th><th>参考图片</th></tr>
<tr><td>BMS 关键参数检查</td><td>电池绝缘状态：应为正常。
电池温度状况：应为正常。
电池压差状况：应为正常</td><td>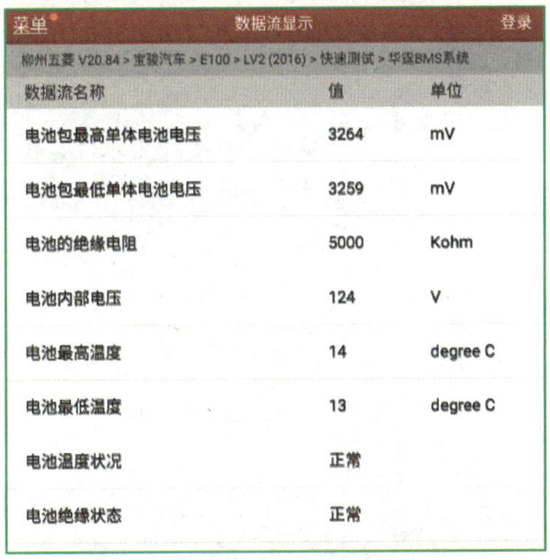
</td></tr>
<tr><td colspan="3">（五）关键元件检测</td></tr>
<tr><td rowspan="5">制动开关</td><td>旋转制动开关</td><td>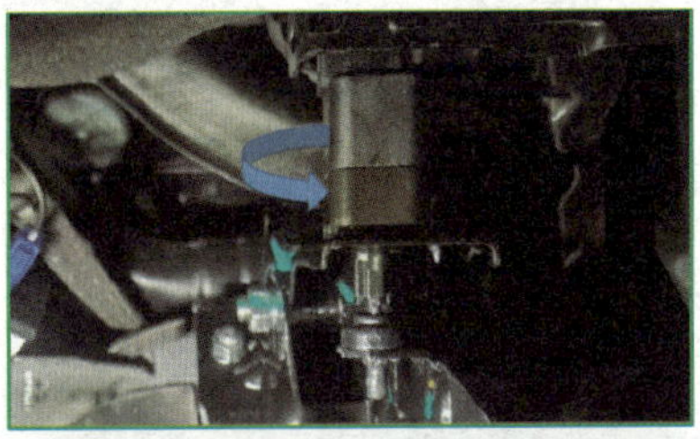</td></tr>
<tr><td>取下制动开关</td><td></td></tr>
<tr><td>应用试灯或万用表测量制动开关电源的到位情况</td><td>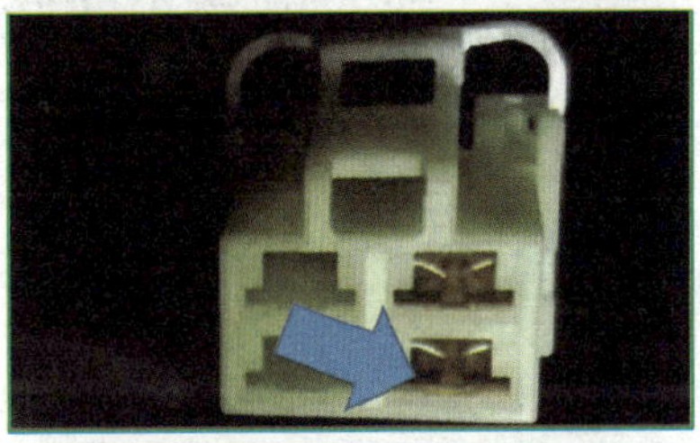</td></tr>
<tr><td>检查制动开关每次压缩及弹出是否顺畅</td><td>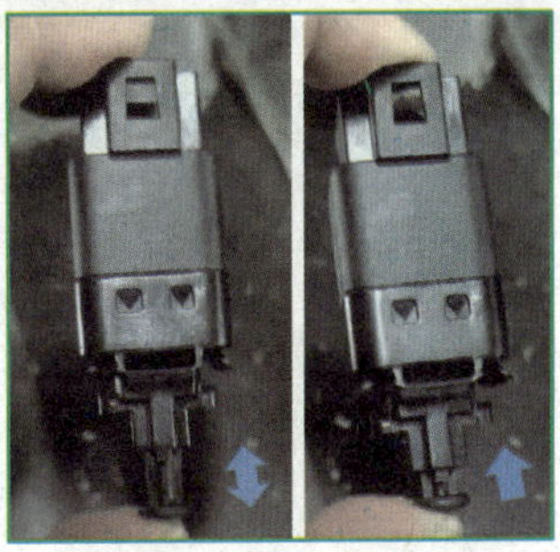</td></tr>
<tr><td>复装后检查每次制动是否点亮制动灯，每次放开是否熄灭制动灯</td><td></td></tr>
</table>

续表

内容	操作	参考图片
挡位开关检测	检查挡位旋钮指示灯是否点亮，未点亮则先检查仪表配电盒 F201D 熔断器	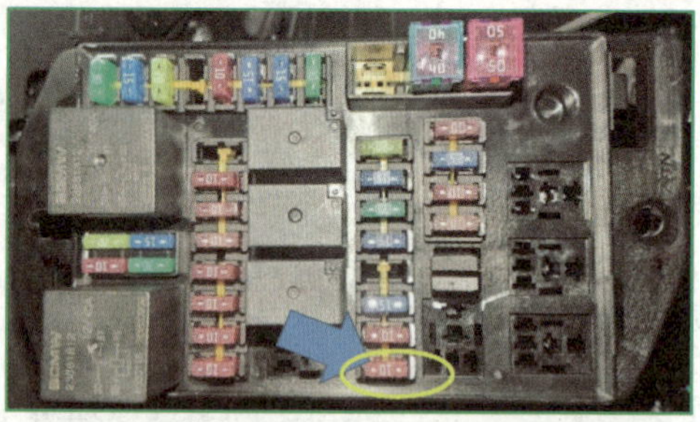
	撬开中控台周边的 4 颗装饰扣，拆下内部的 4 颗螺栓	
	从后部抬起中控台	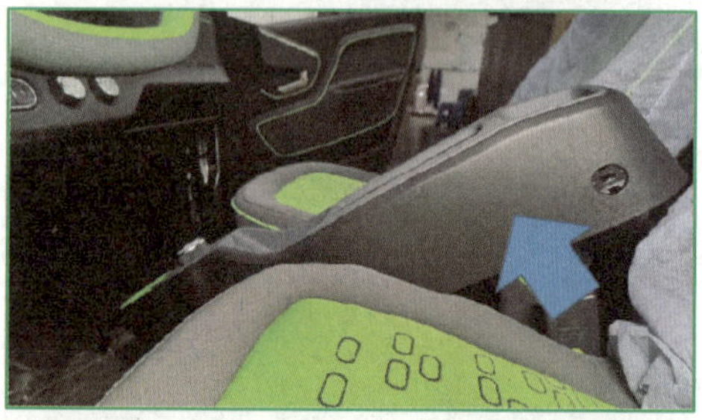
	拔出电动车窗控制插座及挡位开关插座	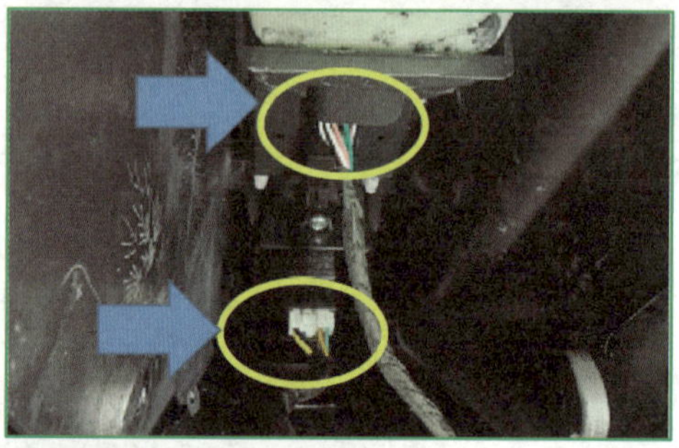
	打开点火开关，检查挡位开关插座 12#端子电源及 6#端子搭铁情况	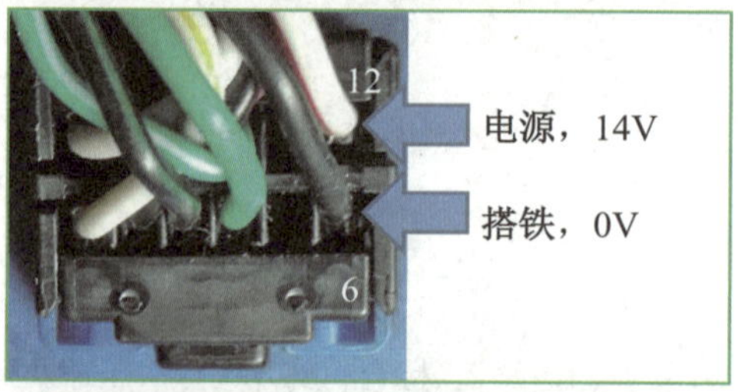
	插好插座后，依次测量挡位开关各端子电压值	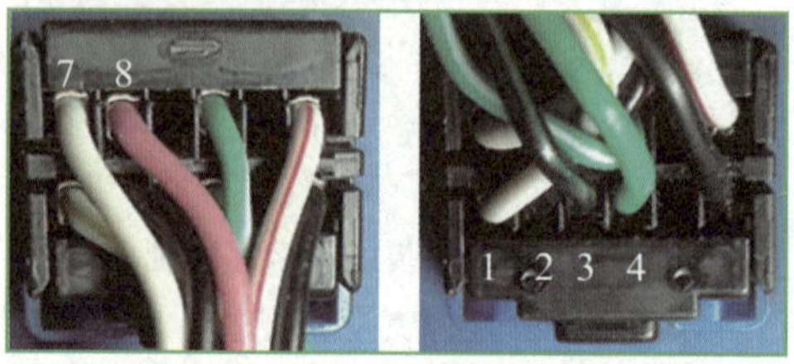

续表

<table>
<tr><th>内容</th><th>操作</th><th>参考图片</th></tr>
<tr><td>挡位开关检测</td><td>参考表格如右图所示。
注意：
可与检测仪数据流进行对比，重点核查有故障的挡位</td><td>
<table>
<tr><th></th><th>1</th><th>2</th><th>3</th><th>4</th><th>7</th><th>8</th></tr>
<tr><td>P</td><td>0</td><td>0</td><td>0</td><td>12.9</td><td>12.4</td><td>12.4</td></tr>
<tr><td>R</td><td>0</td><td>0</td><td>12.9</td><td>0</td><td>0</td><td>12.4</td></tr>
<tr><td>N</td><td>0</td><td>12.9</td><td>0</td><td>0</td><td>0</td><td>0</td></tr>
<tr><td>D</td><td>12.9</td><td>0</td><td>0</td><td>0</td><td>12.4</td><td>0</td></tr>
</table>
</td></tr>
<tr><td rowspan="6">MCU 检测</td><td>MCU 失去通信或数据流中 MCU 无输入电压时，一般应对 MCU 低压供电及 CAN 通信进行检测。
检查 F226D 熔断器</td><td>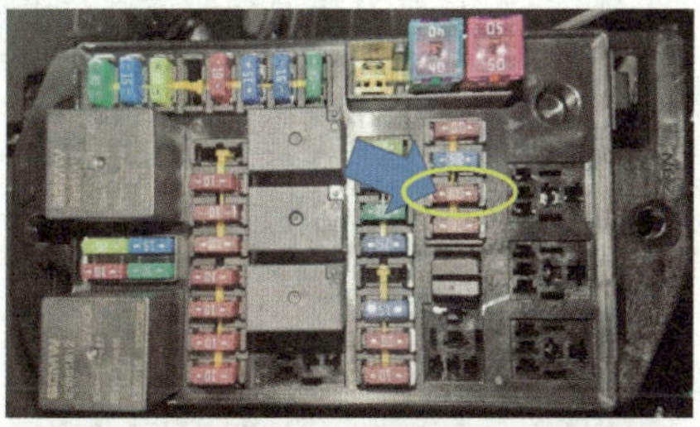</td></tr>
<tr><td>关闭点火开关，断开蓄电池负极，拆除 MCU 防尘盖固定螺栓，取下防尘盖</td><td>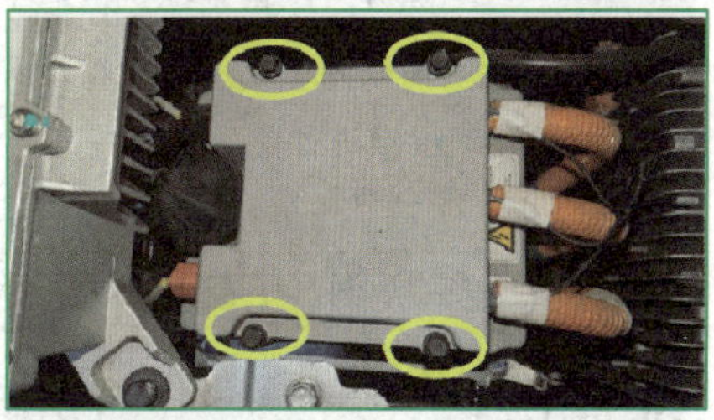</td></tr>
<tr><td>穿戴好防护用具，测量 MCU 高压输入端正、负极之间的电压值。
分别测量高压正极、负极与车身搭铁之间的电压值</td><td>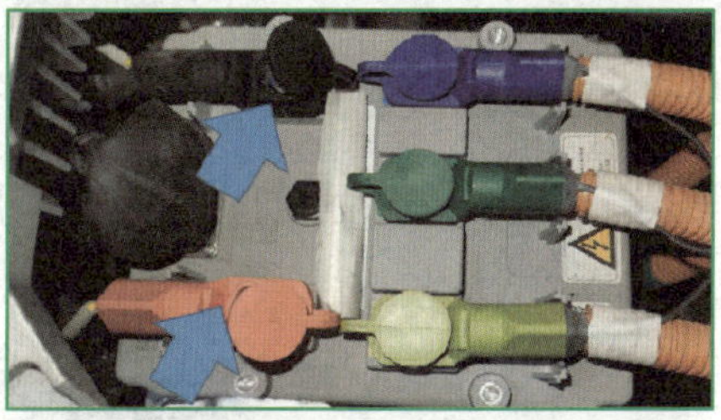</td></tr>
<tr><td>拔出 MCU 低压插座</td><td>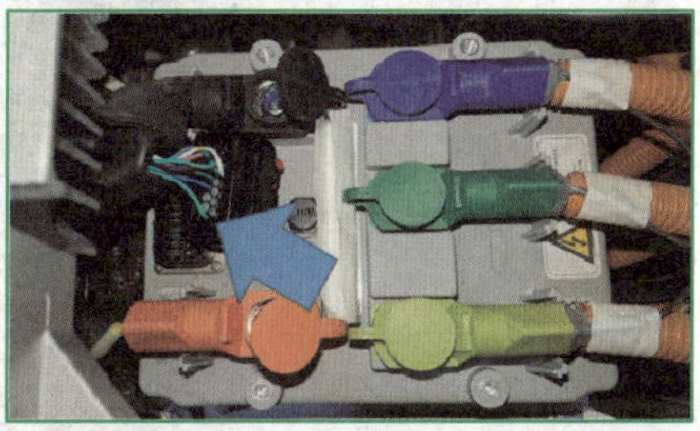</td></tr>
<tr><td>接好蓄电池负极，将点火开关转到 ON 挡。
测量 8#端子电源情况。
测量 17#端子搭铁情况。
测量 1#端子 CAN-H 情况。
测量 9#端子 CAN-L 情况</td><td>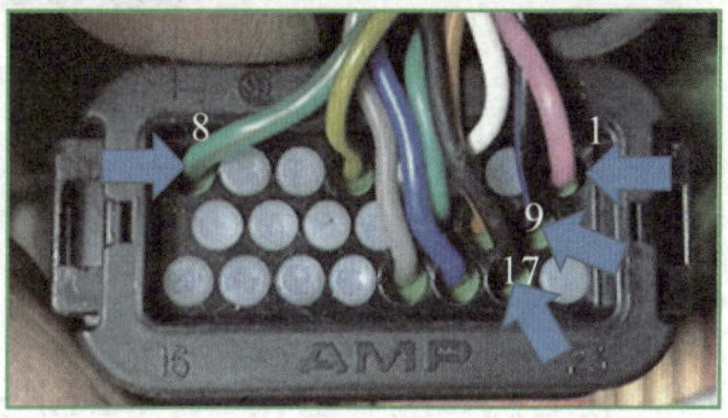
</td></tr>
<tr><td>关闭点火开关，插好插座，利用背针再检测一次</td><td></td></tr>
</table>

续表

内容	操作	参考图片
主正、主负继电器检查	启动车辆，听到电池包内有继电器工作声后，穿戴好防护用具，测量 MCU 高压输入端正极、负极之间的电压值，对比检测仪电池包电压数据，可判断主正、主负继电器的接触情况。 注意： 严禁在启动操作后对电池包内的继电器进行动作测试	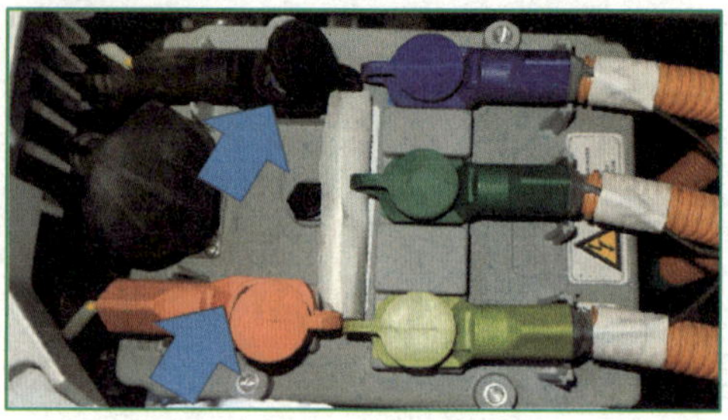
（六）排除故障		
更换故障件或处理相应故障部位		
（七）确认及恢复车辆		
恢复车辆	清除故障码	
	断开一次蓄电池负极后重新接上	
	启动高压上电，重新核实故障是否排除	
（八）按照 5S 管理标准进行整理		
（九）拓展		
对于配备维修开关的车辆，还有什么方法可以判断电池包内部单个继电器的好坏		

原理讲解

1. 故障现象

高压上电仪表指示如图 3-7-1 所示。进入驾驶室，踩下制动踏板，按下启动按钮，车辆无法点亮 READY 灯，表示存在故障。

图 3-7-1　高压上电仪表指示

2. 影响高压上电的因素

（1）防盗认证未通过。

（2）低压供电不正常（或 PEPS 故障）。

（3）CAN 通信异常。

（4）电机及 MCU（电机控制器）故障。

（5）电池包各继电器工作异常。

（6）制动信号异常。

（7）挡位信号异常。

（8）VCU 损坏。

（9）电芯最高温度和最低温度的温差超差。

（10）电池包最高电压和最低电压的压差超差。

（11）电芯最高电压和最低电压的压差超差。

（12）高压互锁异常。

（13）高压绝缘超差。

3. 高压上电工作原理

E100 车型高压上电控制示意图如图 3-7-2 所示。

（1）遥控等方式解除车辆防盗。

（2）VCU 在点火开关处于 ON 挡的状态下接收到制动信号。

（3）系统自检。

（4）VCU 通过 CAN 线控制 BMS，BMS 控制电池包内的主正、主负、预充继电器工作。

（5）MCU 检测高压是否符合要求。

（6）VCU 点亮仪表 READY 灯，释放预充继电器，完成高压上电。

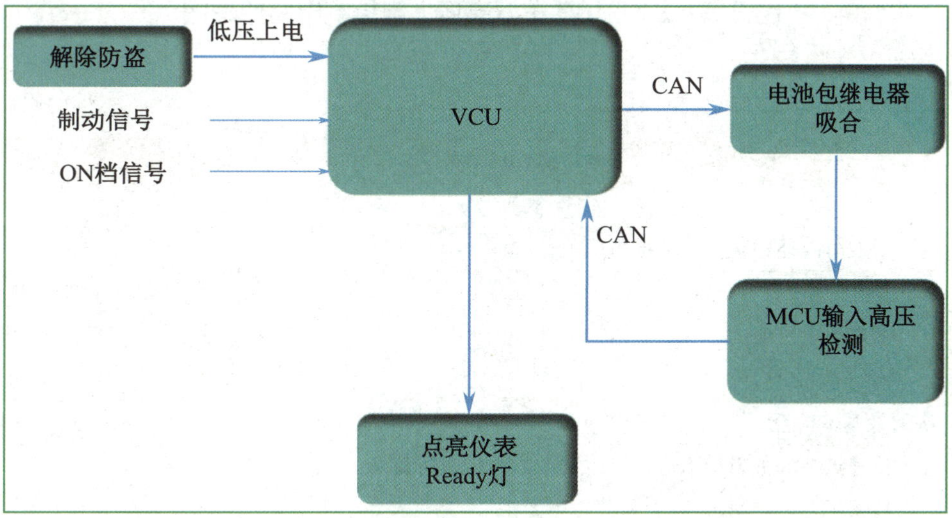

图 3-7-2 E100 车型高压上电控制示意图

4. 高压上电控制电路原理

E100 车型高压上电控制电路原理图如图 3-7-3 所示。

（1）刹车灯开关信号通过硬线直接传递至 VCU 的 26#端子。

（2）挡位开关的位号通过硬线直接传递至 VCU。

（3）电池包内部的电池参数通过 CAN 进行传递。

（4）MCU 的高压电压参数通过 CAN 进行传递。

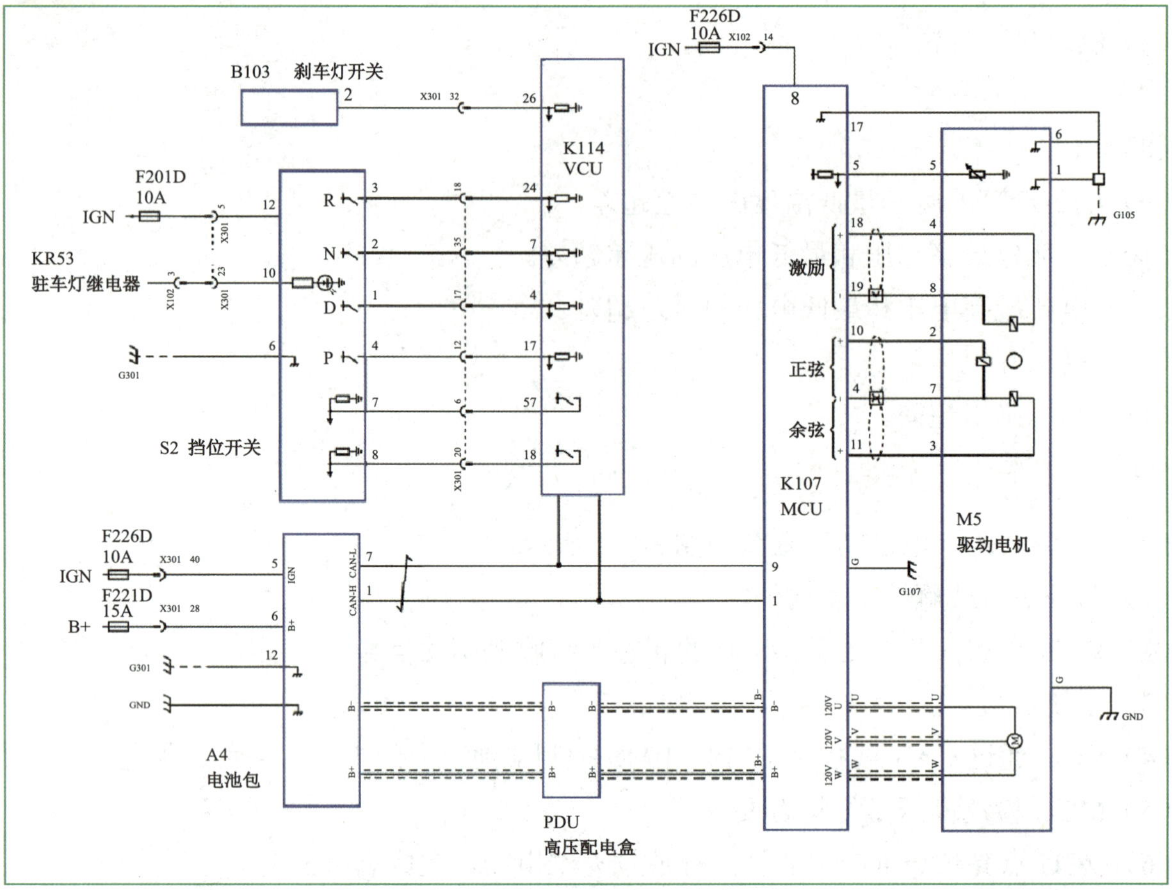

图 3-7-3　E100 车型高压上电控制电路原理图

工作页

内容	现象及数据记录	结果判断
（一）准备		
	安装车内外护套及车轮挡块	
	蓄电池电压值：________V	蓄电池是否充电： □是 □否
（二）故障现象确认及基本检查		
故障现象确认	仪表点亮的故障指示灯（可用文字或画图进行标识）： 1. 2. 3. 4. 仪表中央区域显示的故障信息： 1. 2. 3. 4.	引起不能高压上电的主要原因可能是： □高压互锁 □电机控制 □绝缘故障 □启动条件未满足

续表

内容	现象及数据记录	结果判断
基本检查	检查低压上电。 打开点火开关，低压状态下车辆是否能正常上电点亮仪表： □是　　□否 测量辅助蓄电池电压值：________V	辅助蓄电池： □正常 □异常
	打开点火开关后，仪表是否能正常显示 P 挡： □是　　□否	挡位条件： □正常 □异常
	观察仪表显示的电池包 SOC 是否处于良好范围： □是　　□否	电池包是否存在过量放电： □存在 □不存在
	确认充电口是否插枪或仪表的充电连接指示灯是否点亮： □ 是　　□否	是否存在充电影响： □存在 □不存在
	启动车辆，检查在启动时是否能听到电池包内部继电器的工作声： □是　　□否	高压上电条件： □满足 □未满足
（三）读取故障码		
快速扫描	检测仪进入各系统模块，检查当前是否可进入 VCU 、BMS、MCU、BCM 等模块，且未出现总线关闭等故障： □是　　□否	是否有控制模块未工作： □是　　□否
VCU 模块	主要故障代码及内容： ________________________________。 ________________________________。 ________________________________。 ________________________________。 高压互锁现象是否存在： □存在　　□ 不存在 母线电压过低现象是否存在： □存在　　□ 不存在	是否存在主正、主负继电器同时黏结的故障： □是　　□否
BMS 模块	主要故障代码及内容： ________________________________。 ________________________________。 ________________________________。 ________________________________。 绝缘故障现象是否存在： □存在　　□不存在 电芯压差过大现象是否存在： □存在　　□不存在 电芯电压过高现象是否存在： □存在　　□不存在 电芯电压过低现象是否存在： □存在　　□不存在 电芯温差过大现象是否存在： □存在　　□不存在 电芯温差过大现象是否存在： □存在　　□不存在	

续表

内容	现象及数据记录	结果判断
MCU 模块	主要故障代码及内容： ________________________。 ________________________。 弦变信号丢失现象是否存在： □存在　　□不存在	
（四）读取数据流		
对比分析	读取 MCU 数据流。 输入电压值：________ V。 读取 BMS 数据流。 电池包电压值：________ V	压差范围： □正常 □异常
VCU 关键数据流	确认在启动瞬间 VCM 关键数据流。 主正继电器： □有效　　□无效 主负继电器： □有效　　□无效 预充继电器： □有效　　□无效	启动条件： □正常 □异常
	放开制动踏板时制动踏板信号： □无效　　□有效 踩下制动踏板时制动踏板信号： □无效　　□有效	制动条件： □满足 □不满足
	显示有效的挡位信号是： □P　□R　□N　□D　□无	挡位条件： □满足 □不满足
（五）关键元件检测		
制动开关	P 挡时，测量挡位开关各端子电压值。 1#端子电压值：____________V。 2#端子电压值：____________V。 3#端子电压值：____________V。 4#端子电压值：____________V。 7#端子电压值：____________V。 8#端子电压值：____________V	挡位开关： □正常 □异常
制动开关	回位是否顺畅： □是　　□ 否	制动开关： □正常 □异常
MCU	是否能读取数据流： □是　　□ 否 启动后高压输入值：____________V	MCU： □正常 □异常
（六）排除故障		
更换故障件或处理相应故障部位		
（七）确认及恢复车辆		
恢复车辆	清除故障码	
	断开一次蓄电池负极后重新接上	
	启动高压上电，重新核实故障是否排除	
（八）按照 5S 管理标准进行整理		

任务八 不能行驶故障排查

学习建议

建议参阅 S50EVB 车型进行学习。

操作练习

<table>
<tr><th>内容</th><th>操作</th><th>参考图片</th></tr>
<tr><td colspan="3">（一）准备</td></tr>
<tr><td colspan="3">安装车内外护套及车轮挡块。
测量蓄电池电压作为判断故障的基准</td></tr>
<tr><td colspan="3">（二）故障现象确认</td></tr>
<tr><td rowspan="3">基本检查</td><td>启动高压上电，检查车辆是否已点亮仪表的 READY 灯</td><td>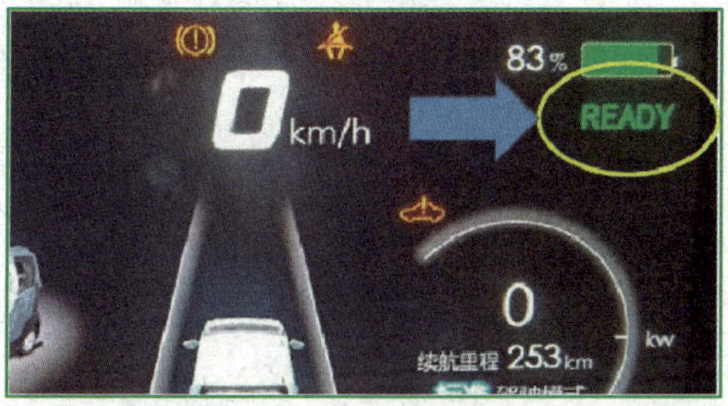
</td></tr>
<tr><td>踩住制动踏板，挂入各挡位，检查仪表是否能正常显示各挡位</td><td>
</td></tr>
<tr><td>在空旷区域将 4 个车轮用车轮挡块挡住，启动高压上电后挂入 D 挡，轻踩加速踏板，检查加速时的车辆受力情况。
加速时车辆有憋力感，多见于制动系统机械故障。
加速时无任何感觉，且电流无变化，多见于制动开关故障等控制系统信号故障</td><td></td></tr>
</table>

续表

<table>
<tr><th>内容</th><th>操作</th><th>参考图片</th></tr>
<tr><td colspan="3">（三）读取故障码</td></tr>
<tr><td>快速测试</td><td>对车辆不熟悉的建议采用快速测试，先读取所有系统故障代码，再分析故障起因，如右图所示，在 MCU 及 VCU 中读到了电机温度传感器故障</td><td>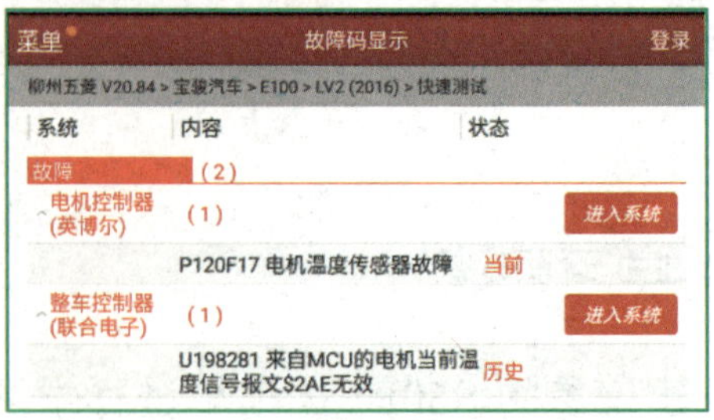
</td></tr>
<tr><td colspan="3">（四）读取关键数据流</td></tr>
<tr><td></td><td>车辆能够正常行驶的参考数据。
加速踏板位置：>0%。
电机扭矩请求：>0 N•m。
制动踏板信号：无效。
换挡开关的 D 挡（或 R 挡）：有效</td><td>
</td></tr>
<tr><td colspan="3">（五）关键信号电路检测</td></tr>
<tr><td>制动开关检测</td><td>参阅“不能高压上电故障排查”</td><td></td></tr>
<tr><td>挡位开关检测</td><td>参阅“不能高压上电故障排查”</td><td></td></tr>
<tr><td rowspan="2">加速踏板检测</td><td>当加速踏板位置的数据无变化或系统报加速踏板信号不可信等故障时，可查看加速踏板信号电压值数据。
打开点火开关（不启动车辆），踩下加速踏板，查看加速踏板信号电压值数据。
加速踏板信号 1 电压值约为 1.0～4.2V。
加速踏板信号 2 电压值约为 0.5～2.1V</td><td>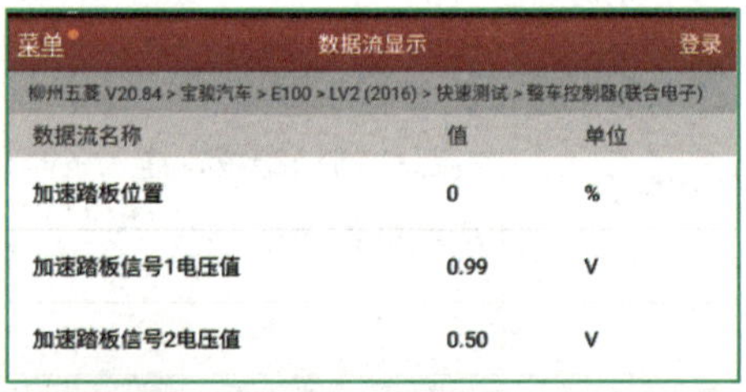

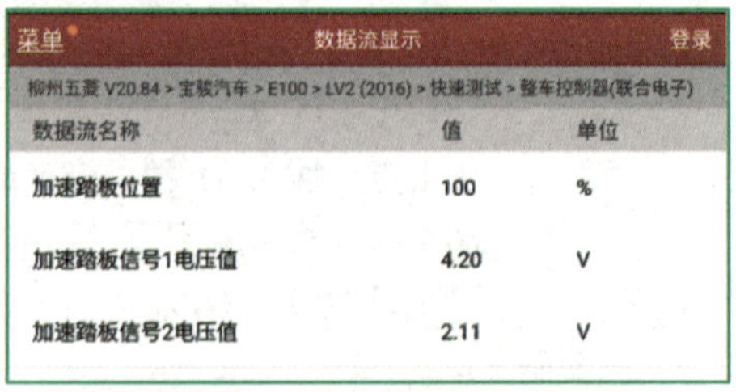
</td></tr>
<tr><td>关闭点火开关，拔出加速踏板传感器线束插座</td><td>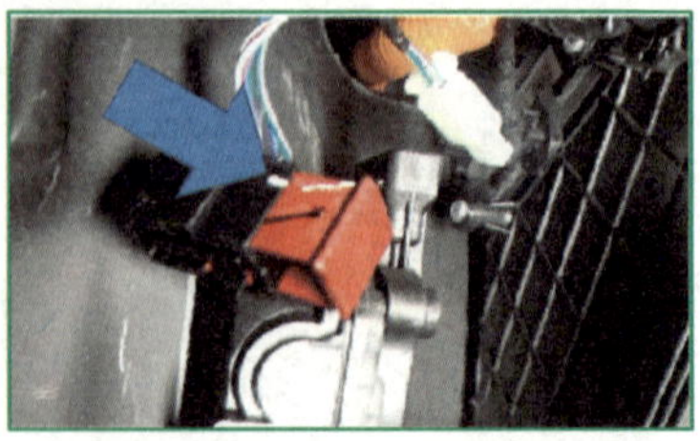</td></tr>
</table>

续表

内容	操作	参考图片
加速踏板检测	检查踏板线束插座对地电压值。 1#、2#、3#、4#端子电压值：0V。 5#、6#端子电压值：5V。 检查插下踏板线束插座后的电压值。 1#端子电压值：0.5V。 3#端子电压值：1.0V	
弦变及温度信号检测	关闭点火开关，举升车辆，拔出弦变信号线束插座	
	测量各弦变信号电阻值。 温度信号线圈 1#-5#电阻值：1kΩ（约 10℃）。 正弦信号线圈 2#-7#电阻值：42 Ω。 余弦信号线圈 3#-7#电阻值：44 Ω。 激磁信号线圈 4#-8#电阻值：27 Ω。 1#-6#线束相通，6#端子与壳体相通。 注意： 各弦变及温度传感器的电阻值会随温度变化而变化	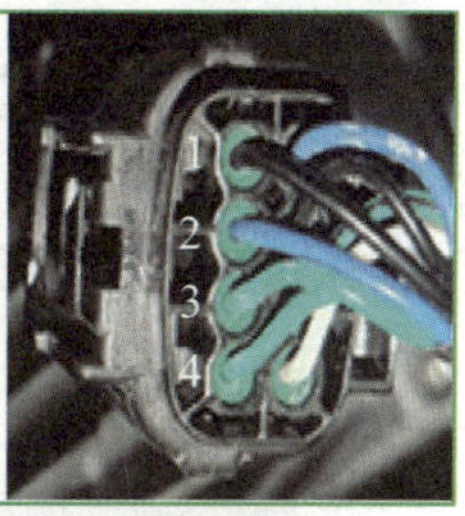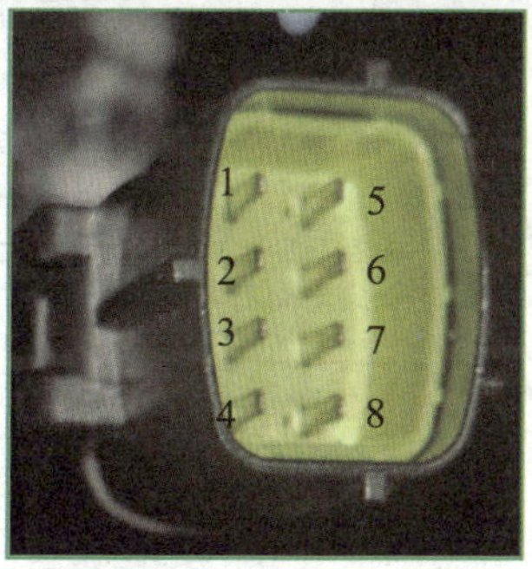
（六）排除故障		
更换故障件或处理相应故障部位		
（七）确认及恢复车辆		
恢复车辆	清除故障码	
重启程序	拆除蓄电池负极 10s 后重新接好，重新启动试车，确认故障恢复	
（八）按照 5S 管理标准进行整理		

原理讲解

1. 车辆行驶原理

E100 车型车辆行驶原理如图 3-8-1 所示。

（1）车辆启动进入 READY 模式。

（2）VCU 将有效的加速踏板信号（扭矩需求）通过 CAN 传输给 MCU。

（3）MCU 依照驾驶员需求，通过动力 CAN 上采集到的挡位信号和制动信号计算出目标扭矩，同时根据电机上的传感器计算出当时电机的位置、转速及扭矩，调整 MCU 三相电流的输出，从而适应驾驶员的驾驶需求。

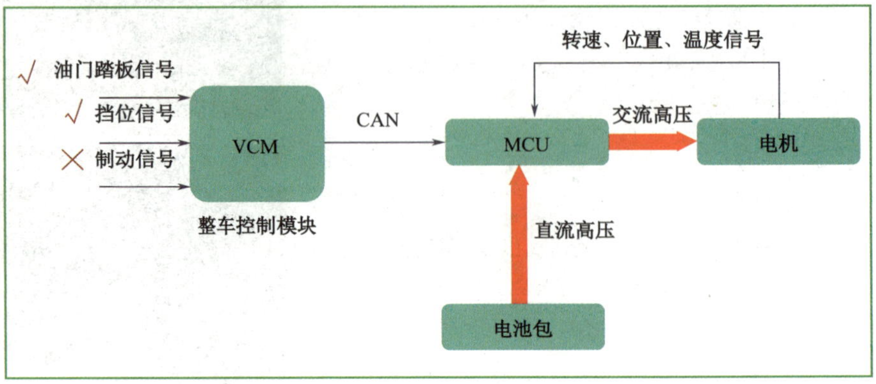

图 3-8-1　E100 车型车辆行驶原理

2. 电路控制原理

E100 车型车辆行驶电路原理图如图 3-8-2 所示。

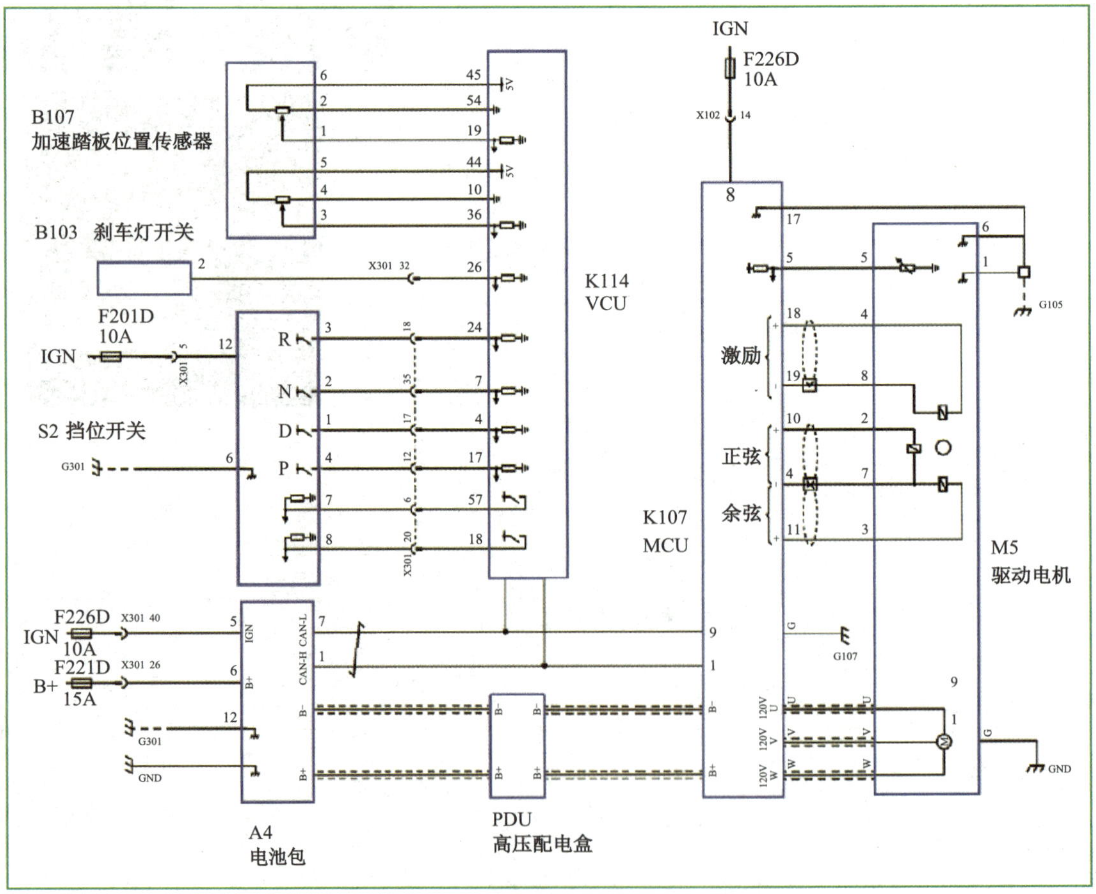

图 3-8-2　E100 车型车辆行驶电路原理图

（1）加速踏板传感器：由 2 个霍尔信号传感器组成，直接传递至 VCU。

（2）制动信号：通过刹车灯开关向 VCU 的 26#端子输送。

（3）挡位开关：直接传递至 VCU 模块，其中，挡位开关的 7#、8#端子为挡位识别信号，1#、2#、3#、4#端子为挡位激活信号。

（4）VCU 根据加速踏板传感器计算出的负载，通过 CAN 线向 MCU 传递。

（5）VCU 根据电机上的弦变信号计算出电机转速及位置，按照 VCU 操作意图控制高压电流的大小及方向。

3. 挡位开关检测

参阅“不能高压上电故障排查”相关内容。

4. 制动开关检测

参阅“不能高压上电故障排查”相关内容。

5. 加速踏板检测

（1）加速信号由两组霍尔传感器信号组成。

（2）两组信号的电压在加速时以两倍关系线性增大。

（3）信号 1 的初始电压值约为 1.0V，信号 2 的初始电压值约为 0.5V。

工作页

内容	现象及数据记录	结果判断
（一）准备		
	安装车内外护套及车轮挡块	
	蓄电池电压值：________V	蓄电池是否充电： □是 □否
（二）故障现象确认及基本检查		
高压上电检查	车辆是否能高压上电： □是 □否	故障与车辆是否能高压上电： □有关 □无关
挡显检查	启动高压上电后，踩住制动踏板，挂入各挡位，仪表是否能正常显示： □是 □否	故障与挡位模块： □有关 □无关
输出检查	在空旷区域将车辆的 4 个车轮用车轮挡块挡住，启动高压上电后挂入 D 挡或 R 挡，轻踩加速踏板，检查车辆是否有憋力感： □是 □否	MCU 是否有输出： □有 □无
（三）读取故障码		
对车辆不熟悉的建议采用快速扫描，读取所有系统故障代码后，再分析故障起因。 VCU：________________ MCU：________________		

续表

内容	现象及数据记录	结果判断
（四）读取数据流		
VCU 数据检查	放好车轮挡块，启动高压上电，进入 MCU 数据流，挂入 D 挡，轻踩加速踏板，观察主要数据流	
	显示有效的挡位信号是： □P　□R　□N　□D	挡位信号： □正常 □异常
	制动信号： □有效　□无效	行驶条件： □正常 □异常
	加速踏板位置：______%	加速踏板位置传感器： □正常 □异常
	电机扭矩请求：____________N·m	VCU 扭矩输出： □正常 □异常
	电机当前扭矩：____________N·m	MCU 扭矩输出： □正常 □异常
VCU 数据检查	空挡时，检查加速踏板信号。 未踩下加速踏板时的电压值：________V。 完全踩下加速踏板时的电压值：________V。 从未踩下加速踏板到完全踩下加速踏板的过程中，电压数据是否有突变： □有　□无	行车加速踏板条件： □满足 □不满足
	放开制动踏板时。 制动踏板输入信号 1： □无效　□有效 制动踏板输入信号 2： □无效　□有效 踩下制动踏板时。 制动踏板输入信号 1： □无效　□有效 制动踏板输入信号 2： □无效　□有效	行车制动条件： □满足 □不满足
	显示有效的挡位信号是： □R　□N　□D	行车挡位条件： □满足 □不满足
（五）关键信号电路检测		
加速踏板传感器检查	拔出加速踏板线束插座，打开点火开关，测量信号端子电压值。 1#端子电压值：_________V。 3#端子电压值：_________V。 5#端子电压值：_________V。 6#端子电压值：_________V。 插好加速踏板线束插座后，通过背针再次测量信号端子电压值。 1#端子电压值：________V。 3#端子电压值：________V	加速踏板信号： □正常 □异常 □需进一步检查线束情况

续表

内容	现象及数据记录	结果判断
制动开关检查	未制动时 2#端子电压值：__________ V。 制动时 2#端子电压值：__________ V	制动信号 □正常 □异常
挡位开关	挂入 D 挡时，测量挡位开关各端子电压值。 1#端子电压值：__________ V。 2#端子电压值：__________ V。 3#端子电压值：__________ V。 4#端子电压值：__________ V。 7#端子电压值：__________ V。 8#端子电压值：__________ V	挡位开关 D 挡： □正常 □异常
弦变信号检测	当前环境温度约为：__________ ℃。 测量电机传感器各端子电阻值： 1#-5#电阻值：____________Ω。 2#-7#电阻值：____________Ω。 3#-7#电阻值：____________Ω。 4#-8#电阻值：____________Ω。 1#-6#线束是否相通： □是 □否 6#端子与壳体是否相通： □是 □否	电机传感器弦变信号电路： □正常 □异常

任务九 真空助力系统故障排查

学习建议

建议参阅 S50EVB 车型进行学习。

操作练习

内容	操作	参考图片
（一）准备		
安装车内外护套及车轮挡块。 测量蓄电池电压作为判断故障的基准。 做好安全防护及车内外护套安装完成后，检查系统是否能高压上电		

续表

<table>
<tr><th>内容</th><th>操作</th><th>参考图片</th></tr>
<tr><td colspan="3">（二）故障现象确认</td></tr>
<tr><td>仪表显示状态</td><td>检查仪表是否点亮真空助力系统（EVP）指示灯及限功率指示灯</td><td>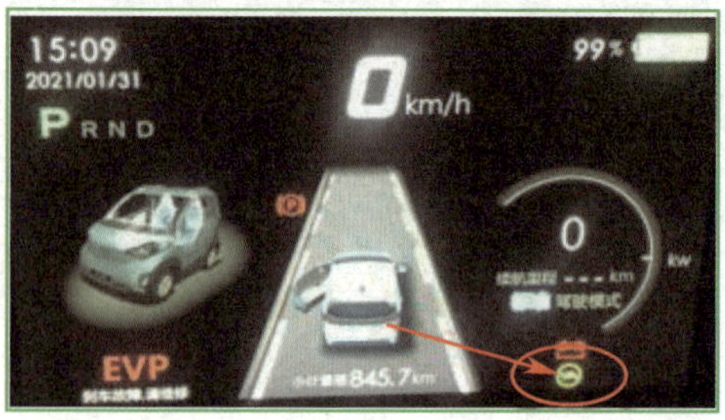
</td></tr>
<tr><td>检查制动真空泵工作情况</td><td>连续几次踩下制动踏板，检查真空电泵是否工作</td><td></td></tr>
<tr><td colspan="3">（三）读取故障码</td></tr>
<tr><td>读取故障码</td><td>连接诊断仪，进入对应车型后，选择“快速测试”，读取整车控制故障代码</td><td>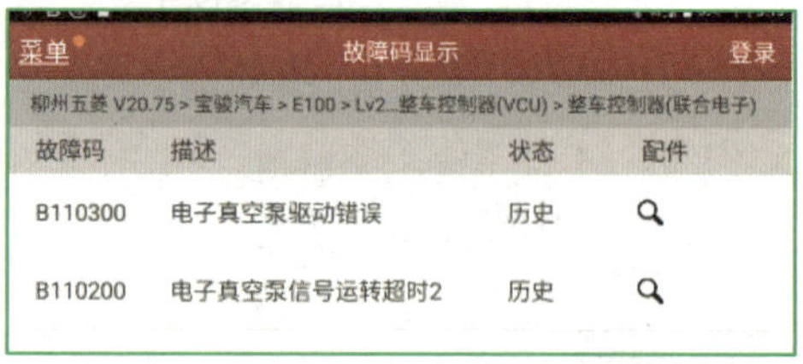
</td></tr>
<tr><td colspan="3">（四）读取关键数据流</td></tr>
<tr><td>VCU</td><td>进入整车控制器模块，选择读取“真空泵工作模式频率”数据。
参考数据：
约为 50Hz</td><td>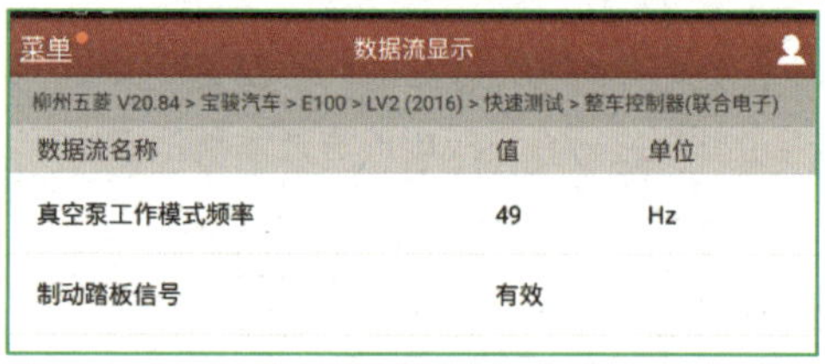
</td></tr>
<tr><td colspan="3">（五）关键信号电路检测</td></tr>
<tr><td>助力泵供电检查</td><td>检查发动机舱 F06 号熔断器</td><td>
</td></tr>
<tr><td>助力泵继电器检查</td><td>在打开点火开关瞬间，可听到 14#继电器有清脆的吸合声。
说明：
若未听到清脆的吸合声，可按照查找继电器故障的基础方法进行检查</td><td>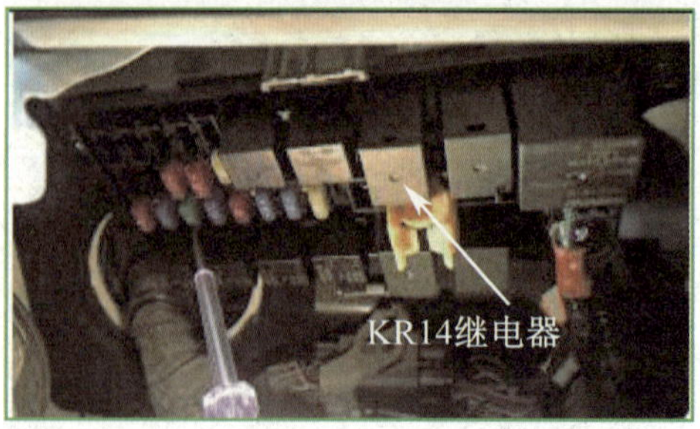
</td></tr>
</table>

续表

内容	操作	参考图片
助力泵控制线路检查	拆下发动机舱前盖 4 颗固定螺栓	
	取下发动机舱前盖	
	拆下发动机舱前保险杠固定螺栓及塑料锁扣	
	拆下前保险杠	
	检测助力泵模块供电及信号频率是否正常。 参考数据： 电源电压值：12V。 信号频率为：50Hz。 搭铁应良好	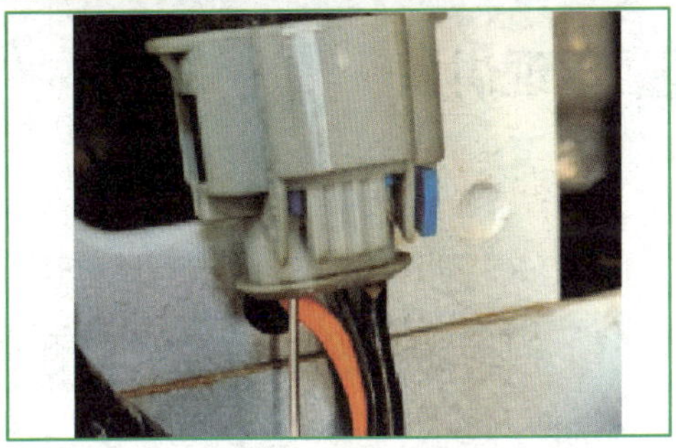

续表

内容	操作	参考图片
助力泵检查	拔出真空助力泵插座	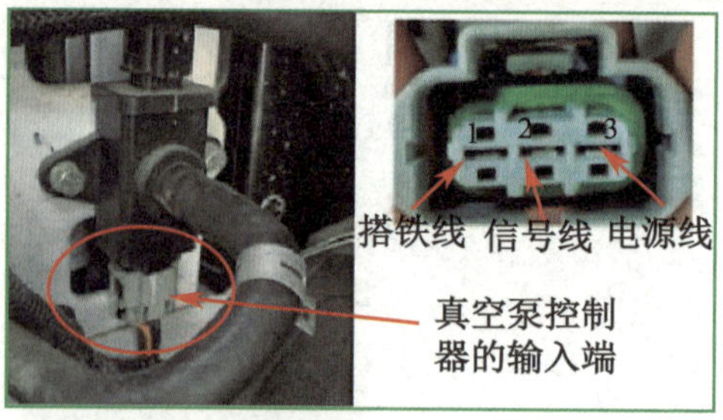 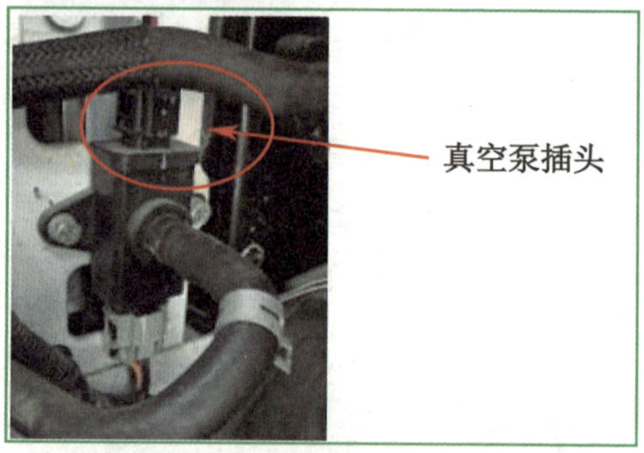
	为助力泵直接供电，检查是否能工作。不能工作或无吸力，则应更换元件	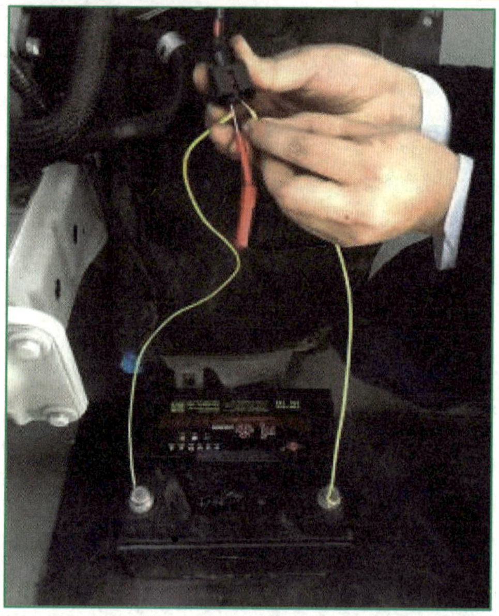
（六）修复		
（七）消码、复核并恢复车辆		
（八）按照 5S 管理标准进行整理		

原理讲解

1. 真空泵工作原理

E100 车型真空泵助力泵电路原理如图 3-9-1 所示。

（1）打开点火开关后，仪表配电盒向发动机舱配电盒的助力泵继电器线圈供电，助力泵继电器触点闭合。

（2）助力泵电机总成包括频率感应传感器与电机。

（3）制动时，真空助力管道上的真空度发生改变，助力泵电机总成根据频率信号的改变而激活电机工作，将真空度保持在一定合理范围。

（4）当助力电机出现故障无法保证合理真空度时，VCU 接收到信号，并报故障。

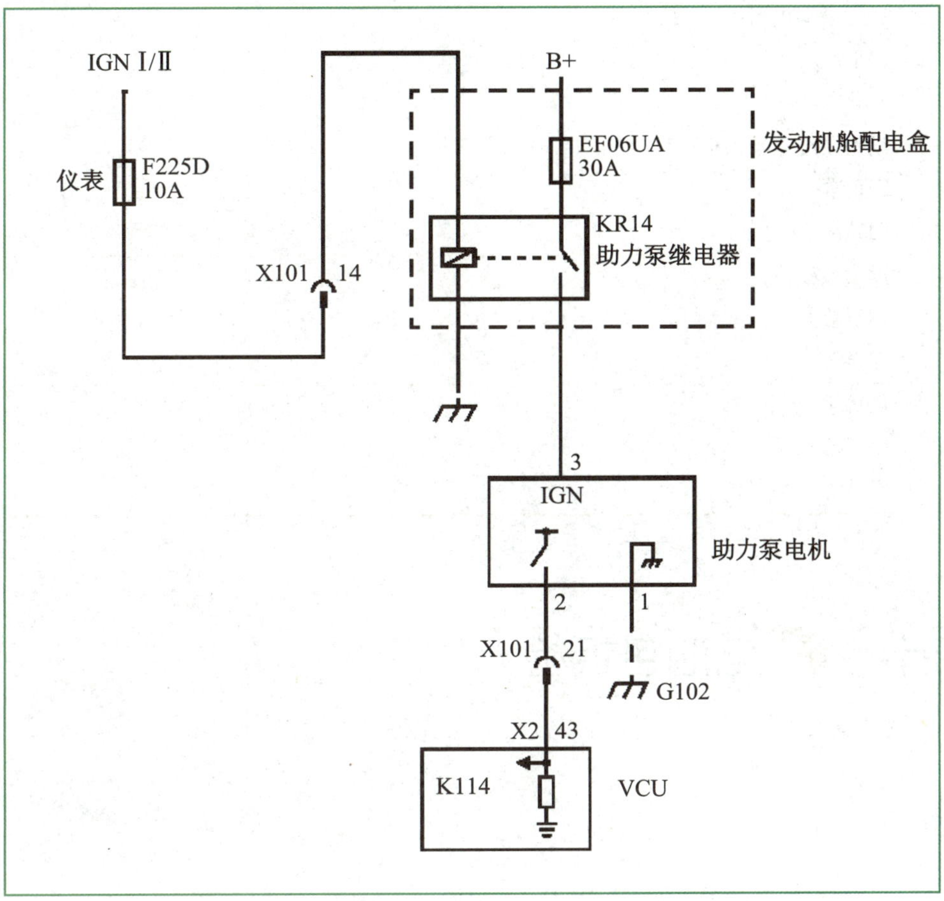

图 3-9-1　E100 车型真空泵助力泵电路原理

工作页

内容	现象及数据记录	结果判断
（一）准备	蓄电池电压值：______________V	蓄电池电压： □正常　□异常
（二）故障现象确认	仪表 EVP 指示灯： □亮　□未亮 限功率指示灯： □亮　□未亮 踩下制动踏板数次后，是否听到真空助力电泵工作声： □是　□否	故障可能原因： □电泵控制电路 □电泵本身故障 □需进一步检查
（三）读取故障码	VCU 故障码及内容： ________________________________ ________________________________	故障类型： □当前 □历史

续表

内容	现象及数据记录	结果判断
（四）读取数据流	VCU 关键数据流。 真空泵工作频率：________Hz	信号： □正常 □异常
（五）关键信号电路检测	助力泵继电器： □正常 □异常	
	助力泵继电器供电： □正常 □异常	
	助力泵模块： □正常 □异常	
	助力泵： □正常 □异常	

任务十 电池包拆检

学习建议

建议参阅 S50EVB 车型进行学习。

操作练习

内容	操作	参考图片
（一）准备		
读取 VCU 及 BMS 故障码，确保主正、主负继电器无黏结故障。 将点火开关转到 ACC 挡位，读取 MCU 数据流，确定 MCU 电压下降至安全电压上限以内。 以上条件未满足时，必须全程穿戴安全防护用具进行操作		
（二）拆检		
高、低压断电	从驾驶室内解锁发动机舱盖	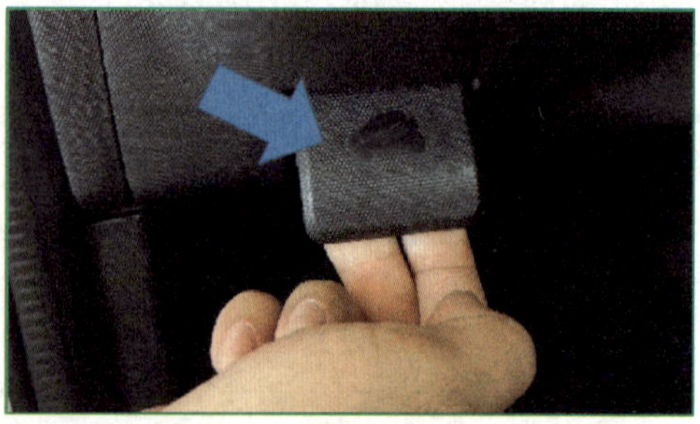

续表

内容	操作	参考图片
高、低压断电	从车辆前端二次解锁发动机舱盖	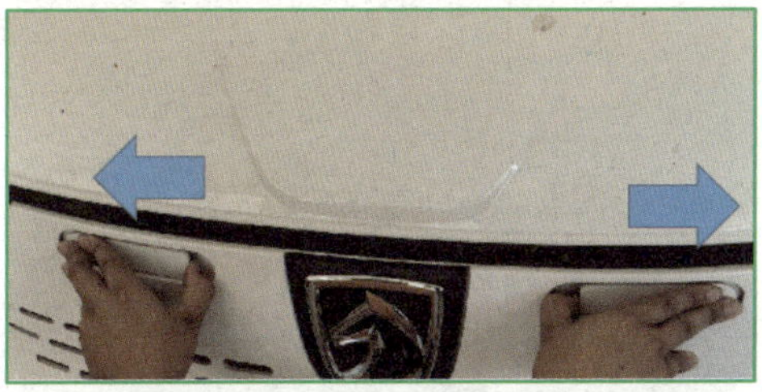 
	从打开缝隙的发动机舱盖中解开锁扣，拆下发动机舱盖	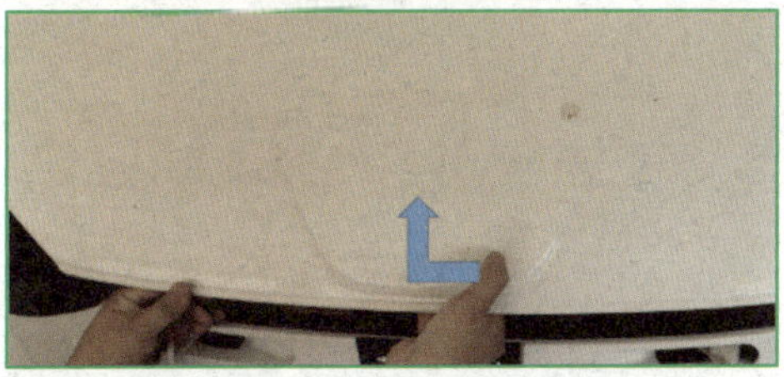
	拆下蓄电池负极，静待 10min	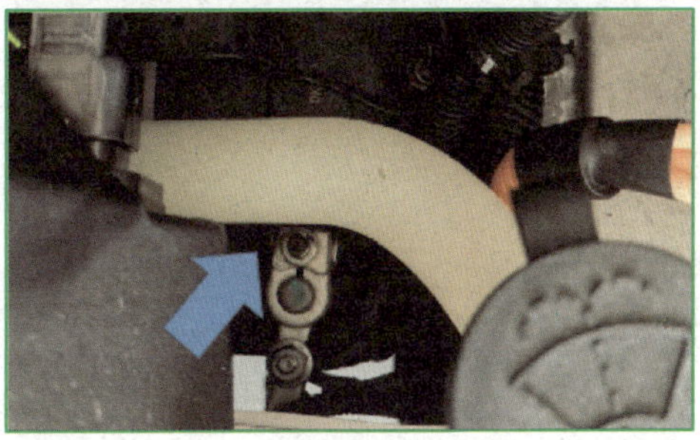
	掀开驾驶员座椅下方地毯，拔出维修开关并放置到专用位置，保证只有维修操作人员能取用	
拆除底盘挡泥板	选择好前后可靠支承点	
	举升车辆至合适位置	

续表

内容	操作	参考图片
拆除底盘挡泥板	拆除底盘挡泥板	
拆除电池包外壳搭铁	拆除电池包搭铁线	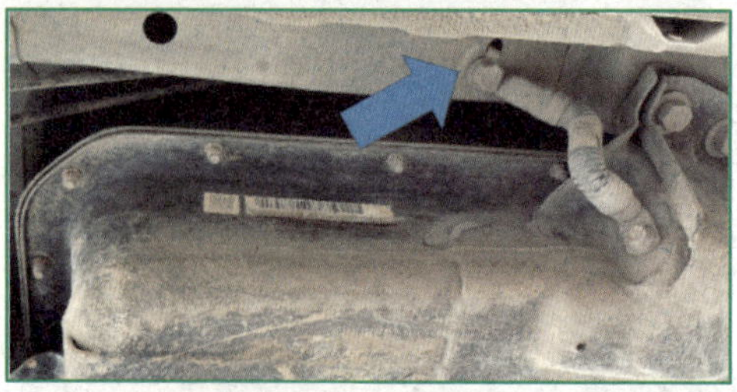
分离高、低压插座	拆开低压插座	
	拆开慢充高压线	
	释放高压母线锁扣，并将高压母线与电池包分离	
拆除电池包固定螺栓	根据电池包固定螺栓的位置，在不妨碍拆卸的情况下，应用电池举升机均匀贴合电池包后，分 3 次均匀拆松电池包固定螺栓	

续表

内容	操作	参考图片
拆除电池包固定螺栓	慢放电池举升机	
拆除上、下盖连接固定螺栓	拆除维修开关座的 4 颗固定螺栓	
	分 2 次以上拆松并拆除电池包上、下盖连接固定螺栓	
	分离电池包上、下盖	
拆检 PRA	拆除 PRA 上的所有固定螺栓	
	移除 PRA 上盖	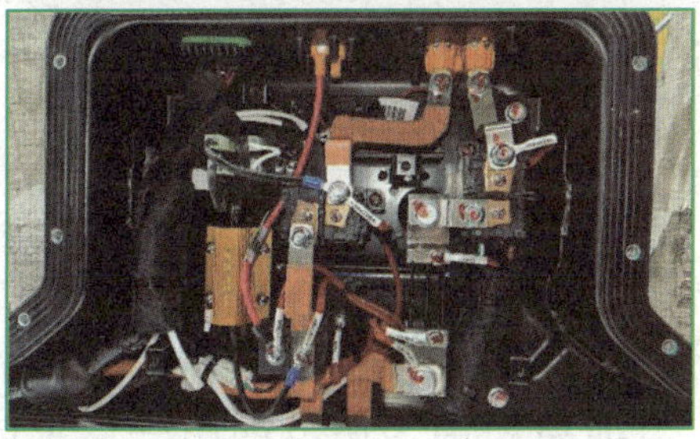

续表

内容	操作	参考图片
拆检 PRA	自预充继电器触点端子插座拔出预充电阻插片，测量预充电阻阻值。 参考数据： 预充电阻阻值约为 25Ω	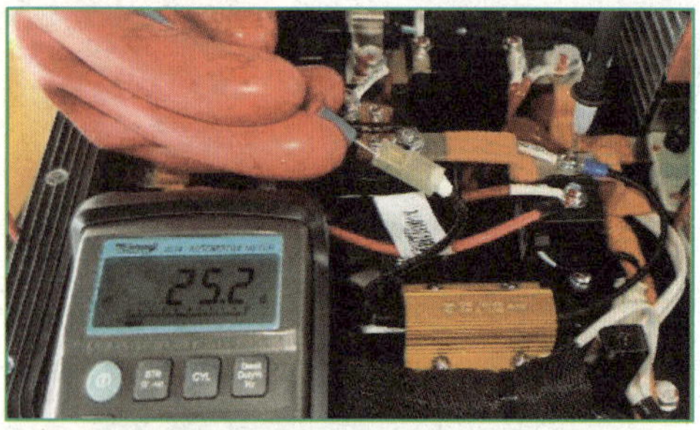
	测量预充继电器线圈电阻值。 参考数据： 预充继电器线圈电阻值约为 110Ω	
	测量主负、主正、慢充继电器线圈电阻值。 参考数据： 主负、主正、慢充继电器线圈电阻值约为 29Ω	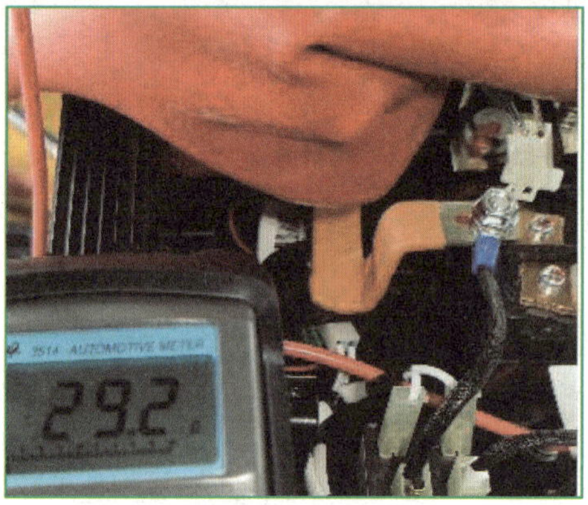
（三）换件		
（四）装配		
	更换有故障的配件后，按相反顺序装配电池包至车上	
（五）消码及恢复车辆		
（六）按照 5S 管理标准进行整理		

原理讲解

1. 电池包组成介绍

E100 车型电池包主要组成如图 3-10-1 所示。E100 车型电池包主要由电池组、MSD、CSC、BMS、PRA 组成。

电池组：由多块电池串联后形成电池箱体，电池箱体串联后成为电池组。

MSD（手动维修开关）：在电池组的中部串联一个大熔断器，此熔断器称为手动维修开关，主要用于检修电池包断开串联时的电池包电路，保证维修人员操作安全。

CSC（数据采集盒）：采集每块电芯的电压数据及每箱电池的多点温度，并将数据传输给 BMS。

BMS（电池管理系统）：处理电池包的各种数据，并与电池包外控制模块构成通信，实现高压上电、充电等操作。

PRA（动力输出组件）：控制串联后电池正、负极的输出。

图 3-10-1　E100 车型电池包主要组成

2. PRA 组成介绍

E100 车型 PRA 主要组成如图 3-10-2 所示，主要由主正继电器、主负继电器、预充继电器、慢充继电器组成。

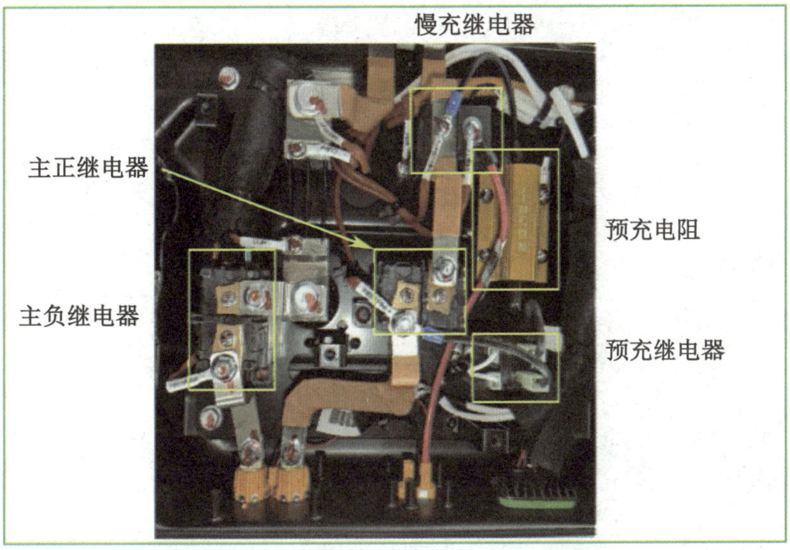

图 3-10-2　E100 车型 PRA 主要组成

主正继电器：工作后触点闭合，接通电池包正极与车辆高压用电负载正极。

主负继电器：工作后触点闭合，接通电池包负极与车辆高压用电负载负极。

预充继电器：其触点与预充电阻串联后再与主正继电器触点并联，主要用于启动高压上电时的预充电，防止高压电路瞬间接合产生的脉冲高压冲击，保护用电负载。

慢充继电器：充电时接通工作。

工作页

内容	现象及数据记录	结果判断
（一）准备		
VCM 安全确认	读取 VCM 故障码，是否存在以下故障代码： □主正继电器黏结 □主负继电器黏结 □主正、主负继电器同时黏结	车辆是否存在触电危险： □是 □否 □在拆装过程中还需进一步检查与防护
BMS 安全确认	读取 BMS 故障码，是否存在以下故障代码： □正极绝缘故障 □负极绝缘故障	
MCU 安全确认	关闭点火开至 ACC 挡，读取 MCU 数据流。 输入高压值：________ V	
（二）数据测量		
PRA 检查	主正继电器电阻值：________Ω。 主负继电器电阻值：________Ω。 预充继电器电阻值：________Ω。 预充电阻阻值：________Ω。 为各继电器线圈单独 12V 供电，检查触点接触情况	存在故障的元件： □主正继电器 □主负继电器 □预充继电器 □预充电阻
电池检查	各箱电池最高电压值：________ V。 各箱最高电压的电池编号：________ #。 各箱电池最低电压值：________ V。 各箱最低电压的电池编号：________ #。 各电芯最高电压值：________ V。 各电芯最高电压编号：________ #。 各电芯电池最低电压值：________ V。 各电芯最低电压编号：________ #	最高电压是否超过上限： □是 □否 压差是否超过上限： □是 □否
（三）排气		
	排气用时：________min	动作测试： □无效 □选择数值不合理 □选择快慢搭配不合理

任务十一　电机拆检

目前纯电动汽车多数车型的电机一般无须拆检，更有要求不得拆检转子与定子，并且各维修服务站的条件也较为有限，拆装后难以恢复电机性能。但有的电机与控制器做成一体后，电机上的弦变信号检测需拆除电机尾盖，且电机三相绕组也需拆除尾盖才能进行检测。在有配件供应的情况下，与厂家沟通后，可对电机进行一定程度的拆检，本任务主要针对电机更换与拆检进行学习与练习。

学习建议

建议参阅 S50EVB 车型进行学习。

操作练习

<table>
<tr><th>内容</th><th>操作</th><th>参考图片</th></tr>
<tr><td colspan="3">（一）准备</td></tr>
<tr><td colspan="3">读取 VCM 及 BMS，确定主正、主负继电器是否存在黏结故障。
将点火开关转到 ACC 挡位，读取 MCU 数据流，确定 MCU 电压下降至安全电压上限以内。
以上条件未满足时，必须全程穿戴安全防护用具进行操作</td></tr>
<tr><td colspan="3">（二）拆检</td></tr>
<tr><td rowspan="4">高、低压断电</td><td>从驾驶室内解锁发动机舱盖</td><td>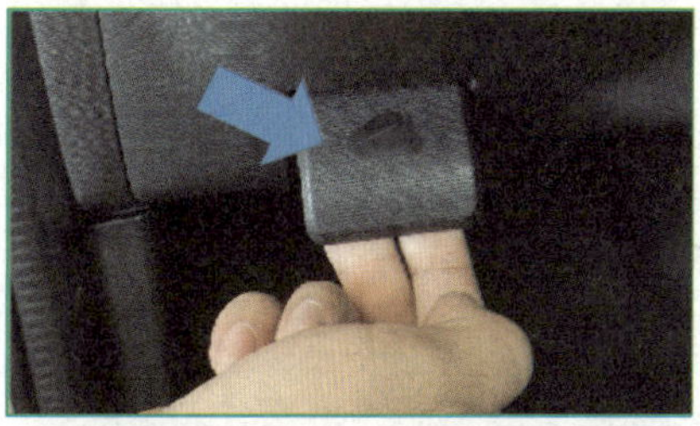</td></tr>
<tr><td>从车辆前端二次解锁发动机舱盖</td><td>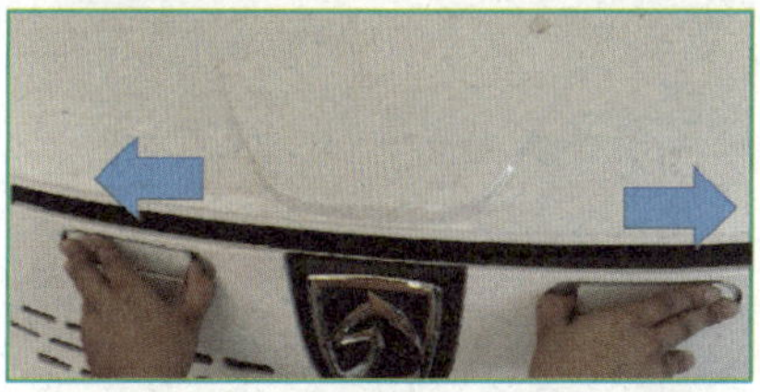
</td></tr>
<tr><td>从打开缝隙的发动机舱盖解开锁扣，拆下发动机舱盖</td><td>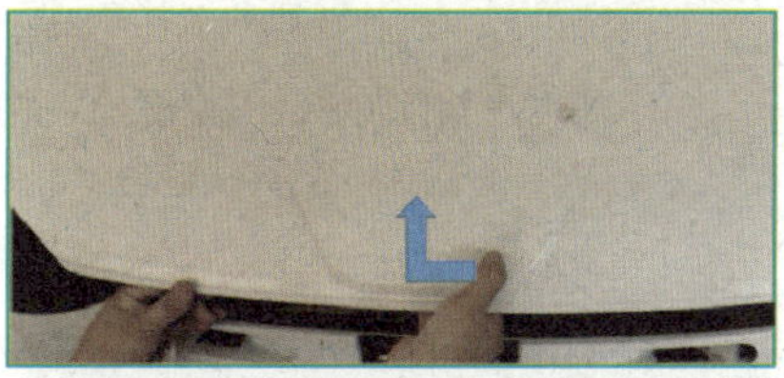</td></tr>
<tr><td>拆下蓄电池负极，静待 10min</td><td>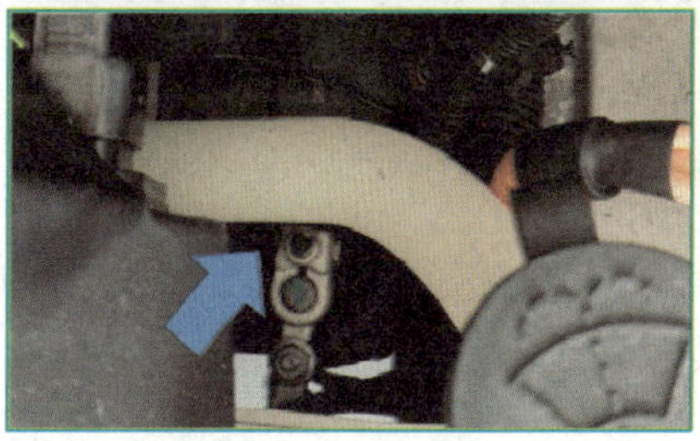</td></tr>
</table>

续表

内容	操作	参考图片
高、低压断电	掀开驾驶员座椅下方地毯，拔出维修开关并放置到专用位置，保证只有维修操作人员能取用	
拆除 OBC	拆除 OBC 搭铁线	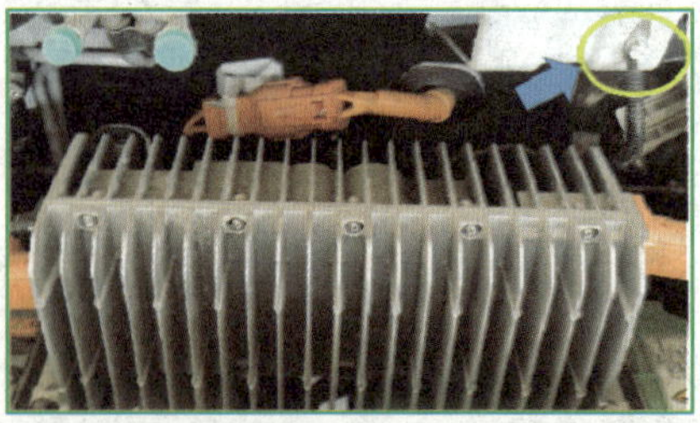
	分离 OBC 低压插座及高压直流插座	 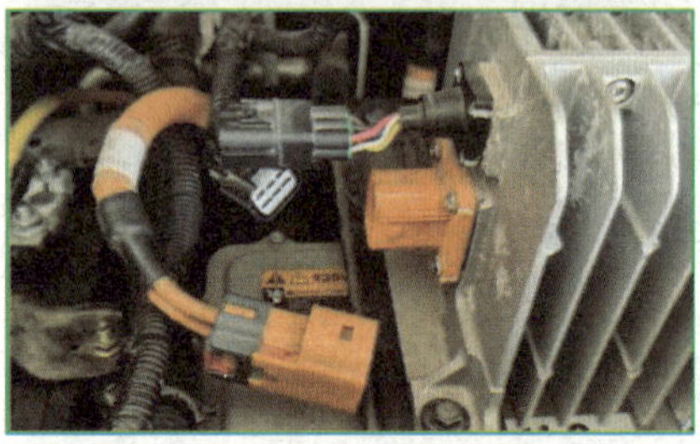
	分离 OBC 交流高压插座	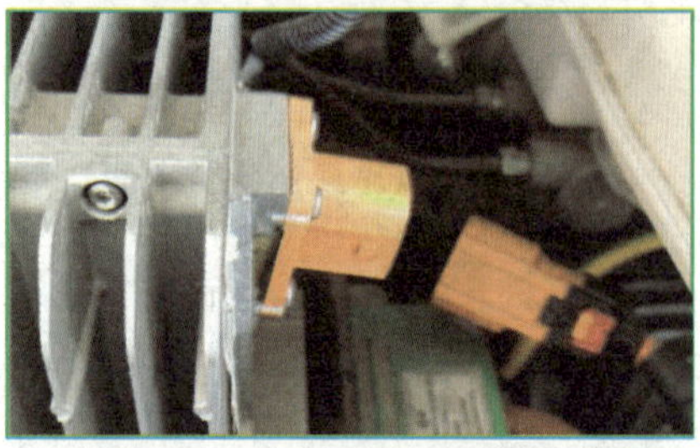
	拆除 OBC 固定螺栓，将 OBC 从车上分离取出	
	拆除 OBC 支架螺栓并取出支架	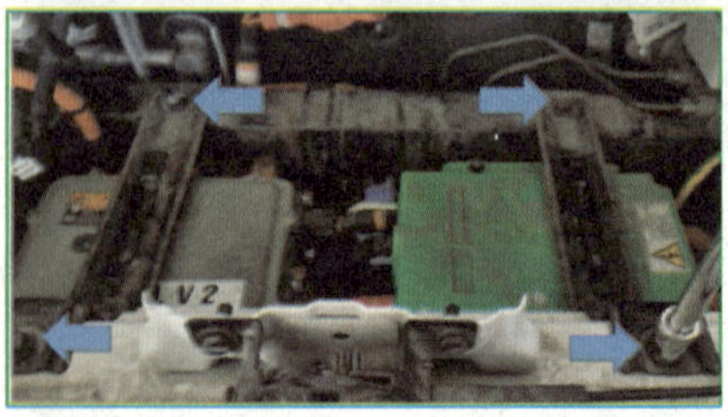

续表

内容	操作	参考图片
拆除 OBC	另外一种 OBC 拆卸方式与前面所提的过程相同。 注意： 随着产品微型化，部分车型也可以不拆 OBC 即可拆检 MCU 高压部分	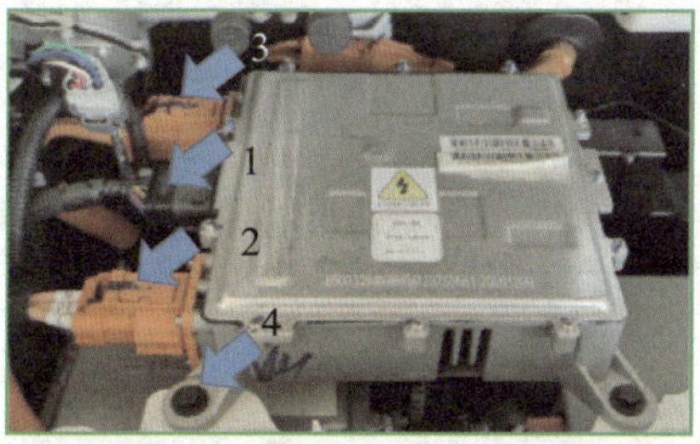
MCU 分离	拆除 MCU 防尘盖固定螺栓	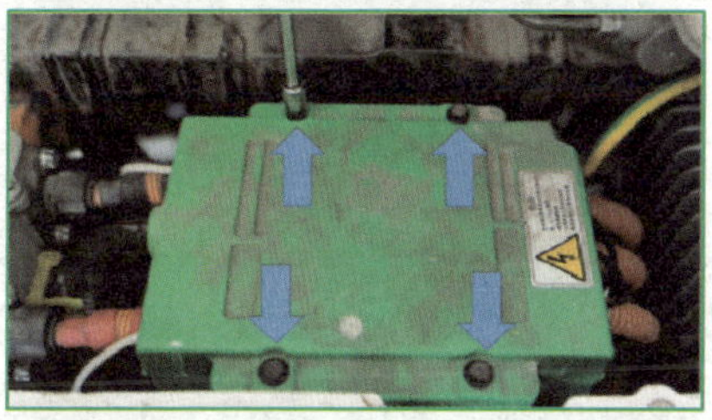
	拆除 MCU 防尘盖	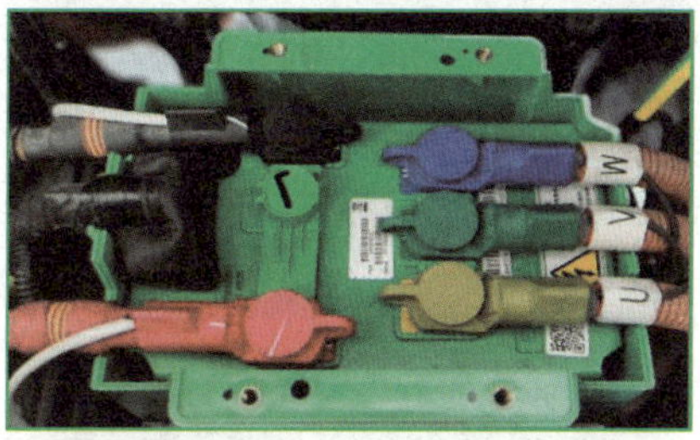
	检查 MCU 存余电压是否低于人体安全电压上限	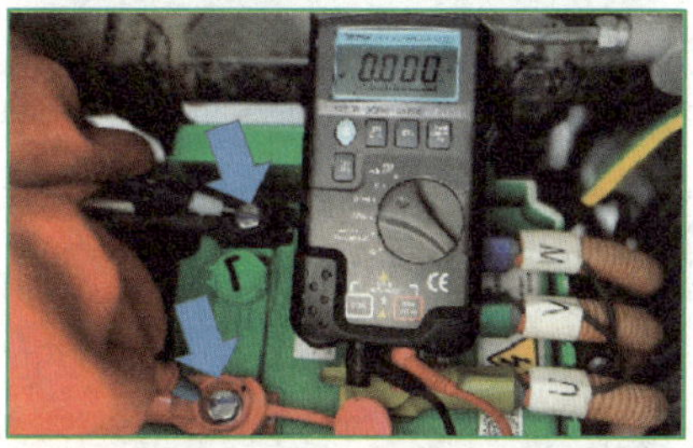
	分别测量 MCU 输入正极、负极与车身搭铁之间电压是否低于人体安全电压上限。 注意： 当车辆的主动放电与被动放电出现故障时，高压将无法释放，必须选用绝缘工具并穿戴好防护用具进行操作	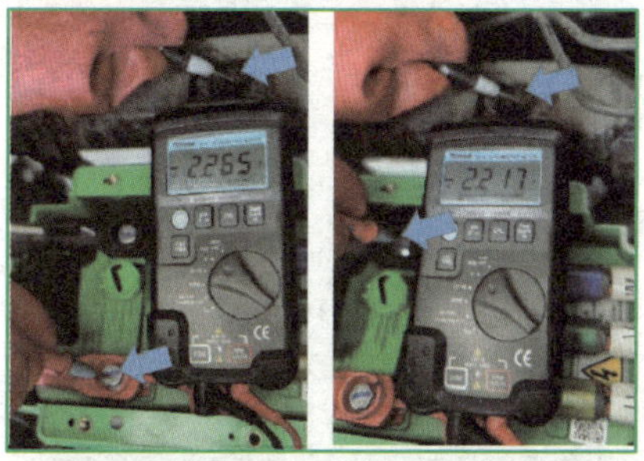
	自 MCU 上拆除电机三相绕组	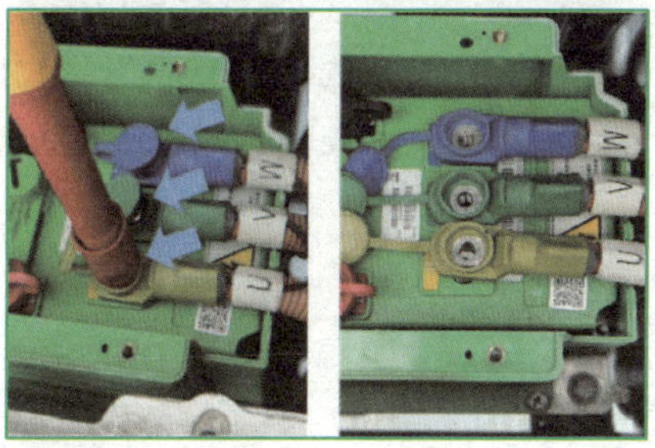

续表

内容	操作	参考图片
MCU 分离	拆除电机与控制器之间搭铁线	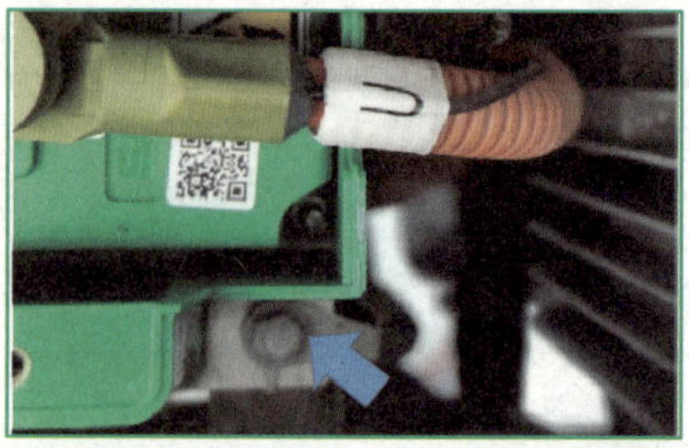
拆除轮胎及半轴螺母	拆开轮胎防尘盖板，并拆松轮胎螺栓	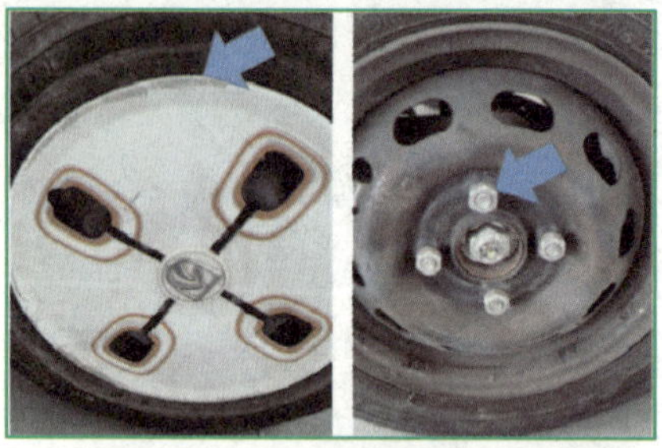
	举升车辆至合适位置，拆下轮胎。 拆下半轴螺母	
底部线束分离	再次举升车辆到合适位置，拔出弦变信号低压插座	
	拔出压缩机上的高、低压插座	
分离空调压缩机	用软绳索将压缩机固定挂在车身上，防止拆下固定螺栓后压缩机下掉拉扯空调管路，最终造成泄漏	

续表

内容	操作	参考图片
分离空调压缩机	拆除压缩机固定螺栓，将压缩机与电机总成支架分离	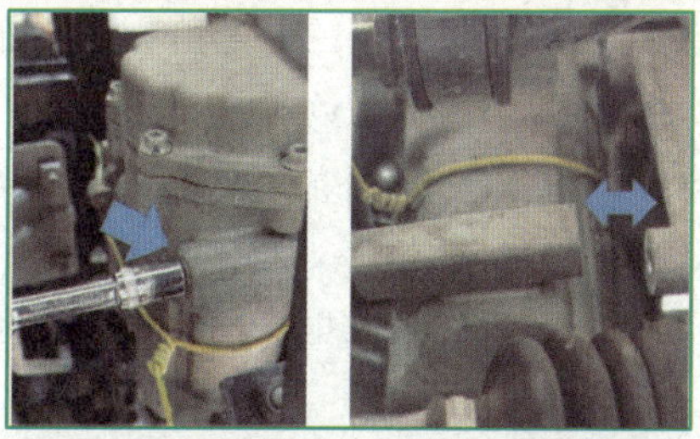
分离底部连接机构	拆除下摆臂、稳定杆等固定螺栓	
拆除螺栓	拆除转向器固定螺栓	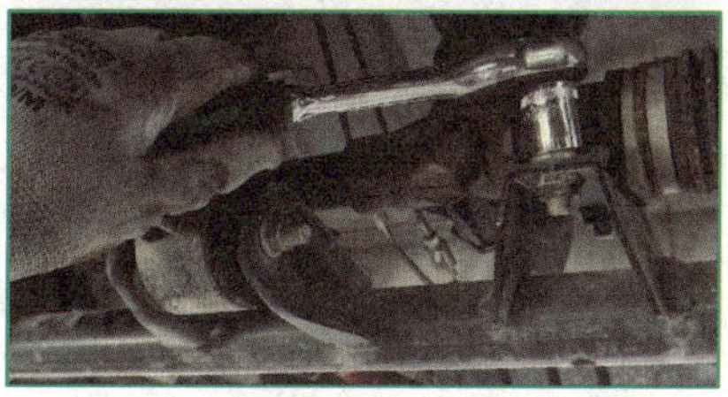
拆除底部支架	举升电池举升机平台至电机底部，并均匀贴合微受力	
	分 2～3 次均匀放松电机总成支架固定螺栓后，拆除螺栓。 慢放电池举升机，注意半轴与制动盘的分离情况，必要时可用锤子、铜棒敲打帮助释放	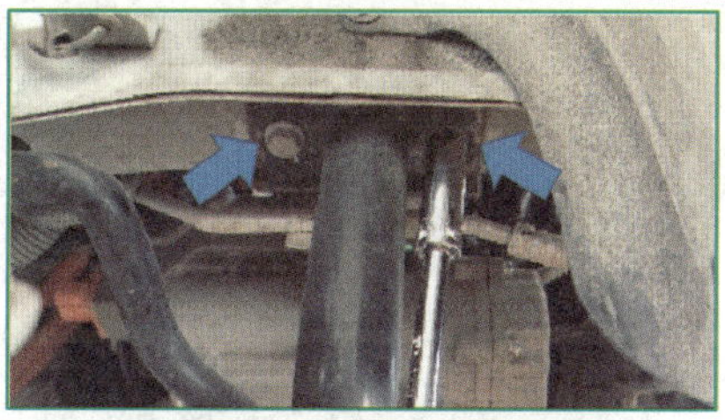
电机三相绕组检测	拆开电机前盖	
	拆除三相绕组的固定螺栓并将高压线束与其分离	

续表

内容	操作	参考图片
电机三相绕组检测	测量三相绕组两两之间的电阻值。 参考数据： 三相绕组两两之间的电阻值为 11mΩ。 注意： 若在电机控制器端测量无故障时，此处可不用测量	
	分别测量三相绕组与壳体之间的绝缘情况。 参考数据： 500V 挡为 550MΩ，数据值达上限说明绝缘情况良好。 注意： 若在电机控制器端测量无故障时，此处可不用测量	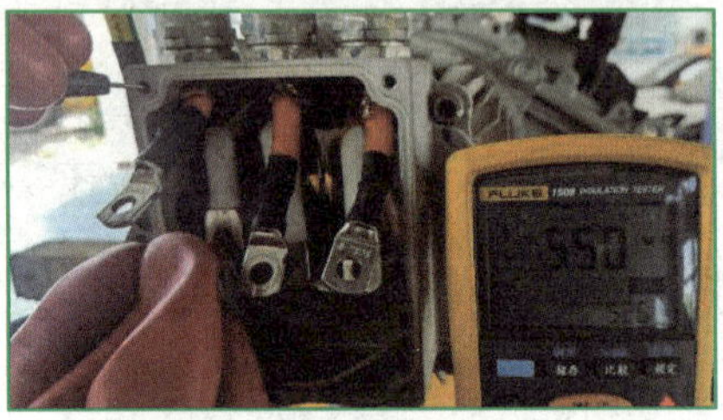
	在固定槽中挑出弦变及温度插接器	
电机温度传感器拆检	拔出温度传感器插座，测量温度传感器电阻值。 参考数据： 20℃时约为 1.13kΩ。 注意： 若在电机外端测量正常时，此处可不用测量	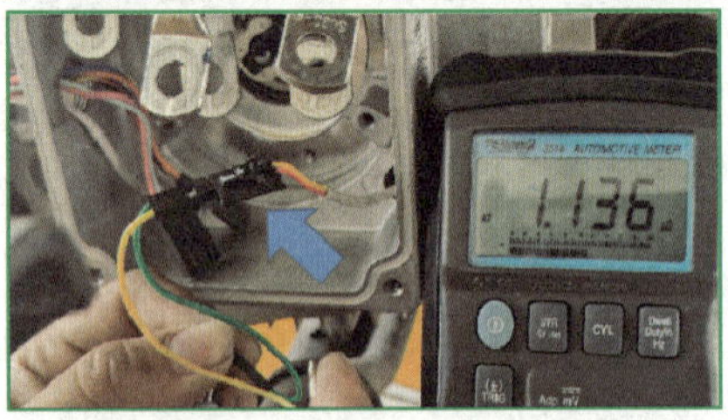
弦变信号的拆检	拔出弦变传感器插座，测量各传感器电阻值。 参考数据： 激磁绕组电阻值约为 16Ω，正弦绕组电阻值约为 30Ω，余弦绕组电阻值约为 32Ω。 注意： 若在电机外端测量正常时，此处可不用测量	
	当弦变信号出现故障时，需要更换。 拆开弦变防尘盖固定螺栓	

续表

内容	操作	参考图片
	拆除弦变传感器固定螺栓。 注意： 在拆除之前建议用细笔为弦变传感器组件的初始位置做好 3～4 处记号，以防装机后无法行车	
	拆除弦变传感器	
	测量激磁绕组。 注意： 测量激磁绕组时应摇晃线束，防止虚焊或端子座虚接的情况。 参考数据： 激磁绕组电阻值约为 16Ω	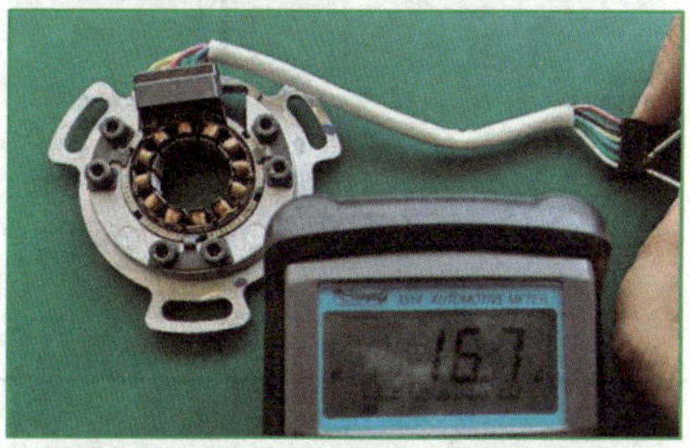
	测量正弦绕组。 注意： 测量正弦绕组时应摇晃线束，防止虚焊或端子座虚接的情况。 参考数据： 正弦绕组电阻值约为 30Ω	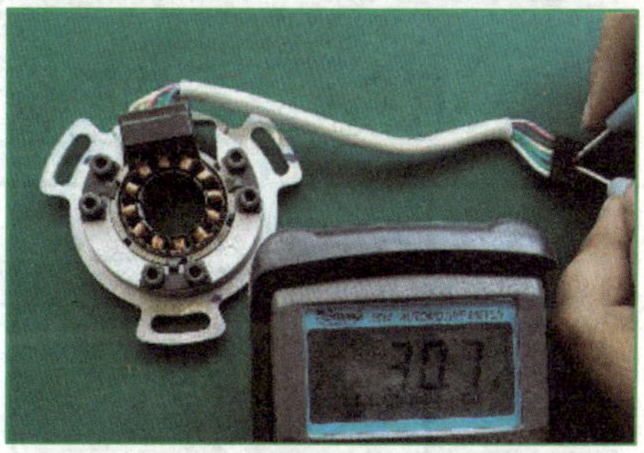
	测量余弦绕组。 注意： 测量余弦绕组时应摇晃线束，防止虚焊或端子座虚接的情况。 参考数据： 余弦绕组电阻值约为 32Ω	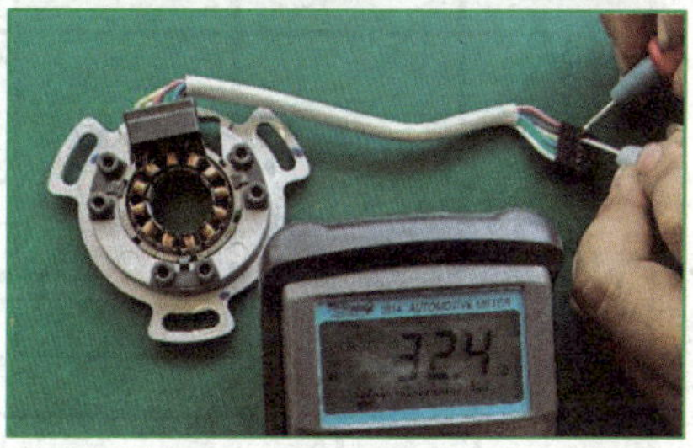
（三）换件		
（四）装配		
	更换有故障的配件后，按相反顺序装配电机总成至车上	
（五）试车		
（六）按照 5S 管理标准进行整理		

原理讲解

1. 电机工作基本原理

与 S50EV 车型相同。

2. 电机控制总成电路原理

电机控制总成电路原理图如图 3-11-1 所示。

（1）打开点火开关后，8#端子获得高电位，激活模块。

（2）驾驶员踩下加速踏板后，VCU 将收集到的加速信号通过 CAN 线传递给 MCU，MCU 根据需求改变电机三相电流大小及方向，从而实现行驶需求。

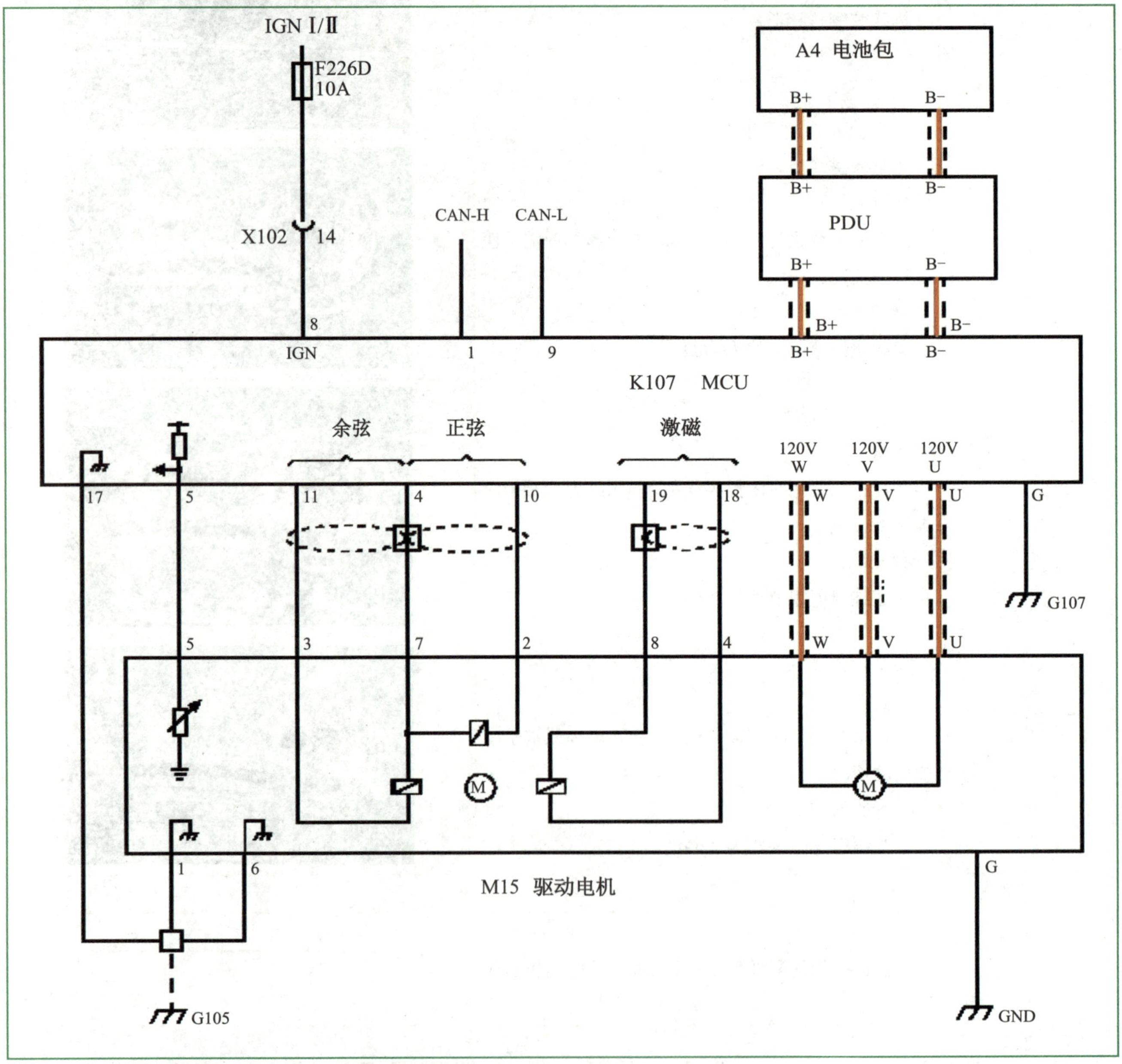

图 3-11-1 电机控制总成电路原理图

（3）在电机轴前端安装有信号轮，在信号轮的圆周外端均匀布置着激磁、正弦、余弦信号线圈，弦变绕组结构图如图 3-11-2 所示。

（4）MCU 通过激磁绕组输送 1 组固定不变的正弦波信号，从而在电机轴圆周方向上形成交流磁场，处于交变磁场中的正弦与余弦线圈就产生了感应信号。

（5）当信号轮处于不同位置时，电机轴磁场的强弱发生改变，从而在正弦与余弦线圈上获得不同大小的感应信号，MCU 通过对比三组信号的大小可准确确认电机轴的位置。

（6）通过信号的频率确认电机转速。

（7）通过弦变信号来改变 MCU 输出至电机三相绕组电流的大小及方向，即可控制电机转速及方向。

图 3-11-2　弦变绕组结构图

工作页

内容	现象及数据记录	结果判断
（一）准备		
VCM 安全确认	读取 VCM 故障码，是否存在以下故障代码： □主正继电器黏结 □主负继电器黏结 □主正、主负继电器同时黏结	车辆是否存在触电危险： □是 □否 □在拆装过程中还需进一步检查与防护
BMS 安全确认	读取 BMS 故障码，是否存在以下故障代码： □正极绝缘故障 □负极绝缘故障	
MCU 安全确认	关闭点火开至 ACC 挡，读取 MCU 数据流。 输入高压值：__________ V	
（二）数据测量		
弦变信号检测	正弦信号线圈电阻值：________Ω。 余弦信号线圈电阻值：________Ω。 激磁信号线圈电阻值：________Ω	存在故障的弦变信号： □正弦信号 □余弦信号 □激磁信号 □无

续表

内容	现象及数据记录	结果判断
电机温度传感器检查	电机温度传感器电阻值：________Ω。 环境温度约：_________℃	□正常 □异常
三相绕组检查	U-V 电阻值：_____ mΩ。 U-W 电阻值：_____ mΩ。 V-W 电阻值：_____ mΩ。 U-壳体电阻值：______ Ω。 V-壳体电阻值：______ Ω。 W-壳体电阻值：______ Ω	三相绕组之间是否存在内部击穿： □是 □否 三相绕组绝缘状态： □正常 □异常

第四篇

附件篇

附件一 E100 车型仪表配电盒

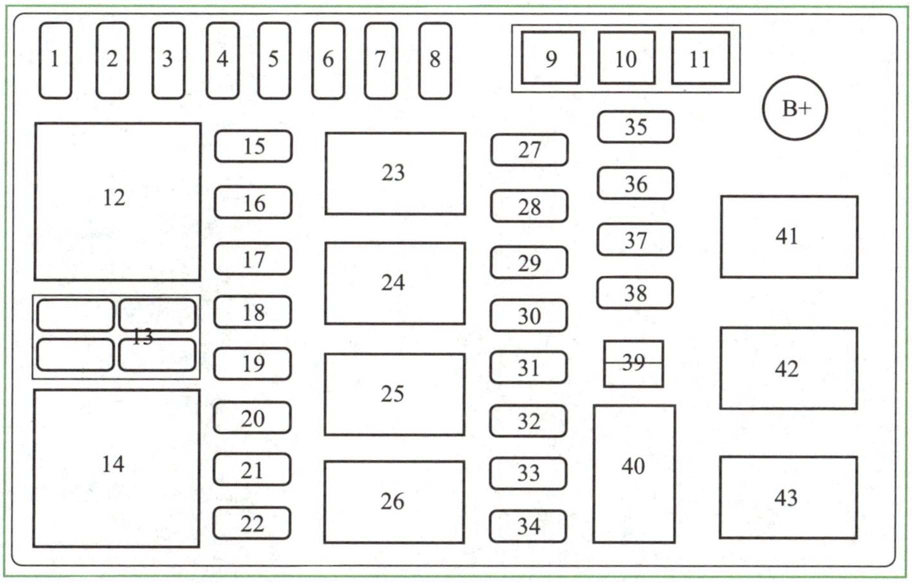

图 4-1-1 E100 车型仪表配电盒编号标识

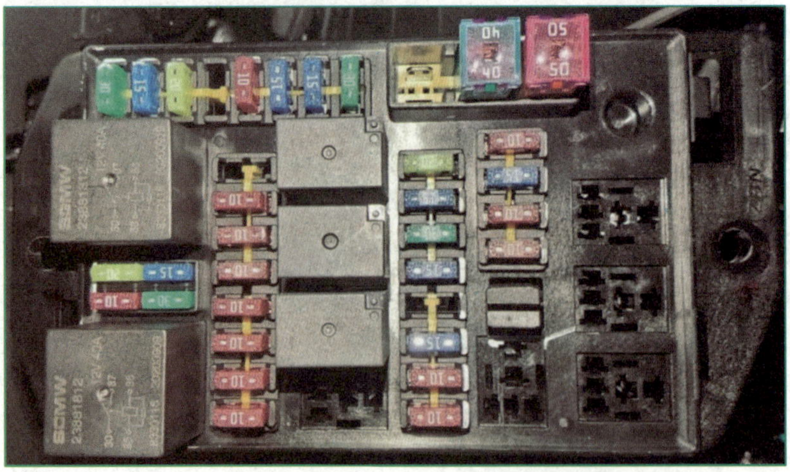

图 4-1-2　E100 车型仪表配电盒实物图

表 4-1-1　E100 车型仪表配电盒熔断器及继电器标识

编号	名称	额定电流	说明
1	F216D	30A	ABS/ESC
2	F215D	15A	室内灯/后雾灯
3	F214D	20A	后除霜
4	F213D	15A	PEPS
5	F212D	10A	网关&仪表&诊断
6	F211D	15A	动力电池&VCU
7	F210D	15A	报警灯
8	F209D	30A	电动窗
9	JF3D	40A	EPB PUMP
10	JF2D	40A	ESC PUMP
11	JF1D	50A	点火开关
12	-	-	充电口锁继电器
13	-	-	备用熔断器
14	KR32E	-	鼓风机继电器
15	F224D	10A	电动折叠后视镜
16	F223D	10A	充电口锁
17	F222D	10A	倒车灯/车速
18	F221D	10A	空调/行人警示
19	F220D	10A	VCU
20	F219D	10A	PTC&BCM&GW&PEPS
21	F218D	10A	洗涤
22	F217D	10A	暖风机/压缩机/后除霜/时钟弹簧
23	KR5	-	后除霜继电器
24	KR73	-	防反接继电器
25	KR10	-	电动窗继电器
26	KR4A	-	电动折叠后视镜打开
27	F208D	20A	门锁

续表

编号	名称	额定电流	说明
28	F207D	15A	蓝牙功放及车载终端
29	F206D	30A	鼓风机
30	F205D	15A	制动灯/EPB 开关
31	F204D	10A	PEPS/SSB
32	F203D	15A	车载电源
33	F202D	10A	EPS/EPB/ESC ESC/ABS 诊断
34	F201D	10A	换挡器/SDM
35	F228D	10A	BCM/PEPS/UDZ/GW/行人警示
36	F227D	15A	USB/后视镜/车载终端/TPMS
37	F226D	10A	MCU/BMS/VCU/EPP
38	F225D	10A	倒车灯继电器/真空泵继电器/仪表
39	-	-	拔片器
40	KR72A	-	IG1-ACC 电源继电器
41	KR72B	-	IG1 电源继电器
42	KR4C	-	电动折叠后视镜折叠
43	KR72C	-	ACC 电源继电器

附件二 E100 车型发动机舱配电盒

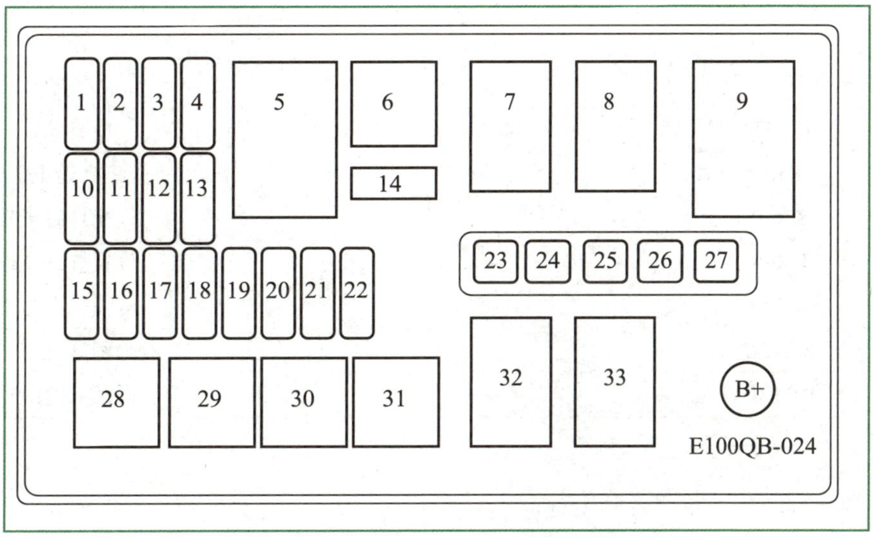

图 4-1-3 E100 发动机舱配电盒编号标识

表 4-1-1　E100 发动机舱配电盒熔断器及继电器标识

编号	名称	额定电流	说明
1	-	-	预留
2	-	-	预留
3	-	-	预留
4	-	-	预留
5	KR20F	-	冷凝风扇继电器
6	KR46	-	前雾灯继电器
7	KR40	-	倒车灯继电器
8	KR49	-	近光灯继电器
9	KR14	-	真空泵继电器
10	-	-	预留
11	-	-	预留
12	EF10UA	10A	左近光灯
13	EF09UA	10A	右近光灯
14	-	20A	备用
15	-	10A	电子锁
16	EF07UA	15A	EPP
17	EF06UA	30A	真空泵
18	EF05UA	15A	小灯
19	EF04UA	10A	喇叭
20	EF03UA	15A	远光灯
21	EF02UA	15A	前雾灯
22	EF01UA	20A	前雨刮
23	-	-	预留
24	-	-	预留
25	-	-	预留
26	-	-	预留
27	JEF1UA	40A	冷凝风扇
28	KR3	-	喇叭继电器
29	KR49	-	远光灯继电器
30	KR53	-	位置灯继电器
31	KR29	-	压缩机继电器
32	KR12C	-	前雨刮高速继电器
33	KR12B	-	前雨刮低速继电器

附件三 E100 车型空调及暖风控制电路

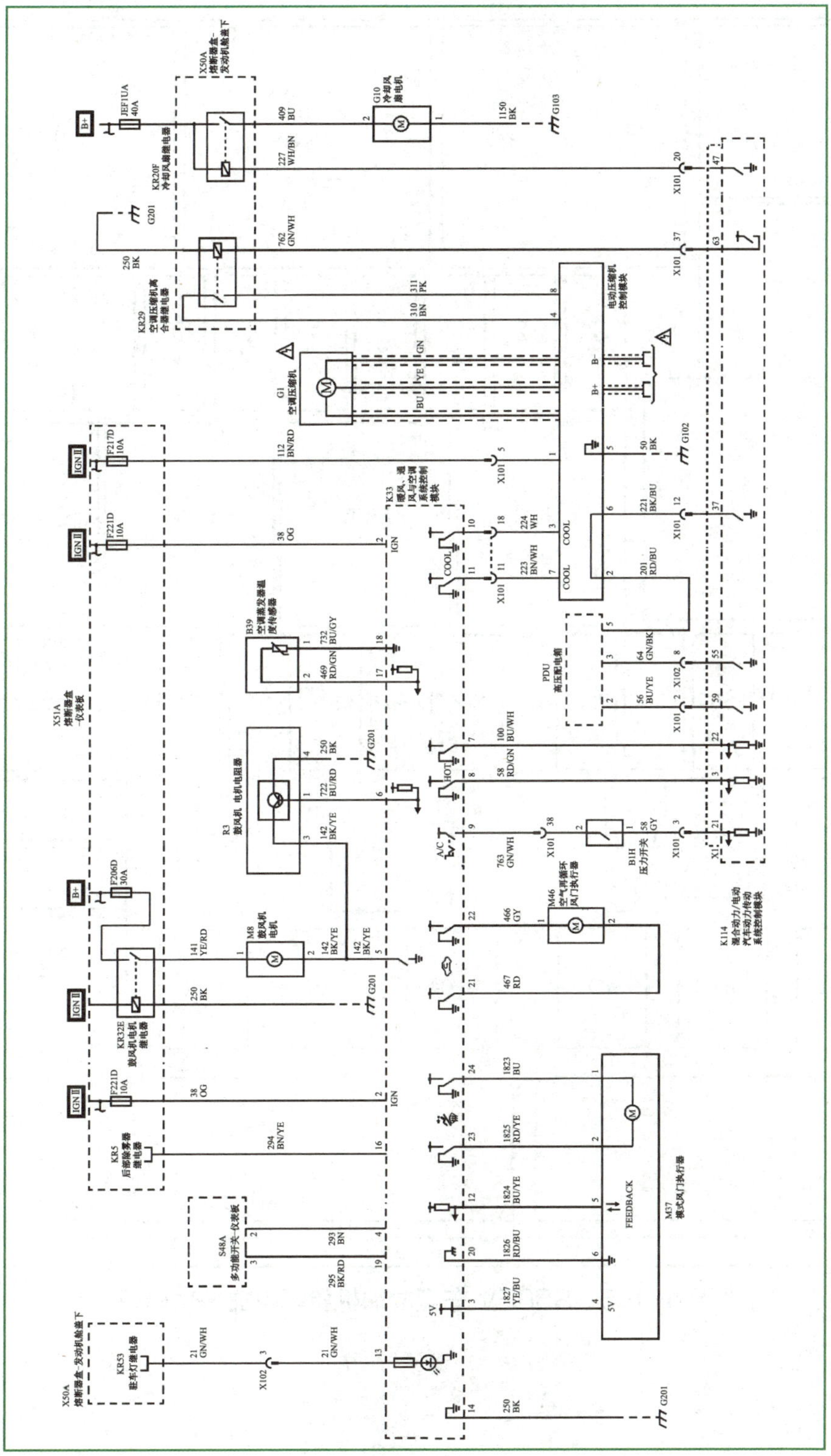

图 4-1-4 E100 车型空调电路总原理图

附件四 S50EV 车型发动机舱配电盒编号

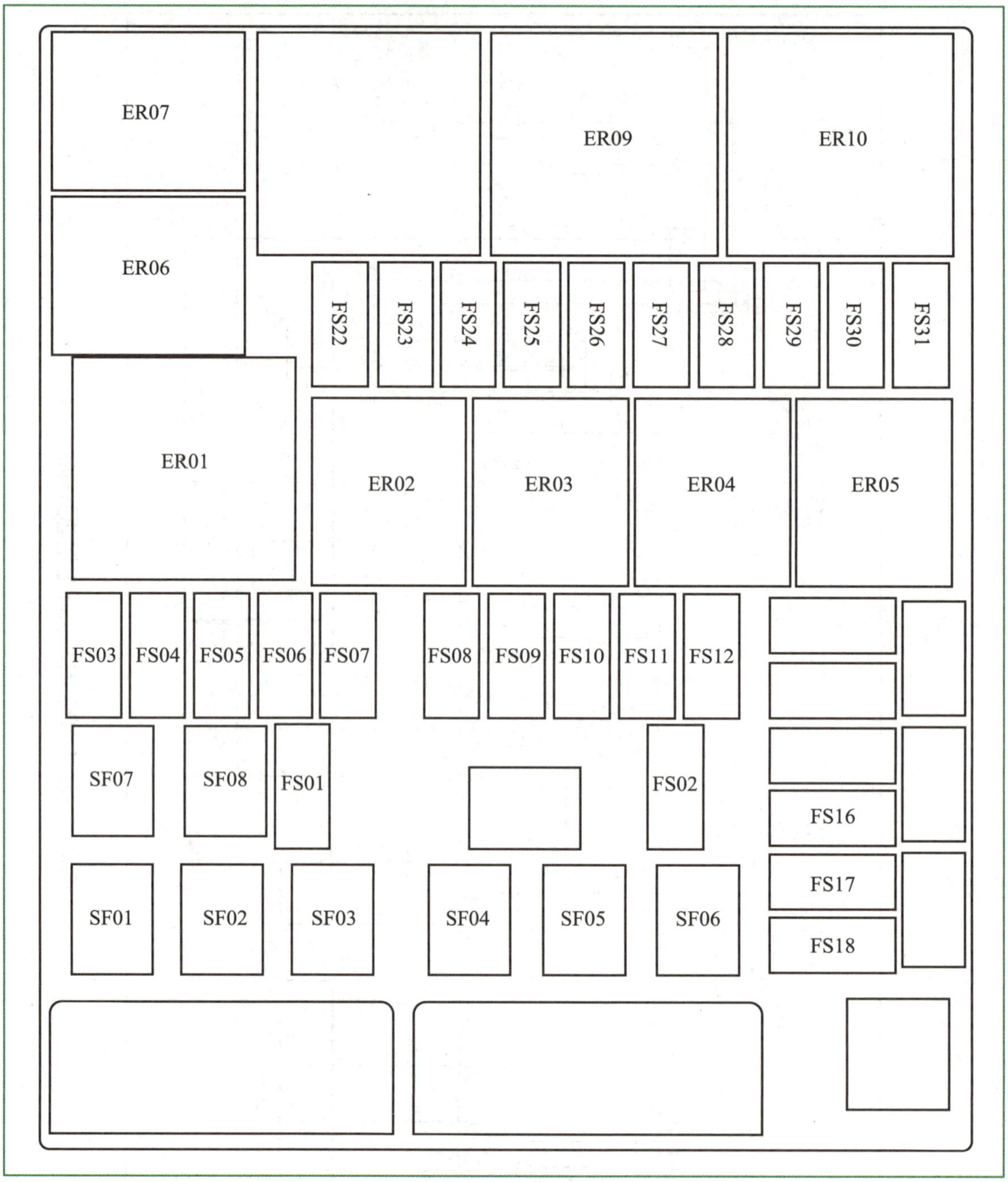

图 4-1-5 S50EV 车型发动机舱配电盒编号标识

附件五 S50EV 车型仪表配电盒编号

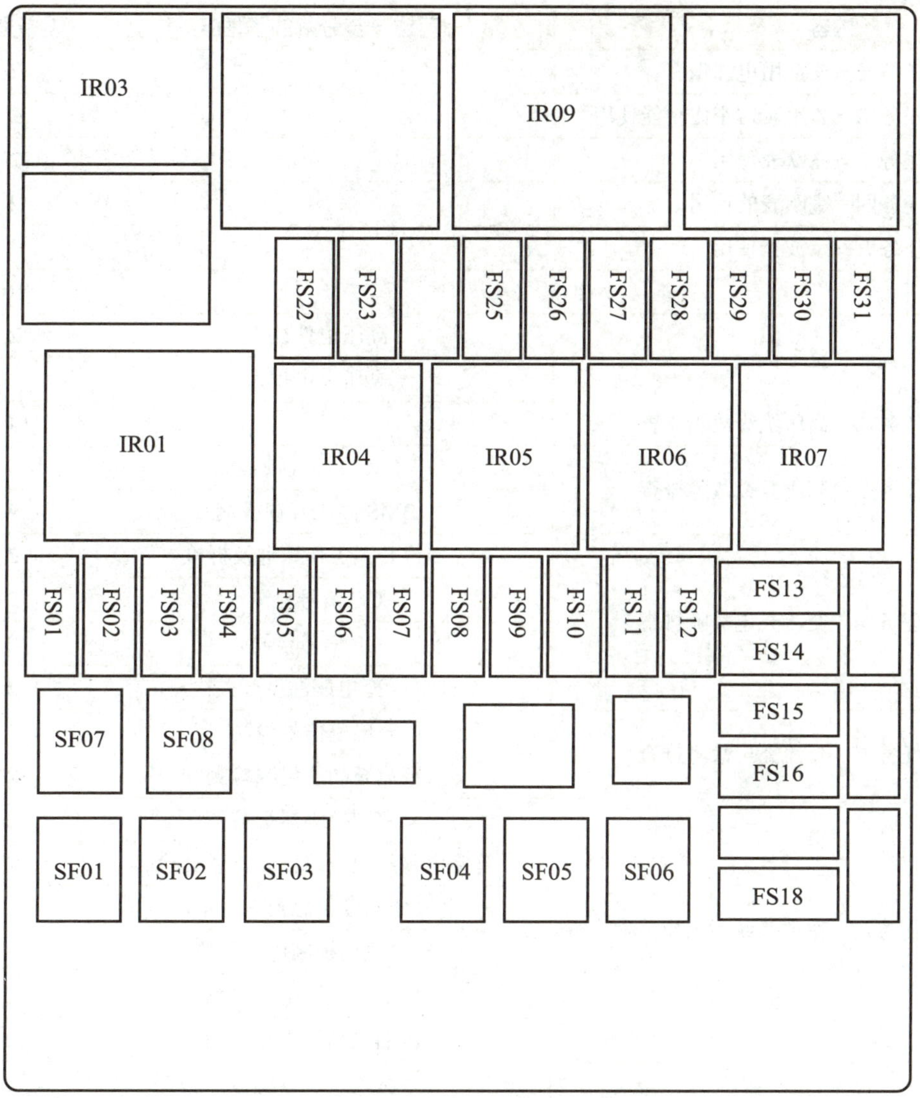

图 4-1-6 S50EV 车型仪表配电盒编号标识

附件六 教学课时建议表

内容		可进一步分解的子任务	设备充足	其他情况
第一篇 基础技能篇	任务一　安全用电知识		2	2
	任务二　万用表占空比功能使用		2	4
	任务三　兆欧表使用		2	4
	任务四　毫欧表的使用		2	4
	任务五　示波器使用		2	4
小计			10	18
第二篇 城市轿车篇-风行景逸 S50EV	任务一　整车认识	高压组件认识	2	4
		高压上电识别	2	4
	任务二　高压绝缘故障排查		4	8
	任务三　高压互锁故障排查	VCM 高压互锁检测	4	8
		BMS 高压互锁检测	4	8
	任务四　交流充电故障排查	挡位开关工作原理及拆检	2	4
		CC 信号检测	2	4
		CP 信号检测	2	4
		OBC 及充电座温度开关检测	2	4
	任务五　直流充电故障排查	充电座信号检测	2	4
		直流充高压电路检测	2	4
	任务六　空调系统不工作故障排查	空调控制器拆检	2	4
		管路电磁阀及管路压力传感器检测	2	4
		蒸发器温度传感器信号检测	2	4
		冷凝风扇控制电路检测	2	4
		压缩机低压电路检测	2	4
		压缩机高压电路检测	2	4
	任务七　暖风系统不工作故障排查	空调控制器拆检	2	4
		PTC 加热器检查	2	4
		高压电路检测	2	4
	任务八　不能行驶故障排查	制动开关检测	2	4
		加速踏板检测	2	4
	任务九　不能高压上电故障排查	主正、主负继电器	4	8
	任务十　电池包拆检		8	16
	任务十一　电机拆检		16	32
小计			78	156

续表

内容		可进一步分解的子任务	设备充足	其他情况
第三篇 活页教材篇-宝骏E100城市小精灵	任务一 整车认识	高压组件认识	2	4
		高压上电操作及鉴别	2	4
	任务二 高压互锁故障排查	动力系统高压互锁检测	4	8
		舒适系统高压互锁检测	4	8
	任务三 DC-DC 故障排查		4	8
	任务四 交流充电故障排查	CC 信号检测	2	4
		CP 信号检测	2	4
		OBC 及充电座温度开关检测	2	4
	任务五 空调系统不工作故障排查	AC 控制模块输出检测	2	4
		高压侧压力开关检测	2	4
		蒸发器温度传感器信号检测	2	4
		冷凝风扇控制电路检测	2	4
		压缩机低压电路检测	2	4
		压缩机高压电路检测	2	4
	任务六 暖风系统不工作故障排查	暖风控制功能输出拆检	2	4
		PTC 加热器检测	2	4
		高压电路检测	2	4
	任务七 不能高压上电故障排查	制动开关检测	2	4
		挡位开关检测	2	4
		MCU 检测	2	4
		主正、主负继电器检测	2	4
	任务八 不能行驶故障排查	加速踏板检测	2	4
		弦变及温度信号检测	2	4
	任务九 真空助力系统故障排查	助力泵控制线路检测	2	4
		助力泵检测	2	4
	任务十 电池包拆检		8	16
	任务十一 电机拆检		16	32
小计			80	160

反侵权盗版声明

举报电话：（010）88254396；（010）88258888

传　　真：（010）88254397

E-mail：　dbqq@phei.com.cn

通信地址：北京市万寿路 173 信箱

　　　　　电子工业出版社总编办公室

邮　　编：100036